考古学リーダー9

土器研究の新視点
～縄文から弥生時代を中心とした
土器生産・焼成と食・調理～

大手前大学史学研究所編

六一書房

はじめに

　考古学という学問が、遺物の緻密な観察に基礎をおいていることは、今更いうまでもない。土器の器形や文様の精密な観察と製作技法の理解、そしてそれらの体系的把握が、考古学特有の形式学的研究として、これまで大きな成果をあげてきた中心研究課題の一つである。同じように土器表面に、時に大きく目立つ黒斑現象が佐原眞氏によって『紫雲出』報告書において注意され、取り上げられてからすでに半世紀近くが過ぎた。

　その黒斑の研究が、やがて実験考古学のテーマとして取り上げられてからでも40年近く経つ。その研究は当然ながら、近代化以前の土器生産を続ける東南アジアの民族学的調査と結びつき、有力な研究テーマの一つとなつてきた。

　黒斑と同じように、土器表面に使用に際しての焦げ付きや吹きこぼれの痕跡が残されているものがある。黒斑が土器の製作時の痕跡なら、焦げ付きや吹きこぼれは土器の使用時の痕跡である。どのような食物をどのように調理したか、当時の実生活に迫るこの研究も、近年ようやく進展をみせてきた。

　2005年11月26・27日、大手前大学史学研究所オープン・リサーチ・センターの呼びかけで開催されたシンポジウム「土器研究の新視点」は、一日目が「食・調理」、二日目が「土器焼成と生産」のテーマであった。まさにその土器使用時の痕跡と、土器焼成時の痕跡とを、併せて一堂で議論しようとするものであって、このような試みは初めてのことである。本書はその二日間の発表内容と、また発表者同士、或いは発表者と参加者との間で交わされた熱の入った討論の全記録である。

　討論の対象となった時代は、いうまでもなく縄文農耕の顕著な縄文後期から稲作農耕の始まった弥生時代であり、地域は日本列島を東北から九州まで縦断し、さらに海を越えて韓国の無紋土器にまで及んでいる。それに加えて議論をさらに深めるため、「食・調理」には同位体分析による自然科学方法によって食料の種類の特定に努め、「土器焼成と生産」には胎土分析の面か

はじめに

らの日韓比較研究が加えられ、さらに遺構の状況からの生産体制の問題にも目が向けられている。シンポジウムのテーマに「新視点」のタイトルがかぶせられているのは、それらの新機軸を総合してのものだからであろう。

とはいえ、「新視点」が土器研究に新たな方向を生み出すとしても、それはこれまで、営々と進められてきた弥生時代土器様式研究の基礎があってこそであり、その上に新たに花開くものであることを忘れてはならないであろう。新視点、新研究も本書に示されたとおり、いずれも道半ばである。本書をきっかけとして、弥生時代の生活の実際の姿に迫る研究に、今後、多くの研究者が参加されることを願って、はしがきとするものである。

最後となったが、質の高い研究成果を提示してくださった発表者の皆様、話題を巧みに有益な方向に導いていただいた討論の司会者、それに熱心にご参加いただいた会場の皆様に主催者を代表して厚く御礼申し上げる次第である。

2006年秋

大手前大学史学研究所長　秋山進午

例　言

1. 本書は、2005年11月26日と27日に、大手前大学西宮キャンパスで行われた大手前大学史学研究所オープン・リサーチ・センターシンポジウムの記録である（シンポジウムは文部科学省オープン・リサーチ・センター整備事業（平成14年度～平成19年度）の研究成果の一部である）。
2. シンポジウム当日は、坂本稔氏と小林謙一氏に一演題として、自然科学と考古学の異なる立場からご発表いただいた。本書刊行では別項目としたが、質疑応答は構成上分割できないため、まとめて掲載した。参考文献もまとめて掲載した。
3. 一部発表者によって定義・用法が異なる用語については、発表者に一任し統一をとっていない。
4. 本書は、当日の発表をテープ起こしし、それを基に各発表者が加筆修正したものを長友朋子が編集した。テープ起こしは、杉山拓己、佐藤玲子、中久保辰夫、三阪一徳、長友朋子が行った。

目　次

はじめに………………………………………………………秋山進午　1

例言

開会の挨拶……………………………………………………秋山進午　6

開催趣旨………………………………………………………長友朋子　7

I 食・調理

縄文時代から弥生時代開始期における調理方法……………中村大介　11

弥生土鍋の炊飯過程とスス・コゲの産状……………………徳澤啓一　43
　　　　　　　　　　　　　　　　　　　　　　　　　　　河合　忍
　　　　　　　　　　　　　　　　　　　　　　　　　　　石田為成

韓国原三国時代の土器にみられる調理方法の検討…………韓　志仙　76
　―中島式硬質無文土器を中心に―　　　　　　　　　　　庄田慎矢 訳

同位体分析による土器付着物の内容検討に向けて…………坂本　稔　100
　―自然科学の立場から―

同位体分析による土器付着物の内容検討に向けて…………小林謙一　112
　―考古学の立場から―

土器圧痕からみた食と生業……………………………………山崎純男　134

討論 「食・調理」………………………（司会：深澤芳樹・長友朋子）　163

II 土器焼成と生産

土器焼成失敗品からみた焼成方法と生産体制………………田崎博之　181

弥生早期（夜臼式）土器の野焼き方法………………………小林正史　203

東北地方における覆い型野焼きの受容………………………北野博司　229

韓国無文土器の焼成技法………………………………………庄田慎矢　254
　―黒斑の観察と焼成遺構の検討から―

胎土分析から推測する土器焼成技術と焼成温度との関連性…鐘ヶ江賢二　283
　―弥生土器と韓半島系土器の比較研究―

討論　「土器焼成と生産」……………（司会：若林邦彦・長友朋子）　305

III シンポジウムを終えて
　調理する容器………………………………………………深澤芳樹　327
　弥生土器焼成・生産をめぐる諸議論……………………若林邦彦　332
　　―討論のまとめとして―
　土器に残された痕跡から読み解く縄文、弥生文化…………長友朋子　336

開会の挨拶

秋山　進午

　みなさん、おはようございます。早朝から本学にお運びいただきまして、誠にありがとうございます。ただいま司会の方から申しましたように、「土器研究の新視点」というタイトルをつけさせていただきました。本学が開催するシンポジウムとしては少し荷が重い題目かもしれませんが、発表者の顔ぶれをみますと、東北から関東、北陸、そして近畿はもとより中国、四国、九州さらには海を越えて韓国から韓神大学の韓志仙さんにおいでいただきまして、誠に全国規模の会になりましたことをありがたく感謝しておる次第であります。

　この計画は、本学が文部科学省の支援を得ましてすすめております、オープン・リサーチ・センターの研究テーマのひとつとして取り上げたもので、そうしたことで、私があいさつさせていただく次第でございます。

　従来の土器研究は、型式と文様という研究面では大きな成果をあげてきたわけですけれども、それだけに最近はそれぞれの研究者がさらなる発展を目指しておられると思います。本日の発表をみましても、さまざまな角度から新しい研究視点をご披露していただけるものと、大変楽しみにし、かつ期待しておるところであります。本学で今回のシンポジウムを計画するにあたって、この分野の研究を担っている長友朋子さんが中心になって先生方に呼びかけた次第であります。本学では、2年前に開催した、いわゆる九阪研究会以来の大規模な会になります。少ないスタッフでやっておりますので、不行き届きな面も多かろうと思いますが、なにとぞご容赦いただきまして、本日、明日の会合が順調に進むようによろしくお願いいたします。

　開会にあたりまして、一言挨拶の言葉を申し述べさせていただきました。

開催趣旨

長友朋子

　縄文時代や弥生時代における土器研究は、製作者が直接施した痕跡である文様や調整技法が分析の中心とされてきました。しかし、破裂破片や黒斑、融解鉱物といった製作者が直接触れずに形成される痕跡や、土器の使用者が意図せずに付く焦げ、煤、圧痕などの痕跡にまで対象を広げて観察することによって、土器焼成や生産体制、食や調理方法というこれまで具体的な実態解明が難しかった問題に取り組むことが可能となりつつあります。そして、これらの問題を明らかにすることにより、当時の人々の生活の基盤となる、環境への対応、土器生産体制や食事様式の変化という重要な課題に迫ることができるようになるのではないでしょうか。

　現在、土器焼成・生産体制と食・調理方法についての研究は、多様な視点により、あるいは個々の時期、地域で蓄積が進みつつあります。そこで、縄文から弥生、弥生から古墳への時代について、個々の研究をつきあわせ、どこまで明らかになり何が今後の課題かという点を明確にして、今後の研究の一層の展開をめざし、シンポジウムを開催することとなりました。

　物は、機能を意図し、それに基づいて求める形が技術を駆使して作りだされるとするならば、土器の調理方法と焼成方法は無関係ではあり得ません。今回は、新視点であるというほかに、このような理由で２つのテーマについて発表の場を設けたいと考えました。

　このシンポジウムが、多角的な研究視点を切り拓き、また新たな社会的側面に光をあてる一助となれば幸いです。開催にあたり、全面的にご支援ご協力下さった大手前大学史学研究所、および最新の研究を発表下さる発表者の皆様に深く感謝いたします。

Ⅰ 食・調理

縄文時代から弥生時代開始期における調理方法

中村大介

1. 研究目的

　ただいまご紹介にあずかりました岡山大学埋蔵文化財調査研究センターの中村と申します。

　それでは、縄文時代から弥生時代開始期における調理方法について発表させていただきます。近年、西日本を中心としてかつての縄文農耕論、その中でも賀川光男さん達が推進されてきた後・晩期農耕論（賀川 1996）の再検討が進んでおります。今日、最後に話される山崎さんが資料を蓄積されている籾圧痕などは、縄文時代の農耕に対する確実性の高い証拠といえるでしょう。現在ではその資料は縄文時代中期末まで遡っております（山崎 2005）。

　縄文農耕論研究の進展は、佐原眞さんなどがずっと提起してこられた縄文時代と弥生時代の区分における生業の重要性に関係します（佐原 1981）。かつては半ば否定的にみられていた縄文農耕を、現在の資料を踏まえたうえで、なおも否定的にみるのか、それとも違った評価を与え、弥生文化の画期についての再検討に還元するべきであるのかというような状況にあると言えるでしょう。

　そして、現在、その縄文農耕に対する評価は極論すれば二つに分かれていると思います。一つは雑穀栽培や焼畑という段階と水稲農耕を違うものとして扱って、弥生の画期というのを強くみる理解、今一つは雑穀栽培や焼畑に上乗せするかたちで水稲農耕などが入ったと考え、農耕の連続性を強くみる理解があると思います[1]。今回はそこまで検討できるかはわかりませんが、そうした部分についても考えてみたいと思います。

　縄文農耕論の中心となっているのは、中九州、特に現在の熊本県の台地の

Ⅰ 食・調理

ところでして、そこでは後期後葉、三万田式の頃以降から集落が盛行し、農耕が行われていたと言われています。そして、農耕はあったけれども次の時代に継続しないなど、その評価についてはいろいろ分かれています。一方、中九州という地域は単に集落が盛行するのではなくて、東日本などと比べても全然違った土器様式が展開してくるところで、無文化し、文様が簡略化されて器面を磨き上げるような土器が中心的にみられるようになる地域でもあります。従って、この地域の整理というのが、縄文時代から弥生時代への移行の前段階の西日本の様相を理解するうえで重要となってくるかと思います。そこで、この発表ではこの地域を中心に扱ってみたいと思います。

さて、ここで研究の目的と方法に入ります。今回の目的は、縄文時代の中九州において圧痕で見つかっているイネや雑穀類がどれほど食べられていたのかについて考えてみたいと思います。それらが、主要な食料になっていたのかどうか、例えば南米などではトウモロコシはお酒として最初に使われて、食べ物というよりも大事な地域間全体をつなぐような道具として使われているというような状況もありますので、もしイネなどが入っていたとしても、どのように扱われていたのかを考えることは重要であると思います[2]。

それを考えるうえでは植物遺体だけでなく、土器の使用痕跡をみる必要があります。近年では、煤、焦げの研究が進められ、どのようなものが調理されたかということがわかってきております。そして、弥生時代では土器が炊飯に使われていたという研究も蓄積されております。なお、弥生時代の煮沸具の特徴としては、容量が10ℓより大きい煮沸具が著しく減るということと、完全にではないですが、10ℓ以下の中型の甕、5～10ℓ程の甕が炊飯用として特化してきた可能性が検討されています。

以上のようなことを念頭においた場合、縄文土器が弥生土器と同じような変化を辿るならば、炊飯などに使われていたことをある程度推定できると思います。そこで、容量や煤、焦げから、この時期の中九州の煮沸具の様相について考えてみたいと思います。

2. 編年と地域設定

はじめに今回扱う地域の縄文土器の編年と地域的特性について少し述べさせていただきます。中九州の土器編年は、現在もその細分が進められていますが、だいたい中期末から後期初頭に阿高式、南福寺式といった在地的な系統があり、その後に擦消縄文が入ってきて、西平式、太郎迫式までが擦消縄文の段階となります。その次の段階は、特徴的な浅鉢から黒色磨研土器様式とか言われるのですけれども、今回は煮沸具を主に見るので、あまり一般的には使用されておりませんが、凹線文系統の土器としておきます。これは三万田式から御領式などを経て、天城式まで続きます。そして、受口状の口縁の型式までも口縁部が外反するようになり、同時に凹線もなくなっていくような時期が古閑式であり、その後は黒川式並行期に続きます。最後に弥生早期に位置付けられる突帯文土器が入って、その後は弥生前期の板付式土器へと連続します。その板付式を、今回話される歴博の方よりは少し新しめにもってきて、突帯文の段階がだいたい BC800 年くらい、天城式が BC1200 くらいで、阿高式及び南福寺式あたりが BC2200 くらいの年代観で話をしたいと思います。従って、今回扱うのは約 1000 年間の土器の変化です。また、この中九州という地域は、弥生早期に主要な地域となる玄界灘沿岸地域から、若干外れているということにも留意しておいていただくとよいかと思います。

3. 弥生と縄文後・晩期の煮沸具と容量

ここからは、具体的な分析に入っていきたいと思います。まず、土器の容量は、弥生時代には 10ℓ というのが重要視されていたので、それが縄文時代の中でどのような位置づけにあるかについて述べてみたいと思います。つまり、縄文時代でも 10ℓ 以下の中・小型煮沸具が多くなる様相が認められるかが、炊飯が行われていた可能性の認定条件の一つになるかと思います。なお、注意しておきたいのは、雑穀栽培の段階においては意外と大きな土器があることです。現在の朝鮮民主主義人民共和国の南京遺跡では、高さ 80 cm で 100ℓ になるような大きな深鉢が使われていますが、その段階でアワ類がみつかっているので、そうした土器は、雑穀栽培の段階でも使われるこ

Ⅰ 食・調理

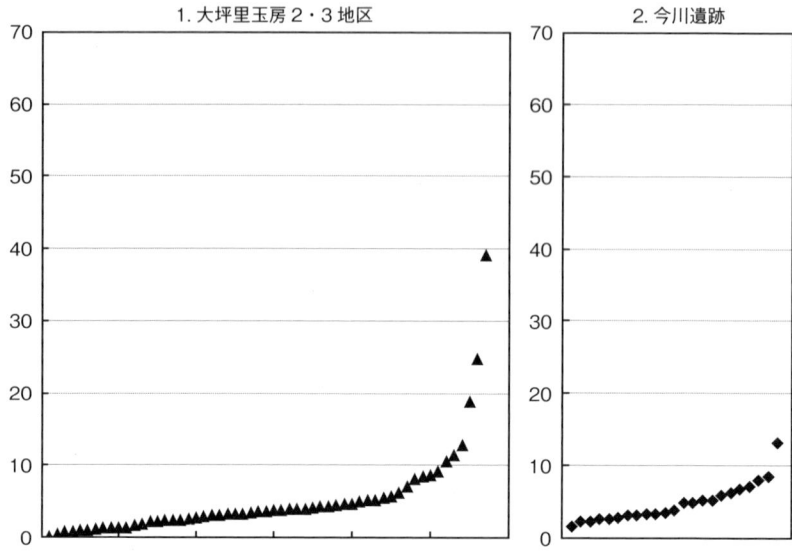

図1 大坪里遺跡と今川遺跡の煮沸具容量分布

とがあるということも少し心においていただくといいかと思います。

　まずは基準となる弥生土器の容量について述べたいと思います。弥生時代開始期というのは無文土器との関係が強く、両者の関係は容量の面からも確認できるかと思います。図1-1は無文時代中期の大坪里遺跡の容量で、10ℓより大きなものは少なく、最も大きい土器は一般の甕とは違う器種です。従って、煮沸具の主となる容量は10ℓ以下となります。一方、今川遺跡（弥生時代前期前葉）でも、煮沸具の容量は10ℓ以内に集中していて（図1-2）、大坪里遺跡とほぼ同じような容量組成を示します。

　以上のような無文土器と弥生時代前期の事例を踏まえて、中九州の縄文土器の容量がどのようなものかを考えてみたいと思います。図2に示したものを順番に述べていきます。ところで、これから容量について述べるときに、中型、大型、特大型、超大型、超特大型という容量クラスを使いますが（図2下段右図参照）、これらは図2の諸事例から抽出されたものです。時期によって若干のずれがありますが、おおむね類似した容量のまとまりが認められ

14

ます。

　中九州の煮沸具の容量について、まず黒橋貝塚の状況をみます。だいたい20ℓの特大型のあたりでまとまりがあって、それ以上と以下というような状況になっております。一番大きいものが30ℓ以下を最大として、この程度のサイズまでにとどまるという状況です。しかし、これを見ても無文土器や弥生土器よりは大型のものが比較的多いということがわかります。

　次が、太郎迫式の段階なのですが、今度は10ℓ以下の中型から小型のところのまとまりが明瞭でして、他に大型、特大型、超特大型に少しづつまとまりがあります。ここは確かに黒橋貝塚に比べて大型土器が増えていますが、頭一つ分増えたという印象であるかと思います。

　ところで、太郎迫式は、型式学的に抽出されたものでして（冨田1983・1987）、途中まで西平式に含めるとか全部を三万田式に入れて考えようとかいう見方もありますが、太郎迫遺跡D地点S018・S020住居、G地点S002埋設土器資料のまとまりを認め、ここでは三万田式と分離して今回の話を進めています。G地点S002の資料では、太郎迫式でも、文様帯と波状口縁をもたない器種があり、次につながっていくようなものも一定量含まれております。しかし、容量については、これらの型式のみが、波状口縁の個体に比べて大きいということはありません（図2中段左図）。40ℓを境にするので、容量においても型式としてのまとまりがあるということがわかります。

　さて、その後の三万田式においては容量の上限は一気に増大します。土器棺・埋設土器のみが検討の対象になっているので（図2中段右図）、蔵上遺跡では煮沸具全体の容量組成を知ることはできませんが、太郎迫式にはなかった50～70ℓ前後のものも含むようになってきます。容量の組成からみましても違う段階にあると判断していいかと思います。

　三万田式から数型式後の天城式ではさきほどの三万田式の傾向がさらに強まり、30ℓ以上の煮沸具の充実が認められます。なお、図中の黒丸が包含層と住居からの出土、白丸が土器棺・埋設土器を示しております。後で述べる煤、焦げの状況からみても、埋設土器が単にそれ用に作られたのではなくて、一般の集落から転用されたということがわかりますので、容量の組成の中に、

I 食・調理

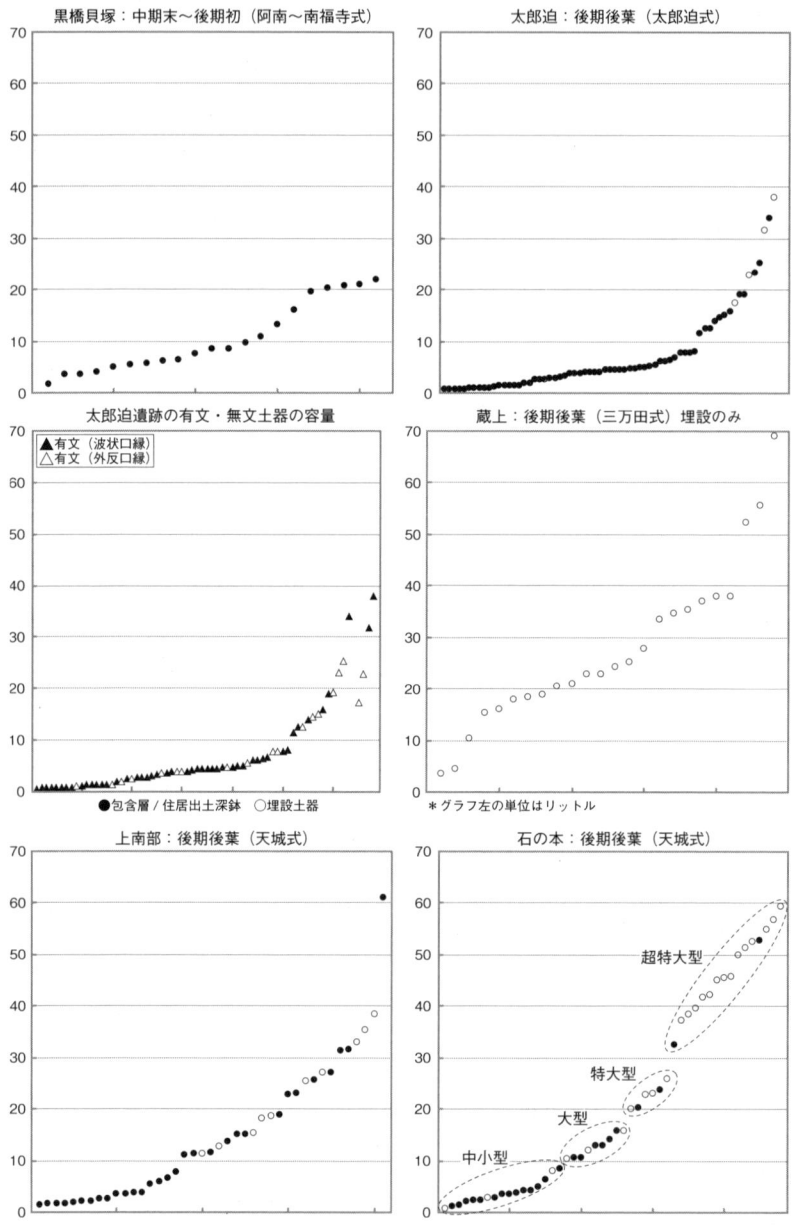

図2 中九州の縄文時代中期末から後期末における煮沸具の容量の変化

埋設土器も含めたものを提示しております。図に示したように包含層と住居跡出土の土器だけでも大型化の傾向は認められますが、埋設土器を含めた場合は、実態としての煮沸具の容量組成において、大きなものが増加していることがわかるかと思います。

このようにみていくと、煮沸具は大型化していく傾向がみられ、10ℓ以内の土器も多いものの、弥生土器のようにそれだけに特化していく傾向は認められませんでした。そこで弥生時代のものと比べるだけではなく、縄文文化における中九州の土器の位置付けについて少し考えてみたいと思います。

図3と4は東日本を中心とした煮沸具の容量組成を示したものです。特に土器の大型化の傾向のなかでも30ℓを超える超特大型が中九州において顕著であったので、それを目安にすることで東西比較することが可能かと思います。

図3を見ますと、後期初頭の段階では超特大型はほぼなく、中九州と東北地方では土器の器形などが全然違うものの、容量からみるとこの段階ではそれほど東西差はないということがわかります。だんだん時期が下っていきますと、関東では赤山陣屋遺跡のように70ℓ近くのものが出土する遺跡もみられますが、他のところは軒並みそれまでと変わらない状況にあります。ただ晩期の中葉以降には一定量そういう遺跡が増えてきまして、例えば図4の青田遺跡においては30ℓを超えるような土器が比較的多く見られ、九年橋遺跡の晩期中葉でも大きな土器がいくつか見られるという状況になります。

このように東日本でも大型化する傾向が一定程度みられるということになりますが、大きいと言いましても青田遺跡のものは40ℓを超えるくらいのものですので、石の本遺跡などと比べると超特大型の中でもより大きなものがないという状況となり、九州の大型化の傾向は東日本に比べてもより顕著であることがわかるかと思います。

4. 土器大型化の意義

これまでみてきたことの可能性と問題点を述べます。まず、九州の土器の大型化は三万田式以降の凹線文系統の土器の成立に関係することがわかるか

Ⅰ 食・調理

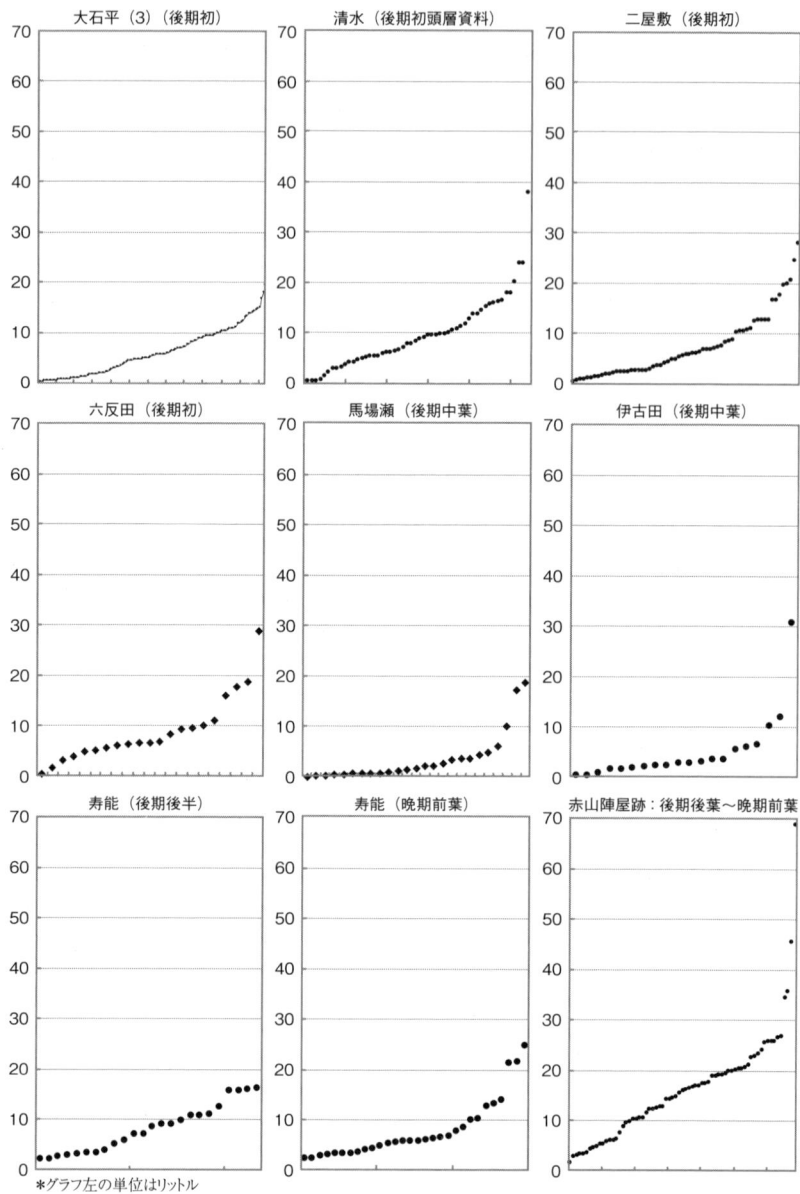

図3 東日本の煮沸具の容量（1）：縄文時代後期初頭～晩期前葉

縄文時代から弥生時代開始期における調理方法

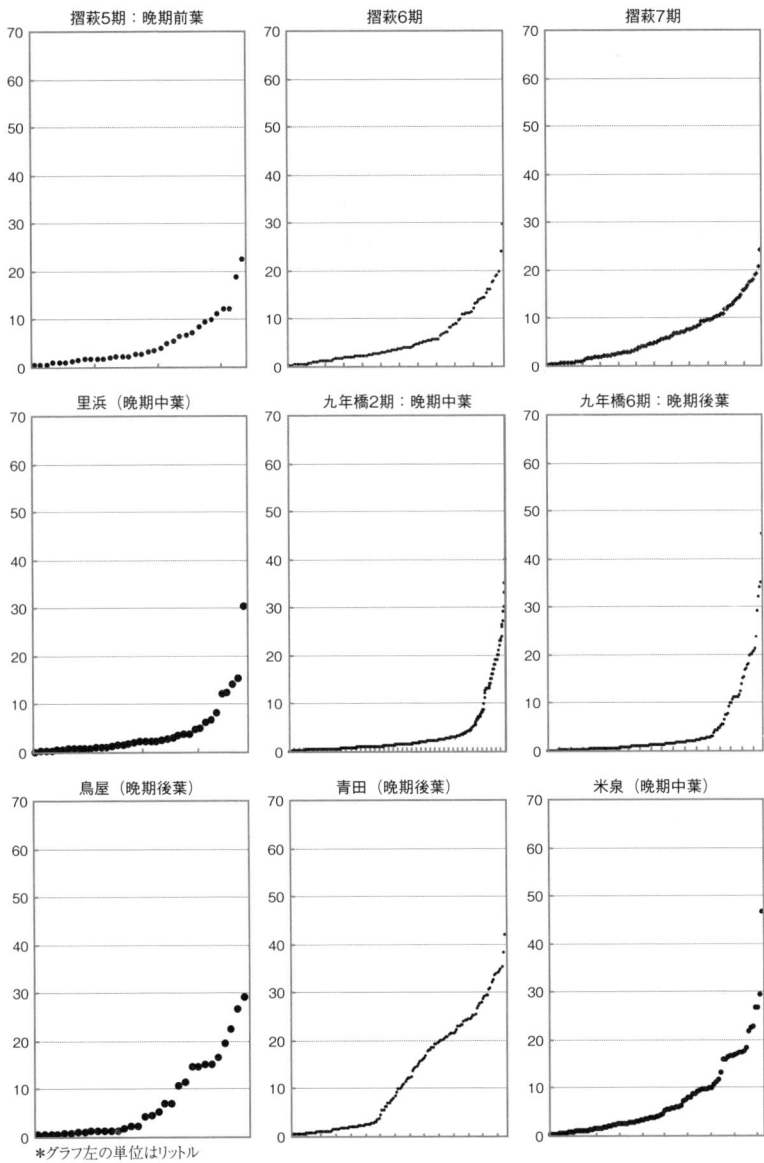

*グラフ左の単位はリットル
図4 東日本の煮沸具の容量（2）：縄文時代晩期前葉～後葉

Ⅰ 食・調理

と思います。そして、最も大きい土器が東日本にはほぼみられないので、中九州のほうが東日本よりも大型化の傾向が強いこともわかります。大型甕の減少というのが弥生時代開始の合図のようなものであったと思いますが、縄文時代の中期末以降はむしろ大型土器が増加していっているということが特徴の一つになるかと思います。

そこから考えられる仮説としては、中九州においては、イネなどが存在して主食とされていても、弥生時代と調理方法が違っていたのか、それとも雑穀主体の調理でイネは補足でありその役割が低いのか、もしくは煮沸具の容量は東日本よりも大きいものの、根菜類や堅果類を中心に調理する東日本と同様の状況にあったのかという三つが挙げられます。次からは、これらのことを煤、焦げの観察からさらに絞り込んでいきたいと思います。

5. 煤と焦げからみた調理内容

まずは、煤、焦げが示す意味を最初に述べたいと思います。煤、焦げがみられるというのは調理に使用されたことを示しますが、それがどのくらいの頻度や回数で使われたかを知るのは難しく、煤が括れた部分にも付いているとか、煤に炎が当たり続けることで煤が消失する煤酸化という状況から、相対的に多く使われたとか一回しか使われていないということを判断していくしかありません。しかし、煤と焦げの痕跡にはいくつか特徴的なものがあります。実際の調理や、土器を使用した調理実験からわかることですが、例えば水分の多い調理をした場合には下の方には焦げが残らず、鍋の内の水面直上にうっすらと焦げが残ります。飯盒などでは米に由来する焦げが下のほうにびっしりと付く状態がみとめられ、また、シチューのようなものを調理すると、焦げついて鍋の下部にべたっと付着してしまうような場合があります。つまり、水物、汁物を煮る調理と、炊飯やシチュー状のものは焦げの痕跡が違うことがわかります。そこで、今回は水物の場合に多い、土器内面の上部の喫水線より上のみに焦げが付くものを水面上コゲタイプ、シチューや炊飯の場合に多い、胴下部内面にめぐる焦げを含むものを胴下部コゲバンドタイプと分類しておきます。なお、水分があれば炊飯などでも水面上に焦げがつ

くので、胴下部コゲバンドタイプにも、これが含まれるものがあります。

　それでは、無文土器時代と弥生時代前期の土器を例に（図5・6）、実際の考古資料から焦げの様相について詳細を述べてみたいと思います。写真をみますと、先に説明したように、胴下部コゲバンドタイプは、この煤酸化する部分にちょうど対応して焦げがついております。一方で水面上コゲタイプでは、煤酸化は確かにみられるのですが、それと合わずに、調理時の喫水線より上が焦げます。実際の土器では、黒斑などとかぶって見にくいものもありますが、この両者は多くの場合、区分できます。

　また、炊飯かシチュー状かということは痕跡のみではなかなか判断しにくいのですが、いくつか判別方法があります。炊飯した場合に米粒痕や穀粒痕が時々残るので、そうしたものを見ることで何を作ったかを判断することができます。また、吹きこぼれも調理内容の判別に関係します。これは後で述べますが、吹きこぼれにも、いろいろなタイプがあり、一定のタイプが弥生時代以降に顕著になります。それでは分析に入っていきたいと思います。

6. 無文土器と弥生土器の調理痕跡

　先に写真で示したように、無文土器中期前葉と弥生時代前期の資料では、胴下部コゲバンドとしたものは煤酸化部分の内面に焦げが強くめぐり、水面上コゲタイプとしたものは煤酸化部分の内面には焦げが付かず、上部だけの焦げがめぐるということが確認できました。また、弥生時代に並行する突帯文の系統の土器についても、強く火を受けたところの内面に焦げがめぐるという無文土器や板付式土器と同様の痕跡が見られます（図5・6）。

　一方、どのような容量の土器に焦げが付くのかを示したのが図7で、無文土器では、10ℓまでの容量の中でも大きい土器に胴下部コゲバンドタイプが集中し、5ℓを境にしてそれより小型に水面上コゲバンドタイプが増加するという傾向がみられ、一定の使い分けがあることがこれでわかります。

　弥生時代前期の今川遺跡でも10ℓから5ℓくらいまでに胴下部コゲバンドタイプが多く、それより小さなものはほとんどが水面上コゲバンドタイプであるということがわかります。これからみても無文土器と弥生土器とは容量

Ⅰ 食・調理

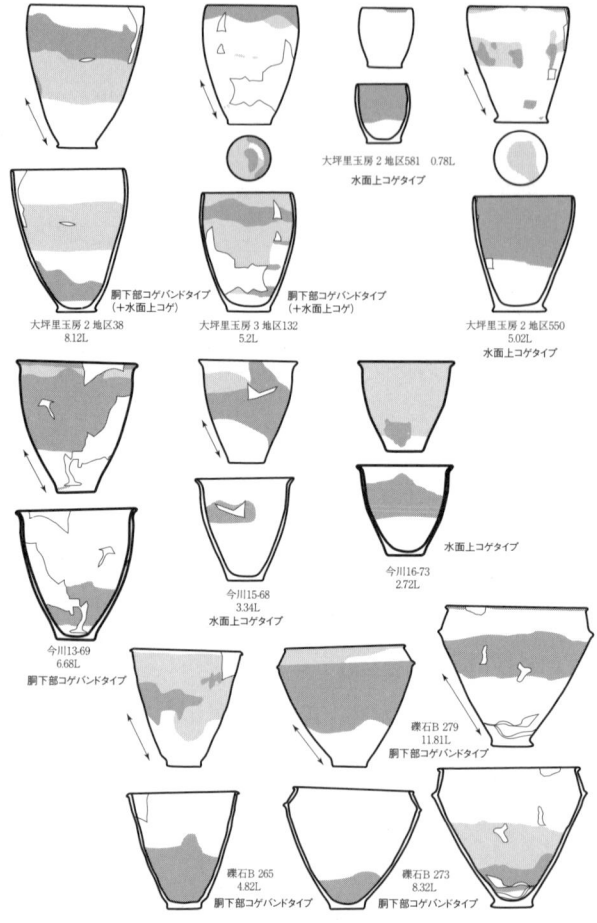

図5 各遺跡の煤・焦げの様相とそのパターン (S=1/16)

だけでなく使い方も似ているということがわかるかと思います。

　突帯文はどういう状況かといいますと、焦げがよく観察できたのは土器棺に転用されたものしかなかったため、5ℓ以下がないので水面上コゲタイプの有無は不明瞭ですが、だいたい5ℓ以上のものが胴下部コゲバンドタイプでまとまります。また、容量がこれ以上のものがほとんどありませんので、容量の面からみて、突帯文土器も、この資料自体は弥生前期並行の突帯文土

縄文時代から弥生時代開始期における調理方法

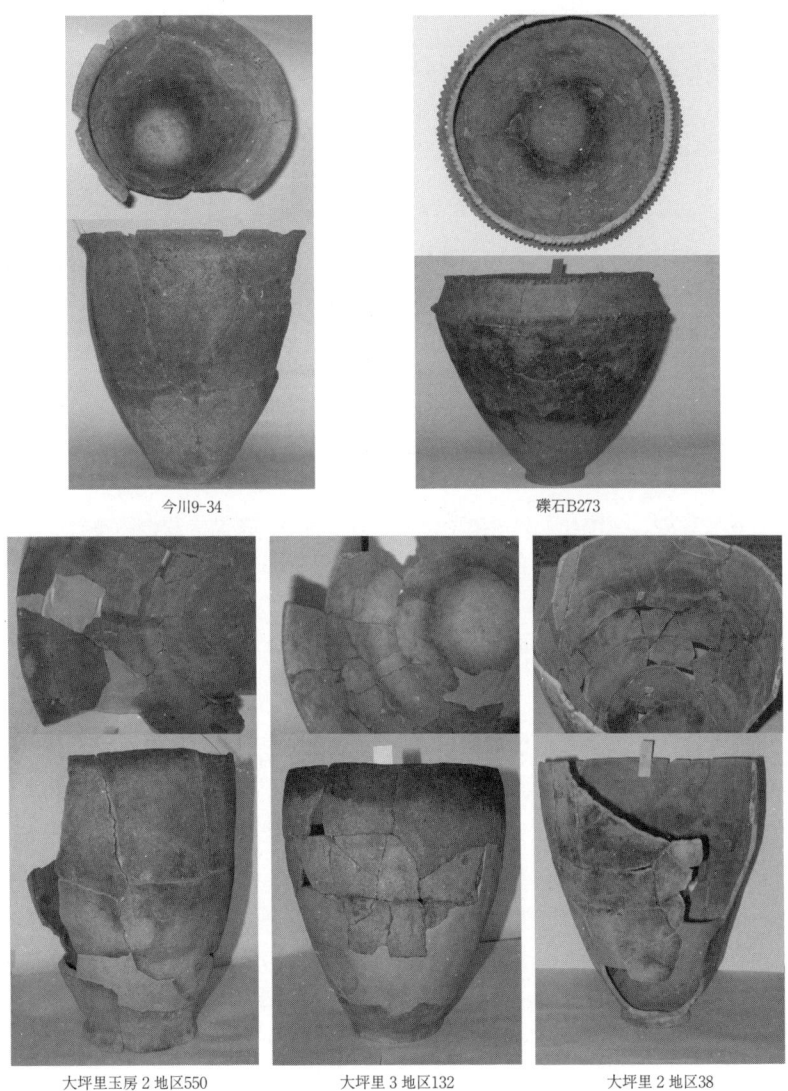

図6　無文土器中期、弥生前期の煮沸具の煤・焦げ

Ⅰ 食・調理

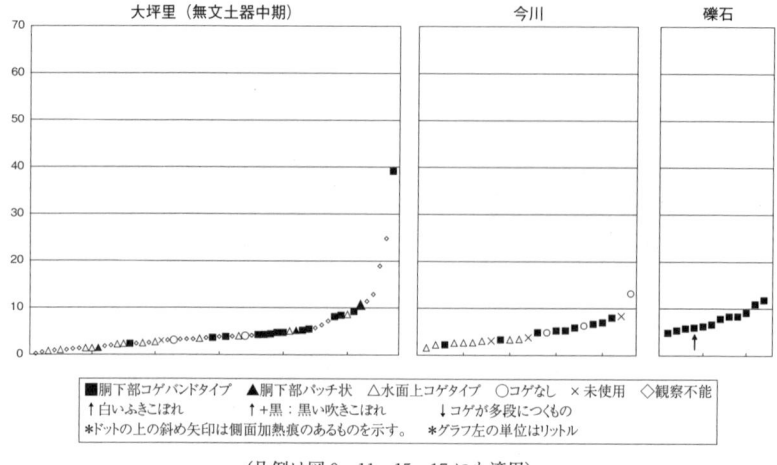

（凡例は図 9・11・15・17 にも適用）
図 7　無文土器中期、弥生前期の容量組成と焦げの種類

器なのですが、すでにこの段階では使い方において無文土器の影響を受けていたということになるかと思います。

7. 中九州の縄文土器の調理痕跡

　以上のことを踏まえて、再び縄文時代の資料を古いところからみていきたいと思います。図 8 の黒橋貝塚 46-9 は縄文時代中期末から後期初頭くらいの土器ですが、これはちょっと特殊な様相で、数段に焦げがめぐります。一段、二段、三段というふうに、上はおそらく水面上に焦げが付いて、下は焦げがだんだんと下がってきて何段かについているものかと思います。この焦げの形成過程は完全には明らかにできませんが、煮詰める調理をしたものかと思います。他にも単なる胴下部コゲバンドタイプもあり、黒橋貝塚 55-53 の土器の外面下部は煤酸化している状態で、この内面の酸化のところに黒い焦げが残っています（図 8）。こうした痕跡はこれから述べる縄文時代の土器に普通に見られるものです。

　図 9 は黒橋貝塚の容量ごとの調理痕跡の様相なのですが、これを見ると、弥生時代と違って大きなものまで使い、胴下部コゲバンドタイプがそれらに

縄文時代から弥生時代開始期における調理方法

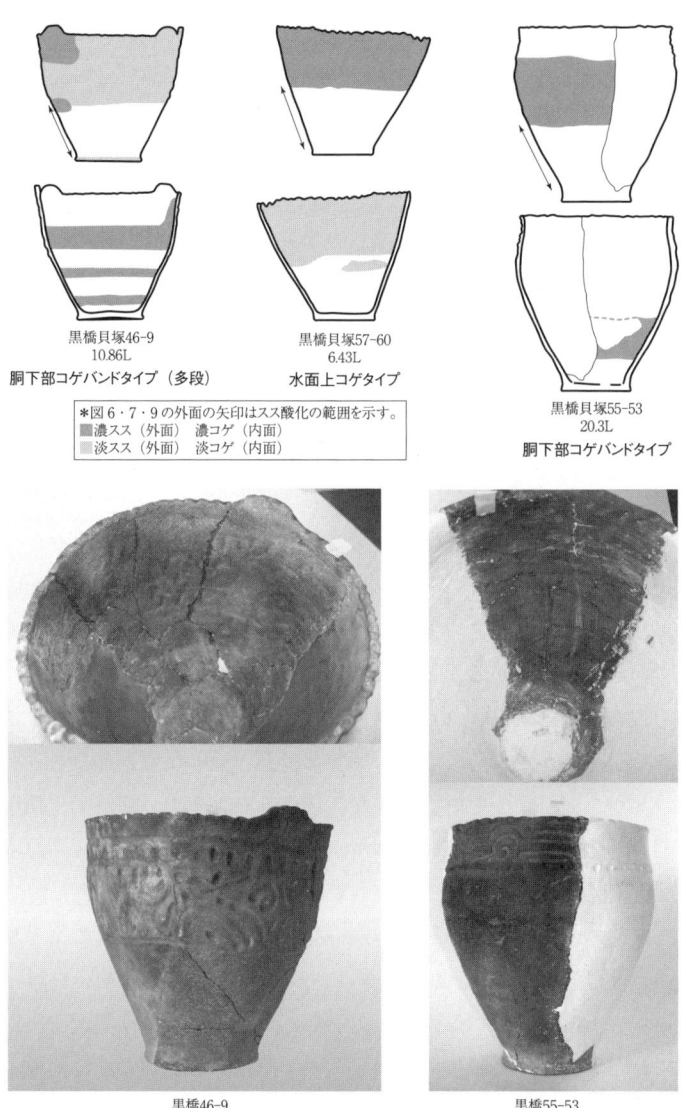

図8 黒橋貝塚の煤と焦げの付着状況（上段煤・焦げ観察図 S＝1/16）

25

I 食・調理

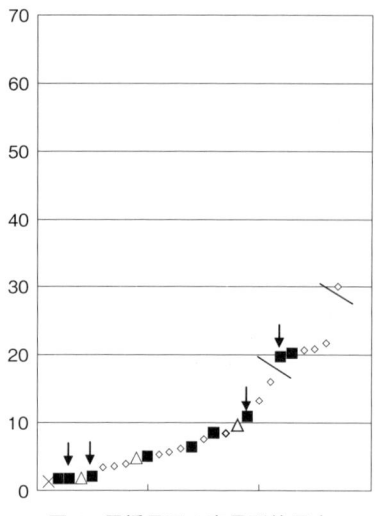

図9 黒橋貝塚の容量別使用痕

見られることが分かります。ここでは資料が少ないので確実には言えないのですが、だいたい10ℓ以下の土器までは水面上コゲタイプが生じる調理方法で使われており、少し無文土器や弥生土器と違いがあるかと思います。ただ全体的には胴下部コゲバンドタイプがよく目立ちます。

しばらく時期が降る太郎迫式の段階では、図10の写真のように外面が煤酸化して内面焦げという典型的なものが見られます。ここの黒斑にかぶるように周りにもやっとした焦げがついていて、バンド状に茶色味を帯びた黒い焦げがめぐることがわかります（図10）。1.35ℓというペットボトル以下の小さな容量の太郎迫60-23でも同じような使い方をしていまして、ここが酸化して、中にびしっりと焦げが回っている状況がわかるかと思います。

太郎迫式の段階は調べられた例が少ないのですが、水面上コゲタイプがこの段階でなぜか見つからなくなり、30ℓを超えるような土器までしっかりと胴下部コゲバンドがつくというような状況がみられます。従って、使用しているかどうか確認したものでは中小型から特大型まで、容量に区別なく同様な使用状況が見られるということがわかるかと思います（図11左）。

上南部遺跡では土器棺・埋設土器が中心ではありますが、次のような傾向が認められます。図12の上南部遺跡24-2は33ℓという大きな土器なのですが、これも下部が明瞭に煤酸化し、上部に煤が付くという状況で、内面は煤酸化に対応するかたちで焦げがつきます。口縁部が受口でない器種でも同じような状況です（図12左）。容量ごとの焦げの様相をみますと（図11右）、30ℓを超えるようなものまで使っています。そして、それまでの時期の中九州の土器には、吹きこぼれは観察できた限りは見られなかったのですが、後

縄文時代から弥生時代開始期における調理方法

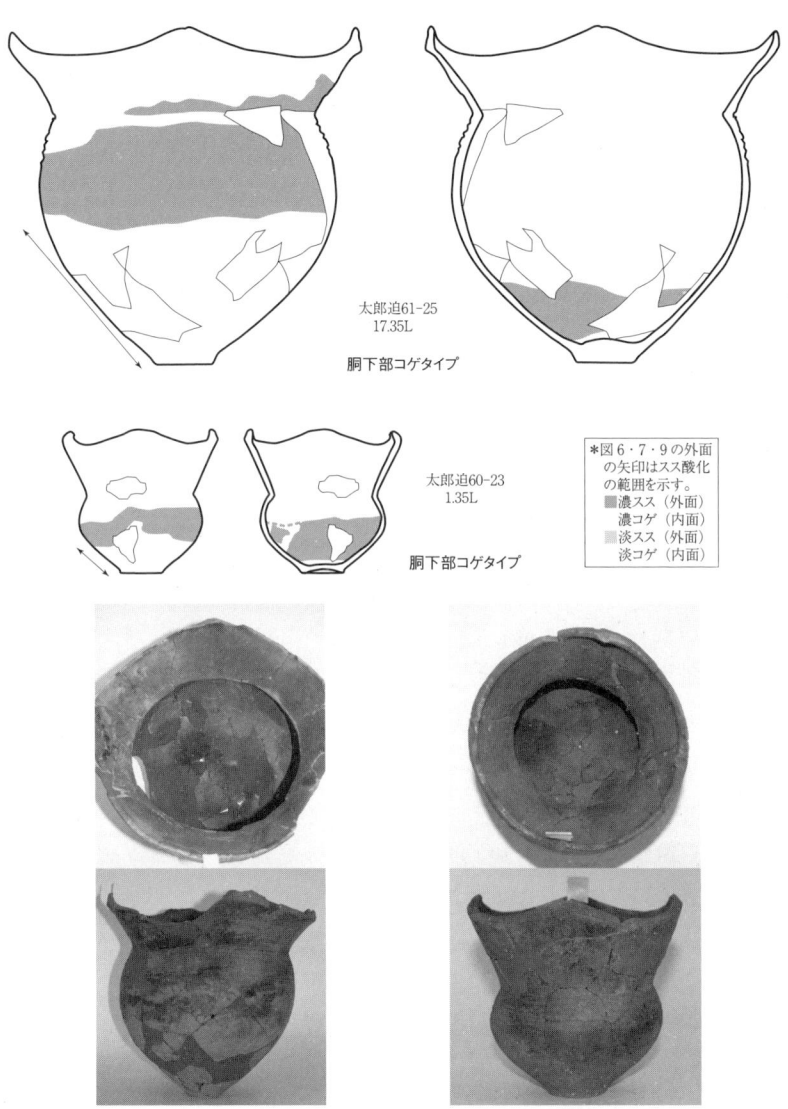

図 10　太郎迫遺跡の煤・焦げの様相

Ⅰ 食・調理

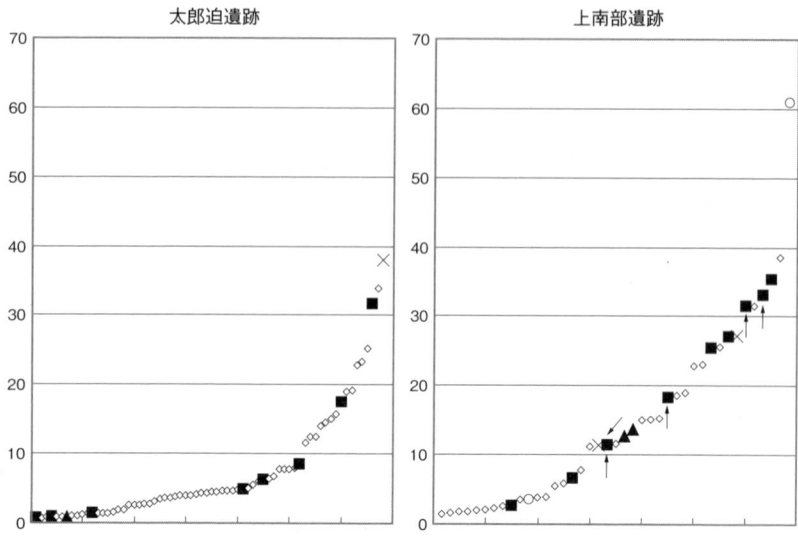

図11　煮沸具容量分布と使用痕

期後葉の段階で吹きこぼれが顕著となってきます。この吹きこぼれは、「白い吹きこぼれ」で、煤を流して白く筋状に残った吹きこぼれです。なお、ここでも水面上コゲタイプが全然なく、ほとんどの焦げが胴下部コゲバンドタイプに特化していることがわかります。

　ほぼ、同じ時期の石の本遺跡は、上南部遺跡の傾向を補強してくれる資料が多く認められます。図13のような住居から出土した容量の小さいものでも同様に煤酸化が顕著で、胴下部コゲバンドタイプです。また、大きな土器でも小さなものと変わらない吹きこぼれが見られます。白い吹きこぼれは残存状況がよくないと、写真ではなかなかわかりにくいものですが、磨きとは全然違う方向に流れる、筋状に白く抜けるのがそれにあたります。

　こうした石の本遺跡の資料の中に一つ変わった資料を見つけました。石の本遺跡88-8の資料なのですが（図13）、観察図面を見ると、焦げのバンドの下につぶつぶと何か黒い点があるのがわかるかと思います。これは何であるかをちょっと拡大した一番右の写真をみますと、つぶつぶと丸い楕円形のものが付着しているのがわかります。あとはべたっとした焦げが点在しており

縄文時代から弥生時代開始期における調理方法

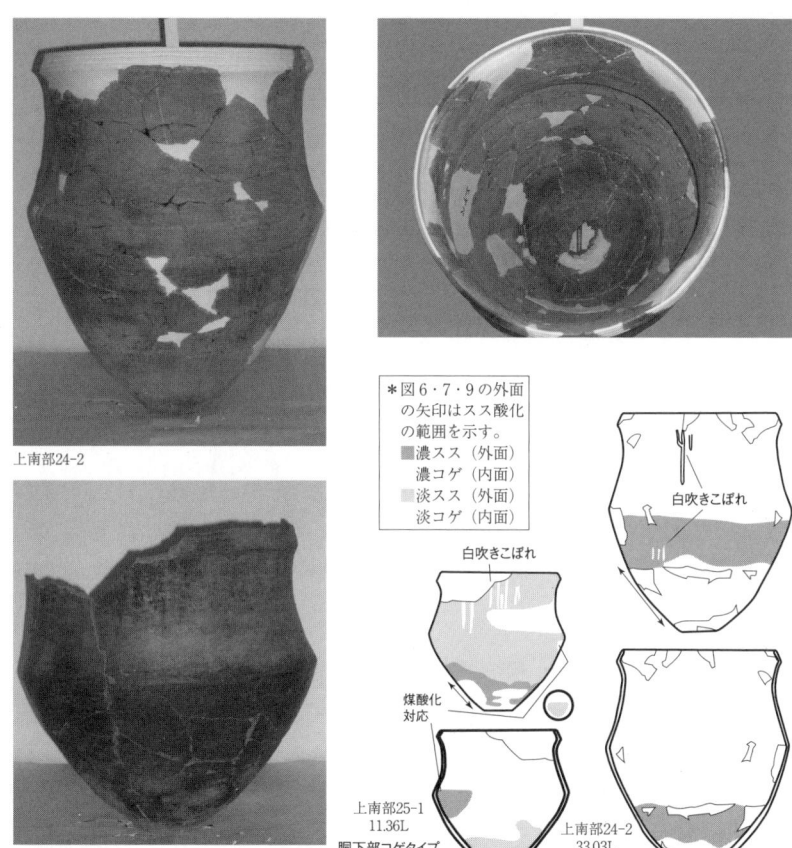

図12　上南部遺跡の煤・焦げの様相とそのパターン

ます。楕円形の粒のサイズは3〜4 mm です。実はこれは穀粒痕、その中でもコメの可能性のあるもので、弥生時代から古墳時代にかけては結構沢山の土器に見られるものです。図14は弥生時代から古墳時代の資料なので残りもよいのですが、これらはもっと粒がべたべたとついている状態がわかります。これらに比べて石の本遺跡の資料は粒の数が少ないですが、その理由については、調理に含まれる穀物自体が少なかったのか、弥生時代よりも遥かに古い資料なので、保存状態がよくなかったからなのか、資料数が増加しな

29

Ⅰ 食・調理

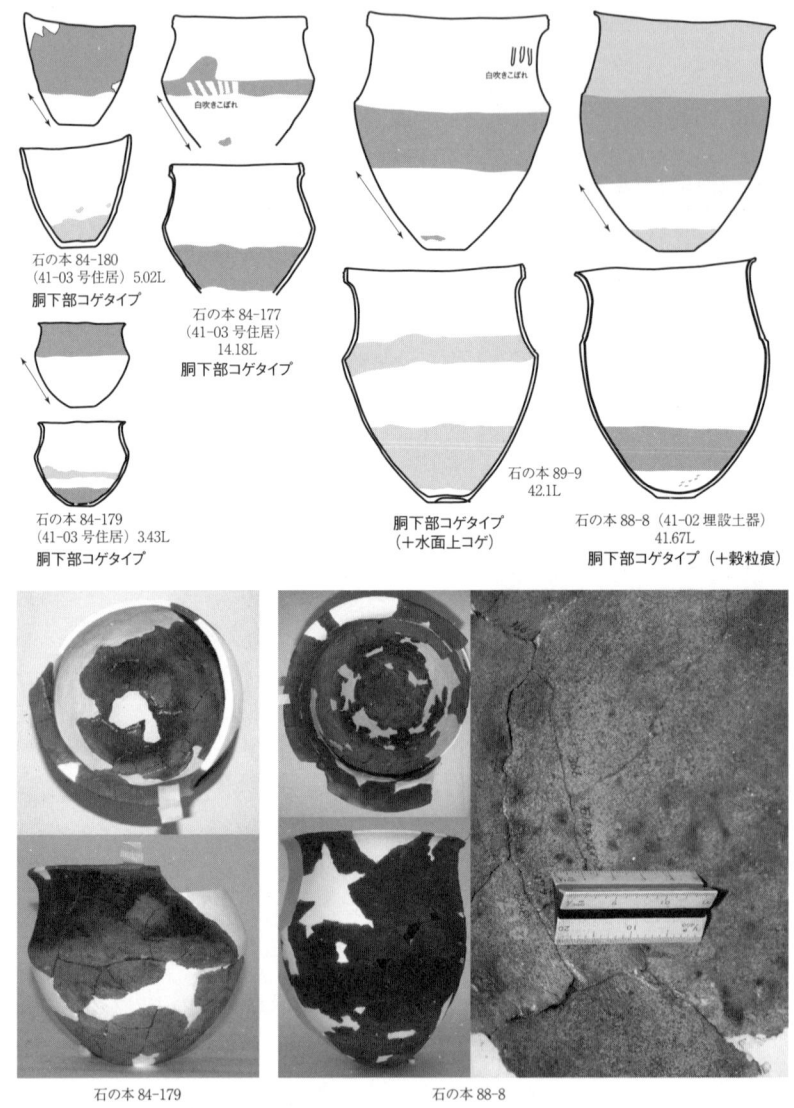

図13 石の本遺跡の煤・焦げの様相とそのパターン

縄文時代から弥生時代開始期における調理方法

い限り判断しかねる状況です。

一方で、弥生時代には白い吹きこぼれが顕著となります。この白い吹きこぼれがあるものには先ほどと同じように米粒痕が見られるものが多くあり、相関性の強い要素です（徳澤・他 2005）。先ほどの縄文時代後期後葉にすでにこのように粒がついたものがあり、白い

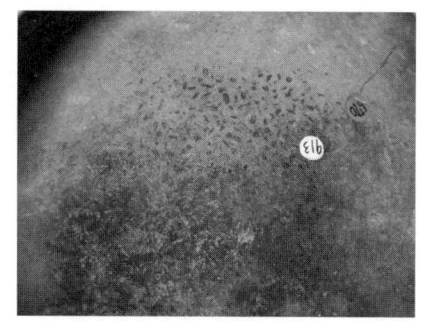

図14　下田遺跡の煮沸具内面の穀粒痕
（139-913）

吹きこぼれも増加するということは、実際になんらかの穀物類というのを煮炊きして食べていた、しかも粥状ではなくてある程度粒の残るような状態で食べていたということを示すと考えられ、とても重要な事象であると思っています。

さて、石の本遺跡では、図15にみられるように40ℓを超えるようなものでも平気で使っているということがわかります。この中で40ℓ台のものに先ほどの穀粒痕のあるものがありました。そうしたものの中には、白い吹きこぼれと胴下部コゲバンド、煤酸化がセットになるようなものがあって、この段階での煮沸具が、一定の調理方法で使われていたということがわかるかと思います。少し遡る三万田式でも同じように小さなものから60ℓを超え

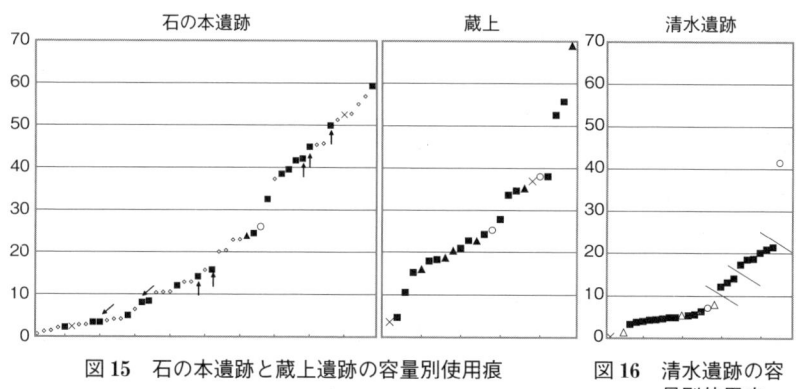

図15　石の本遺跡と蔵上遺跡の容量別使用痕　　図16　清水遺跡の容量別使用痕

31

Ⅰ 食・調理

るものまで、胴下部コゲバンドがめぐる状況がみられたので (図15)、この段階から似たような使い方をされているものがあると考えられます。

8. 東日本との比較

　この傾向が九州だけにとどまるのかを問題としなければなりませんので、観察できた資料は少ないのですが、東日本の資料と比較してみました。岩手県清水遺跡は中期末～後期初頭の時期で中九州と同時期の資料比較ができます。しかし、今回観察できたもう一つの遺跡である青田遺跡は晩期末で、九州では弥生早期の段階です。時期的なずれがあるのですが、西日本より東の地域では、稲作が入っていたかどうかということが問題視される時期でありますので、状況として似ているということで比較に選びました。

　清水遺跡では、すでに述べましたが、黒橋貝塚などとは全然違った形の長い土器を使っているものの、容量組成が類似します。使い方も10ℓ以下に水面上コゲタイプが認められ、それ以外はほとんど胴下部コゲバンドタイプであるので、この段階では地域や土器の形が離れているとはいえ、似たような使い方をしているということがわかるかと思います (図16・17)。

　青田遺跡の土器は図18のような容量分布を示します。この時期には大型土器がこの地域にも出てきますので、中九州の後期後葉と比較するのに適しているといえます。その煮沸具は、外面は煤酸化し、内面は胴下部コゲバンドがしっかりとつきます。一見、西日本と変わらない使い方であるといえますが、少し内容が異なります。確かに大きな土器まで胴下部コゲバンドで使うというのは変わらないのですが、そこに見られる吹きこぼれは白いものもあるものの、黒い吹きこぼれが多く見られ、西日本の吹きこぼれとは違っております。図18の黒と書いたのがそうです。これはなかなか判別しにくいのですが、例えば、図19左写真には、煤酸化したところに流れるようにビシッと切れたような太いバンドがみられます。これが黒い吹きこぼれで (図19)、西日本でみられる白い吹きこぼれとはつく部位も様相も違います。これもちょっとわかりにくいですが拡大しますと、酸化したところにだらっと流れるようなものがありまして、これが黒い吹きこぼれです。これも縄文時

縄文時代から弥生時代開始期における調理方法

代のはじめの頃から見つかるものなので、黒い吹きこぼれは縄文時代を通して見られるものであります。ただ西日本では同じような時期のもので残りがよいものが少ないので、黒い吹きこぼれがどのくらいあるかがなかなか判断しにくいのですが、私の見た限りでは先ほどの三万田式以降の段階ではこの黒い吹きこぼれはなく、白い吹きこぼれに変わっているということがわかります。

さて、以上のことをふまえて、中九州の煮沸具の様相についてまとめてみたいと思います。後期後葉以降の中九州の土器の特徴はほとんどが胴下部コゲバンドタイプでした。しかし、中期末にはそれと水面上コゲタイプが 10ℓ以上、以下で分かれる傾向にあったことから、同じ中九州の中でも時期によって変化しているということがわかります。

そして、後期後葉以降では白い吹きこぼれが顕著となって、その中には穀粒痕のつくものまでありました。煤酸化と胴下部コゲバンドの対応や白い吹きこぼれというのは、弥生時代以降の土器の使い方と状況的には同じであります。しかし、使用する土器は弥生時代よりはるかに大きな

図17　清水遺跡の土器

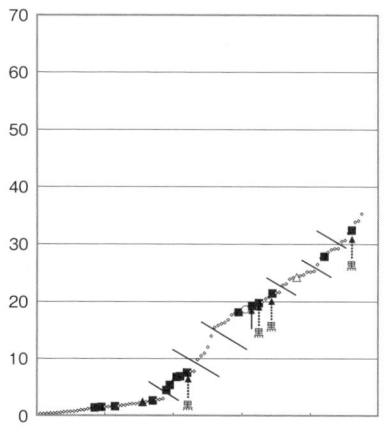

図18　青田遺跡の煮沸具容量と使用痕

Ⅰ 食・調理

図19 青田遺跡の土器の吹きこぼれ

ものです。弥生時代は10ℓ以上の煮沸具はほとんど使わないのですが、中九州の縄文時代後期後葉では40ℓ以上のものも沢山使う傾向が見られ、ここに大きな差異があります。また、東日本と比べると、胴下部コゲバンドは共通していますが、吹きこぼれの種類が違います。この吹きこぼれの意味なのですが、白い吹きこぼれは有機物をほとんど含まずに水分が流れ出たものが煤を流すという状況で付くのに対して、黒い吹きこぼれは有機物を含んだ煮汁のようなものが炎に当たってそれが筋状に残ると理解されます。吹きこぼれた水分の内容が違うことによって色が変わるということがわかります。従って、西日本と東日本とでは、調理する内容物の差異があると理解しました。

9. まとめ

　九州独特の大型土器は、実は一番集落が安定している後期後葉に使用が目立つようになります。これは東日本でもある程度認められますが、中九州で最も顕著な傾向です。この時期は全国的に土偶が増えたり、装身具が増加し始める傾向にありますので、集落あるいは住む居住地域の中の集団同士の折衝などのために饗宴や祭祀が多く行われたのだろうと考えられます。その時に大型土器を使って調理を行い、多くの人に食べ物をまかなうという状況が生まれ、そこで穀物類が使われたのではないかと推定します。そして、その

ような土器が、土器棺・埋設土器に使用されるのは、何らかの構造的な意味もあったのだろうと思います。

また、調理の痕跡としては、穀物がついたものは確実なのが一点、少し怪しい状況のものがあと二点ほど石の本遺跡にありました。そうしたものを含めると、いくつか資料がみられます。そして、それらの土器には煤酸化がみられ、内面にコゲバンドがめぐり、白い吹きこぼれもしばしば伴います。それは特別なものではなく、当時の一般的な煤、焦げの様相であるので、多くの土器の調理痕跡には穀物類の使用が含まれているのかもしれません。さらに今後、より詳しい検討が必要となりますが、穀類が広く使われていたということも、可能性として考え得るかもしれません。

また、朝鮮半島の新石器時代には雑穀類が作られている状況にあります。山崎さんが詳しく話されると思うのですが、結合式釣針なども含めた交流関係が保たれ（山崎1988、他）、中九州だけでなく九州北部全体が朝鮮半島と似た歩みをしただろうということが、考えられます。今後の検討によっては、西日本のどこまでの時期と範囲かはわかりませんが、朝鮮半島と同様に縄文時代の一部について、東アジアの中での新石器文化の地域的な展開からみた意義づけが必要となってくるかもしれません。

一方、雑穀栽培から水稲農耕へと中九州内部で段階的に農耕が変化していくかというと、すでに知られているように、この地域の社会の展開は縄文時代晩期には停滞してしまい、九州北部に広げて考えても、安定的な集落は、人吉盆地以南にしかないため、状況的な連続性は単純には認め難いといえます。そして、無文土器が入るころはもっと大きな変化があり、葬制も含めて、水稲農耕を中心として複合的にその変化が認められるので、その時期の文化的および歴史的画期はやはり低く見るべきではないと考えます。そこで、水稲農耕の段階で農耕全般がどのようなまとまりで入ってきたかが問題となります。当時の朝鮮半島では水稲農耕だけでなく、畑作もあわせて広く行われています。それが、縄文時代の今まで述べてきたような状況の中に、それとは関係なくまとまって入ってくるかもしれませんし、水稲農耕が主として入ってきた場合でもそれが影響して他の生業体系に変化を与えるという可能性

Ⅰ 食・調理

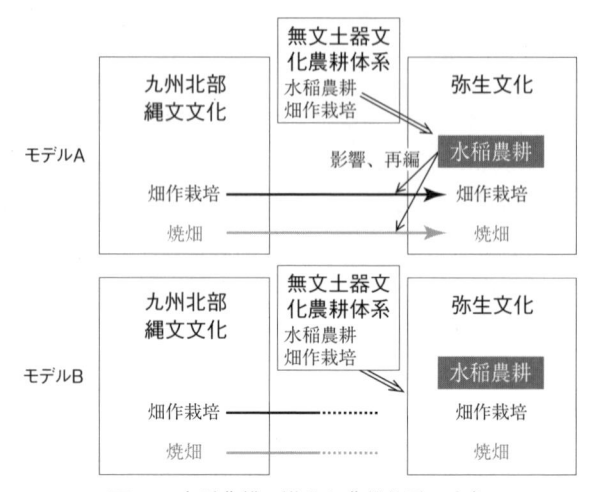

図20 水稲農耕の導入と農耕体系の変化

もありますので、今後はこうした検討が課題になるかと思います。

　この話を模式化すると図20のようになります。縄文時代に焼畑をどこまで行っているかは難しい問題ですが、少なくとも現在の椎葉村の事例のように完成されたものと同様には考えられないと思います。また、仮にモデルAであったとするならば、雑穀栽培が継続しても、無文土器文化に由来する水稲農耕が入ってきたときに既存の農業に影響を与え、コメを交換するものとして、もしくは補足するものとしての雑穀にその性格が変わった可能性も考えられます。一方、縄文時代の栽培を全く無視してしまってかたまりで入ってくるモデルBも考え得るので、どのような変革の過程があったのかを明らかにするには、現在の資料だけでは難しいところです。ただし、どちらにしろ水稲農耕が入ることで、それ以前の農耕を含めた生業全体が再構築されるという理解（甲元1992）をしたほうがよいだろうと思っております。

　検討の対象が多岐にわたり説明不足とは思いますが、以上で発表を終わらせていただきたいと思います。ありがとうございました。

質疑応答

庄田：縄文後期あるいは晩期の精製土器と粗製土器における使用方法の違い

に関して調査されたのかということが一点。それから主に煮沸具について検討されましたが、貯蔵容器の容量組成について時期的な変化など検討されたのかどうかという二点について答えていただければと思います。

中村：縄文時代の精製土器についても焦げの痕跡が見られます。その痕跡は何か平たいもので焙ったという状況で、焦げがべたっとついているのが確認できます。もちろん吹きこぼれなどはないので、水を使って調理したかどうかの判断では、あまり水を使わない調理であったというふうに考えられました。貯蔵具についてなのですが、縄文時代の場合、貯蔵具である壺類は東日本ではメジャーなのですが、西日本ではあまり見られませんので、貯蔵具だけの比較はできない状況です。容量だけで見た場合は、弥生に入っても貯蔵具には確かに大きなものがあるのですが、煮沸にはあまり使われないので今回はそれを省いて扱いました。

小林：吹きこぼれについてですが、白い吹きこぼれ痕と黒い吹きこぼれ痕の違いを生み出す要因として、煮汁の水っぽさに加えて、「吹きこぼれた煮汁が加熱を受けたかどうか」があげられます。すなわち、流れ落ちた煮汁が胴下部の煤が飛んだところで強い加熱を受けると黒く炭化し、黒色吹きこぼれ痕となります。とろみがあるものが吹きこぼれて流れたということに加えて、この要因も考慮する必要があります。東日本の縄文深鍋では、白い吹きこぼれ痕と黒い吹きこぼれ痕の両方がありますが、西日本に比べ白い吹きこぼれの比率が相対的に低いことが特徴です。これは、東日本の方が吹きこぼれた後により強い加熱を受けたことを示している可能性があります。

　それから容量に関して違いを考える上で重要と思われるのは、中村さんがおっしゃったように縄文後期半ば以降から西日本の方が30ℓ以上の深鍋の比率が増える点です。一方、東日本では、縄文後期後半から大型と共に2ℓ以下の小型深鍋の比率が増えます。西日本では2ℓ以下の小型の鍋があまり作られないで、その代わりに相対的に30ℓ以上のばかでかいものが増える。その大型と小型の両者を含めて鍋の容量組成の違いを考えていきたいと思います。ちなみに30ℓ以上が増えるということに関して、今までの西日本の容量分析資料は土器棺が中心ですので、これから分析資料を増やしていく必

I 食・調理

要があります。

注
1) ここ10年程の縄文農耕に対する評価をみると、小林達雄は九州の状況にはふれていないが、従来通り縄文時代における栽培植物を「栽培」の段階と評価し、弥生時代の「農耕」とは大きく区別する。縄文時代ではあくまで網羅的生業体系の中に収まるものでしかないという理解である（小林1996）。今村啓爾や籾圧痕を集成している中沢道彦も同様の評価をしている（中沢2005、今村1999・2002）。一方、広瀬和雄は、縄文時代と弥生時代の農耕に差異を認める一方で、縄文農耕を畑作段階に位置付け、それに付加する形で水稲農耕が導入されるという段階的な変化を提示している（広瀬1995）。
2) 松本直子は注口土器から穀物の酒での使用を示唆する（松本2002）。もちろん、注口土器は東日本から伝播したものであるので、その場合は西日本での用途の変容を認める必要がある。この理解は打製石斧の用途論問題と類似する。

（補記）吹きこぼれの種類と形成過程

　シンポジウムにおいて質問のあった吹きこぼれについて、後日、国立歴史民俗博物館の学術創成研究分科会（2006年2月11日）にて発表する機会を得たので、ここでその内容を補足しておく。

　本文で述べたように、考古資料で観察される吹きこぼれには、大きく「白い吹きこぼれ」と「黒い吹きこぼれ」の二種類がある。それらの形成を、調理実験によって検証した。調理内容は、炊飯と汁物の二つであり、炊飯にはタイのタンボン・ハンケオの炊飯用丸底土器を使用し、汁物には復元した板付式の甕形土器を使用した。炊飯内容と実験の設定は以下のようにした。

炊飯：水分量を多くし、玄米を炊いた。吹きこぼれの変化をみるため、炎を片側にのみ強く当たるように設定した。

豚汁：豚肉、里芋、舞茸、水、味噌、出汁を煮込んだ。自然な吹きこぼれ以外に、こぼした場合などを想定して、灰汁や汁を炎の当たる壁面にこぼした。

　実験では、炊飯の吹きこぼれは多くは白く抜けた状態、すなわち白い吹き

こぼれとなるが（補足写真1）、炎が強く当たる部分（考古資料ではスス酸化部に対応することが多い）では黒く焦げ付いた（補足写真2・3）。つまり、①白い吹きこぼれは、水が多い炊飯の場合には顕著につき、②炊飯でも水分が少ない場合は、黒い吹きこぼれになり得ることがわかる。また、豚汁のような有機物もしくは灰汁の多い調理内容の吹きこぼれは、炎を受けることによって黒い吹きこぼれとなった（補足写真4）。

　以上の結果をもとに考古資料を比較すると、次のようなことが理解された。

a. 弥生時代後期以降には米粒痕が相当多く認められ、炊飯は確実である。しかし、②の場合が確認できた資料はない。当時の炊飯は水を多く入れて炊き、吹きこぼれ後は、上部に炎が当たらないようにしていたことが予想される。

b. 実験では、火が強く当たる部分には、炊飯の吹きこぼれでも黒い吹きこぼれができた。弥生土器には黒い吹きこぼれは皆無に近いので、火の当たり方が、口縁から胴上部に直接火が当たらない火力であったことも予想される。

c. 縄文土器の場合は、黒い吹きこぼれでも、胴下部コゲバンドがめぐる。黒い吹きこぼれは、実験から、灰汁（アク）や、有機質の多い調理の場合にみられた。胴下部コゲバンドが形成されるには、ある程度粘性の高い汁物である必要があるので、器形や水分量にもよるが、蓋があった方が吹きこぼれが生じやすい。もしくは灰汁の出やすい水分の多い調理と煮つめる調理などの内容の違うものが重ねられた結果かもしれない。

d. ただし、縄文土器には黒い吹きこぼれも含めて、吹きこぼれ自体が少ない。使用頻度や二次的な残存状況にもよるが、蓋を使用しない場合が多かったとも考えられる。また、太い帯状の黒い吹きこぼれは、内容物を何かに注いだときにこぼれてつくなども考えられる。

　以上、なおいくつかの問題点は残るが、大きくは調理内容の差異が吹きこぼれの種類に対応することがわかった。ただし、縄文土器にみられる胴下部コゲバンドと黒い吹きこぼれが同時につくには、上述のような限定条件が付き、判然としない部分が残る。縄文時代の調理内容についてはまだ検討を深

Ⅰ 食・調理

1. ハンケオ土器を使用した炊飯実験

2. 炊飯による黒吹きこぼれ

白い吹きこぼれ

白い吹きこぼれ（洗浄後）

4. 復元土器を使用した煮物

洗浄前

洗浄後

3. 水分を少なくした場合の炊飯による吹きこぼれ

補記写真　弥生時代終末期の煮沸具と調理実験

40

める必要があるだろう。今後は、実験と考古資料の分析を蓄積させていきたい。

参考文献

今村啓爾　1999　『縄文の実像を求めて』　吉川弘文館

今村啓爾　2002　『縄文の豊かさと限界』　山川出版社

岩手県埋蔵文化財センター　2002　『清水遺跡発掘調査報告書』

賀川光夫　1966　「縄文時代の農耕」『考古学ジャーナル』11　ニュー・サイエンス社

上村俊雄　1995　「縄文時代のコメの初現をめぐって」『人文科学論集』第41号　鹿児島大学法文学部

甲元眞之　1992　「海と山と里の形成」『考古学ジャーナル』344　ニュー・サイエンス社

坂本経尭　1952　『古閑原貝塚発掘調査抄報』

小林達雄　1996　『縄文人の世界』　朝日新聞社

小林正史　1995　「縄文から弥生への煮沸用土器の大きさの変化」『北陸古代土器研究』5：110-130

小林正史　1999　「煮炊き用土器の作り分けと使い分け—「道具としての土器」の分析—」『食の復元』帝京大学山梨文化財研究所研究集会報告集2、岩田書院

小林正史　2003　「使用痕跡からみた縄文・弥生土器による調理方法」『石川考古学研究会会誌』46

小林正史・金箱文夫　2003　「ナッツ類加工場から出土した縄文土鍋の使い方—赤山陣屋跡遺跡の分析—」『日本考古学協会第69回総会研究発表要旨』

小林正史・北野博司・久世建二・小島俊彰　2000　「北部九州における縄文・弥生土器の野焼き方法の変化」『青丘学術論集』第17集

熊本県教育委員会　1998　『黒橋貝塚』

熊本県教育委員会　1999　『太郎迫遺跡・妙見遺跡』

熊本県教育委員会　2002　『石の本遺跡V』

熊本市教育委員会　1981　『上南部遺跡発掘調査報告書』

黒岩　隆　1987　「縄文土器の大きさ：深鉢形土器の容量を中心として」『東京考古』5：49-67

Ⅰ 食・調理

黒岩　隆　1988　「縄文土器の大きさ（2）―深鉢形土器の容量とそのタイプ―」『長野県埋蔵文化財センター紀要』2

慶尚大学校博物館　2001　『晋州大坪里玉房3地区先史遺跡』

佐賀県教育委員会　1989　『礫石遺跡』

佐藤由起男　1999　『縄文弥生移行期の土器と石器』雄山閣

立岡和人　2000　「土器棺墓・埋甕・埋設土器」『関西の縄文墓地』関西縄文文化研究会

津屋崎町教育委員会　1981　『今川遺跡』

徳沢啓一・河合忍・石田為成・小林正史　2005　「吉備地方における弥生土鍋の使用痕分析」『日本考古学協会第71回総会研究発表要旨』

鳥栖市教育委員会　2000　『蔵上遺跡Ⅲ』鳥栖市文化財調査報告書61集

富田紘一　1983・1987　「太郎迫遺跡の縄文土器」『肥後考古』第4・6号

中沢道彦　2005　「山陰地方における縄文時代の植物質食料について―栽培植物の問題を中心に―」『縄文時代晩期の山陰地方』第16回中四国縄文研究会発表資料

新潟県教育委員会・新潟県埋蔵文化財調査事業団　2004　『青田遺跡』

春成秀爾　1990　『弥生時代の始まり』　東京大学出版会

広瀬和雄　1995　「縄文農耕と水田稲作の開始」『弥生文化の成立』　角川書店

松本直子　2002　「伝統と変革に揺れる社会―後・晩期の九州―」『縄文社会論（下）』、同成社

山崎純男　1988　「西北九州漁労文化の特性」『季刊考古学』第25号

山崎純男　2003　「西日本の縄文後晩期の農耕再論」『日韓初期農耕―関連学問と考古学の試み』大阪市学芸員等共同シンポジウム

山崎純男　2005　「西日本縄文農耕論」『韓・日新石器時代の農耕問題』第6回韓・日新石器時代共同学術大会発表資料集、韓国新石器学会・九州縄文研究会

村石真澄　1985　「深鉢サイズからみた社会変動―縄文時代の加曽利E期の南関東南部について」『法政史論』12

使用した写真については、岩手県文化振興事業団埋蔵文化財センター、大阪府文化財センター、熊本県教育委員会、熊本市教育委員会、慶尚大学校博物館、佐賀県教育委員会、新潟県教育委員会、福岡県教育委員会の掲載許可をいただきました。資料調査のご配慮も含め、感謝いたします。

弥生土鍋の炊飯過程とスス・コゲの産状

徳澤啓一・河合　忍・石田為成

　岡山の徳澤・河合・石田と申します。よろしくお願いします。本日は、3人を代表して、徳澤が発表させていただきます。私どもは、『弥生土鍋の炊飯過程とスス・コゲ等の産状』というタイトルで発表させていただきます。今回の発表は、2005年5月22日開催の日本考古学協会第71回総会研究発表「吉備地域における弥生土鍋の使用痕分析」（徳澤ほか2005）の続編となっております。そのため、この発表をお聞きにならなかった方は、今回のシンポジウムの発表要旨をご覧になられると、唐突とも思われる部分もあると思います。今日は、前回の研究発表を振り返りながら、その辺も補いつつ話を進めさせていただきます。何卒、よろしくお願いします。

　まず、タイトルのとおり弥生土鍋、その中でも、弥生時代後期から古墳時代前期にかけての土鍋を取り上げます。また、土鍋ですから、甕形とされる土器を扱うことになります。そして、これらに付着する煤、焦げを観察することで、炊飯がどのようなプロセスで行われているのか、ということを具体的に見出していくことが私どもの目的になります。先ほど、中村大介さんのご発表の中で、煤・焦げ等の使用痕跡を観察する上で必要な基本的なテクニカルタームのご説明がありましたので、その辺りは、省略させていただきます。必要とあれば、随時振り返りながら触れてみたいと思います。

1. 目的

　さて、私どもは、弥生土鍋を通覧しまして、調理に伴う煤・焦げ等の使用痕跡を観察してきました。前回の発表では、中型と小型の土鍋における使用痕跡の産状が大きく異なることを強調しながら、中型がもっぱら炊飯に使用

Ⅰ 食・調理

されるという結論を出したのです。しかしながら、炊飯の直接的証拠の一つである「炭化穀粒痕」が、中型と小型という容量の差異を越えて見出されることにも気づいていました。よく見ると、小型にも炊飯に使われた土鍋があるということです。ただ、中型と煤・焦げの産状が著しく異なることから、小型には異なる炊飯のプロセスがあるのだろうというイメージをもっていました。複雑な話です。そのため、前回の発表では、中型の炊飯のプロセスをきちんと浮かび上がらせるために、小型を省いて、中型の土鍋における煤・焦げ等の産状を特徴づけたわけです。今回は、中型における基本的な炊飯のプロセスと使用痕跡の対照関係を対比しながら、小型の土鍋における炊飯のプロセスと煤・焦げ等の産状を見出していこうと思っています。

2. 炊飯の過程

皆さんは、炊飯過程の端的な表現として、「始めちょろちょろ中ぱっぱ」というフレーズをお聞きになられたことがあると思います。しかしながら、少なくとも、弥生土鍋の炊飯のプロセスを言い当てたものではなさそうです。弥生土鍋の煤・焦げを見る限りでは、最初がんがん炎を焚き上げることで、強い火力による「炊き上げ」を行うようです。それから、火勢が弱まり、炎が収まることで「弱火」になります。その後、再び、炎を盛り上げて「追い炊き」をして、燠火などの残余の熱源を用いて「蒸らし」が行われたようです。こうした炊飯のプロセスを辿ることによって、色・張り・艶を備えたおいしいご飯ができ上がることになります。土鍋で炊いたご飯は、冷めてもおいしいと言います。今日でも、おいしいご飯は、このような炊飯のプロセスで出来上がっていると私どもは考えております。

柳瀬昭彦さんと小林正史さんは、こうした炊飯の過程について、土鍋に対する熱源の大きさや方向から炊飯方法をモデル化しています（柳瀬・小林1988・2000a・b）。私どもは、勝手に「柳瀬・小林モデル」と呼んでいます。東南アジアをはじめとする稲作農耕民の民族誌と岡山県倉敷市上東遺跡（才の町調査区）の井戸状遺構「P-ト」の弥生土鍋の使用痕跡を対照して作り上げられたモデルです。

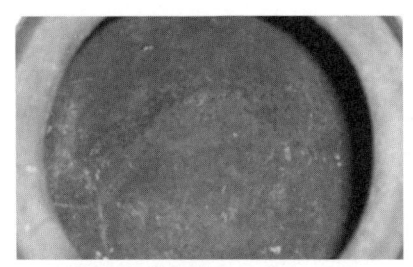

弥生土鍋の炊飯過程とスス・コゲの産状

写真1　炭化穀粒痕（上東 P-ト-303） 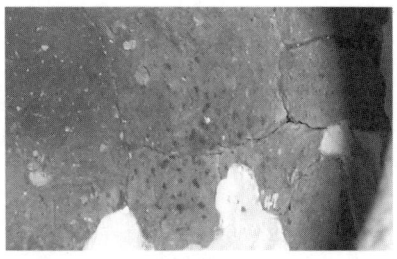　　写真2　炭化穀粒痕（百間井戸 16-3545）

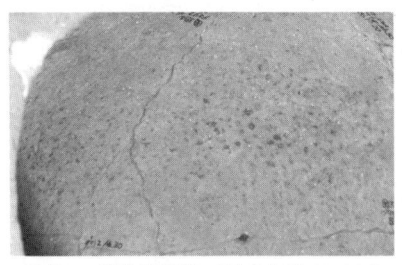

写真3　炭化穀粒壙（足守土壙 72-934） 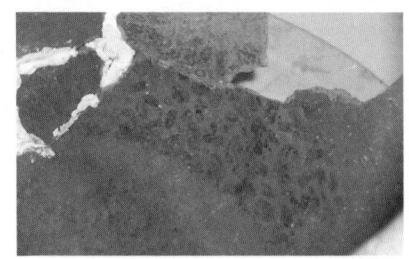　　写真4　炭化穀粒痕（上東 P-ト-314）

　この「柳瀬・小林モデル」は、「強火段階（口頸部まで煤付着）→吹きこぼれ→弱火段階（胴部下半の顕著な煤と焦げ付着）」と表記されていますが、先ほどの一般的な炊飯の表現に置き換えますと、「強火」は「炊き上げ」に当てはめることができると思います。「吹きこぼれ」は、がんがん焚き上げることで、内容物が沸騰し、煮汁が「吹きこぼれ」ます。これが、熱源を縮減し、「弱火」に移行するタイミングとされたようです。そして「弱火」になるわけですが、胴部下半で著しい煤酸化と焦げつきが見られるので、比較的長時間にわたって「弱火」が行われたと考えられたようです。また、この「弱火」において、「炊き上げる加熱」がおこなわれるということが書かれていました。具体的な記載こそはありませんが、ご本人からお話を伺うに、土鍋の中に滞留する煮汁を一気に飛ばし切る「追い炊き」の過程に当たるとのことでした。「追い炊き」から「蒸らし」までの仕上げを包括した過程となるようです。
　私どもは、基本的な炊飯過程について、「柳瀬・小林モデル」を下敷きとしながら、「①強火→（吹きこぼれ）→②弱火→③熾火（おき）→④ 煽火（あおり）」、ないし

45

Ⅰ 食・調理

は「①強火→（吹きこぼれ）→②弱火→③熾火・④煽火」という土鍋が翳された炎の大きさや方向を基調として、炊飯過程を再構成しました。この炊飯過程は、次に述べます中型の土鍋の炊飯方法とあわせて、ご説明しようと思います。

3. 観察資料と炭化穀粒痕

今回の発表は、先ほども申しましたとおり、中型と小型の土鍋の炊飯方法の差異を見出すことにあります。そのためには、炊飯に使用されたことを確実視できる土鍋を観察の対象としなければなりません。この炊飯の可能性を裏打ちする根拠として、「炭化穀粒痕」を取り上げることにしました。「炭化穀粒痕」は、先ほどの中村大介さんのご発表の中でも、熊本県の石の本遺跡が縄文時代後期の事例としてあげられております。これに比べますと、弥生時代以降の「炭化穀粒痕」は、かなり鮮明な形態を留めていますので、わかりやすいでしょう。写真5・6は、先ほどの上東遺跡「P-ト」出土の土鍋に付着している穀物粒及びその痕跡のさまざまな産状になります。写真5をクローズアップしますと、これらの産状も多様であることが判ります。

まず、写真6のaです。ご覧のとおり、「コメ」と思われる形状の炭化種子がそのままべったりと付いております。これは「コメ」の穀粒そのものです。ポジの状態と言いましょうか。そして、写真6のbです。aが器壁から外れた状態です。「コメ」粒がポロリと取れたところ、それがこちらです。「コメ」粒の周りには、粘性の高い煮汁が付いて、それが器壁との接着剤になっていたのですが、焦げついた煮汁だけが残された状態ですね。この煮汁の焦げに象られた穀粒の形状から「コメ」粒であったことが推測できるものです。こちらがネガの状態で残されています。写真6のcは、焦げついた煮汁の断片などです。つまり、写真6のbの一部ですね。なんとなく、穀粒が付着していたことが判るというものです。これについては、煮汁が焦げついているものを穀粒の断片と見間違っているものもあるかもしれません。よくよく精査することが必要と思われます。また、余熱を用いた蒸らしにおいても、炊き上がりにあわせて、天地返しをすることがあります。それから、

弥生土鍋の炊飯過程とスス・コゲの産状

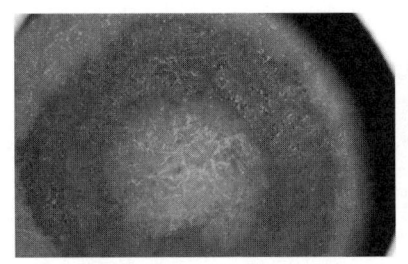

写真5　焦げに伴う炭化穀粒痕
（上東 P-ト-315）

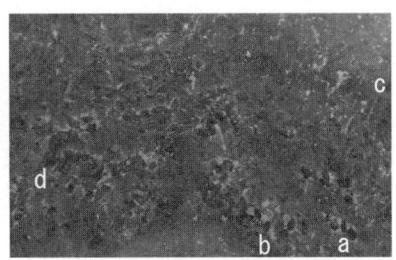

写真6　炭化穀粒痕の多様な産状
（上東 P-ト-315）

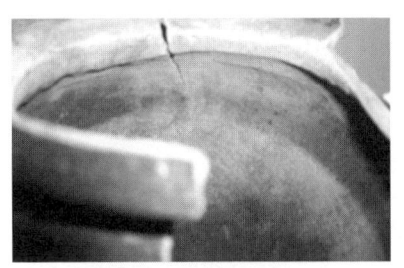

写真7　胴部上半の焦げ
（上東 P-ト-305）

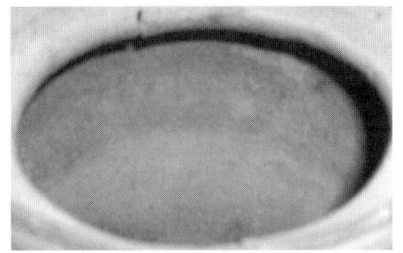

写真8　胴部上半の焦げ
（上東 P-ト-317）

　穀飯が炊き上がりますと、混炊の場合、混ぜ合わせることになりますし、給仕をすることになりますと、土鍋からお櫃ないしはお茶碗によそうことになるわけです。そうしますと、「しゃもじ」ではありませんが、道具を使用して炊き上がった穀飯をこそぐことになるわけです。ですから、土鍋の器壁に対して、穀飯、穀粒が押し付けられて、引き延ばされたような産状、そういう穀粒の痕跡も見受けることができます。これが写真6のdになります。

　ですから、穀物粒そのものであったり、その一部であったり、圧痕であったり、それから、穀物粒が変形を受けながらも、かろうじて、本来、穀物粒であったことを推測し得るもの、さまざまな産状を見ることができます。こうした「炭化穀粒痕」が付着する土鍋であれば、おそらく「コメ」、あるいは「コメ」となにかしらの穀類が混炊された土鍋であると理解して、炊飯に伴う煤・焦げ等の産状を詳しく見ていくことができると考えたのです。ですから、今回は、「炭化穀粒痕」が付着する土鍋だけを取り出して、炊飯に伴う使用痕の観察対象にすることにしたわけです。

47

I 食・調理

ですが、「炭化穀粒痕」が付着するだけでは、炊飯の決定的証拠となりません。写真7・8をご覧ください。これは、内容物の水分量が減ることで、胴部上半にぐるっと帯状の焦げが形成されています。これまで、煮込むような調理方法に伴う焦げの産状とされてきたものです。もし、こうした焦げが「炭化穀粒痕」をともないますと、これは炊飯にともなう「炭化穀粒痕」とは言い難くなることになります。幸いなことに、今回の観察対象となった土鍋には、こうしたものはほとんどありません。というか皆無でした。今回の土鍋は、胴部下半において、炊飯に特徴的な外側の煤酸化と対応する内側の帯状の焦げのベルトが付いていて、それに「炭化穀粒痕」が付いているものだけを取り扱っております。

4. 分析資料

　今回、観察の対象とした土鍋は、岡山県倉敷市の上東遺跡、岡山市の百間川原尾島遺跡、足守川矢部南向遺跡、それから、近畿の資料もあわせて使用しました。大阪府八尾市・大阪市亀井遺跡及び亀井北遺跡、八尾市久宝寺南遺跡の出土のものです。また、煤・焦げ等の使用痕跡の産状は、容量別でそのパターンが分別できることが推定されますので、これらの資料の容量についても、前もって調べてみることにしました。私どもが「容量別折れ線グラフ」と呼んでいる図1をご覧ください。これらの土鍋を容量別にプロットしたものです。グラフの横軸を見てください。それぞれの出土遺跡を単位として、左から右にむかって、順次、容量が上がっていきます。図1上、丸印（●）は、「炭化穀粒痕」が付着していない土鍋を指し示しています。完形に近い資料で、煤、焦げも明瞭に観察できるのですが、「炭化穀粒痕」が付いてない土鍋となります。一方、四角印（■）は、煤、焦げもしっかり見えますし、何よりも「炭化穀粒痕」がしっかり付いている土鍋になります。上東遺跡では、「小型」は2ℓくらいまで、「中型」は4.5ℓくらい、4.5ℓ以上が「大型」ということになりそうです。上東遺跡では、ほぼ全ての容量区分の土鍋に「炭化穀粒痕」がしっかり付いています。きわめて稀有な残り方であるという気がしています。一方、百間川原尾島遺跡の井戸16では、唯一、

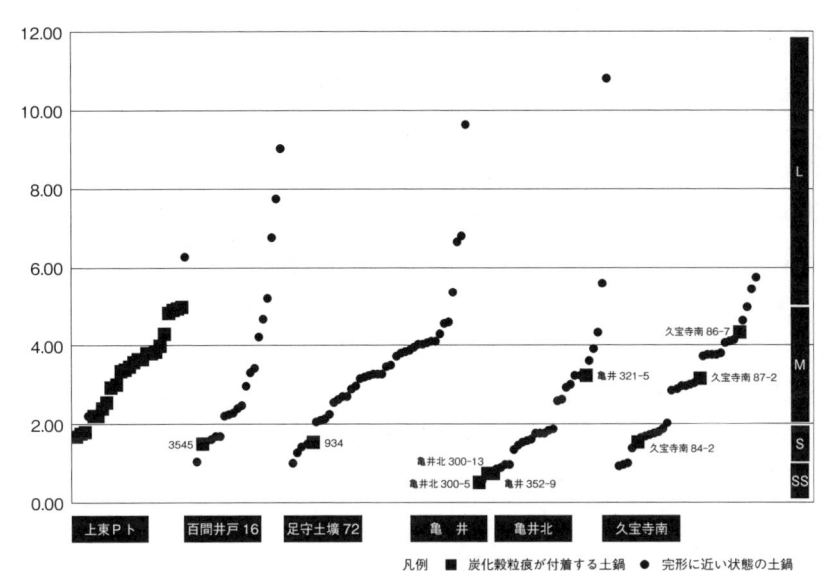

弥生土鍋の炊飯過程とスス・コゲの産状

図1　弥生土鍋の容量別折れ線グラフ

　容量1.5ℓくらいの「小型」3545に、「炭化穀粒痕」が付着しています。足守川矢部南向遺跡土壙72でも容量1.5ℓから1.8ℓの「小型」の934に「炭化穀粒痕」が見られます。前回、「中型」における煤・焦げ等の産状こそが炊飯の典型的な使用痕パターンを示しているという結論を提示しましたが、むしろ、「炭化穀粒痕」に限っては、「小型」の土鍋の方が顕著に見受けられるという結果になってしまいました。また、亀井遺跡と亀井北遺跡は、一緒にプロットしました。こちらは、2ℓ以下とした「小型」で、1ℓを境として分別できそうに見えます。そこで、容量が1ℓ未満の土鍋を「小型」としながらも、1ℓ以上の「S」と区別して、「SS」とすることにしました。この「S」と「SS」の間でも、むしろ「SS」のほうに「炭化穀粒痕」が目立つようです。また、「中型」にも1点ですが、「炭化穀粒痕」が付着するものが見られました。久宝寺遺跡でも「中型」の中でより大きな容量の土鍋に「炭化穀粒痕」が付いておりますし、「小型（S）」の土鍋にも見られます。よくよく見ていきますと、やはり、「中型」の土鍋よりもむしろ「小型」の土鍋に付着しているケースが多いようです。つまり、「小型」の土鍋も積極的に炊

49

Ⅰ 食・調理

飯の可能性を検討しなければならないということになるわけです。では、ここで問題にしなければならなくなるのは、「中型」における炊飯の煤・焦げと「小型」の容量の土鍋に観察される炊飯の使用痕跡とどのような違いがあるのかということでしょう。これは、「中型」と「小型」の煤、焦げ等の使用痕跡を対比することでしか見出せません。また、こうした比較によってこそ、より鮮明にその差異を浮かび上がらせてくれるのではないかと思っています。

5.「中型」土鍋の炊飯過程

　前回の発表で、「中型」土鍋の煤・焦げ等の産状を整理したわけですから、今回は、「小型」土鍋の使用痕跡をじっくり観察することにしたわけです。ですが、この場においても、「中型」の炊飯に伴う使用痕パターンを示しておかないと、「小型」の煤・焦げ等の特徴をお伝えできないので、ここで、前回の発表を若干振り返りながら、「中型」の使用痕パターンをご覧いただきたいと思います。

　まず、「中型」土鍋の基本的な炊飯過程をおさらいしますと、「①強火→（吹きこぼれ）→②弱火→③熾火→④煽火（③熾火・④煽火）」となります。土鍋に対する炎の当て方を強調するかたちで、炊飯方法をパターン化したわけです。まず、「強火」ですね。「炊き上げ」をやりまして、そして、「吹きこぼれ」を迎えるわけです。この「吹きこぼれ」を抑え込むために、燃料材である薪などを火床から引っ張り出したり、差し水をしたりと火勢の調整をするわけです。その後、燃焼が進むと炎が小さくなって、自然と「弱火」になるわけです。そして、「弱火」からの扱い方が難しいところです。

　写真9をご覧ください。フィリピン・ルソン島のカリンガ族の民族誌などを参考にしますと、「弱火」にするために火床から引き出した薪を「熾火」にして、火床の「弱火」に薪をくべることで、再び炎を盛り上げて、「煽火」として、「熾火」上の土鍋の側面から炎を煽るのではないかと考えました。また、火床の「弱火」を再び盛り上げるタイミングこそ、新たな調理のサイクルに入って、まずは、「強火」を要する加熱調理が新たな土鍋に対して開

弥生土鍋の炊飯過程とスス・コゲの産状

写真9　炊飯鍋過程「イニイン」

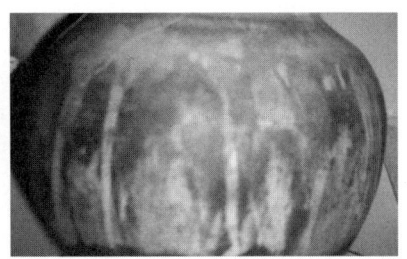

写真10　胴部上半の吹きこぼれ
（上東 P-ト-317）

始されるタイミングとすることもできそうです。これが「中型」土鍋に対する「追い炊き」の具体的なイメージの一つということになります。実際、「弱火」から「追い炊き」までの煤・焦げ等の産状を見ても、一回の食事、一回の調理機会でさえも、その加熱調理のサイクルを具体的にイメージできるだけの材料を持ち合わせることができずにいますが、少なくとも、土鍋に見られる実際の煤・焦げの産状は、こうした「弱火」から「煽火」までのイメージを否定するものではないようです。ここまでが私どもの観察の到達点というか、限界点ということになります。では、こうした炊飯における炎の移ろいというか用い方にあわせて、「中型」土鍋における煤・焦げの産状の変化・変遷を振り返りたいと思います。

6.「中型」土鍋の煤・焦げ等の産状

　では、炊飯開始ということで、土鍋を「強火」に翳すことになります。土鍋は、一旦、外表面全体が煤で覆われてしまいます。その後、この煤は、「吹きこぼれ」や煤酸化することで、ほとんどが消えてなくなります。ごく一部は残存することがありますが。炊飯を中断しない限り、「強火」で付着した煤の状態が考古資料の土鍋に残されることはほぼないようです。写真10をご覧ください。「吹きこぼれ」で白くなったラインが幾筋も見えますが、本当はここも煤に覆われて真っ黒な状態だったはずです。煤が付着して間もなく吹きこぼれ、煮汁で洗い流されてしまったわけです。写真21では、胴部下半に煤酸化がおきていますが、「強火」ではおそらく真っ黒い煤に覆わ

51

Ⅰ 食・調理

れた状態だったと思います。その後も「弱火」であるとか「熾火」、であるとか、部分的に炎が当てられることで、部分的な煤酸化が生じて、煤がとれていくわけです。しかし、「強火」の段階では、土鍋全体が煤に覆われていただろうということです。

「吹きこぼれ」は、縄文時代の土鍋でも見られるようですが、弥生土鍋の方がより著しいように思えます。吹きこぼれ痕の出現頻度もそうですが、そのものがはっきりしています。また、ダダ漏れというか、多量に吹きこぼれたような痕跡もあります。先ほどの写真10は、ダダ漏れの方ですが、上東遺跡のほとんどの土鍋の吹きこぼれ方です。また、写真11では、吹きこぼれるにしても、吹きこぼれの軌跡が曲折している。「弱火」にするためのタイミングなのか、土鍋に手をかけるような行為があったと思うのです。あるいは、自然に傾いたのかもしれませんが、吹きこぼれの途中で土鍋が傾倒したことを示しています。また、少し見にくいのですが、写真15のように、幅広の吹きこぼれ痕があります。いかにも粘りのありそうな吹きこぼれの痕跡です。「吹きこぼれ」には、はっきり見えるもの、軌跡までわかるもの、粘性などの状態までわかるもの、また、吹きこぼれ痕かよくわからないものなど、いろいろあります。ただ「強火」直後の典型的な吹きこぼれとしては、上東遺跡のようなダダ漏れ、つまりバンバン吹きこぼれて、胴部上半から胴部中位にかけての煤をさっぱり洗い流しているような様子になります。亀井SD3010の321-5のように、ほとばしるような吹きこぼれの痕跡も見てとれますが、隣接して据えられた土鍋の吹きこぼれ返りかもしれません。

「吹きこぼれ」てから「弱火」にするわけですが、「弱火」になりますと、炎の丈がぐんと小さくなりますので、胴部上半まで及んでいた炎が胴部下半しか当たらなくなります。そうしますと、「強火」で全体を覆っていた煤が、「吹きこぼれ」で胴部上半の煤が洗い流されます。そして、丈の低い炎によって、胴部下半だけが煤酸化してしまうことになるわけです。そうしますと、写真21・26のように、「強火」で付いた煤のほとんどが消失してしまいます。これが「中型」土鍋の外表面の煤の典型的な産状となるのです。写真31は、足守川矢部南向遺跡土壙72の934です。容量は「大型」になります。これ

弥生土鍋の炊飯過程とスス・コゲの産状

写真11　曲折する吹きこぼれ 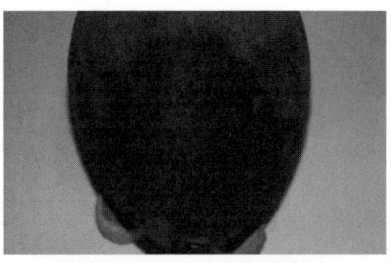　　　写真12　「きわめて弱い煤酸化」

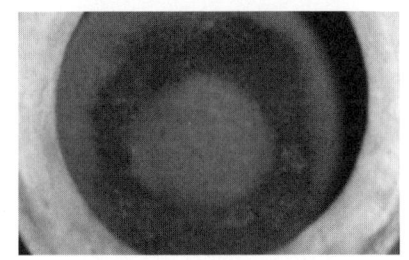

写真13　胴部下半の帯状の焦げ 　　写真14　底部付近の斑状の煤酸化

上東 P-ト-329（写真11～14）

は、背丈があります。また、「弱火」の炎の丈は「中型」でも「大型」でも基本的には同じですから、「大型」では、胴部中部において、帯状の煤がすっかり取り残された産状となってしまうことがあるようです。

　脱線を覚悟の上で話をつづけますと、上東遺跡では、このような煤の産状を見ることができません。見かけ上、見えないといった方が正解かと思いますが、実は足守川矢部南向遺跡と同じように、胴部下半に若干の煤酸化を起こしているのです。写真12・16です。コントラストを強調してもこの辺りが限界なのではっきりとお見せすることができません。しかし、光源や照射条件を変えますと、ちょっと弱い煤酸化が見られます。これを「きわめて弱い煤酸化」と称して呼び分けています。この「きわめて弱い煤酸化」を生じた上東遺跡の土鍋は、百間川原尾島遺跡や足守川矢部南向遺跡の「中型」土鍋に比べますと、「弱火」に翳された時間がきわめて短かったということが考えられ、同一の炊飯過程を辿りながらも、時間経過等がやや異なる「中型」土鍋の炊飯過程があったことを指し示したことがあります。

53

Ⅰ 食・調理

写真15　胴部上半の吹きこぼれ

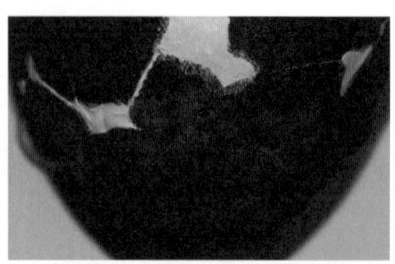

写真16　「きわめて弱い煤酸化」

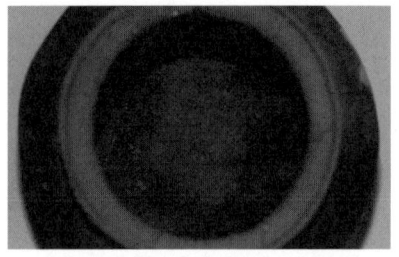

写真17　胴部下半の帯状・斑状焦げ

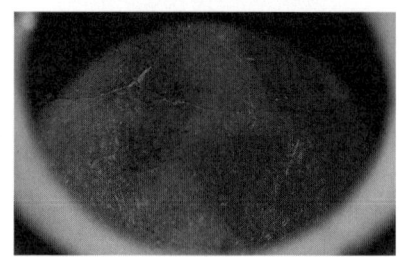

写真18　斑状の焦げと炭化穀粒痕

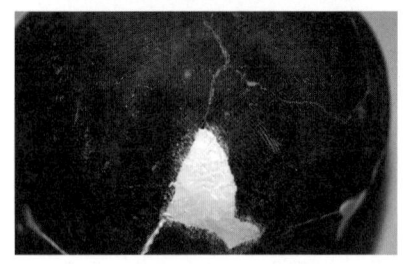

写真19　胴部中位の斑状の煤

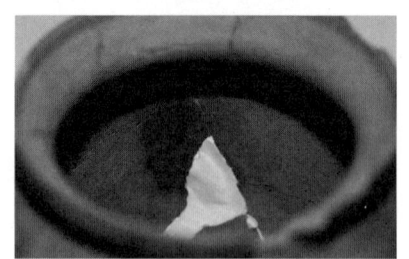

写真20　胴部中位の斑状の焦げ

上東 P-ト-330（写真15～20）

　話を戻しましょう。では、この胴部下半の煤酸化がどのような焦げの産状を引き起こしたかということです。先ほど、「弱火」において、胴部下半、底部付近の煤酸化が生じることを説明しましたが、この煤酸化部に対応するかのように、内表面に焦げがつくようです。内底面を除いてドーナツ状の焦げがめぐるわけです。「弱火」になりますと、胴部下半に炎が集中するわけですね。ですから、この部分を中心として焦げつきが広がったわけです。焦げがドーナツ状の産状を呈するわけですが、これは、土鍋の平底の形態と密

54

弥生土鍋の炊飯過程とスス・コゲの産状

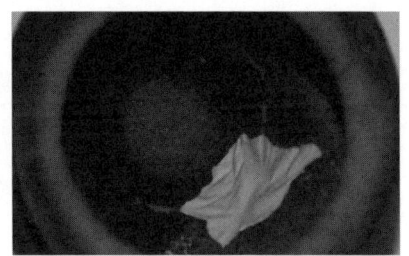

写真21　胴部下半の煤酸化　　　写真22　胴部下半の帯状の焦げ

百間井戸16-3563（写真21・22）

接な関係があります。平底、そして、炉への直置き、だから、接地面を除いて、ドーナツ状の焦げができるわけです。これに当てはまらない土鍋は、やはり、丸底になります。だから、支脚と浮き置きの組み合わせですね。内底面をも含んで、胴部下半がほぼ焦げつくような産状になるようです。久宝寺南遺跡の布留系の甕K3-87-2とK3-86-7（写真23・24）に見られるとおりです。ちなみに、この二個体については、最も炎に翳された内底面において「炭化穀粒痕」がポチポチと付いています。

このように、「強火」から「吹きこぼれ」、そして、「弱火」というように炊飯が進んでいって、段々と焦げつきはじめてきたようです。焦げつきが始まるわけですから、内容物の水分量も著しく減ってきてはいるのです。しかし、「弱火」の火勢のままでは「追い炊き」といわれるような状態にはもっていけません。まだまだ火にかけて、中に溜まっている水分を減らさなければならない状況にあるようです。そのためにはどういう炎を当てたのかということになります。

写真27・29をご覧ください。足守川矢部南遺跡土壙72の925の土鍋ですが、胴部上半において、このようなパッチ状、斑点状の煤、ないしは煤酸化の部分が確認できます。内容物の水分量の多寡によって、土鍋毎にこれらの産状が異なりますが。これは、側面から炎を当てていて、その部分の煤がパッチ状に抜けているのだと思います。写真28・30は、この部分と対応する内表面が焦げついている状態になります。写真19は、上東P-ト330の土鍋

55

Ⅰ 食・調理

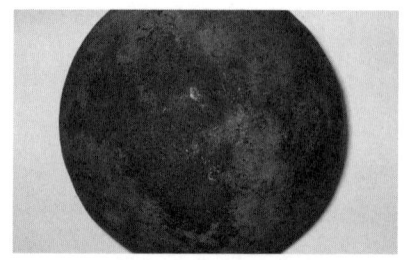

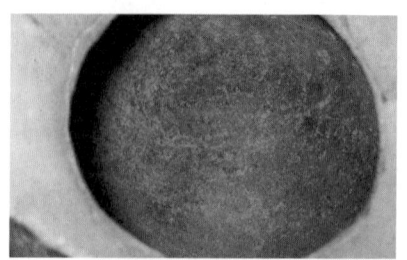

写真23 底部付近の煤酸化　　　写真24 斑状の焦げと炭化穀粒痕

久宝寺南 K3-86-7（写真 23・24）

ですが、吹きこぼれて煤が洗い流された部分にパッチ状の煤が付着した状態なのでしょう。そして、写真20のように、外表面の煤の酸化部と対応して、その内表面に斑状の焦げが付いているわけです。これらを「側面加熱痕」とか「側面被熱痕」と呼んでいます。これは、胴部下半で付きはじめた焦げの発達を抑え込むために、胴部上半に炎を当て直して、内容物の水分量を飛ばし切る「追い炊き」をしたのでしょう。

　写真33は、足守川矢部南向遺跡の土壙72の932ですが、胴部上半に複数の「側面被熱痕」がついています。側面からの「炊き上げ」を執拗に繰り返している様子がうかがえます。細かいピッチですが、順序はわかりません。一回当てて、二回当てて、三回当ててといったところです。これも、胴部上半の一部で焦げが発達することを防ぐために、炎に翳す部位を入れ換えていたことを示しています。百間川原尾島遺跡の井戸16の3545では、写真38のように、この「側面被熱痕」には、「炭化穀粒痕」を伴うことがあります。胴部下半の底部付近の焦げに加えて、さらに、胴部上半でも焦げ付くようになります。「炊き上げ」の過程では、「弱火」以降きちんと焦げ付きがはじまるような、そういう水分量になっていったということです。

　前回の発表では、上東遺跡と百間川原尾島・足守川矢部南向遺跡とでは、この「側面被熱痕」の出現頻度が大きく異なることを示しました。そうしますと、この違いは何かということになります。先ほど、上東遺跡の「吹きこぼれ」が尋常でないことを示しましたが、「弱火」を迎えるタイミングで、内容物の水分量が著しく減じられていました。これに対して、百間川原尾島

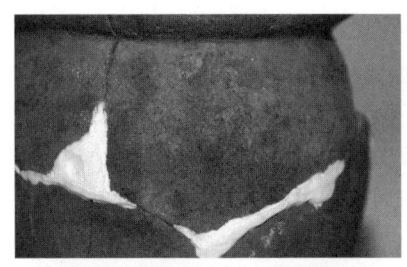

弥生土鍋の炊飯過程とスス・コゲの産状

写真25 吹きこぼれと斑状の煤 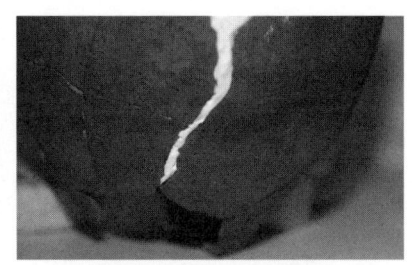　　写真26 胴部下半の煤酸化

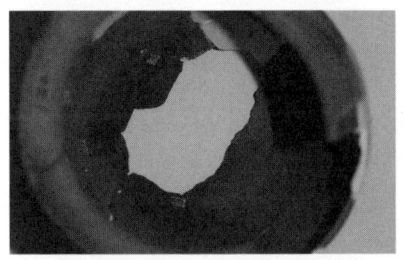

写真27 胴部下半の帯状の焦げ 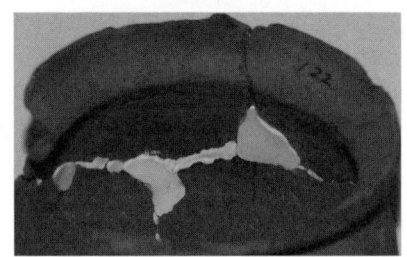　　写真28 胴部上半の斑状の焦げ

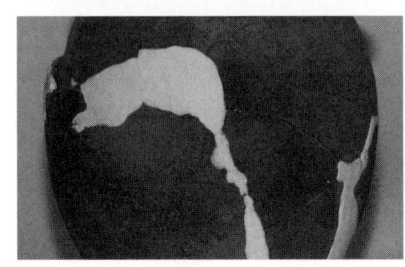

写真29 胴部中位の斑状の煤酸化 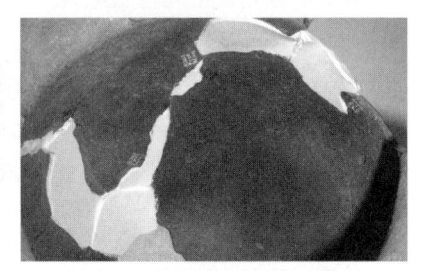　写真30 胴部中位の斑状の焦げ

足守土壙72-925（写真25～30）

遺跡と足守川矢部南向遺跡は、「吹きこぼれ」が少ないために、「煽火」を用いて、炊飯の終盤においても、内容物の水分量を飛ばそうとがんばったという調理行動の差異が見えてくるのです。ですから、上東遺跡の胴部上半には、「煽火」による「側面被熱痕」がほとんど見られません。そして、百間川原尾島遺跡と足守川矢部南向遺跡では、この「側面被熱痕」が顕著に確認できるということになるわけです。足守川矢部南向遺跡は、先ほどの上東遺跡とか百間川遺跡に比べるとまだ若干より多く水分が残っているために、足守土

Ⅰ 食・調理

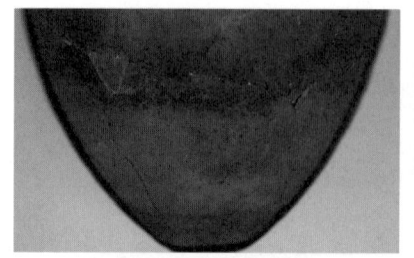

写真31　胴部下半の煤酸化

写真32　胴部下半の帯状の焦げ

写真33　胴部中位の斑状の煤酸化

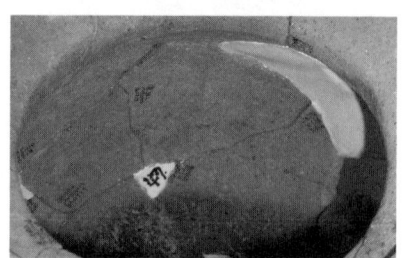

写真34　煤酸化と対応する内面

足守土壙72-932（写真31〜34）

壙72の932のような形で煽火を執拗に当てることで、弱火段階に飛ばせなかった水分を飛ばしていった結果、このように細かいピッチで連続する側面からの被熱痕が残っていったのではないかと思います。

7.「小型」土鍋の煤・焦げの産状

　こうした「中型」土鍋の「①強火→（吹きこぼれ）→②弱火→③熾火→④煽火」という炊飯過程とこれに伴う煤・焦げの特徴を踏まえながら、「小型」と比較しなければなりません。「小型」のうち、「炭化穀粒痕」が付着する土鍋を取り上げて、その被熱痕跡を比較することで、「中型」と「小型」の差異が浮かび上がるかと思います。まずは、「小型」の中で、「中型」と同じような煤・焦げの産状をもつ土鍋があるかどうかということです。

　せっかく、近畿にお邪魔していますので、こちらの土鍋を見ていくことにしましょう。まずは、亀井遺跡352-9を取り上げることにします。「強火」では、「中型」と同じように、底部付近から胴部下半、胴部中位、胴部上半

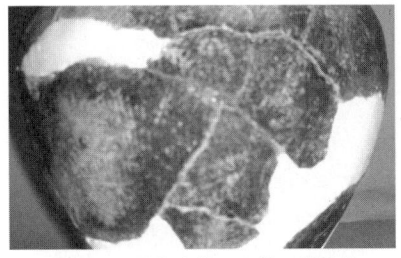

弥生土鍋の炊飯過程とスス・コゲの産状

写真35　胴部中位の斑状の煤酸化 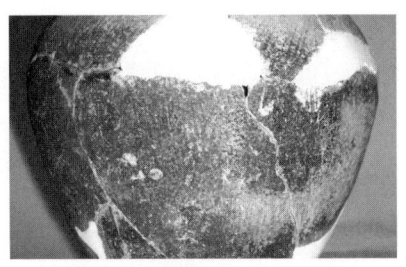　　写真36　胴部中位の斑状の煤

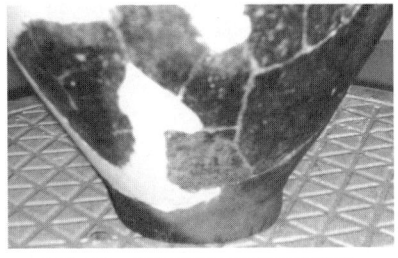

写真37　底部付近の斑状の煤酸化 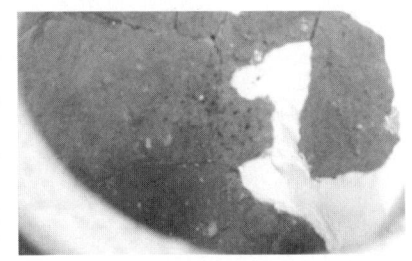　　写真38　底部付近の炭化穀粒痕

百間井戸 16-3545（写真 35〜38）

から口縁部にかけて、土鍋全体が煤に覆われたと思われます。そして、「吹きこぼれ」があります。写真39・40をご覧ください。「小型」にも、「炭化穀粒痕」とあわせて、「吹きこぼれ」の痕跡を確認できます。これは、立派な炊飯の根拠と言えます。ただし、上東遺跡で見られるようなダダ漏れの「吹きこぼれ」ではないようです。白色の「吹きこぼれ」ですね。有機物をあまり含まない「吹きこぼれ」であることが推測できます。また、幅広の「吹きこぼれ痕」もあります。いかにも粘性が高そうです。炊飯で生じる「吹きこぼれ」と言えます。ここまでは、「中型」の被熱痕跡と合致する。

　しかしながら、その後の「弱火」に移行したのかどうかは定かではありません。「小型」には、「中型」と同じような帯状の煤酸化と焦げが見当たらないからです。では、「小型」の「弱火」以降の煤・焦げ等の産状を詳しく見ていきたいと思います。写真41〜44を見てください。亀井遺跡352-9です。「煽り火」で形成された斑状の煤酸化部ないしは煤、そして、焦げを確認することができます。そして、「小型」の多くは、内表面の斑状の焦げに伴っ

59

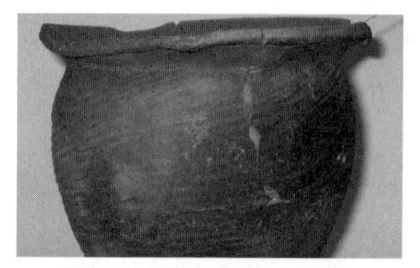

Ⅰ 食・調理

写真39　胴部上半の吹きこぼれ 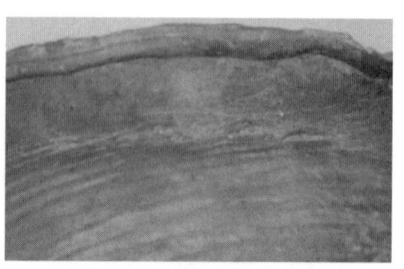　　　写真40　口縁部の吹きこぼれ

写真41　底部付近の斑状の煤酸化 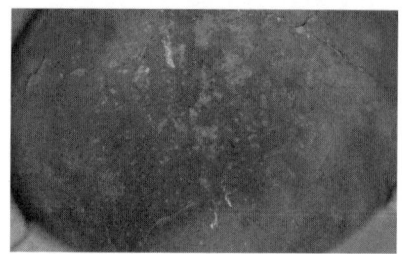　　写真42　底部付近の炭化穀粒痕

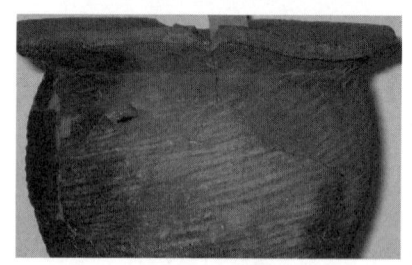

写真43　胴部上半の斑状の煤酸化 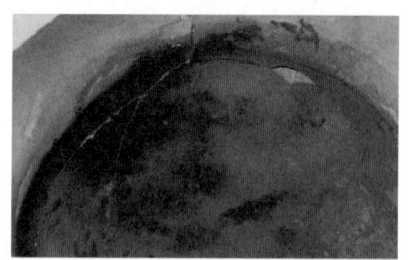　　写真44　胴部上半の斑状の焦げ

亀井352-9（写真39〜44）

て「炭化穀粒痕」が付着しているのです。ただし、これらの付着する部位が胴部下半と胴部上半で見られます。

　それから、亀井北遺跡300-13です。写真45〜48ですが、こちらもほぼ同じような煤・焦げの産状になりました。「煽火」なのでしょう。側面から炎が煽られて、口縁部付近で大きな斑状の煤酸化部が生じています。また、胴部下半でも大きなパッチ状の煤酸化部ができています。この土鍋には、合計三カ所でこうした斑状の煤酸化部ができています。勿論、これらと対応する

弥生土鍋の炊飯過程とスス・コゲの産状

写真45　胴部下半の斑状の煤酸化 　　写真46　胴部下半の斑状の煤酸化

写真47　胴部下半の斑状の焦げ 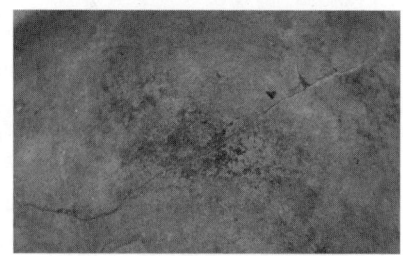　　写真48　胴部下半の斑状の焦げ

亀井北 300-13（写真 45〜48）

内表面には、同じような焦げと「炭化穀粒痕」が付いています。すなわち、「小型」では、「中型」が「弱火」で形成される内表面の帯状の焦げが欠落しているという特徴に気づきます。また、帯状の焦げと対応する外表面の煤酸化も「中型」のような整った帯状を呈していないようです。そのため、前回の発表では、「小型」土鍋について、「中型」と同じような炊飯のプロセスがあるとは考えられないということになりました。

8.「中型」と「小型」の被熱痕跡の異同

　このように、近畿地方及び吉備地域の「小型」を見る限りでは、「中型」と煤・焦げの産状が異なります。ですが、「小型」にも、「吹きこぼれ痕」と「炭化穀粒痕」を確認できますので、炊飯に使用されたことはほぼ間違いないでしょう。すると、炊飯という同じ調理行動をとりながらも「中型」と「小型」の煤・焦げの産状が異なる理由を考えなければなりません。ここでは、「小型」の炊飯過程と煤・焦げの形成過程を比較してみましょう。

I 食・調理

　まず、「中型」と「小型」の煤・焦げの最大の差異は、「中型」が「弱火」の段階で外表面の胴部下半で、帯状の煤酸化部が形成される。これと対応し、内表面の同じ部位に帯状の焦げが形成されることです。近畿の亀井遺跡SD3010の321-5や久宝寺南遺跡K3の84-2の「中型」を見ても、通有の煤・焦げであることがわかります。しかしながら、「小型」になりますと、ほとんど見受けることができません。つまり、同じ炊飯に使用されながらも、「中型」にはあるが、「小型」にはない煤・焦げということになります。すなわち、「小型」には、「中型」における「弱火」に相当する過程がなかったということになるわけです。ですが、炊飯という同じ調理行動にあるわけです。同じような炊き上がりを期待するなかで、「吹きこぼれ」から「熾火(おき)」・「煽火」までの「追い炊き」に移行するための「弱火」の時間帯が欠落してもよいのかということになります。そんなことはないでしょう。

　「弱火」に代わる何かがあるはずです。「小型」の被熱痕跡をじっくり見てみますと、「中型」と同じようなパッチ状というか斑状の煤酸化部を多数確認できます。「中型」と同じように、側面から煽られた痕跡、つまり、「側面被熱痕」です。先ほどの写真33をご覧下さい。「中型」の「側面加熱痕」は、胴部上半に限定的で、横方向に展開しています。これに対して、「小型」ですが、写真35〜37をご覧下さい。「側面被熱痕」が口縁部付近から底部付近にかけて、縦方向に展開しているのです。つまり、底部付近、胴部下半、胴部中位、胴部上半、口縁部付近のように、器高比に対する「側面被熱痕」の高さがバラついて見られるわけです。

　この「側面被熱痕」の高さのバラツキをちょっとご記憶いただければと思います。そして、「側面被熱痕」の高さを考えてみます。ここで、炉の「強火」に対して、「中型」と「小型」が翳(かざ)されていたとします。「小型」は、容量が小さいわけですから、「中型」と比較すると、短い時間経過で沸騰し、「吹きこぼれ」を迎えることになります。そうしますと、「小型」の「吹きこぼれ」を抑えなくてはなりませんから、①「強火」の炎を弱める。②「強火」の炎を遠ざける。③「強火」の炎から遠ざかる。という三つの選択肢から調理行動を採ることになります。そして、「中型」が併行して調理の途上

にあるわけですから、必然的に③を選択することになりそうです。つまり、「小型」を「強火」から遠ざけるわけです。少なくも、「中型」が「吹きこぼれ」、「弱火」に移行するまで、「強火」からやや距離がおかれることになります。また、土鍋及び内容物の温度低下を抑えなくてはなりませんから、「小型」は、「吹きこぼれ」から「熾火」・「煽火」までの「追い炊き」に移行するための時間帯を「強火」をうまく利用してやり過ごさなくてはなりません。そのため、「小型」は、「強火」からやや離しながら、側面から煽るようにして、「弱火」の効果を得ていたと考えられます。「強火」を「煽火」のように用いることで、「弱火」と同じような効果、つまり、「弱火」の時間帯にスイッチさせたわけです。その結果、「小型」の口縁部付近や胴部上半において、「煽火」と同じように、斑状の煤酸化部が「側面被熱痕」として残されたと見做すことができるわけです。「中型」が「強火」から「弱火」に切り替わるまでに、「小型」は、ほぼ炊き上がってしまうくらいまで、炊飯過程が進行してしまうということです。では、「中型」が「強火」から「弱火」に移行してしまうと、炎の丈も小さくなるわけです。ですが、「小型」も丈が低いわけですから、「中型」が翳されている「弱火」を「煽火」のようにして、「追い炊き」に使用したと考えられます。そして、胴部中位、胴部下半、底部付近において、「側面被熱痕」が連続していくことになるわけです。先ほどの「強火」を「弱火」としたように、「弱火」を「煽火」として、炊飯過程の中の時間経過において、時間帯を前倒していったと考えられるのです。さきほどご記憶いただいた「側面被熱痕」のバラツキのうち、口縁部から底部付近にかけて煤酸化部の発生部位が移動することこそが、「小型」において、「中型」の「弱火」を「煽火」として用いた結果であり、「側面被熱痕」が縦方向に展開する理由と言えるのです。煤酸化部の外底面からの高さに注目してみましょう。これを敢えて、器高比で比較しないことがミソなのですが。煤酸化部は、だいたい高さ6cmから7cmあたりになります。高さ6〜7cmというのは、「中型」の胴部下半における帯状の煤酸化部の上端の高さとほぼ一致するのです。ですから、「中型」と「小型」が同一の調理行動、炊飯の時間経過をしていたとします。その場合、どうやら「中型」が

Ⅰ 食・調理

「弱火」に熯されながら、「煽火」による「追い炊き」に移行するための時間帯を過ごしながら、「小型」はこの「弱火」を側面から熯すことによって、「煽火」とし、「追い炊き」の過程に進んでいたということになるわけです。ですから、胴部下半から底部付近にかけての「側面被熱痕」は、「弱火」が「煽火」として用いられた「追い炊き」の痕跡とすることができるわけです。「小型」にとっての「弱火」は「強火」に取って代わられ、「弱火」の過程が省略というか、前倒しされたという整理ができそうです。このように、「小型」では、「強火」=「強火」・「弱火」、「弱火」=「熾火」・「煽火」というふうに「中型」における炎の役割を置き換えていくわけです。また、「小型」は、「中型」の「熾火」・「煽火」の組み合わせと同じように、「弱火」にするために炉から掻き出された「熾火」とともに、「弱火」=「煽火」が熯されたようです。これは、「小型」の胴部下半から底部付近にかけての低めに集まる煤酸化部の産状から推し測ることができます。つまり、「中型」の胴部下半における帯状の煤酸化部がまっすぐなのに「小型」は「弱火」が「煽火」として用いられたので、パッチ状、斑状の煤酸化部になって、煤酸化部の上端の高さが上下する「波帯状」を呈して連続するわけです。そして、内表面では、斑状の焦げが横方向に展開し、弱火に熯す位置を回転させていたことがわかります。また、「熾火」と組み合っていたことについては、この波帯状の煤酸化部が外底面との境界付近を取り込んでいることからわかります。

9. 容量別区分と炊飯行動

　このように「中型」の炊飯過程を下敷きとしながら、「小型」の炊飯方法を考えてきましたが、「中型」でも、「小型」でも、こうした炊飯方法のモデルと合致しない土鍋が多数あります。困ったことです。では、どうしてこのような困ったことになってしまうのかということを考えなければなりません。冒頭で、煮込むような調理方法で形成される胴部上半の帯状の焦げを見ていただきました。写真7・8です。炊飯以外の加熱調理における煤・焦げの産状の話ではありません。あくまでも、「中型」の土鍋の煤・焦げが「小型」の被熱痕跡と似ている。あるいはその逆という話のことです。また、容量別

区分と煤・焦げ等の被熱痕跡のモデルとはうまく当てはまらない。そういう話です。こうした型にはまらない煤・焦げをもつ土鍋をどのように考えていこうかということが、おそらく、煤・焦げ等の使用痕跡の研究を進める上で、きわめて重要かつ大きな問題と言えそうです。こうしたパターンに当てはまらない土鍋の煤・焦げ等を示そうと思います。

　まず、写真49・50をご覧ください。上東遺跡P-トの339です。容量は1.8ℓです。まず、「強火」では、土鍋全体が炎に覆われて、煤で真っ黒になったのでしょうが、「吹きこぼれ」によって、胴部上半の煤が洗い流されています。そして、「弱火」にかけられています。「中型」と比較して、若干弱い煤酸化が形成されたようです。そして、これに対応する帯状の焦げがめぐっていて、しかも、この帯状の焦げに「炭化穀粒痕」が伴っているわけです。「中型」と比較しますと、「弱火」が短縮されてはいますが、省略はされていません。そして、「中型」の基本的な炊飯過程のうち、「弱火」以降の炊飯過程に伴う被熱痕跡が見当たりません。おそらく、調理行動の初動から「中型」と同じような炊飯過程を推移したのでしょうが、「弱火」の途中で加熱調理が切り上げられた。そういうことなのでしょう。

　ですから、上東遺跡P-トの339は、まず、「小型」の土鍋だけで、炊飯をしたと考えることができます。その炊飯行動は、339単体だけかもしれませんし、他の複数の「小型」とともに炊飯されたかもしれません。もう一つの考え方として、「小型」が主体の調理行動であったものの、少数の「中型」ないしは「大型」と一緒に炊飯された。そういう調理行動であったとも考えられます。そのとき調理をしていた人は、あくまでも「小型」の炊飯の刻時的変化だけを気にしていればよいわけで、「中型」や「大型」の炊き上がりにあまり目配りする必要がないわけです。少なくとも、私どもには「小型」の炊き上がり、すなわち、「小型」の炊飯の刻時的変化にだけ目配りしていたような調理行動のように思えてなりません。ある意味、339の炊飯過程こそが「小型」の自然な炊飯モデルの姿のように思えます。先ほど示した「小型」の炊飯モデルとまったく異なる考え方といってよいでしょう。先ほどの「小型」の炊飯モデルは、「中型」ないしは「大型」の中にあって、その調理

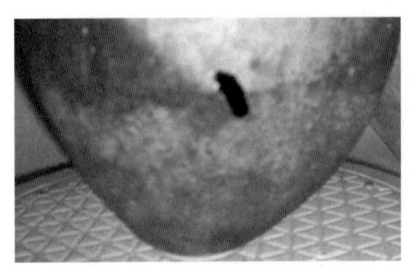

Ⅰ 食・調理

写真49　吹きこぼれと煤酸化 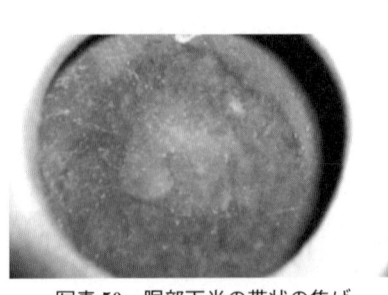　　写真50　胴部下半の帯状の焦げ

上東 P-ト-339（写真 49～50）

行動、その炊き上がりの刻時的変化にあって、「小型」がどのように取り扱われるのかという見方でした。「中型」が主体となっている調理の土鍋のまとまりの中に「小型」ないしは「大型」の土鍋がぽつんと入っていたとすれば、やはり「中型」を中心に調理のプロセスを経ることになるでしょう。

　私どもとしては、「中型」ないしは「大型」が主体の調理行動を見据えて、「中型」ないしは「大型」の炊飯モデルに合わせて、「小型」の炊飯過程を組み立てました。実際、「小型」を見る限りでは、そういう煤・焦げの産状がほとんどであったからです。つまり、「小型」だけ、あるいは「小型」を中心とする炊飯行動はあまり一般的でないと考えたわけです。

　同じような考え方に立ちますと、先ほどの足守川矢部南向遺跡土壙72の932の調理行動も具体的にイメージできそうです。932は容量4.29ℓですから容量別区分では「中型」になります。その中では、大きな土鍋と言えそうです。そのため、「中型」主体、あるいは、「中型」だけの調理行動であったとしても、「中型」のより容量の小さな土鍋にあわせて、調理行動がとられたのかもしれません。そうしますと、932より小さな土鍋にあわせて、それぞれの炊飯過程が切り上げられていく。やはり932が後発して「吹きこぼれ」るでしょうし、含水量がきちんと減少しないまま、「弱火」に移行してしまう。その後も含水量過多を引きずるわけです。そうなると、「弱火」も切り上げられてしまう。だから、写真33のように、「煽り火」をしながら、執拗な側面からの加熱調理を繰り返して、炊飯過程の終盤において、帳尻合わせをしなければならなくなってしまった。そんな具体的な調理行動をイメ

ージしたりしました。

　今回、図1のような容量分布の曲線を作成して、容量別区分をしました。そして、「中型」と「小型」あるいは「大型」の境目を見出して、それぞれの容量別区分に応じて、典型的な煤・焦げ等の被熱痕跡のパターンを探していこうとしました。ですが、このような調理行動を思い描けるようになってしまうと、炊飯行動次第で、容量別の典型的な煤・焦げのパターンと異なる被熱痕跡が出来上がってしまうことに気づくわけです。とくに、炊飯行動をともにする土鍋の容量組成次第で、「中型」であれ、「大型」であれ、そして、「小型」であれ、典型的なパターンから逸脱してしまうのです。当然といえば当然のことですが。やはり、容量というきちっとした数値で割り切って、それぞれに炊飯過程をモデル化していくことは、かなり難しいことと思えます。また、こうした炊飯というか調理全般に伴う行動は、そのプロセスや仕方において、どうしても、調理者の主体性というか流儀がありそうです。これに左右されて、炊飯過程そのものが異なりますから、定まった作法に対応して、きちんとした煤・焦げのパターンが形成されるとは言いにくいところがあります。

10. まとめ

　「中型」と「小型」の基本的な炊飯過程を提示したわけですが、こうなってきますと、あまり意味がなくなってしまうのかもしれません。そんなことを気にしはじめると、なかなか話がまとまらなくなってしまいますので、ここで、一応のまとめをしたいと思います。

　今回の発表では、『弥生土鍋の炊飯過程と煤・焦げの産状』ということで、それぞれの被熱痕跡を観察しながら、炊飯された土鍋に注目することにしました。炊飯となりますと、これまで「中型」に目が向けられてきたわけですが、「炭化穀粒痕」を見い出すことで、「小型」もきちんと炊飯に使用されたことを示しました。また、その使用頻度も意外と高かったのではないかと考えるようになりました。そして、「小型」の煤・焦げの特徴ですが、外表面の胴部下半の帯状のスス酸化、そして、これと対応する内表面の焦げ、つま

Ⅰ 食・調理

り、「中型」で頻出する「弱火」の被熱痕跡、これが「小型」には欠落していることに気がつきました。ですが、「小型」では、これに代わって、土鍋の底部付近から口縁部にかけての縦方向に展開する斑状の煤ないしは煤酸化部、つまり、「側面被熱痕」を見出したのです。すなわち、「小型」の炊飯過程で次のような炊飯行動がとられたことをイメージできるわけです。「中型」より早く「吹きこぼれ」た「小型」は、火床上から外されてしまいます。「中型」が翳されている「強火」から「弱火」にかけての炎があるので、これを「小型」に貰い火し、「煽火」することで、「中型」の炊飯過程の「弱火」から「煽火」にかけての炊き上がり効果を得て、「小型」に相応しい炊飯過程を実現していることを示しました。これが「中型」の「①強火➡（吹きこぼれ）➡②弱火➡③熾火➡④煽火（③熾火・④煽火）」という基本的な炊飯過程に対して、小型が「①強火➡（吹きこぼれ）➡④熾火➡④煽火（③熾火・④煽火）」と「弱火」を省略することで、炊飯時間が最適化されたと考えたわけです。

　ですが、先ほども申し上げましたとおり、容量別区分にあわせて、それぞれの煤・焦げのパターンを見定めたわけですが、炊飯行動次第では、こうした被熱痕跡のパターンから逸脱するものが、少なからず出てくることになります。ですから、今回の「小型」のパターンにしても、前回の「中型」のパターンにしても、実際、どれだけの土鍋に対して適用できるものかわかりません。ですが、折角、煤・焦げといった被熱痕跡が議論されるようになってきたわけですから、単に、炊飯に使用されたというだけでは面白くありません。こうした定量化しにくい観察属性ですけれども、弥生土鍋をめぐる具体的な調理過程、そして、調理行動等を引き出すことができるはずです。そんなところまで、あと一歩のところまで来ているのかなと思っています。これからも土鍋と向き合いながら、これまでの見方や考え方について、逐一、検証を重ねていきたいと考えています。ありがとうございました。

質疑応答

北野：徳澤さんは中型の典型的な焦げが残るような資料を材料として一つの

炊飯過程というものを復元されたと思うのですが、今回の分析から除かれた水面上に焦げつきがあって水面下に焦げバンドがめぐらないものを最初に写真で提示されました。今説明があった典型的な炊飯ではないものをどれくらい想定していらっしゃるか、おききしたいと思います。というのは、私はいろいろな土器を使った炊飯実験をしていて、こういうパターンが結構起こるのですね。それはいくつかの条件があるのですが、例えばコメの量が鍋に対して相対的に少ないとか、炊き上げの時の火力が弱いとか、蓋をしない場合であるとか、あるいは追い炊きみたいなことをしないとかで、こういうパターンも定量的にできるものですから。そういうものを外面の煤との対応関係で、これも一つの炊飯の痕跡として認定できないか、水分の量の残るような、いわゆる粥状のものも含めてもいいと思うのですが、そういう幅広い穀物調理を実験研究で類型化ができないかなと思うでんすね。先ほどの中村さんの話との関わりで、縄文後晩期の中でもそういう穀物を調理したということを想定した時に、今のような弥生の典型的な炊飯とは違った形の調理というものもあって、縄文の土鍋の穀粒の調理と弥生の中でもそれに通じるものがないのかということを、すごく興味を持って今聞かせていただいたのですが、その点何かお考えがあればおききしたいです。

德澤：前回、「中型」の炊飯に伴う煤・焦げのパターンのお話をさせていただいて、今回、同じように炊飯に使用された「小型」を取り上げて、炊飯方法をめぐる差異を浮かび上がらせようとしました。そのためには、「中型」と「小型」という二者について、典型的な煤・焦げのパターンを出すことが必要と考えました。この二つのパターンを柱として、どのようなバリエーションが見られるのか。あるいは、こうしたパターンに当てはめられない煤・焦げをもつ土鍋がどの程度見られるのかということを考えていこうと思いました。今回、目を通した土鍋のうち、上東遺跡、そして、亀井遺跡、久宝寺遺跡は、容量別区分を問わず、「炭化穀粒痕」がしっかりついていて、「中型」は「中型」の典型的な煤・焦げのパターンを示します。しかしながら、百間川原尾島遺跡、足守川矢部南向遺跡では、これに合致しないものがそれなりに出てまいります。こうした土鍋をこれからどのように考えていくのか

Ⅰ 食・調理

ということが重要ですが、かなり難しい課題であるとも考えています。ただし、先ほどの容量別区分に伴う煤・焦げのパターンでありますが、やはり、容量別区分では仕切りきれない状況が多分にあります。先ほどの調理行動ですね。同じ調理行動にある土鍋がどのような組み合わせであるのかという状況証拠を握らない限り、この課題をクリアにすることができないのではと感じています。また、写真7・8をご覧下さい。ご指摘のありました胴部上半を垂下する帯状の焦げですね。これが炊飯に伴う焦げであることも捨て切れない選択肢であると思います。こうした焦げは、炊飯に伴う条件次第では起こり得るということです。一つの条件としては、今おっしゃられた炊き汁の濃度というのでしょうか、かなり粘性をもつことがあります。その場合、写真8のような帯状の焦げができやすいのではないかと考えられます。また、こうした炊き汁の粘度は、「吹きこぼれ」の痕跡にも見られます。ですけれども、いろいろな条件をコントロールしながら実験しなければならないでしょう。恐らく理想的な炊飯過程を逸脱したりすることで、こうした煤・焦げの産状がついたりすることになるのでしょう。もう一つ、米の研ぎ方もあると思います。きちんと研いでいればそんなに粘性の高いような炊き汁になりにくいわけですから。いろいろな炊飯条件が煤・焦げの産状に反映されるわけで、一通りで説明できない状況性が横たわっているのではないかと思います。ただ、今回の発表のポイントとしては、まずは、容量別区分に応じた基本的な炊飯のパターンを提示することです。そして、このパターンに当てはまらない煤・焦げのバリエーションを把握して、どうしてパターンから外れるのかという理由を考えて、これらのバリエーションの背後にある状況の差異を見つけていくことが重要と考えています。

高瀬：ご飯を炊くというので蓋はしなかったのかなあという疑問が湧いてきました。それからもう一点は、玄米を炊いたのでしょうか、それとも精米をして炊いたのでしょうか。玄米だったら随分時間がかかっただろうし、今炊くのでも圧力かけなくてはいけないから、どんなコメを炊いたのかなあということを疑問に思いました。

徳澤：まず、蓋からです。時期や地域にもよりますが、多くの場合は、蓋を

付けて炊飯しています。ただし、蓋を必要としない炊飯方法もあります。また、炊飯実験で、蓋を付けてみたら蓋が焦げちゃったという笑い話を聞くこともあります。いろいろな状況性によって、蓋の必要性が出てくるのだと思います。ただし、一定の圧力をかけないと今のような粘りのあるご飯はできませんので、恐らく、蓋をして炊飯していたと考えてもよさそうに思えます。もう一つです。玄米なのか精米なのかということです。あるいは、炊飯と言っていますが、実は、お米じゃないかもしれませんし、雑穀とあわされた穀飯かもしれないということもあるでしょう。「炭化穀粒痕」を見る限り、はっきりした産状のものは、お米が多いようです。ですが、そうでないものも若干混じっているようです。単炊か混炊かということを考えなければなりません。そして、お米は、玄米か精米かということですよね。残念ながら、「炭化穀粒痕」の産状からは、これらの区別はつかないでしょう。ちょっとお答えしにくいかなということです。ただし、これを科学的な分析をすることで見分ける手立てもあるかもしれません。ここでは、私の思う合理的な考え方を示しておきたいと思います。まず、玄米から精米に精白したお米を炊いたと考えますと、この精白の手間をどのように考えるのかということです。一方、籾殻を除いただけの玄米を炊いたと考えますと、まず、焦げの産状が大きく変わってくると思います。なんといっても糠が残っていますから。また、炊飯時間が長くかかってしまいます。そして、炊き上がりの食感が硬いということになります。食感は別にしても、先ほどの蓋の話に戻ることになりますが、効率的な燃料消費を心がけていたでしょうから、精米して、炊飯時間を短く切り上げることが重要視されていたのではないかと思います。ですが、玄米と精米、これについても確定的なことはコメントを差し控えさせていただきたいと思います。

小林：まず、蓋について話します。蓋は土製のものが出てこない時期も多いのですが、ほとんどの弥生深鍋は受け口で、内側に蓋を置くのに適した形になっていることから、蓋を置いたと考えるのが合理的だと思います。

　コメ粒痕が付く深鍋は小型も中型も基本的には同じ加熱過程を経ている、という非常に興味深いお話でした。私が大事だと思うのは、小型も中型も炭

Ⅰ 食・調理

化穀粒痕が付いたものは、「強火加熱→吹きこぼれ→弱火加熱→側面加熱の煽火」という加熱過程を経ているという点です。日本の伝統的な炊き干し法の炊飯では、「加熱を伴う蒸らし」を行わないのに対し、フィリピンや中部タイの炊きあげる湯取り法では、湯取りをした後の蒸らし段階で弱い加熱を加えます。後者はパサパサした炊き上がりにするための工夫といえます。このような「加熱を伴う蒸らし」が弥生時代にどの程度普遍的に行われたかは今後の課題です。なお、「加熱を伴う蒸らし」によりパサパサしたコメを炊いていたとすると、魏志倭人伝の「高坏に盛った米飯を手食した」という記録と対応すると思います。

　先ほどの徳澤さんの話では小型と中型が並んで加熱されていたことを想定されていました。上東遺跡では40個以上の鍋が一括廃棄されており、しかも一回しか使っていないものが多いということから、たくさんの鍋を同時に加熱したことが明らかであり、徳澤さんの想定でいいと思います。一方、他遺跡の一括廃棄ではない鍋の場合は、中型と小型を一緒に並べて煮ていたということもあると思います。それから、普通ご飯を先に炊いてからおかずの調理をしますが、おかずの鍋があってその炎で小型の鍋を側面から加熱したというふうに考えて良いかと思います。即ち、中型鍋と小型鍋を常に2個セットで使っていた場合もあるし、小型鍋で炊飯を行った場合も、炊飯の後におかずを調理し、おかずを加熱している炎により、側面に置いた小型炊飯鍋を側面加熱をしたと思います。

徳澤：私どもは、弥生土鍋の炊飯方法を解釈することを目的としてきました。そして、実際の土鍋の煤・焦げ等の被熱痕跡を詳細に観察したつもりです。ですが、その手ごたえとしては、パターンという型にはまった中に押し込むことが意外と難しいということです。そして、その理由としては、炊飯行動にあると考えました。「中型」だけで炊かれたということもありますでしょうし、「中型」、「小型」そして、「大型」が適宜一緒になって炊飯されたということもあるでしょう。これは、状況次第でいろいろなことが考えられると思います。これによって、「中型」に「中型」らしからぬ被熱痕跡が形成されることもあったでしょう。ですから、弥生土鍋をめぐる煤・焦げの産状と

炊飯方法の解釈は、こうした状況証拠の積み重ね方次第でどのようにもなったしまうところがあります。できるだけ調和的な解釈に辿り着きたいものです。やはり、弥生土鍋の煤・焦げの産状をよくよく観察して、調理の機会を同じくする土鍋を見出さなければなりません。そして、それぞれの土鍋の調理行動を見計らう努力をして、調理時間帯を通じての工夫というか、その遣り繰りに気付くことができればと思っています。

参考文献

岡山県教育委員会編　1973　「上東遺跡」『山陽新幹線建設に伴う調査 II』(岡山県埋蔵文化財発掘調査報告書第 2 集)　岡山県教育委員会

岡山県教育委員会編　1984　『百間川原尾島遺跡 2〜旭川放水路 (百間川) 改修工事に伴う発掘調査 V〜』(岡山県埋蔵文化財発掘調査報告書 56)　建設省岡山河川工事事務所・岡山県教育委員会

大阪文化財センター編　1987　『久宝寺南』(近畿自動車道天理〜吹田線建設に伴う埋蔵文化財発掘調査概要報告書)

大阪府教育委員会・大阪府文化財調査研究センター編　1999　『河内平野遺跡群の動態 VII〜南遺跡群弥生時代後期〜古墳時代前期〜』(近畿自動車道天理すいた線建設に伴う埋蔵文化財発掘調査報告書)

岡山県教育委員会編　1995　『足守川矢部南向遺跡〜足守川河川改修工事に伴う発掘調査〜』(岡山県埋蔵文化財発掘調査報告書 94)　岡山県文化財保護協会

小林正史　1991　「土器の器形と炭化物から見た先史時代の調理方法」『北陸古代時研究』第 1 号 15-30 頁　北陸古代土器研究会

小林正史　1992　「煮沸実験をもとにした先史時代調理方法の研究」『北陸古代土器研究』第 2 号 80-99 頁　北陸古代土器研究会

小林正史　1992　「中相川遺跡の甕の使用痕分析」『相川遺跡群』125-162 頁　石川県立埋蔵文化財センター

小林正史　1993　「野本遺跡の甕の使用痕分析」『野本遺跡』85-122 頁　石川県立埋蔵文化財センター

Kobayashi Masashi 1994 Use-alterration analysis of Kalinga cooking pots. "Kalinga Ethnoarchaeology". Ed. by W. A. Longacre & J. Skibo. pp. 127-168.

Ⅰ 食・調理

　　　　　Smithsonian Press.
Kobayashi Masashi 1996 An ethnoarchaeological study of the relationships between vessel form and function. UMI. Ann Arbor, USA.
小林正史　1997a　「炭化物から見た弥生時代の甕の使い分け」『北陸古代土器研究』第7号109-129頁　北陸古代土器研究会
小林正史　1997b　「弥生時代から古代の農民は米をどれだけ食べたか」『北陸学院短期大学紀要』第28号161-179頁　北陸学院短期大学
小林正史　1999a　「煮炊き用土器の作り分けと使い分け～「道具としての土器」の分析～」『食の復元』(帝京大学山梨文化財研究所研究集会報告書2) 1-59頁　岩田書院
小林正史　1999b　「土鍋のコゲから何が分かるか」『石川考古』第255号　6-7頁　石川県考古学会
小林正史　2000　「弥生時代の煮炊き用土器の作り分けと使い分け～長野地域を中心として～」『松原遺跡　弥生・総論3弥生中期・土器本文』(上信越自動車道埋蔵文化財発掘調査報告書5) 183-225頁　長野県埋蔵文化財センター
小林正史　2001a　「縄文時代から弥生時代への調理方法の変化」『食と考古学』19-24頁　福島県立博物館
小林正史　2001b　「煮沸用土器のコゲとススから見た弥生時代の米の調理方法～中在家南遺跡遺跡を中心として～」『北陸学院短期大学研究紀要』第33号153-178頁　北陸学院短期大学
小林正史・有馬未希　2001　「食文化」『バングラデッシュ・ベンガル地方の地下水砒素汚染問題に関する応用人類学的研究』(平成11年度～平成12年度科学研究補助金(基盤研究B2)研究成果報告書) 63-107頁
小林正史　2002a　「土鍋のコゲから何が分かるか(その4)」『石川考古』第268号 4-5頁　石川県考古学会
小林正史　2002b　「土鍋のコゲから何が分かるか(その5)～縄文浅鉢の転用・再利用～」『石川考古』第272号4-5頁　石川県考古学会
小林正史・谷正和　2002　「南アジアにおける米の加工、調理、食べ方の関連～バングラデッシュ西部の調査例から～」『北陸学院短期大学紀要』第34号 153-178頁
小林正史・柳瀬昭彦　2002　「コゲとススから見た弥生時代の米の調理方法」『日本

考古学』第 13 号 19-47 頁　日本考古学協会

小林正史　2003　「使用痕跡から見た縄文・弥生土器による調理方法」『石川考古学研究会会誌』第 46 号 67-96 頁　石川考古学研究会

新宿区生涯学習財団新宿歴史博物館　2004　「百人町三丁目西遺跡 7 次調査」『埋蔵文化財緊急調査報告集』第 1 集　財団法人新宿区生涯学習財団新宿歴史博物館

徳澤啓一・河合　忍・石田為成・小林正史　2005　「吉備地域における弥生土鍋の使用痕分析」『日本考古学協会第 72 回総会研究発表要旨集』126-129 頁　日本考古学協会

柳瀬昭彦　1988　「米の調理方法と食べ方」『弥生文化の研究』2　84-95 頁　雄山閣

柳瀬昭彦・小林正史　1998「炭化物から見た弥生時代の煮炊き用土器の使い分け」『日本考古学協会第 64 回総会研究発表要旨』65-68 頁　日本考古学協会

柳瀬昭彦・小林正史　2000a　「弥生時代の米の調理方法（上）」『考古学ジャーナル』No. 453　14-18 頁　ニューサイエンス社

柳瀬昭彦・小林正史　2000b　「弥生時代の米の調理方法（下）」『考古学ジャーナル』No. 454　20-24 頁　ニューサイエンス社

韓国原三国時代の土器にみられる調理方法の検討
―中島式硬質無文土器を中心に―

韓　志仙（ハン　ジソン）

庄田慎矢 訳

1. はじめに

　煤・焦げの観察や自然科学的な分析などを用いた先史古代の調理方法に関する研究は、古くからヨーロッパ、アメリカ、そして日本などで既に成果をあげております（金2005、小林ほか2002）。それに比べまして、韓国では最近になってようやくそういった関心が高まってきました。従って今回の私の発表は、初めての試みということになります。

　今回の発表では資料蓄積の意味を兼ねて、簡単な分析をしてみました。そして、次のような三つの方法を用いて検討をすすめます。①一つは、原三国時代の代表的な器種である中島式硬質土器を対象にして、調理方法に対する分析を試みます。次に②無文土器の伝統から中島式硬質無文土器、打捺文土器へとつながる調理方法に関する特徴および変化を把握します。さらに③中島式硬質無文土器にみられる煤と焦げに対する基本的な観察を中心に諸様相を統計的に把握する、という方法です。これらの方法で、無文土器の伝統から中島式硬質無文土器、そして打捺文土器へとつながる調理方法の特徴および変化の実態解明をめざします。

2. 観察対象資料

　観察対象を紹介いたします。中島式硬質無文土器というのは、原三国時代の代表的な土器でして、おおむね紀元前100年頃から紀元後3世紀中葉までの時期幅をもっております（朴1998・2004、金2004、韓2005）。風納土城・三和地区の資料、それから河南市にあります渼沙里遺跡の資料、合計43点について観察をおこないました。風納土城に関しては、原三国時代Ⅲ期、お

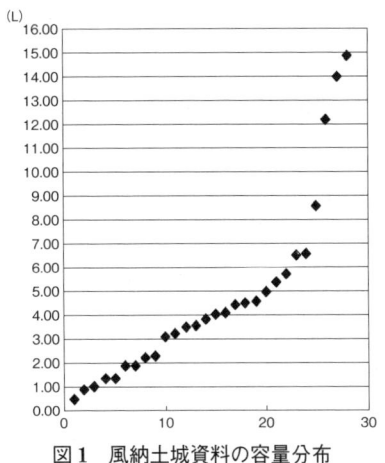

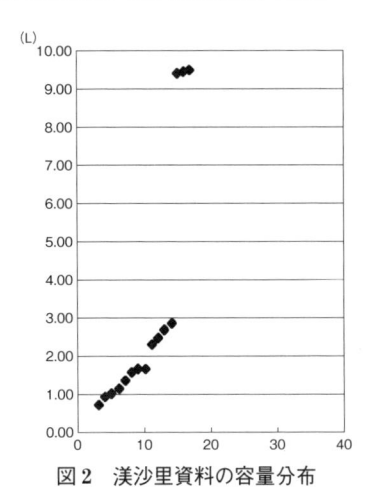

図1　風納土城資料の容量分布

図2　渼沙里資料の容量分布

図3　容量別焦げ有無分布

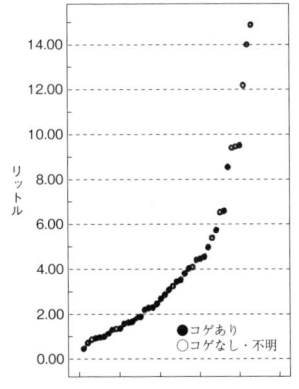

表1　容量別焦げ有無の比較

	コゲあり	コゲなし	コゲ不明	計
小型	18(85.7%)	1	2	21
中型	10(66.7%)	5	・	15
大型	2(28.6%)	5	・	7
計	30(69.8%)	11(25.6%)	2(4.7%)	43

おむね3世紀前半に対応する時期（李ほか2003、韓2003）の溝から出土した一括資料を観察しております。一方の渼沙里遺跡（尹ほか1994、裵ほか1994）の資料は、住居址あるいは包含層出土のものを総合的に検討しておりまして、住居址をみますと、紀元前から紀元後3世紀までの非常に幅広い時期にわたっております。ただ、資料数の関係で十分なデータを確保できないので、まず風納土城と渼沙里遺跡の資料を一緒に統計的に分析いたしまして、その後に遺跡ごとの特徴について述べたいと思います。

　これ（図1・2）は中島式硬質無文土器の容量分布です。小型は21点、3ℓ

Ⅰ 食・調理

未満です。中型としたものは 4~8ℓ に該当しまして 15 点あります。大型としたものは 8ℓ 以上のもので、7 点が確認されました。さきほど大・中・小に区分しましたけれども、8~9ℓ のあたりの資料も中型に区分できる可能性があることもお断りしておきます。

最初に焦げについてみていきます（図 3、表 1）。先程 8~9ℓ のものを中型に含むことができるのではないかという話をしましたけれども、このグラフ（図 3）をみますと焦げのあるものが 9ℓ 付近にありまして、こういったことからその上とその下で区分することができる可能性があるのではないかという意味です。43 点中 30 点に焦げが確認されておりまして、全体の 70% 程度ということになります。小型と中型に集計が密集している状況が読み取れます。焦げは、内部底面に観察される場合や、それを除いて胴下部にある場合、あるいは胴の上部に見られる場合といったふうに、多様なあり方がみられます。

3. 資料の分析

(1) 焦げの様相

まず、内底面に焦げが付着している例をみていきます。1 番の土器（図 4-1）ですけれども、これは小型土器であります。外部胴下半に煤酸化部をもっておりまして、内部の底面には焦げがついておりません。反対に右側の 20 番（図 5-20）の土器をみますと、外底面と内底面の対応する位置に焦げが確認されております。写真はあとでもう一度確認いたします。この 2 点を除きますと、内底面に焦げが見つかる例というものはありません。3 番（図 4-3）も小型に該当します。バンド状に見られる部分もありながら、パッチ状の焦げも観察されます。

次にバンド状の焦げについて紹介いたします。こういった胴下部に焦げがみられる例というのは、全部で 19 例確認されております。その内、胴下部のみに明瞭にバンド状の焦げがみられる例というのは 9 点ありまして、パッチ状と同時にみられるのは 10 点になります。

この他にもバンド状の焦げとパッチ状の焦げが同時に見られる土器という

韓国原三国時代の土器にみられる調理方法の検討

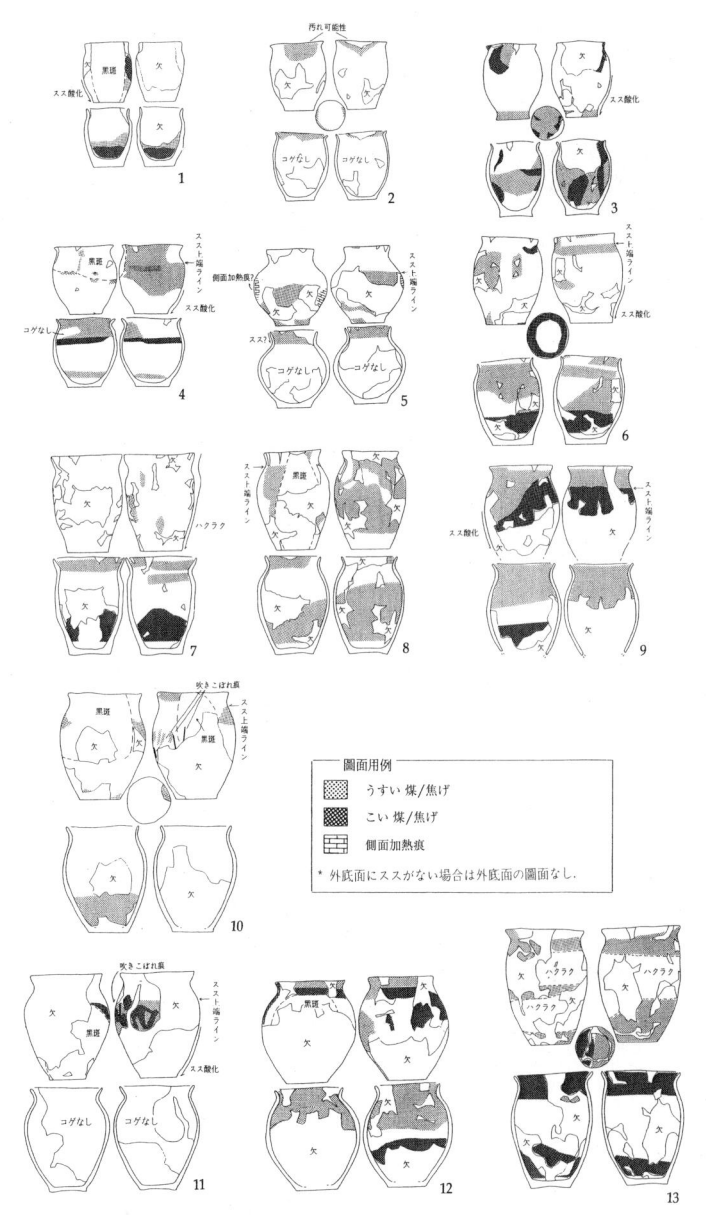

図4 風納土城の土器の使用痕（その1）（S=1/8）

I 食・調理

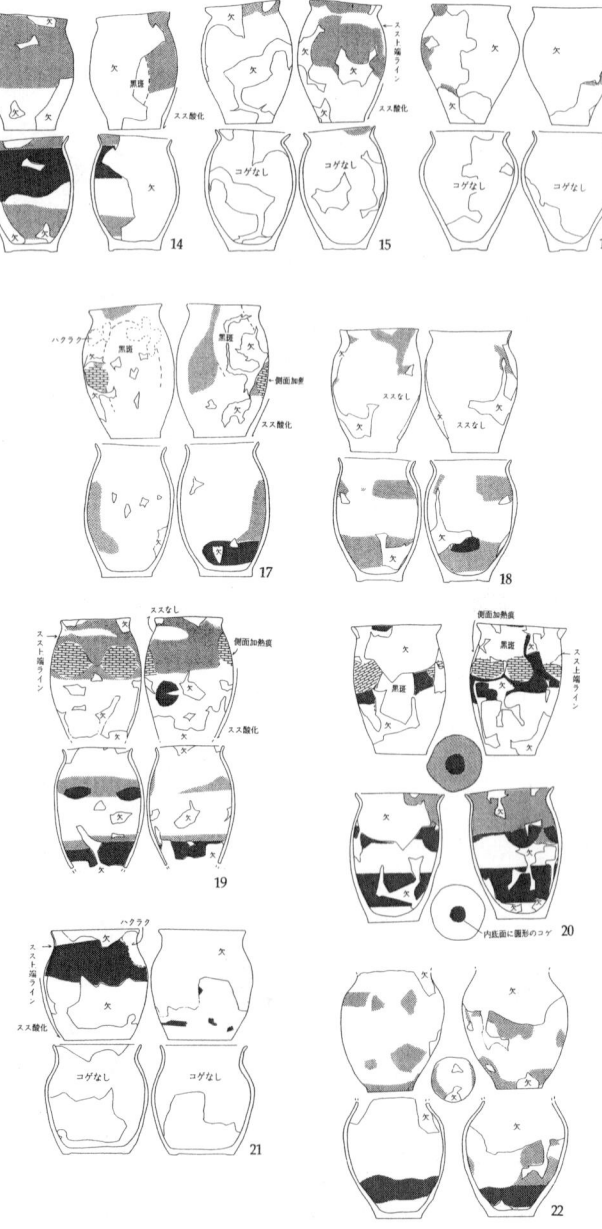

図5 風納土城の土器の使用痕（その2）（S=1/8）

韓国原三国時代の土器にみられる調理方法の検討

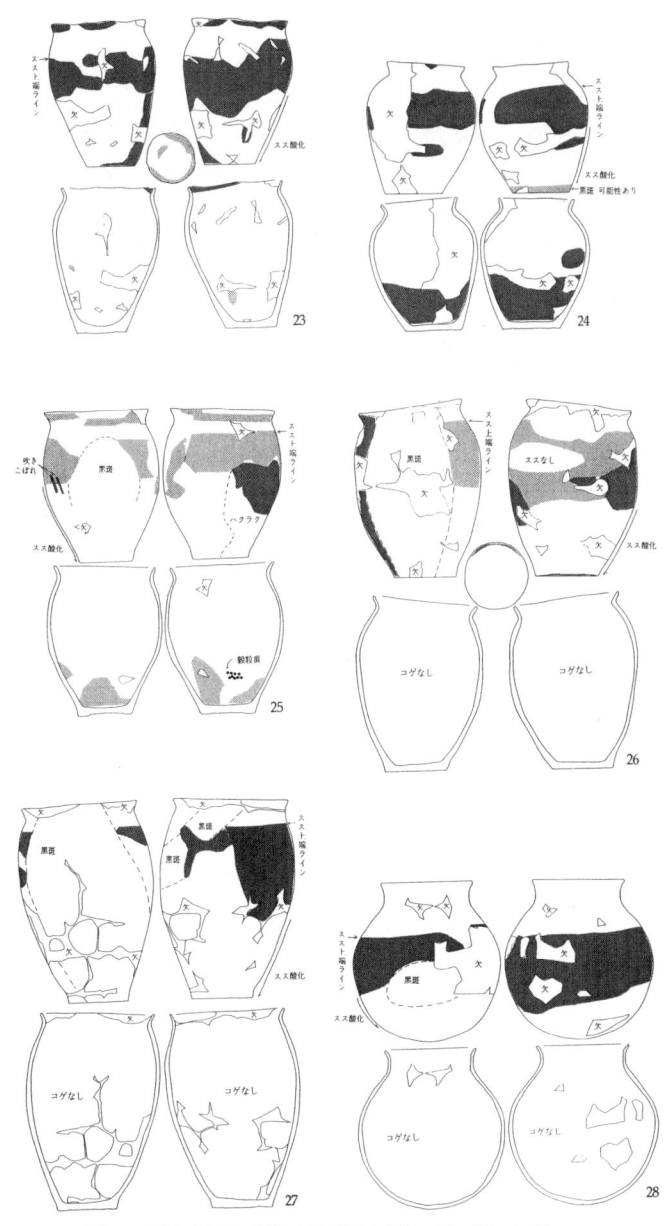

図 6　風納土城の土器の使用痕（その 3）（S＝1/8）

Ⅰ 食・調理

写真1 内面にみられるバンド状およびパッチ状の焦げ（左）と外面（右）との対応関係

のが確認されました。24番の土器（図6-24、写真1）の場合ですと、底部の直上ですとか、外底面に焦げが確認されております。39番の土器（図8）は胴上部にバンド状の焦げがみられまして、下部には全く見られません。この内面の焦げといいますのは、肩部にある煤と対応しております。これは反復使用された例です（図7-33、写真2）。写真のように、胴下部に焦げがありますけれども、上部にも確認されております。

　全体の資料の中で焦げの上端高を見ますと、平均で45.7％の高さに位置することがわかります（図9）。中型の場合ですと、42.7％の平均のところですけれども、その周囲に非常に密集して、同じような傾向を見せております。こういった状況から、この手の土器の用途がある程度限定されていたことが考えられます。図9下のグラフでもやはり同じような傾向が見て取れまして、中型の土器の焦げ上端高が40％前後のところに集中しているのが良くわかります。

　次に、焦げの相対的高さの対応関係を示しました（図10）。中型土器においてバンド状の焦げがよくみられる傾向がみて取れます。このグラフ（図11）は、口縁の外反度と焦げの対応関係に関するグラフです。風納土城と渼沙里遺跡、計43点の資料を対象に口縁部の外反度を計算しますと、46.7％という数字になります。その内バンド状の焦げが見られるものは、そこの右

82

韓国原三国時代の土器にみられる調理方法の検討

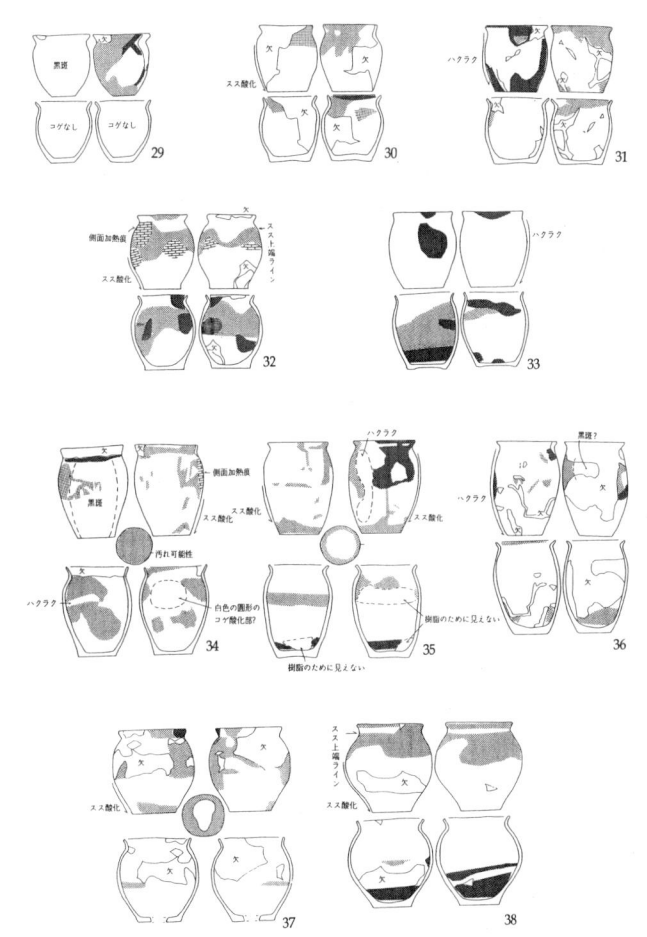

図7 河南渼沙里遺跡の土器の使用痕(その1)(S=1/8)

のグラフにありますように70〜90%の間に密集しております。

(2) 煤の様相

次に煤についてみていきます(図12)。煤が確認されておりますのは全部で43点でして、ほぼすべてに確認されていることになります。ここでは、ライン状をなす煤が確認された例のみを対象に分析したいと思います。図11左のグラフは、外反度と土器の括れ度、土器の大きさとの対応関係を示したものです。煤上端高を確認できるのは、先程のラインが確認できる34

Ⅰ 食・調理

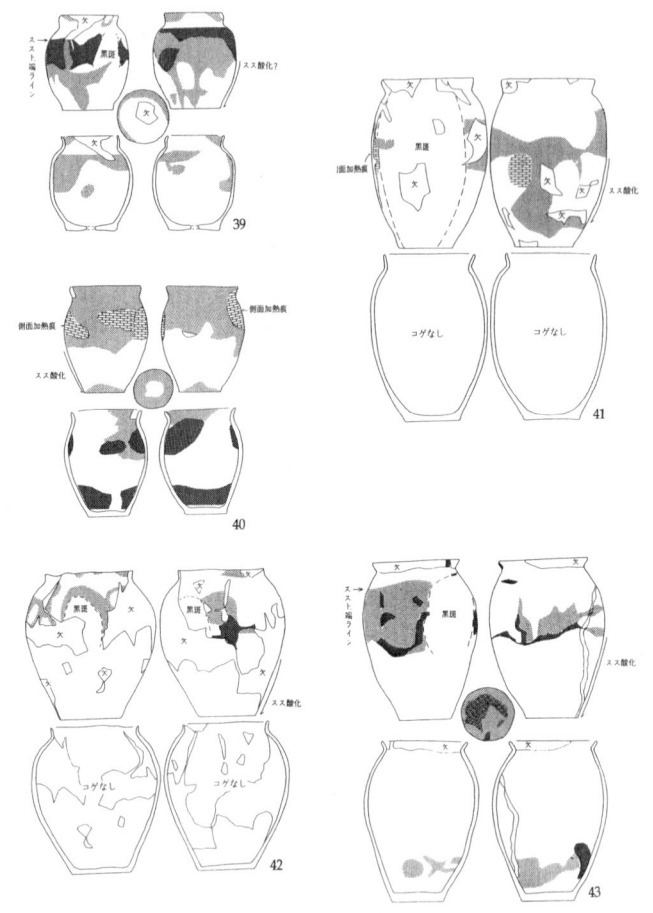

図8 河南渼沙里遺跡の土器の使用痕（その2）（S=1/8）

点のうち26点です。平均で76％程度の位置にあります。煤上端の位置が器高によってばらつくことは、土器の大きさによって何らかの用途の違いがあることを想定させます。23番土器（図6-23、写真3）、今ご覧になって頂いている土器ですけれども、煤がこうやってライン上にめぐっておりまして、濃くこびりついております。胴下部には煤酸化部が観察されます。しかし、内面には焦げがみられません。また、これは胴の上部にみられる煤であります（写真4）。先程紹介しましたように、この場合は、内面にある焦げと対応関

韓国原三国時代の土器にみられる調理方法の検討

写真2 内面にみられる反復使用によるバンド状の焦げ

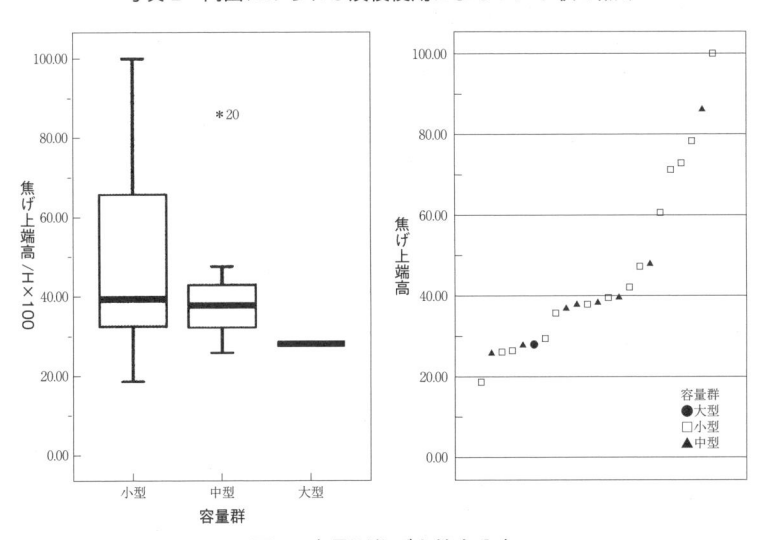

図9 容量別焦げ上端高分布

85

Ⅰ 食・調理

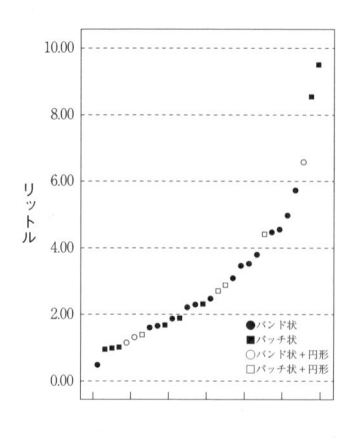

図10　容量分布と胴下部焦げ類型　　図11　頸部の括れ度と容量の関係

係をなしております。

その他の土器の煤と煤酸化部についてお見せします。外底面の煤の付着状況ですけれども、60％以上が外底面には見られませんでした。それから周縁部だけにあるものが次に多くて、その次に全面にあるものが、ご覧頂いている土器20と24、二点のみになります（写真5）。

(3)　煤酸化部の様相

次に煤酸化部についてお話します。煤酸化は、二つの種類に分けることができますが、最初に外面胴下部の酸化部についてお話させて頂きます。胴下部の煤酸化は一点を除いたほとんどの土器で観察されました。煤酸化部の高さは、平均で43.8％です。焦げの上端高は、観察できる土器の焦げ上端高が43.5％であることから、上の43.8％と近い数字であり、煤酸化部と内面の焦げの対応比率が高いということがわかります。

次に側面加熱の事例についてお見せいたします。左（写真6、図5-20）は外面ですけれども、側面加熱による煤酸化が確認されます。この部分に対応する内面に、焦げが確認される例であります。これ（図5-19、写真7）は写真があまりよくないのですけれども、今示している外面に、煤酸化が見て取れまして、対応する部分の内面に焦げがあらわれております。こういった側面加熱が確認できる土器が計8点ありまして、小型が3個体、中型が4個体、大

86

型が1個体になります。そのうち、小型の一点、大型の一点については内面に焦げが見られず、側面加熱痕と対応しないものでした。19番のような場合は、外面の側面煤酸化部と内面の焦げが対応しておりました。

　（4）　吹きこぼれ痕と炭化穀粒の付着

　次に、吹きこぼれ痕について見ていきます。吹きこぼれ痕が確認される例は、推定したものを含めて五点しかありませんでした。吹きこぼれ痕が確認されない理由について考えてみました。まず最初にもともと吹きこぼれなかった可能性、二番目に吹きこぼれた後に強い加熱を受けた可能性、三番目に使用回数が増えるにつれて煤によって覆われてしまった可能性、それから遺物として出土した後に洗い流された可能性、最後に埋没中に剥がれ落ちた可能性が考えられます。写真8のこの部分が吹きこぼれ痕になります。吹きこぼれ痕と認定できるかどうかは、もうすこし観察経験をつまなければならないのですけれども、こういったライン状にみられる例（写真8の25）もあります。

　次に炭化穀粒についてです（写真

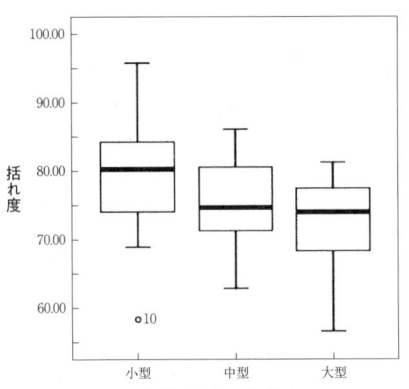

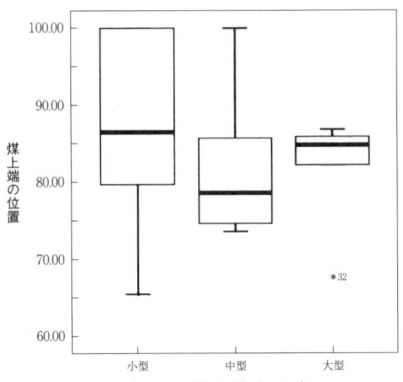

1　容量別括れ度分布

2　容量別煤上端高分布

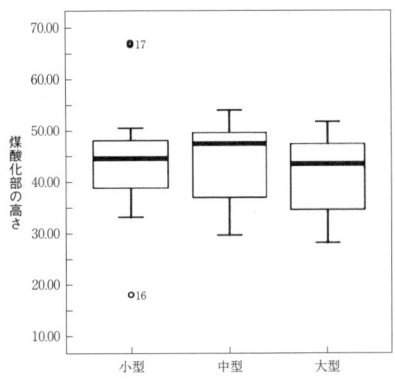

3　容量別煤酸化部の高さ分布
図12　容量別分析

Ⅰ 食・調理

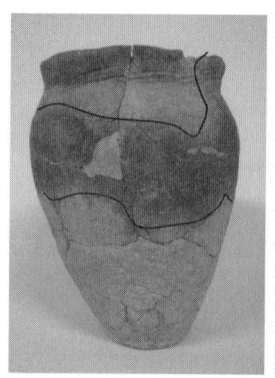

写真3 胴部のバンド状煤

写真4 外面胴部の煤（上）と内面の焦げ（下）

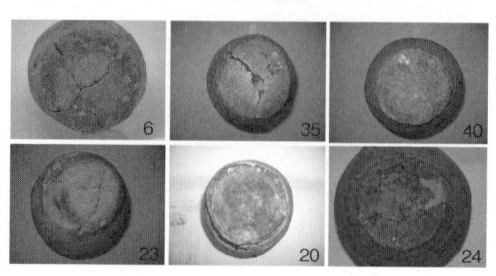

写真5 外底面の煤付着様相

9)。唯一25番土器（図6-25)、43点中この一点のみから確認されました。これは大型に属しまして、8ℓの容量をもつ土器です。内面にはパッチ状や円形の焦げが不規則に分布しております。炭化穀粒は胴下部内面に付着しております（写真9の右下）。

4. 分析結果

(1) 暫定的使用回数

以上のような観察を通した検討結果について申し上げます。まず、吹きこぼれ痕はほとんど確認されませんでした。ただし、外面の煤酸化部と内面の焦げ付着

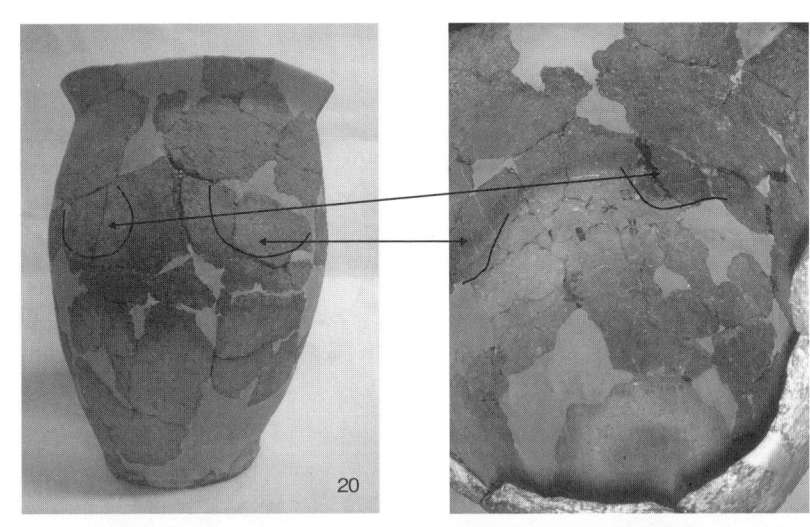

韓国原三国時代の土器にみられる調理方法の検討

写真6 外面の側面加熱痕（左）と内面焦げ（右）との対応関係（1）

写真7 外面の側面加熱痕（左）と内面焦げ（右）との対応関係（2）

部位がほぼ一致する例がありますので、使用回数が少ない可能性が高いと言えます。反対に、対象資料には分厚い焦げが胴下部に付着している場合が多く、酸化部が広くなっているころから見ますと、繰り返し使用された例もあ

89

Ⅰ 食・調理

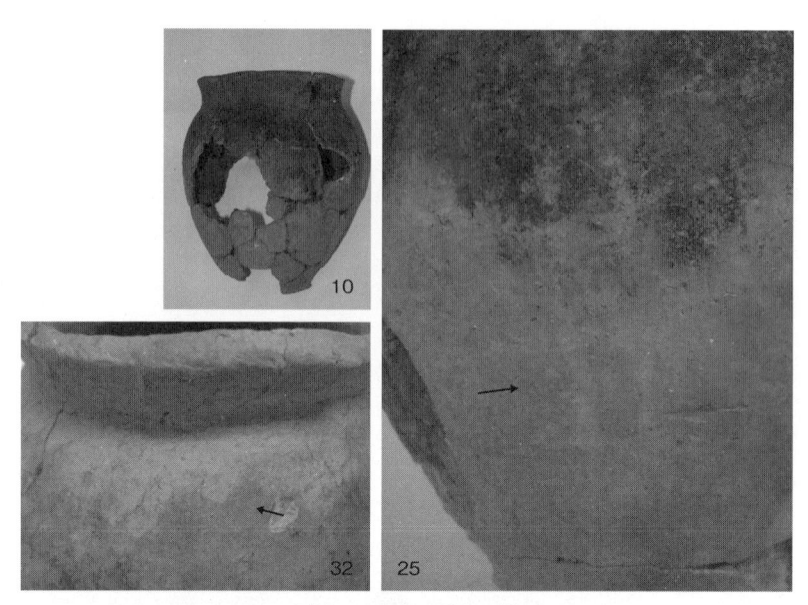

写真8　吹きこぼれの例

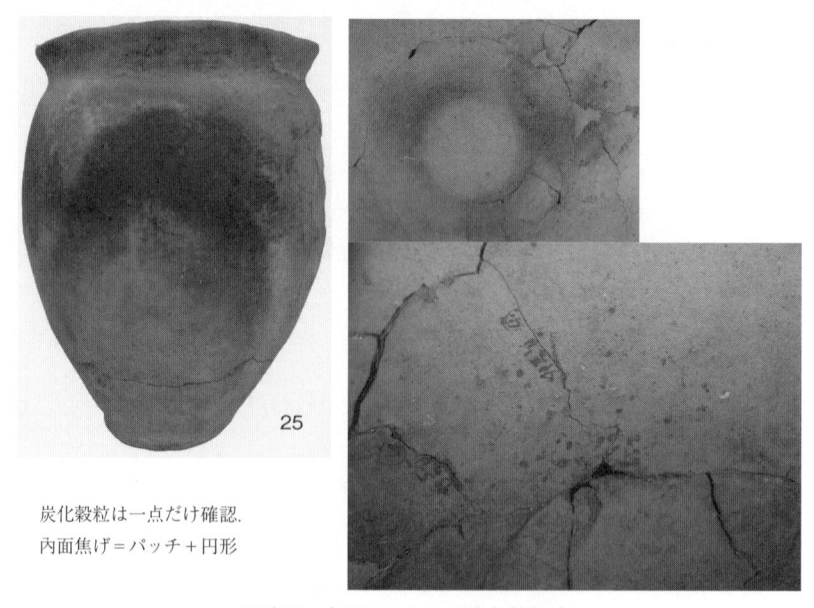

炭化穀粒は一点だけ確認.
内面焦げ＝パッチ＋円形

写真9　内面にみられる炭化穀粒痕

ると思われます。
　(2)　土器の設置方法と炉の関係
　土器の置き方について申し上げます。まず、内外面の底面と底部の直上に煤及び焦げがありませんので、内外面の下部に明確な酸化部やバンド状の焦げがめぐる場合があります。こういったことから、土器を直置きして加熱した可能性が高いです。外底面の周縁部と底部直上に煤が付着した例がありますので、これは熾火の上で加熱したもの、上の二つの例はすべて炉で調理したものということを表しております。
　先程も申し上げましたとおり、風納土城の場合は、今示しております溝から出た出土品を対象としています（図13-1）。この資料は原三国III期という時期に該当しまして、当時は竈(カマド)が既に普及している時期であります。しかしながら、土器の使用痕から見た場合は炉で使用したと考えられることから、野外行事などの後に廃棄された必要があるのではないか、そのように遺構の性格を考慮する可能性があります。渼沙里遺跡の場合は住居跡がたくさん見つかっています。図13-6は高麗大学調査020号住居跡ですけれども、原三国時代I期という時期に相当します。図13の2と5の場合は、炉と竈が同時存在する原三国時代のI期という時期になります。しかし、先程の土器の観察結果からこれらの土器が炉で使用されたものと判断されますので、竈と炉がある住居跡の場合においても、やはり炉の方で使用されたことが考えられます。
　中島式硬質無文土器が出土した住居跡における炉と竈の構造についてみていきます。写真10は、石囲い、あるいは石敷きの炉です。風を防ぐよう石を置いております。いままで申し上げたように、中島式硬質無文土器は炉で使用されたと考えられますけれども、ごく一部に、今示しているような、竈に土器が設置された例というのもございます。大部分の土器は炉で調理されたものと考えられますが、例外的にこういったものが見られるということは、その後の時代に打捺文土器という土器がでてきまして、これと竈がセットで使用されるような状況になる前の移行期の様相を見せております。写真10、図14-6は風納土城の2号住居跡ですけれども、中島式硬質無文土器が完全

91

Ⅰ 食・調理

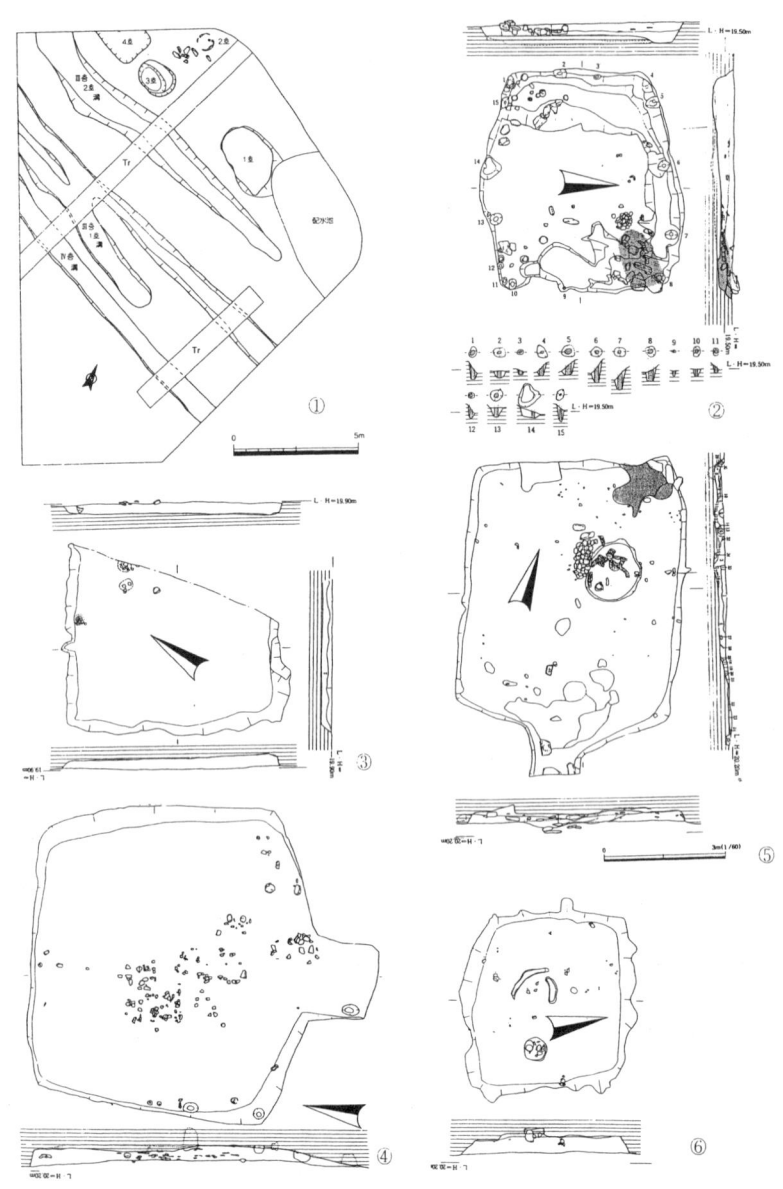

図 13 対象遺物の遺跡、遺構（①風納土城三和地区、②〜⑥河南渼沙里遺跡）

韓国原三国時代の土器にみられる調理方法の検討

| 1 中島1号住居跡 | 2 永松里1号住居跡 |
| 3 風納土城ガ-2号住居跡 | 4 永松里1号住居跡 |

写真10 原三国～百済時代の炉の変化（1-2→3→4）

になくなる直前の段階にあたります。竈が非常に発達しております。こういった硬質の無文土器と調理施設との関係について、華城市の發安里遺跡という遺跡で良い資料が出土しております。中島式硬質無文土器のみが出土している住居跡は炉跡のみが確認されていますが、中島式硬質無文土器と打捺文土器が共伴する住居跡においては、炉と竈が両方検出されております。一方、打捺文土器が出土する住居跡では竈のみが確認されます。

写真11の土器は、發安里遺跡（鄭2003）から出土しました。上に乗っているのは、硬質無文土器の胎土で作られた甑です。下は打捺文土器の壺です。このセットが竈のすぐ横で発掘されまして、その前で炉跡も確認されました。よってこのセットは竈で使われたものと推定されます。

(3) 設置方法の復元

炊事方法を簡単に復元してみました。対象資料には、吹きこぼれ痕や炭化穀粒がほとんど見られなかったために、炊事方法の復元はかなり難しいです。

Ⅰ 食・調理

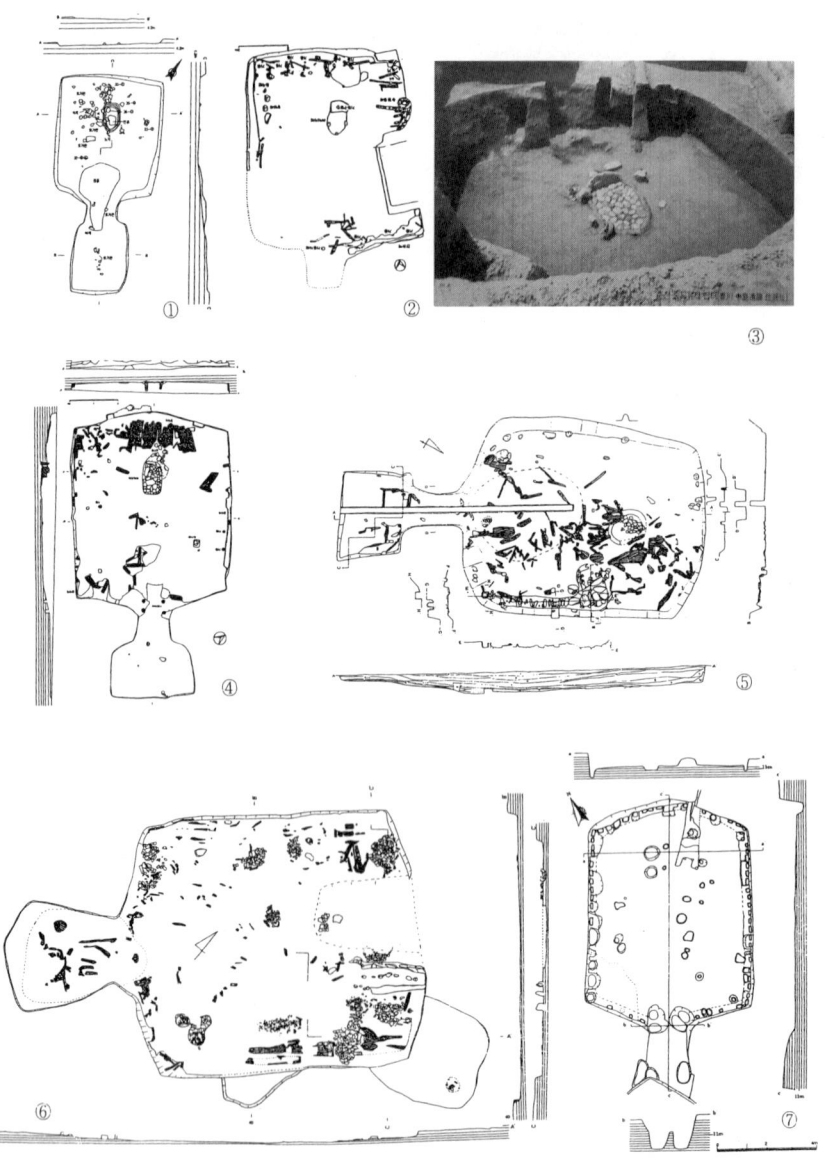

図14　原三国～百済時代の住居跡各種

韓国原三国時代の土器にみられる調理方法の検討

焦げのパターンですとか、側面加熱といった様相からみますと、加熱時に強火から弱火へと移されたことがわかります。

5. おわりに

　以上、調理方法について簡単に検討をしてみました。今後の課題、あるいは展望について述べて、発表を終わりたいと思います。原三国時代の調理方法復元のためには、中島式硬質無文土器のみならず打捺文土器に対する検討も同時に進める必要があります。炉から竈への変化、そして調理に使用される土器がどう変わっていくのか、画期を把握する必要があります。それから、実験を通した調理方法に対する具体的な接近、あるいは出土資料に対する資料の蓄積が必要です。

　この発表は、今年の5月に来韓された日本の研究者の方々と一緒に観察した結果をもとにしております。この場を借りて感謝を申し上げますと同時に、不十分な内容の発表にもかかわらず、皆様の御静聴に感謝いたします。

写真11　原三国〜百済時代の住居跡から出土した釜と甑

質疑応答

深澤：韓志仙さん、大変優れた発表どうもありがとうございました。少し時間がありますので、みなさんの自由な質問の時間にしたいと思います。どなたか質問したいという方はおられませんか。では、私の方から。大変原則的なことで申し訳ないのですけれども、中島式硬質無文土器、硬質とわざわざついているわけであるのですけれども、硬質といった場合、どういったものを指しておられるのでしょうか。それを教えて頂きたいと思います。

韓：江原道春川市に中島（チュンド）遺跡という遺跡がありまして、ここで

I 食・調理

初めて確認された型式ということで、こうした名前がついております。また硬質ということに関しては、青銅器時代の無文土器に比べて硬度が比較的硬いけれども無文土器の系譜を引いているという意味ですが、用語の統一がまだなされておりません。中島式硬質無文土器というのは、私が勤めている韓神大学校で報告書作成の際に使用している名前なのですけれども、この他にも単に中島式土器ですとか、風納土城式無文土器ですとか、或いは単に硬質無文土器とか人によって名前が違う状況です。

深澤：ありがとうございました。なにか質問ありませんか。田崎さんどうぞ。

田崎博之：少し教えて頂きたいのですが、中島式硬質無文土器の分布圏って限られていますよね。その分布範囲と、例えば嶺南地区のように中島式土器がない地域での検討はどういったことがされているのか、炊事方法に違いはあるのかどうか、ということを含めてお尋ねしたいのですけれども。

韓：私も詳しくはわからないのですが、確かに硬質無文土器というのは嶺南地方にはございません。それで嶺南地方ではどういった土器があるのかといいますと、打捺文土器が無文土器にとって代って出てきているわけです。これに関してはいろいろな説があるわけですけども、私が考えておりますのは楽浪土器の影響を考えておりまして、今日紹介しました資料は漢江（ハンガン）の流域、京畿道のソウルの方ですけれども、嶺南地方の方が早くその影響を受けるということがわかっております。そうしますと、土器の製作技術が漢江流域に及ぶ時期が嶺南地方よりも遅い時期となるという時間差が生まれてくるのではないかと考えています。

深澤：よろしいでしょうか。もし、ないようでしたら…中村さんどうぞ。

中村大介：日本でも古墳時代の終わり、後期くらいや古代になると、コメを蒸して食べるように変わるのですけれども、韓国の場合も竈がはいるようになって、炉に取って代わるような状態になったときには、コメを蒸して、食べる方法も変化していくのでしょうか。

韓：調理方法に関する研究というのは始まったばかりでして、なかなか実証的な話というのは難しいのですけれども、一つ遺物から考えますと、甑の出現が青銅器時代、あるいは紀元前2世紀くらいのところまでさかのぼること

がわかっております。それから先程発表にもありましたとおり、硬質無文土器の胎土でつくった甑もあります。これは、韓国で確認されております竈の出現よりも古い時期にあるわけです。ですから蒸す料理と竈との関係はいま時期差があるのですけれども、今後竈の出現がさかのぼれば、その可能性も考えられるかもしれません。

深澤：中村さん、いかがでしょうか。むしろ中村さん、補足になるかどうかなんですけれども、古墳時代に甑が付け加わることで、そういった新たな調理法が加わるといったことなのですね。わかりました。他にご質問。森岡さん、お願いします。

森岡秀人：興味深い発表ありがとうございました。中島式土器とですね、打捺文土器との共伴関係とがみられるのは、原三国時代の一番終わりのほう、日本でいえば、庄内式併行期に当たる時期です。印象だけをお聞かせていただきたいのですが、例えば3世紀代ですと、庄内式後半期に住居跡に1例だけですけれども、大阪府羽曳野市の尺度遺跡にでてくるような造り付け竈に先行するような、壁際寄りの焼土例がでてきております。九州にもあります。韓国の中では、炊飯形態の、炊飯施設の移行という、住居内での移行、変化を比べられて、日本の3世紀代の様相というものは、どのようにみられますか。

韓：まず、最初に森岡先生の方から中島式硬質無文土器と打捺文土器の共伴関係というのが、原三国時代の終わり頃の段階に見られるとおっしゃったのですよね、それに関していうと、そうではなくて、学者によって説が違います。原三国時代には3期区分案と2期区分案があります。3期区分の立場をとる場合は、1段階は硬質無文土器のみが出てくる段階でして、2段階目に打捺文土器が出現します。3段階目としまして、打捺文土器だけがある時期を認めるという3期区分をする説です。それから、もう一つの説は先程I期と申しました硬質無紋土器のみがあるという時期を認定しない、最初から打捺文土器と共伴するという、2期区分説です。この2種類があるということです。私は前者の3時期区分の立場をとっております。これは、先程紹介しました發安里遺跡のような住居址においての共伴関係においても、立証され

Ⅰ 食・調理

ているかと思われます。

　二つ目の日本での竈の導入に関してどのように考えるのかですけれども、私は竈に関してしっかりと資料を集めた上で検討したわけではありません。したがって十分に考えたうえではありませんが、印象で言いますと、韓国において竈の出現というのは2世紀末、或いは3世紀という時期に大体比定されております。場所はどこかといいますと、先程渼沙里遺跡の例をお見せしましたように、ソウルですとか京畿道の北部地域、その時代の中心部といえる地域において出現し始めます。そういったことを考えますと、3世紀前半に日本にもはいってくることも十分にあるのではないかと、考えます。

深澤：ありがとうございました。韓さんの場合には、ずいぶん矢継ぎ早に質問を致しまして、それに丁寧にお答え下さりありがとうございました。それでは、韓志仙さんに拍手で終わりたいと思います。

参考文献

尹世英・李弘鍾　1994　『渼沙里』第5巻　渼沙里先史遺跡発掘調査団

韓志仙　2003　『土器からみた百済古代国家の形成過程研究』　中央大学校大学院修士学位論文

韓志仙　2005　「百済土器成立期の様相に対する再検討」『百済研究』41　忠南大学校百済研究所

金秉模・裵基同ほか　1995　『永松里先史遺跡』　漢陽大学校博物館

金成南　2004　「百済漢城様式土器の形成と変遷について」『考古学』3-1　ソウル京畿考古学会

金壮錫　2005　「韓国先史時代の食糧加工と調理」『先史・古代の生業経済』　福泉博物館

京畿道博物館　1999　『坡州舟月里遺跡』

江陵大学校博物館　1997　『横城屯内住居址』

江陵大学校博物館　1997　『江陵冬徳里住居址』

江陵大学校博物館　1998　『江陵橋頁里住居址』

国立中央博物館　1980　『中島Ⅰ』

国立文化財研究所　2001　『風納土城Ⅰ』

小林正史・柳瀬昭彦　2002　「コゲとススからみた弥生時代の米の調理方法」『日本考古学』13、日本考古学協会

鄭相石　2003　「華城發安里集落遺跡」『第 27 回韓国考古学全国大会発表要旨』

裵基同・金娥官　1994　『渼沙里』第 2 巻　渼沙里先史遺跡発掘調査団

朴淳發　1998　『百済国家の形成研究』ソウル大学校博士学位論文

朴淳發　2004　「漢城百済考古学の研究現況点検」『考古学』3-1　ソウル京畿考古学会

李南珪・權五榮ほか　2003　『風納土城 III』　ハンシン大学校博物館

同位体分析による土器付着物の内容検討に向けて
―自然科学の立場から―

坂本　稔

1. はじめに

　国立歴史民俗博物館の坂本と申します。土器付着物の内容について自然科学の立場からの分析を私から発表いたします。考古学の立場からの分析はこの後に同じ歴博の小林が発表いたします。

　今までの発表を拝聴すると、穀類の煮炊き、あるいは炊飯といった事例について検討が加えられているように思われます。しかし、私たちはどちらかといえば、いろんな雑多なものを混ぜて調理し、それが結果的に炭化物として付着する、それが一体どんなものであったか、確認できないだろうか、というところに立場の違いがございます。しかし、私たちも他の方達と同じように土器の使用、調理に伴って付着したもの、すなわち土器付着炭化物を研究の対象としております。

　調理の内容物が焦げ付けば、それは焦げでありますし、土器の外側に燃料材がついたものであれば、それが煤にあたります。私たちは年代研究を進めておりますので、土器付着の炭化物が非常に有用な試料であると考えております。一つは、自然科学的に求められた年代と考古学的な土器型式を対比させることによって、より精密な年代議論ができるということです。そして、多くの事例において、共伴する資料、木炭、煤、漆などと、この付着物の年代が非常によくあっていることもありますので、私たちの研究内容の上でこれを重要視しているわけであります。

　そうは申しましても、炭化物といったものは一体、何を測っているのかよくわかっていないところが実際、非常に弱いところでもございます。それは、年代測定に関する海洋リザーバー効果の懸念があちこちから指摘されること

であります。少し具体的に申しますと、私どものプロジェクトで弥生時代の開始年代をめぐる論争が始まっています。私達の測定では、一般に考えられている年代よりも開始の時期が古くなります。その古めに出ている年代というのが、実は海洋に由来する古い炭素を測った結果ではないのかという批判がございます。そういったものを確認する上でもやはり炭化物の由来というものを押さえておく必要があります。そして、これはまた、今後の展開として、何を食べていたのか、何を栽培していたのか、といった研究へも展開が望めるのではないかと考えております。

今回は自然科学的な立場から、炭素、窒素分析による土器付着物の起源物質の推定ということで、これまでのことを報告させて頂きます。

2. 炭素・窒素分析から期待されること

まず、少し自然科学的な話を申し上げます。今回、安定同位体という言葉を使わせて頂きます。ちょっと理科の知識になるのですけれども、同位体と申しますのは、原子核中の中性子の数だけが異なる原子というふうに定義されております。化学的な性質は同じ同位体、図1には^{12}Cと^{13}Cが描いてありますけれども、化学的にはどちらも炭素です。同じ性質を持っております。「安定」という意味は、炭素にはもう一つ^{14}Cという、重要な同位体があります。これは放射線を出しながら壊変を起こしてなくなっていきます。ですので、壊変を起こさずに自然界に安定して存在する同位体のことを安定同位体、と定義しております。安定同位体の値をどのように表記するのかにつきましては、δ（デルタ）値を使うのが一般的です。これは試料の同位体比、例えば^{12}C、^{13}C、窒素であれば^{14}N、^{15}Nといった同位体がございますので、この比が標準物質として使われる値とどれくらいずれているのかを、（試料―標準）／標準の千分率であらわす、こういう表記が一般的におこなわれております。

先程、化学的に同じと申しましたが、同位体というのは原子核の重さが違うので、物理的な重さが違います。わかりやすくいえば、重い方が軽いものよりも動きにくいということです。同位体比が様々な値を示すとすれば、今

101

Ⅰ 食・調理

申し上げたような同位体分別を起こした結果であり、もう一つは異なる同位体比を持つもの同士が混合したら、その中間的な値になると思うのですけれども、同位体比は変わります。

　自然界では炭素の安定同位体比として、例えば私たちがよく食べているコメですね、あるいは薪として使うような森林樹木、そういった一般的な陸上植物はだいたい $δ^{13}C$ 値にして−26‰ということがわかっております。一方で、海洋中に生息するプランクトンなどはもう少し値が大きい、マイナスがついているので少しわかりにくいのですけれども、−21‰という−26‰に比べて大きな値を示すことが明らかになっています。今日取り上げられてきたキビ、アワといった雑穀、これはC4植物と総称することが多いのですが、$δ^{13}C$ 値に関して非常に特殊な、特徴的な値を示すことがわかってきております。−15‰という非常に重い、ま、重いというふうに慣用的に言いますけれど、そういった数字を示しております。

　動物はこういった植物を摂取して生息していますので、食べた植物の値に影響される。すなわち陸上動物の方が海洋動物よりも小さな値、−26‰に近い値を示している、と考えてよいと思われます。レジュメ（発表資料）には書きましたけれども、窒素の同位体比の変動については少し解釈が難しゅうございます。一つの可能性として、食物連鎖、つまり植物を動物が食べ、その動物をまた他の動物が食べるといった連鎖によって、どんどん大気の値からずれていく、分別を起こしていくといったことが、一つの考え方としてあり得るかと思います。

　もう一つ、私たちが注目しているのは、試料に含まれる炭素と窒素の比（C／N比）を検討することで、その有機物が何であるのか、をある程度推定できないだろうか、ということです。炭素と窒素の濃度を何らかの方法で測りまして、その比をとります。植物は主成分がセルロースで構成されますので、炭素が多く窒素が少ない、ということで高いC／N比を示すことが予想されます。一方、動物は蛋白質で構成されていますので、窒素が少なからず入っている、すなわち、炭素と窒素の比をとりますと、値が小さくなる。高いC／N比、低いC／N比というのを使うと植物・動物の区別ができるので

はないかということが考えられます。

例外ももちろんございます。種子などはアミノ酸を十分に蓄えることが知られておりますので、ひょっとしたらC／N比が低くなるかも知れません。また、動物の脂肪などは、窒素が非常に少ないことがわかっておりますので、当然高いC／N比を示す可能性が考えられます。ですが、このC／N比、安定同位体比を用いまして、私たちがおこなっている年代測定の値、それを組み合わせることによって、土器付着物の起源物質の推定ということができるのではないか、と考えております。

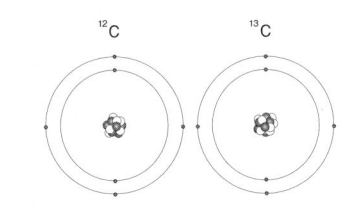

図1　炭素の安定同位体

3. 結果と考察

(1) 炭素・窒素分析から検討される土器付着物の起源

いままで1200点ほどの土器付着物を測定しております。その内の800点近い試料につきまして、こういった安定同位体比、C／N比を測定するといったことを行っております。年代幅をヒストグラムにしたものがございます（図2）。研究テーマが弥生農耕の起源ということと、それに先行する縄文時代中・晩期の年代研究がありましたので、試料がこういったかたちで分布していることを示す図を参考に掲げました。

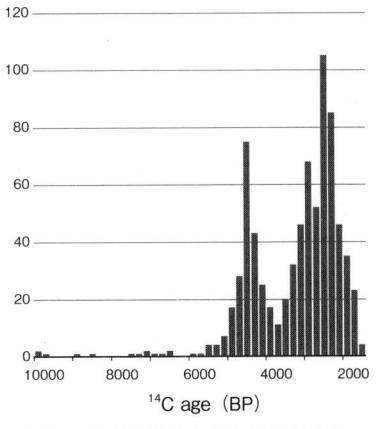

図2　日本列島出土の土器付着物の炭素14年代

付着した炭化物が土器のどこに付いていたのか。外面であるのか、内面であるのか。ひょっとしたら口縁部のものは内面と外面が混ざり合ったものかもしれません。研究の始めのころは、炭素の付着する部位について私も気に留めませんでした。そういったものを採取いたしまして、年代測定を行うこ

I 食・調理

とを目的として、洗浄して、測定試料を作ります。それぞれ洗浄の済んだ試料につきまして、安定同位体比、あるいはC／N比を測定します。ならびにそれらを炭素14年代を測れるかたちに調製しなおして、こういった機関(東京大学、名古屋大学など)で測定をしております。

それでは具体的にどういった結果が得られたのかをお話します。図3-1は、ほぼ800点近い、797点の土器付着物の$\delta^{13}C$値をヒストグラフにまとめたものです。多くの試料が－26‰の周辺に分布していることが、おわかりいただけると思います。先程申し上げましたように、－26‰といった値は一般的な陸上植物の値というふうに考えられておりますので、多くは陸上植物を起源とする試料と考えられると思います。一方、－25‰をうわまわる試料というのも見られます。こういったものは、海洋生物が混ざっている可能性が考えられます。ひょっとしたら、こういった試料には海洋リザーバー効果が影響し、年代値のズレを考えなければならないのかも知れません。また、山が低いので見にくいのですけれど、－10‰にいたるものも見られます。これはおそらくC4植物、アワ・ヒエといったものが混ざっていたものと考えられます。ただし、年代値に関しましては、これは陸上植物ですので、他の陸上生物と同じ値を示すものと考えられます。

少しわかりにくいので、日本列島を勝手に、九州、西日本、中日本、東北、北海道と区分して、それぞれの地域で出土した土器付着物のヒストグラムを描いてみました (図3-2～6)。九州、西日本、中日本は、－26‰の値に分布しております。一方で、東北日本は、たしかに－26‰の値は多いのですけれども、－25‰を上回るようなものもかなり多めです。特徴的なのは北海道で、数が少ないのですけれども、逆に今度は－25‰よりも大きな値を示す試料しか見られない。これは非常に特徴的な分布だと思われます。

もう一つ、C4植物の可能性ですが、これは九州とか、とくに近畿などの西日本に特徴的なのですけれども、C4植物と考えていいような試料がいくらか見られます。一方で、これは偶然今まで見つかっていないだけかもしれませんけれども、中部日本ではまだそういったものが見つかっておりません。今後出てくるかもしれませんが、こういった雑穀類がどこでどのように食べ

104

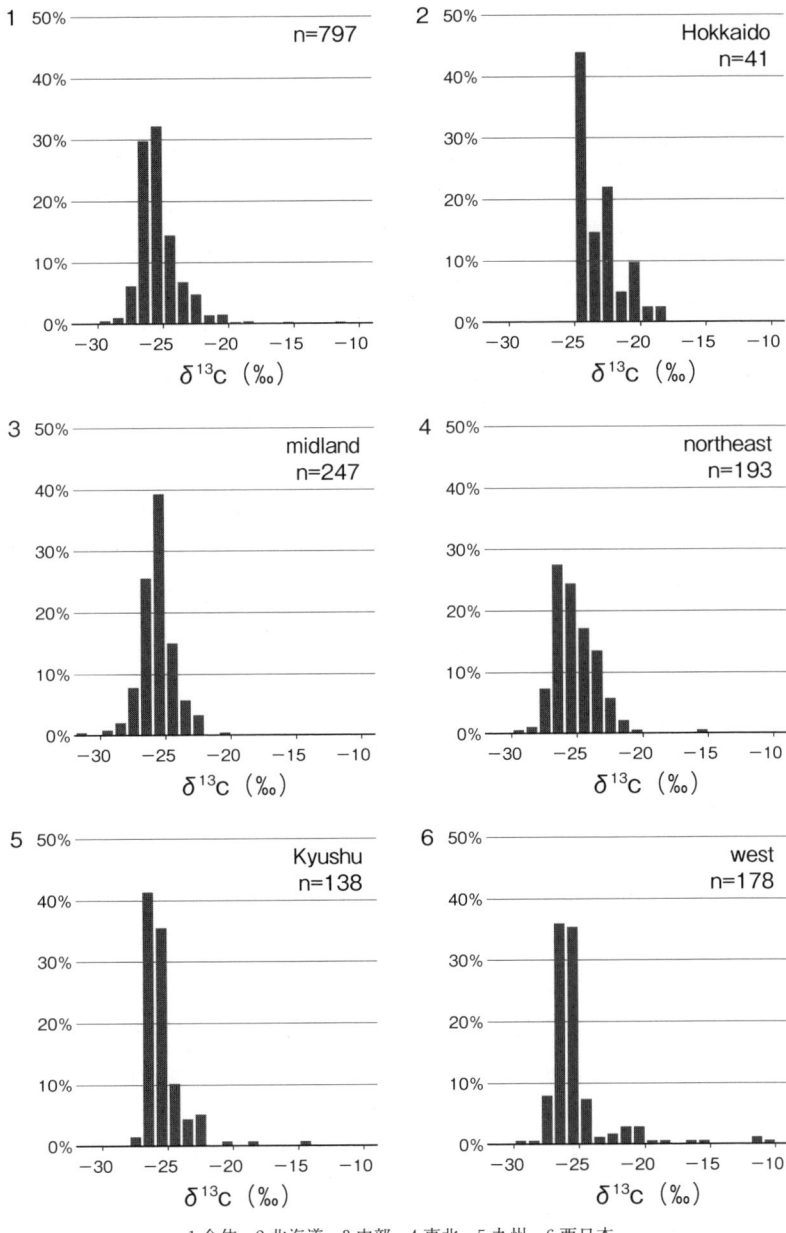

同位体分析による土器付着物の内容検討に向けて

図3 土器付着物の δ^{13} 値の分布

1 全体　2 北海道　3 中部　4 東北　5 九州　6 西日本

Ⅰ 食・調理

られていたのかを推定させる一つの鍵になると考えています。

　窒素と炭素の安定同位体比についての解釈は難しいと冒頭に申し上げたのですけれども、簡単に説明させていただきますと（図4）、やはり窒素の同位体比が上に行けば行くほど分別を受けている。つまり植物質から動物質へ変化するというのが一つの解釈です。そして、炭素の同位体比は、−26‰ あたりが陸上植物の平均値、海洋の影響もみられ、中には−10‰ に近づく C4 植物も見られる。ですから、この見方をしますと、$δ^{13}C$ 値が重くて、かつ $δ^{15}N$ 値が大きいといった、特に北海道の例で見るとわかりやすいのですが、海洋動物、海にすむ魚やら海獣、こういったものに起源を求めていいのではないでしょうか。九州や西日本、中日本は、やはり−26‰ に集まっていますので、同じ動物の可能性があったとしても、それは陸上動物ではないだろうかと。これは単に蛋白源をどこに求めたかということで、日本列島の北の方と南の方で蛋白源に関する考え方が少し違ったのではないかな、と。これは非常に冒険的な考えですけれども、そういったことがあるのかもしれません。

　図5-1のデータは、$δ^{13}C$ 値と C／N 比をプロットしたものを示しています。何度も申しますように、$δ^{13}C$ 値の−26‰ の周辺というのは、陸上成分と考えております。その C／N 比、縦軸ですが、これはどんなに低くても 10 くらいで、ほぼ中心が 20 くらいであるように見えます。その $δ^{13}C$ 値が重くなる方向に向かって、C／N 比が低くなっていくグループと、C／N 比が低くならずにそのまま右にずれるグループと二つあるように見えます。この C／N 比が高いままの植物というのは、C4 植物との混合が考えられます。また、C／N 比がぐっと低くなっていく方向といいますのは、これは海洋動物との混合が考えられるかと思われます。点線で描きましたのは、そういった陸上の成分と海洋の成分とがどういう割合で混ざると、どういう分布を示すかというグラフです。このエリア（破線）周辺の試料というのは、陸上の成分と海洋の成分が混ざった炭化物ではないか、と予想されます。

　やはり同じように日本列島を区分して、出土地毎にグラフを描いてみました（図5-2〜6）。九州では、該当する試料がないわけではないのですけれど

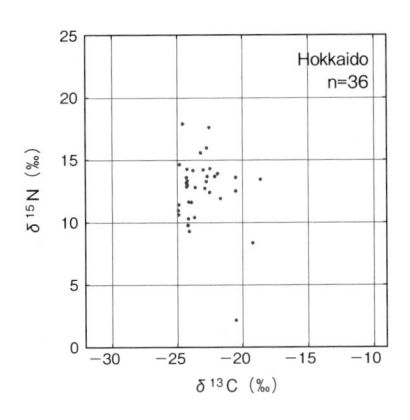

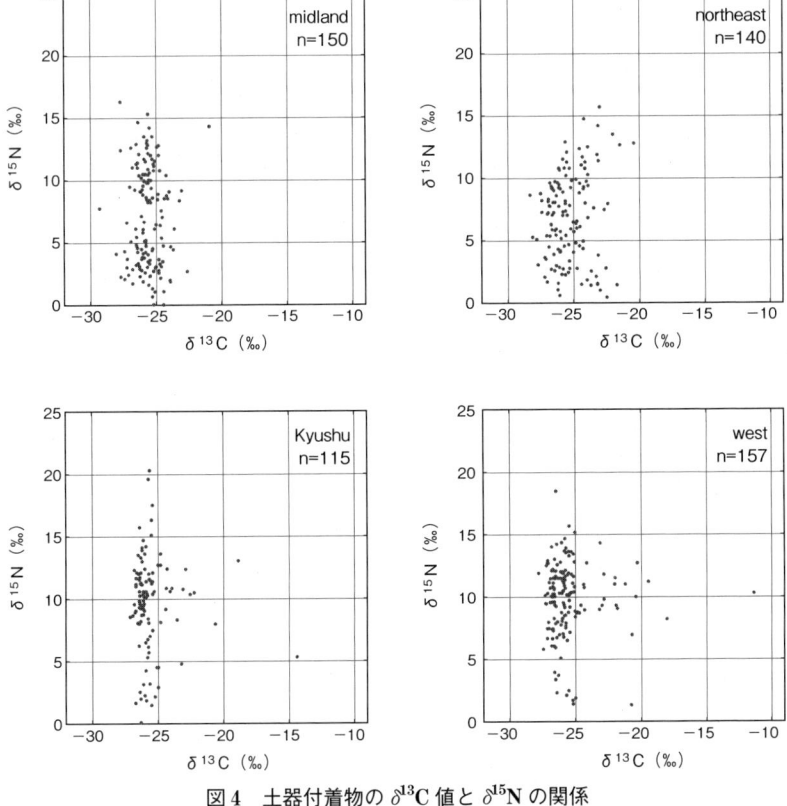

同位体分析による土器付着物の内容検討に向けて

図4 土器付着物の $\delta^{13}C$ 値と $\delta^{15}N$ の関係

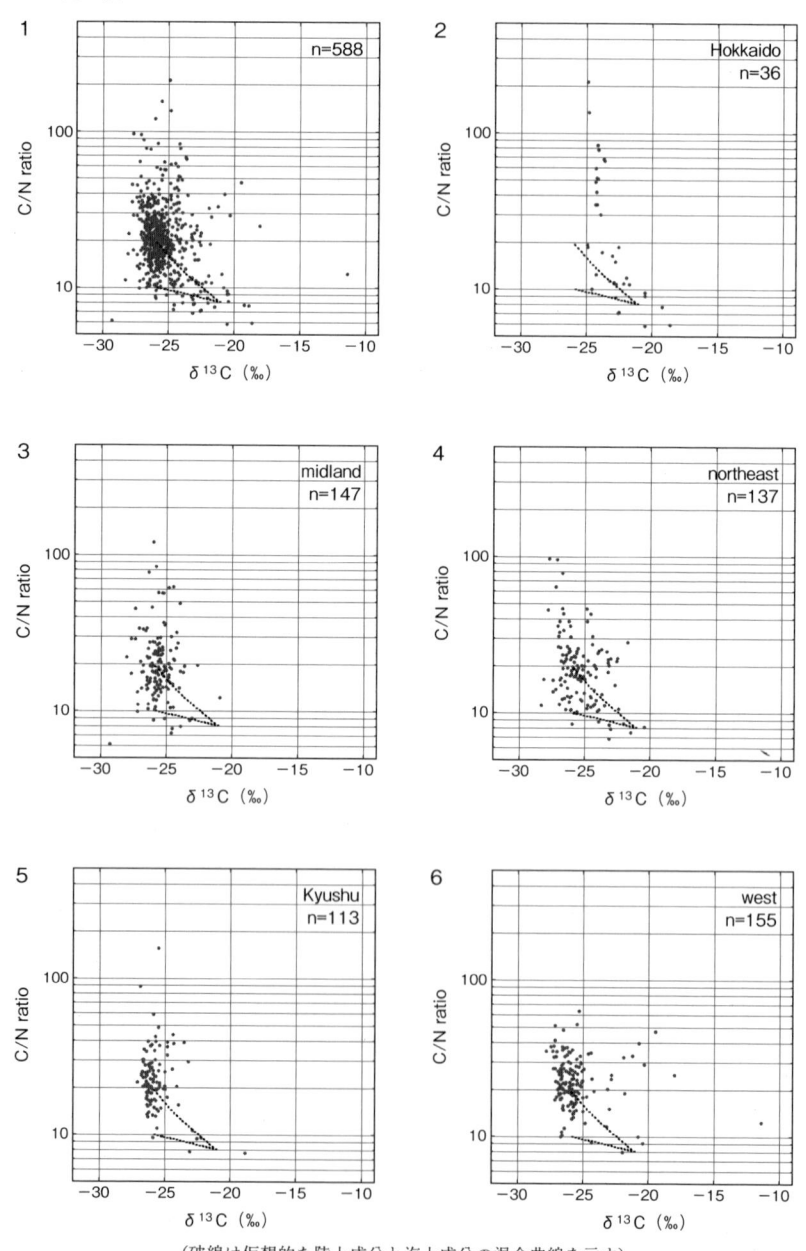

I 食・調理

図5 土器付着物の δ^{13}値と C/N 比の地域別相関
（破線は仮想的な陸上成分と海上成分の混合曲線を示す）

も、非常にその数が少ないことがわかります。西日本や中日本も少ない傾向にある。特に近畿地方で顕著なのは、この混合曲線の周辺に属さない、C／N比が高いまま $δ^{13}C$ 値が高くなっているという試料、こういったのがやはりC4植物ではないかと考えられます。

一方で、東北日本ではこのエリアに含まれる資料が非常に多くなっています。そこで、$δ^{15}N$ 値もそうでしたけれども、やはりなにか海洋動物を使っていたと考えられます。北海道に関しては、ちょっと変わった分布が見られます。−26‰よりはちょっと重いようですが、しかしC／N比は少し高いので、今までの考え方ですと動物ではなさそうだ、といった疑問を抱かせます。

(2) 特徴的な北海道の土器付着物

ここで、北海道での例を一つ紹介したいと思います。北海道埋蔵文化財センターの西田さんのご協力がありまして、石狩川河川敷にある対雁2遺跡の、土器集中1というところから出土した土器に付着した炭化物を測定させて頂く機会を得ました。包含層として、大洞A'式期併行とされていますので、炭素年代にすればだいたい2400〜2500 ^{14}C BPです。ここは住居跡が見られない一方で、焼け土に伴う魚の骨などが確認されておりますので、魚それもサケの加工場ではないかと考えられています。サケの加工場であれば、海洋動物の影響を受けていて、測れば海洋リザーバー効果が顕著に見られて、期待される値より古い年代が測定される可能性があります。

まず、$δ^{13}C$ 値とC／N比のグラフを示します（図6）。冒頭に申しましたように、同じ土器の内側と外側から資料をとりました。その測定値は同じ個体でありながらきれいに分かれました。傾向としましては、内側は高い $δ^{13}C$ の値。これは内容物と考えていいのかなと思います。一方、外面は明らかに内面と違うと考えていいと思います。$δ^{13}C$ 値は−24‰以下に集まっています。C／N比が高いのは先程申しましたように、値だけ見れば植物性かな、と思わせます。私たちは年代測定がメインですので、これらの炭素14年代を測ってみました。図7がその結果になります。埋文センターではクルミ炭化物の年代を出しております。その結果は、大洞A'式期併行となり非常に

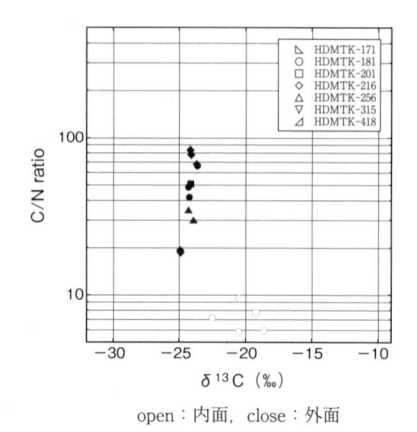

I 食・調理

図6 対雁2遺跡出土の土器付着物の $\delta^{13}C$ 値と C/N 比

図7 対雁2遺跡出土の土器付着物の $\delta^{13}C$ 値と炭素14年代

open：内面、close：外面、破線は仮想的な海洋リザーバー効果を示す

いい値を出しております。一方で、内面は先程申し上げておりますように、海洋リザーバー効果の影響をうけて古くなっています。

しかし、外面も古くなっている。古くなっているどころではなく、非常に古いものがある。これは実は海洋リザーバー効果では説明できない結果です。国立環境研の米田先生の研究で、北海道周辺における海洋リザーバー効果として、同じ時代を測ったときに860年は古くなる可能性がある、そういった報告があります。ですから、海洋成分が−21‰であることを考えれば、それと860年を足した値、図7の点線までは海洋リザーバー効果と考えていいだろう。ですがこれよりも左の部分、あるいは上の部分というのは、別の海洋リザーバー効果を考えるよりは、むしろ燃料材に何が用いられたかを考えた方が近道のように思われます。北海道ではよく泥炭が燃料として用いられたそうですが、私はそれを使った可能性が高いと考えております。ただ、実際に泥炭を測ったわけではございませんし、本来陸上植物が分解されずに残った泥炭であれば、$\delta^{13}C$ 値は陸上植物に近い値を示して欲しいのです。ですから、今回は解釈が間に合いませんでしたが、そういった安定同位体比、炭素14年代、C／N比を使って、外面に付着した炭化物は何かということ

同位体分析による土器付着物の内容検討に向けて

を明らかにしていかなければいけません。

　私の発表はここまでです。自然科学の立場からの年代研究は、海洋リザーバー効果、燃料材の効果、こういった例外的な情報を分別するためにも、付着物の分析がどうしても欠かせません。

　同位体は、地球規模の大きな情報を引き出すには有効だと考えています。だけど、何が使われたのか、何を食べていたのか、どんな植物だったのかという、具体的なところまでには分解度が十分でないというのも事実であります。今後より科学的な分析、例えばガスクロマトグラフ（GC／MS）を使った分析などを土器付着物に応用しながら、原因物質の解明につなげていかなければならないと考えております。

同位体分析による土器付着物の内容検討に向けて
―考古学の立場から―

小林謙一

1. はじめに

　国立歴史民俗博物館の小林謙一と申します。このシンポジウムを陰で支えておられる小林正史さんと同じ名字なので恐縮なのですが、私は先に発表された坂本さんと一緒に国立歴史民俗博物館で年代測定の研究をやってまいりました。その中で私は特に東日本の縄文時代を中心に土器付着物を採集して、その年代を測定してきました。

2. 縄文時代の事例

　歴史民俗博物館では1998年度から「高精度編年研究」を行ってきました。私は、2001年度から参加させて頂いています。図1は、その研究中の一つの例です。一つの土壙から出土した関東地方の縄文時代中期の勝坂式土器です。恐らくこの土壙は墓で、土器は副葬されたものと思います。先程の徳澤さんらの説明にあわせますと胴下面にバンド状の付着物が出土した2個体の土器内面についておりました。埋葬された人が生前使っていた土器を埋めたのかはわかりませんが、土器の付着物を採取して年代を測ったところ、一緒に出土した他の炭化物と、図1右の6733の土器は年代が非常に整合的で、この土壙がこれくらいの年代かな、ということがわかりました。もう一つの図1左の土器8842は、統計的には同じ年代としては外れるくらい、より古い年代が測定されました。そうしたことが研究の最初の頃にあって、なぜそのようになるのか、と疑問に思っておりました。私たちは採取した付着物を、酸アルカリ・酸で洗い、汚れを除去してから年代測定します。その結果、図1右の土器は、炭素がきれいに残っていて、少しミネラル分がはいっている

同位体分析による土器付着物の内容検討に向けて

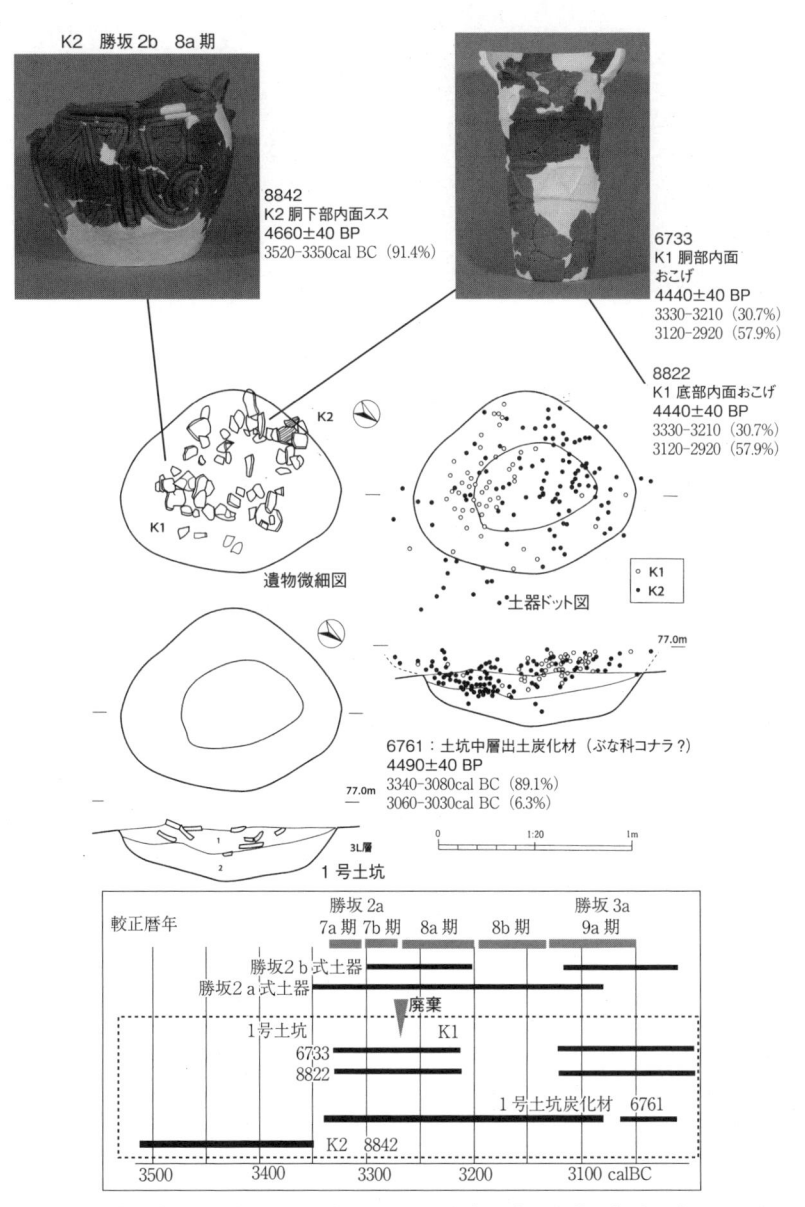

8842
K2 胴下部内面スス
4660±40 BP
3520-3350cal BC（91.4%）

K2 勝坂2b 8a期

6733
K1 胴部内面
おこげ
4440±40 BP
3330-3210（30.7%）
3120-2920（57.9%）

8822
K1 底部内面おこげ
4440±40 BP
3330-3210（30.7%）
3120-2920（57.9%）

遺物微細図

土器ドット図

○ K1
● K2

6761：土坑中層出土炭化材（ぶな科コナラ？）
4490±40 BP
3340-3080cal BC（89.1%）
3060-3030cal BC（6.3%）

1号土坑

図1　東京都立川市向郷遺跡 20 次 1 号土坑の年代測定（小林・坂本・大野 2003）

113

I 食・調理

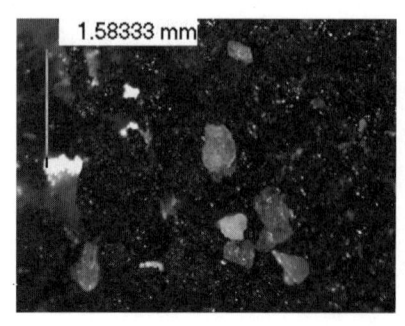

図2　向郷遺跡の資料

程度です（図2左）。それに対して図1左の土器は、洗った結果炭素の残りが悪くなっています（図2右）。これは土壌からきたのか、土器自体を削ってしまったのか、私はこの例に関しては後者の感じがしています。ミネラルがかなりあって、恐らくこうしたミネラルの中にはいっている微量の炭素が影響を与えたと考えられます。例えば、土壌から出たものであれば、5万年以上前の炭素が1％混入すると、500年くらい古くなる影響を与えるのではないか、ということを理論上考えております。結果的にいうと、図1左の土器が、本来あるべき年代より200〜300年古く測定結果が得られたのは、こうした不純物の影響ではないかと考えました。

　土器付着物は内面と外面に分けて採取します。その付着物の前処理の前・後の重量比を率1とします。次にこの付着物を燃焼し、燃焼前と後の炭素量の比率（炭素含有率）を率2とします。最後に前処理前と燃焼後の炭素量の比率を率3とします。この三段階で炭素の含有比率を試料ごとに調べてきました。資料に不純物が少なければ、高い炭素含有率になります。さっきのような不純物がいっぱいはいっていると、炭素含有率は低くなります。

　図3に示すように、土器付着物以外では木炭や漆などの炭素の燃焼時の炭素含有率は、だいたい50％から60％くらいのところにピークがきます。それに対し、土器付着物には不純物がいっぱい入っていますので、基本的に炭素含有率は低いのです。ただ、汚れを除いた後は漆や木炭のように50、60％くらいの高い比率を示すものと、含有率が低い二つのグループに分か

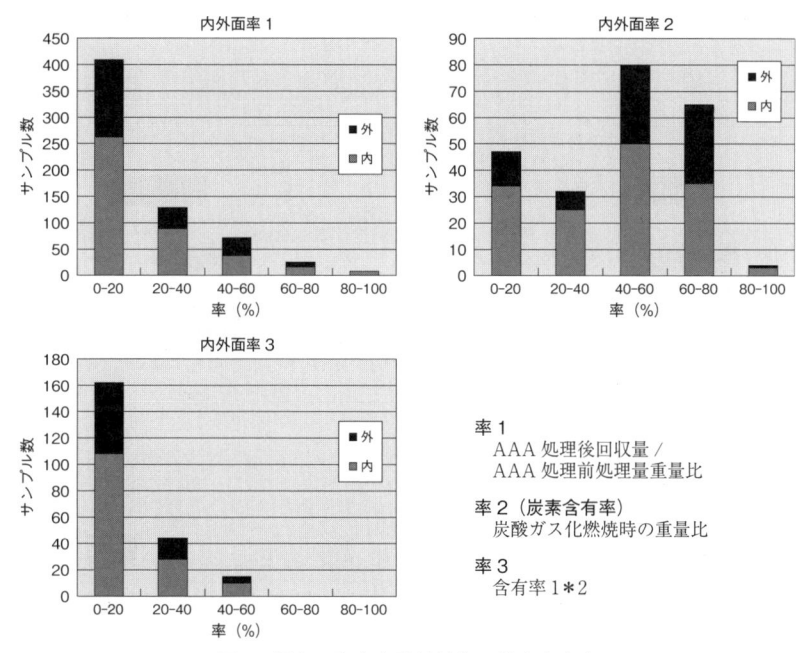

同位体分析による土器付着物の内容検討に向けて

図3 縄文・弥生土器付着物の炭素含有率

率1
AAA処理後回収量／AAA処理前処理量重量比

率2（炭素含有率）
炭酸ガス化燃焼時の重量比

率3
含有率1＊2

れるようです。炭素が含まれる比率が低いものは基本的に不純物が多いものですから、燃焼時の炭素含有率が10％以下の低いものに関しては年代測定をしないことにしています。

　土器の内面と外面の付着物の炭素含有率は基本的に同じなのです。しかし、遺跡をしぼってみると違うこともあります。これは、千葉県の縄文時代後期の西根遺跡の事例ですが、さきほど見ていただいたような土器付着物の炭素含有率の割合を調べてみました（図4）。図4上段は土器型式別ですが、結論から言えば土器型式において大きな違いはありません。図4中央は、口縁部内側、胴部内側、または口縁部の外側、胴部外側といったすべての部位別で、図4下段は粗製土器と精製土器での違いです。それぞれ、若干違うことは違うのですけれども、ここではおいておきます。

　ここで問題にしたいのは、土器の内側と外側の付着物に違いはあるかということです。この千葉県西根遺跡の試料は、内側の方が少し含有率が低くて、

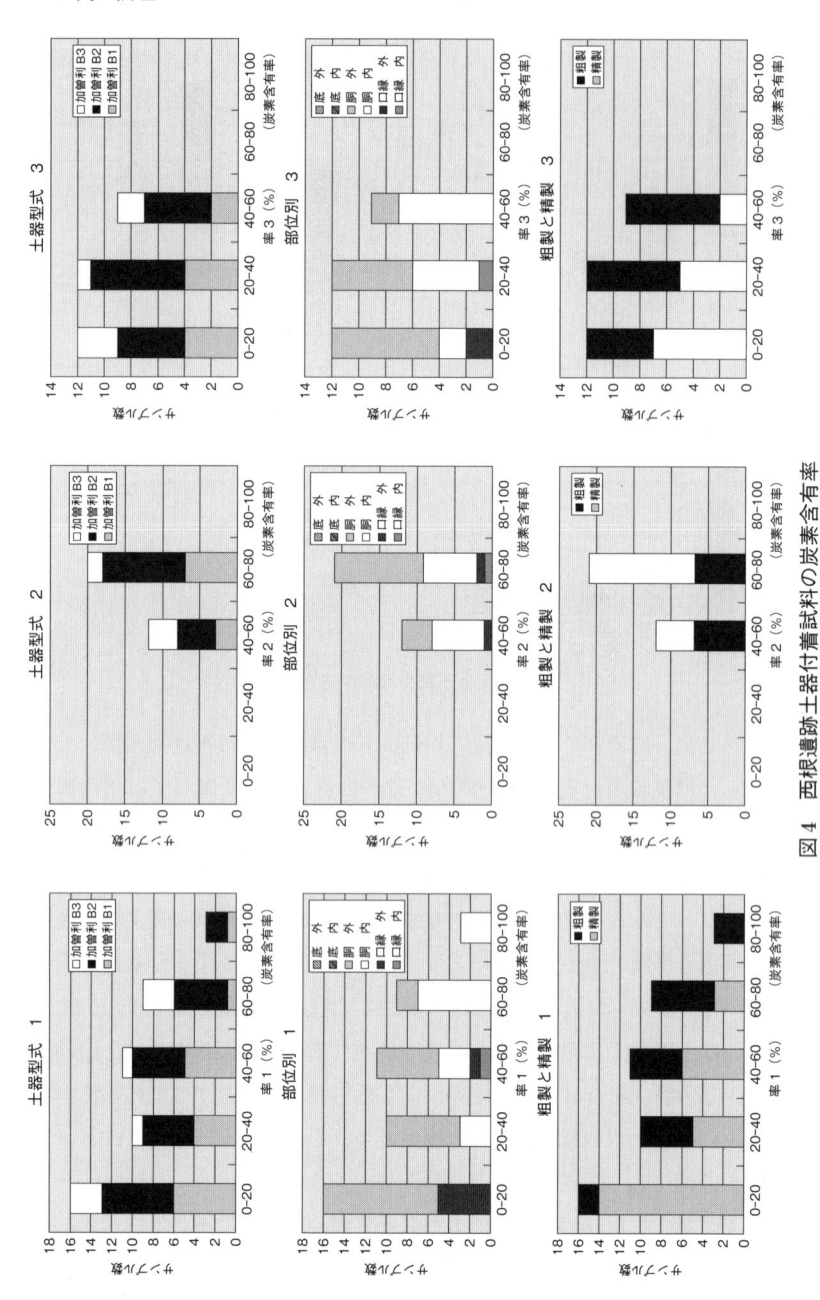

Ⅰ 食・調理

図4 西根遺跡土器付着試料の炭素含有率

116

外側の方が高いという結果が出ました。いろいろな解釈があると思うのですが、外側というのは燃料材による煤が厚くついていて、炭素としての質が良く、含有率が高いのに対して、内側のものはいろいろなものを巻き込んでいる。たっぷり使用された土器は炭素以外のもの、調理の時の残存物とか混入物が入っているのではないかな、と考えています。

そもそも年代測定自体が目的でしたので、最初は内側とか外側とか気にせずに試料採取をやっておりました。年代を調べていく中で、年代測定が変な値を示すことがどうしてか、という問題にぶつかり、その原因を追求していく中で、部位の違いがあるのではないかと考え、いくつかの事例を検討してきました。

例えば、縄文晩期初頭くらいの谷尻式と呼ばれている型式の鉢を例にします。土器の口縁の外側とか、胴部の外側や胴部の内側など、先程の坂本さんの発表でもありましたように部位別に細かく採取してみました。年代測定をしてみますと年代自体は基本的には同じ年代が測定されます。統計誤差の範囲内で重なっていきますから、これはどこを測っても同じ年代が出てくるという例です。先程坂本さんがおっしゃったように、北海道の事例ではこれとは違うことがあったのですけれども、私が扱った事例（この場合は愛媛県）ですと、縄文・弥生の事例で、内外面や部位別の差は、次にのべる海洋リザーバー効果と考えられるものを除くと認められませんでした。

次に、海洋リザーバー効果の話をしていきたいと思います。この海洋リザーバー効果は、東北、特に北東北で顕著に見られます。

その顕著な例が、有名な縄文時代前・中期の青森県三内丸山遺跡の事例です（図5）。特に円筒下層a、b式といったもので、谷の部分に廃棄されて水漬け状になっており、そのため遺存状態がよくて、土器に付着する炭化物もきれいなものが多いのです。そのなかでも、表1の上から2番目、3番目は試料を採取した部分も全く同じような、見たうえでは区別はつかない付着物でした。測った結果、資料番号 AOMR5628 が $5580 年 \pm 55$ ^{14}C BP、較正を加えていない炭素年代でそういった年代が出てくるのに対して、同じ時期で同じ地点から出土した資料番号 AOMR5634 は 4980 ± 50 ^{14}C BP とでた。5〜

Ⅰ 食・調理

表1 三内丸山遺跡の年代測定値および暦年較正年代

測定機関番号	試料番号	遺跡	部位	時代	型式	δ^{13}C	補正値 ^{14}CBP
Beta-187223	AOM -Z1	畑内遺跡	底内	縄紋前期	円筒下層a	-25.0	5020 ±50
MTC-04041	AOMR 5628	三内丸山	胴内	縄紋前期	芦野Ⅱ～下層a	-23.0	5580 ±55
MTC-04042	AOMR 5634	三内丸山	胴内	縄紋前期	芦野Ⅱ～下層a	-25.0	4980 ±50
MTC-04040	AOMR 5486	三内丸山	胴外	縄紋前期	円筒下層a	-25.3	4990 ±195
MTC-04045	AOMR 6320	三内丸山	胴内	縄紋前期	円筒下層a		5195 ±45
MTC-04043	AOMR 5698	三内丸山	胴外	縄紋前期	円筒下層b	-24.4	5310 ±50
MTC-04044	AOMR 5725	三内丸山	胴外	縄紋前期	円筒下層b	-26.0	4695 ±50
MTC-04038	AOMR 5125	三内丸山	胴内	縄紋前期	円筒下層d2		4530 ±50
MTC-04039	AOMR 5279	三内丸山	胴内	縄紋前期	円筒下層d2	-26.3	4535 ±50
IAAA-31584	AOMR 892	三内丸山	胴内	縄紋中期	円筒上層a	-26.4	4570 ±30
IAAA-31586	AOMR 4817	三内丸山	胴内	縄紋中期	円筒上層b	-24.6	4540 ±30
Beta-187225	AOMR 637sp	三内丸山	胴内	縄紋中期	円筒上層d	-23.8	4710 ±40
MTC-04036	AOMR 2640	三内丸山	胴外	縄紋中期	榎林		4360 ±50
MTC-04037	AOMR 4210	三内丸山	胴外	縄紋中期	最花	-26.2	4225 ±55
Beta-187226	AOMR 1	三内丸山	口縁内	縄紋中期	最花	-23.5	4550 ±40
IAAA-31585	AOMR 1199	三内丸山	口縁内	縄紋中期	大木10	-22.3	4160 ±30
Beta-187227	AOMR 2	三内丸山	口縁内	縄紋中期	大木10	-23.7	4340 ±40
Beta-187224	AOMR 4	三内丸山	口縁内	縄紋中期	大木10	-22.0	4320 ±40

註 ■ 海洋リザーバー効果の可能性がある例、■ 新しすぎる例

600年くらい違いがある。この二つに対して、δ^{13}C値、先程坂本さんに説明していただいた安定同位体^{13}Cの比率を測ってみました。こうしてみると古い方が-23‰と重く、もう一つのこちらの4980±50 ^{14}C BPの方が-25‰という普通の陸上植物と思われる値です。後者の4950±50 ^{14}C BPという炭素14年代測定値がほかの大部分の円筒下層a式の年代としても出ており、本来の円筒下層a式の年代と考えます。こういうことは他にもいくつかあります。もう一つ資料番号AOMR637も他にいくつも測ったものに比べると明らかに古い。

次に、最花式という中期後半の土器（表1）ですが、資料番号 AOMR 4210 はδ^{13}値が-26‰で、4225±40 ^{14}C BP という中期後葉としては非常に整合

同位体分析による土器付着物の内容検討に向けて

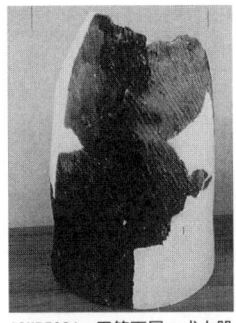

AOMR5634 円筒下層a式土器　AOMR5628 円筒下層a式土器

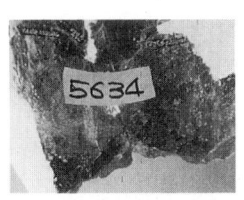

AOMR5634 胴部内面付着状態

AOMR5628 胴部内面付着状態

AOMR1 最花式土器 口縁内面付着状態

図5　三内丸山遺跡の縄文土器炭化物付着状態

的な年代です。それと比べましてもう一個体は $δ^{13}C$ 値が-23.5‰で、年代は300年くらい古いし、どうしても中期前半に入ってしまいます。こういった形でペアとなっている中で古い炭素年代のものは $δ^{13}C$ 値が重たい、おおよそ-23‰あたりになることが多い。ただし、一つだけ資料番号 AOMR5725 は、-26‰で $δ^{13}C$ 値は陸上植物だと思うのですけれども、年代からすると思ったよりずっと新しくなってしまいました。これは理由が今のところわかりません。そういった事例もありますので、まだまだ検討も必要です。

　同じように、海洋リザーバー効果の事例として、神奈川県の縄文時代後期の稲荷山貝塚の例（表2）を挙げます。この場合は土器付着物が-21‰とか-22‰と重い $δ^{13}C$ の値を示し、他遺跡で測定している堀之内式土器の年代よりは500年ほど古いのです。KI233 は $δ^{13}C$ 値が測れなかったのですが、やはり古いです。この場合は一緒の層位から出土した炭化材を測定しました。貝塚ですけれども、貝層が斜面に順次埋まっています。3つの土器と一緒の

119

I 食・調理

表2 稲荷山貝塚測定試料一覧（小林・坂本・松崎 2005）

炭化物

No.	地区	サンプル No.	旧層位	新層位	備考	14C BP	型式	段階
PLD-690	1	6?	10層⑤	1層（5）		3490±35	堀之内2中	Ⅵ
C4	1	7	3エ②	4層エ（2）	水洗　中粒	3740±35	堀1中後半	Ⅲ
C5	1	C-5　5	4層ア③	5層ア（3）	水洗　小粒	3755±35	堀1中後半	Ⅲ
C6	1	C-5　5	4層ア②下	5層ア（2）下	水洗　中粒	3765±35	堀1中後半	Ⅲ
C7	1	C-4　7	7①層	6層（1）	水洗　小粒	3815±35	堀之内1	
C8	1	9	7ア①層	6層ア（1）	水洗　大粒	3860±40	堀之内1	
PLD-691	1	5?	5層②	7層（2）		3745±35	堀1中前半	Ⅱ
C9	1	C-5　5	貝層5層上	7層（1）	水洗　小粒	3695±35	堀1中前半	Ⅱ
C10	1	C-5　5	貝層5層下	7層（2）	水洗　小粒	3830±35	堀1中前半	Ⅱ
C11	1	2-6	6D層	8層	水洗　小粒	3820±35	堀1中前半	Ⅱ
C12	1	1-5	6D層	8層	水洗　小粒	3845±35	堀1中前半	Ⅱ
C13	1	5	貝層2ア層①	9層ア（1）	大粒	3650±70	堀1中前半	Ⅱ
PLD-692	1	9?	貝層2ア層上	9層ア（1）		3805±35	堀1中前半	Ⅱ
C14	1	C-5　5	貝層2層	9層	水洗　小粒	3690±70	堀1中前半	Ⅱ
C15	1	8	貝層2ウ層	9層	水洗　大粒	未測定	堀1中前半	Ⅱ
C16	1	9	貝層2イ層	9層イ	水洗　中粒	3825±35	堀1中前半	Ⅱ
PLD-693	2	A-Aライン？	1ウ層	1ウ層		3495±40	加曽利B1	Ⅵ-Ⅷ
PLD-694	2		1オ層	1オ層		3555±35	堀2-加B1	Ⅶ-Ⅷ
PLD-695	2		3層	5ア層		3610±35	堀2古前半	Ⅴa
C2	2	P11　4	11-ア①層	9ア層	水洗　大粒	3760±35	堀之内1新	Ⅳ
C21	2	O11　C'ライン	貝層13層	10層	水洗　小粒	3720±40	堀之内1新	Ⅳ
C20	2	O11　C'ライン	貝層14層ウ	11ウ層	水洗　中粒	3765±35	堀1中後半	Ⅲ
C1	2	3	貝層5層②	13（2）層	水洗　大粒	3760±35	堀1中前半	Ⅱ
C19	2	2	7エ層①	14層エ（1）	水洗　小粒	3835±40	堀1中前半	Ⅱ
PLD-696	2	2?	7エ層	14エ層		3765±35	堀1中前半	Ⅱ
C17	2	3	7エ層	14エ層	水洗　小粒	3795±35	堀1中前半	Ⅱ
PLD-697	2	2?	7オ層	14オ層		3660±35	堀1中前半	Ⅱ
C18	2	4	10ア2層	15ア層	水洗　小粒	3725±35	堀1中前半	Ⅱ
C3	2	Q-12　Fライン	16層D	18層	中粒	3970±35	堀1最古	Ⅰ-Ⅱ

土器

190	2	O11・p12区		Ⅲ層	口縁内 δ^{13}C-21.1‰	4210±50	堀之内1後半	
109	2	P11		Ⅱ16イ層	胴外 δ^{13}C-20.9‰	4190±50	堀1中前半	Ⅱ
233	2	P11		貝層外Ⅲ層	口縁内	4200±40	堀1中前半	Ⅱ

層位にでてきた炭化材を測ってみると、年代的には炭素14年代で3725年BPであり、土器の方の年代が500年くらい古くでております。

炭化材の年代の方が、私たちが他の遺跡で測った堀之内1式の測定と合致するので、稲荷山貝塚の土器付着物は年代的には古いといえます。こういう年代が古い例を、坂本さんと検討してみた結果、海洋リザーバー効果を考えていく必要があるということになりました。

海洋リザーバー効果とは、次のような形で引き起こされます。深海には古い大気が溶け込んだ海水が存在していますが、それが海流の影響で上昇します。上昇した海水をプランクトンが取り込み、そのプランクトンを食べた魚などが古い大気の分だけ炭素年代の測定値が古くなることです。日本では、北海道、東北の沿岸で深層海流の上昇が見られます。国立環境研究所の米田穣さんがされている研究を参照しますと、特に北海道では大きく海洋リザーバーの影響が大きく出ています。一方緯度が下がってくると、その効果は少なくなると考えられております。

海洋リザーバー効果が年代値に与える影響は400年だと言われています。普通貝などは400年古く出るので、400年足した較正曲線（マリーンイントカル）を使ってくださいということが世界的にも言われています。緯度によって違ってくるわけですから、一概にはそういうふうに較正できない。ただ、年代が古くなるものについては、$δ^{13}C$値をみることによって、海洋リザーバー効果によるものかどうか、例えば海産物によるものであるかどうかが検討できます。年代測定をするときに注意してやっていけばよいということであります。年代測定を解釈していく上でも重要なポイントとなりますし、縄文の食生活の中で海産物が多く見られる場合といったことがわかっていけば、非常におもしろいなと思っているわけであります。

先程の坂本さんの発表のグラフにあったように、縄文時代のものを扱っていると海洋リザーバー効果の影響が疑われるものがよくでてくる。特に北海道も多いのですが、本州でも東北、秋田県と青森県くらいでかなり多いようです。遺跡によっては、3割とか4割に海洋リザーバー効果が疑われる事例があります。ここでは事例として持ってこなかったのですけれども、三内丸

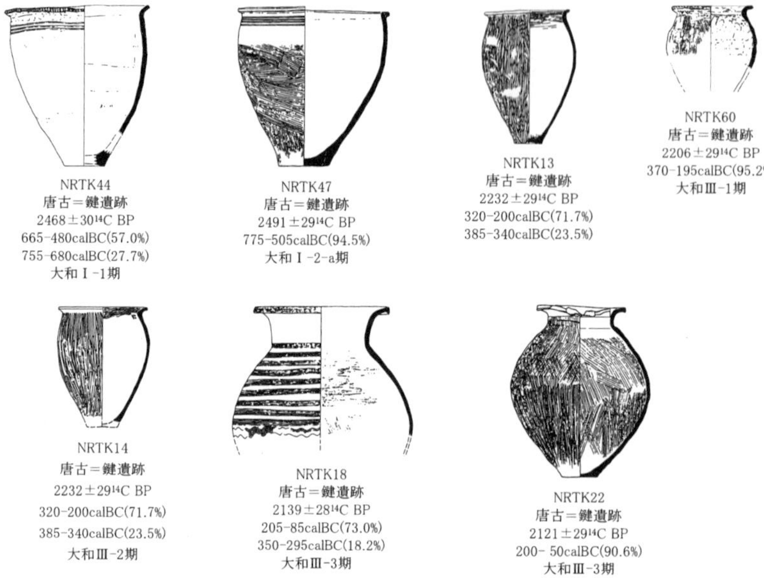

I 食・調理

図6　^{14}C 年代を測定した奈良の弥生前・中期の土器

NRTK44　唐古＝鍵遺跡　2468±30^{14}C BP　665-480calBC(57.0%)　755-680calBC(27.7%)　大和Ⅰ-1期

NRTK47　唐古＝鍵遺跡　2491±29^{14}C BP　775-505calBC(94.5%)　大和Ⅰ-2-a期

NRTK13　唐古＝鍵遺跡　2232±29^{14}C BP　320-200calBC(71.7%)　385-340calBC(23.5%)

NRTK60　唐古＝鍵遺跡　2206±29^{14}C BP　370-195calBC(95.2%)　大和Ⅲ-1期

NRTK14　唐古＝鍵遺跡　2232±29^{14}C BP　320-200calBC(71.7%)　385-340calBC(23.5%)　大和Ⅲ-2期

NRTK18　唐古＝鍵遺跡　2139±28^{14}C BP　205-85calBC(73.0%)　350-295calBC(18.2%)　大和Ⅲ-3期

NRTK22　唐古＝鍵遺跡　2121±29^{14}C BP　200-50calBC(90.6%)　大和Ⅲ-3期

山遺跡やさっきの稲荷山貝塚など、いかにも海に関っていそうな遺跡でなくても、例えば秋田県の漆下遺跡、向様田遺跡など内陸にある遺跡でも測ったら一定の割合で海洋リザーバー効果と考えられる $δ^{13}$C 値が出ます。内陸でも北上川流域、岩手県の中央、北上川の河口から 100 km くらいは離れている中流部に、九年橋上遺跡があります。そこで測った結果、1 割くらいは明らかに海洋リザーバー効果の影響が疑われるものがある。注意するに越したことはないということです。

　この地域では、海から遡上するサケやマスが捕られていたでしょう。その結果、内陸においても海洋性のものが、測定された中にあるのではないかなと考えられます。

3. 弥生時代の事例

　次は弥生時代の話です。実はこの時代でも海洋リザーバー効果が疑われる例がいくつかでてきました。弥生時代以降のものは縄文時代に比べて少なく、

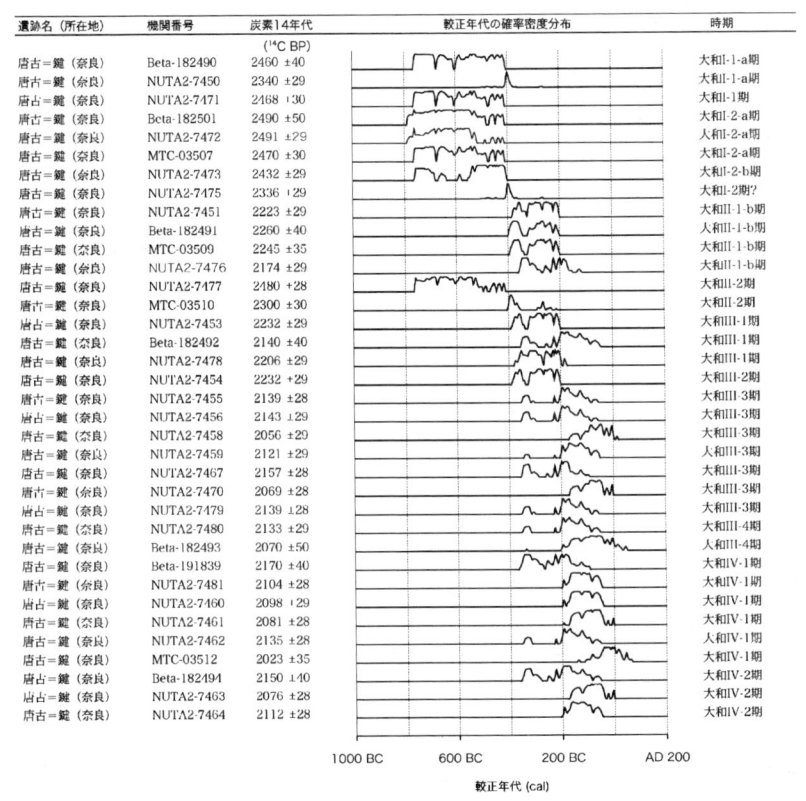

同位体分析による土器付着物の内容検討に向けて

遺跡名（所在地）	機関番号	炭素14年代 (^{14}C BP)	較正年代の確率密度分布	時期
唐古＝鍵（奈良）	Beta-182490	2460 ±40		大和I-1-a期
唐古＝鍵（奈良）	NUTA2-7450	2340 ±29		大和II-1-a期
唐古＝鍵（奈良）	NUTA2-7471	2468 ±30		大和II-1期
唐古＝鍵（奈良）	Beta-182501	2490 ±50		大和I-2-a期
唐古＝鍵（奈良）	NUTA2-7472	2491 ±29		大和II-2-a期
唐古＝鍵（奈良）	MTC-03507	2470 ±30		大和II-2-a期
唐古＝鍵（奈良）	NUTA2-7473	2432 ±29		大和II-2-b期
唐古＝鍵（奈良）	NUTA2-7475	2336 ±29		大和II-2期?
唐古＝鍵（奈良）	NUTA2-7451	2223 ±29		大和II-1-b期
唐古＝鍵（奈良）	Beta-182491	2260 ±40		大和II-1-b期
唐古＝鍵（奈良）	MTC-03509	2245 ±35		大和II-1-b期
唐古＝鍵（奈良）	NUTA2-7476	2174 ±29		大和II-1-b期
唐古＝鍵（奈良）	NUTA2-7477	2480 ±28		大和II-2期
唐古＝鍵（奈良）	MTC-03510	2300 ±30		大和II-2期
唐古＝鍵（奈良）	NUTA2-7453	2232 ±29		大和III-1期
唐古＝鍵（奈良）	Beta-182492	2140 ±40		大和III-1期
唐古＝鍵（奈良）	NUTA2-7478	2206 ±29		大和III-1期
唐古＝鍵（奈良）	NUTA2-7454	2232 ±29		大和III-2期
唐古＝鍵（奈良）	NUTA2-7455	2139 ±28		大和III-3期
唐古＝鍵（奈良）	NUTA2-7456	2143 ±29		大和III-3期
唐古＝鍵（奈良）	NUTA2-7458	2056 ±29		大和III-3期
唐古＝鍵（奈良）	NUTA2-7459	2121 ±29		大和III-3期
唐古＝鍵（奈良）	NUTA2-7467	2157 ±28		大和III-3期
唐古＝鍵（奈良）	NUTA2-7470	2069 ±28		大和III-3期
唐古＝鍵（奈良）	NUTA2-7479	2139 ±28		大和III-3期
唐古＝鍵（奈良）	NUTA2-7480	2133 ±29		大和III-4期
唐古＝鍵（奈良）	Beta-182493	2070 ±50		大和III-4期
唐古＝鍵（奈良）	Beta-191839	2170 ±40		大和IV-1期
唐古＝鍵（奈良）	NUTA2-7481	2104 ±28		大和IV-1期
唐古＝鍵（奈良）	NUTA2-7460	2098 ±29		大和IV-1期
唐古＝鍵（奈良）	NUTA2-7461	2081 ±28		大和IV-1期
唐古＝鍵（奈良）	NUTA2-7462	2135 ±28		大和IV-1期
唐古＝鍵（奈良）	MTC-03512	2023 ±35		大和IV-1期
唐古＝鍵（奈良）	Beta-182494	2150 ±40		大和IV-2期
唐古＝鍵（奈良）	NUTA2-7463	2076 ±28		大和IV-2期
唐古＝鍵（奈良）	NUTA2-7464	2112 ±28		大和IV-2期

1000 BC　　600 BC　　200 BC　　AD 200
較正年代 (cal)

図7　^{14}C 年代法による大和の弥生前・中期の較正年代

　奈良県唐古・鍵遺跡では（図6・7）60個体以上の土器付着物を測定した中で1個だけ古くでてしまうものがありました。弥生中期大和第II-2様式の甕の胴内面付着物（NUTA2-7452, 2656±29 ^{14}C BP, -23.2‰）ですが、これも他のものはだいたい-25‰とか-26‰という δ^{13}C 値でしたが、この土器だけはだいたい-20‰くらいの δ^{13}C 値で、他と比べると炭素年代で400年くらい古くでる。この事実から唐古・鍵遺跡でも、海洋に由来するものが使われた焦げが付着していた土器があったと考えられます。
　次に、こちらは岡山県南方遺跡の事例（図7～9）です。弥生時代前期末から中期にかけて年代測定をやっていって、年代としてはおおむね良い結果だ

I 食・調理

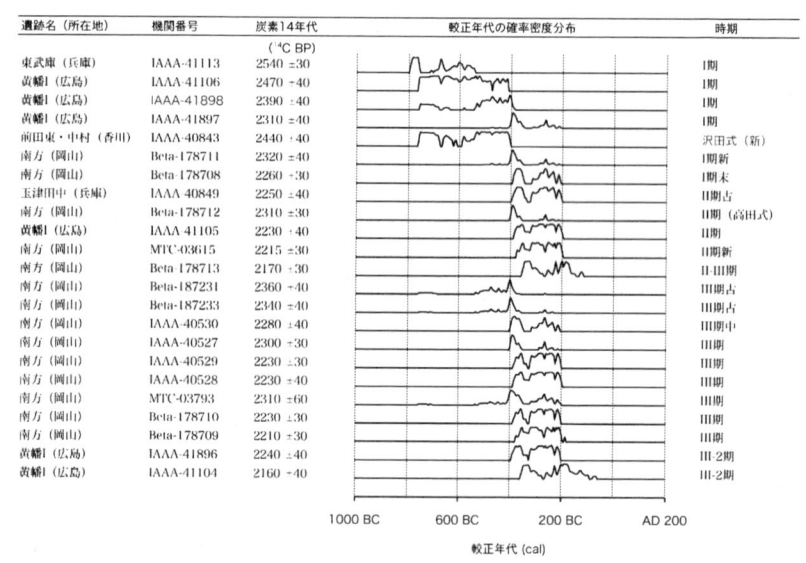

遺跡名（所在地）	機関番号	炭素14年代 (¹⁴C BP)	較正年代の確率密度分布	時期
東武庫（兵庫）	IAAA-41113	2540 ±30		I期
黄幡1（広島）	IAAA-41106	2470 ±40		I期
黄幡1（広島）	IAAA-41898	2390 ±40		I期
黄幡1（広島）	IAAA-41897	2310 ±40		I期
前田東・中村（香川）	IAAA-40843	2440 ±40		沢田式（新）
南方（岡山）	Beta-178711	2320 ±40		I期新
南方（岡山）	Beta-178708	2260 ±30		I期末
玉津田中（兵庫）	IAAA-40849	2250 ±40		II期古
南方（岡山）	Beta-178712	2310 ±30		II期（高田式）
黄幡1（広島）	IAAA-41105	2230 ±40		II期
南方（岡山）	MTC-03615	2215 ±30		II期新
南方（岡山）	Beta-178713	2170 ±30		II-III期
南方（岡山）	Beta-187231	2360 ±40		III期古
南方（岡山）	Beta-187233	2340 ±40		III期古
南方（岡山）	IAAA-40530	2280 ±40		III期中
南方（岡山）	IAAA-40527	2300 ±30		III期
南方（岡山）	IAAA-40529	2230 ±30		III期
南方（岡山）	IAAA-40528	2230 ±40		III期
南方（岡山）	MTC-03793	2310 ±60		III期
南方（岡山）	Beta-178710	2230 ±30		III期
南方（岡山）	Beta-178709	2210 ±30		III期
黄幡1（広島）	IAAA-41896	2240 ±40		III-2期
黄幡1（広島）	IAAA-41104	2160 ±40		III-2期

1000 BC   600 BC   200 BC   AD 200
較正年代 (cal)

図8 ¹⁴C 年代法による瀬戸内の弥生時代前・中期の較正年代

OKM12
南方遺跡
2320±40¹⁴C BP
425-350calBC(67.1%)
290-225calBC(16.3%)
505-430calBC(10.7%)
I期新

OKM14
南方遺跡
2310±30¹⁴C BP
405-355calBC(82.7%)
280-230calBC(12.6%)
II期（高田式）

OKM24
南方遺跡
2230±30¹⁴C BP
320-200calBC(71.7%)
385-340calBC(22.87%)
III期

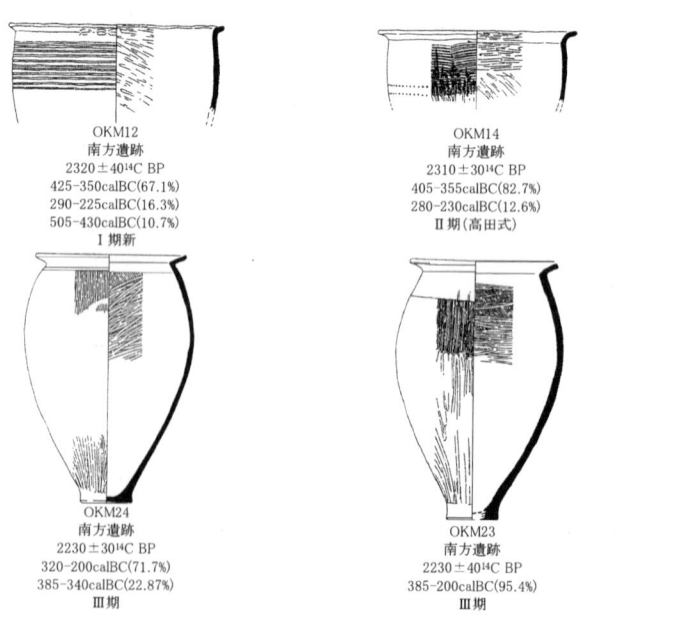

OKM23
南方遺跡
2230±40¹⁴C BP
385-200calBC(95.4%)
III期

図9 ¹⁴C 年代を測定した瀬戸内の弥生前・中期の土器

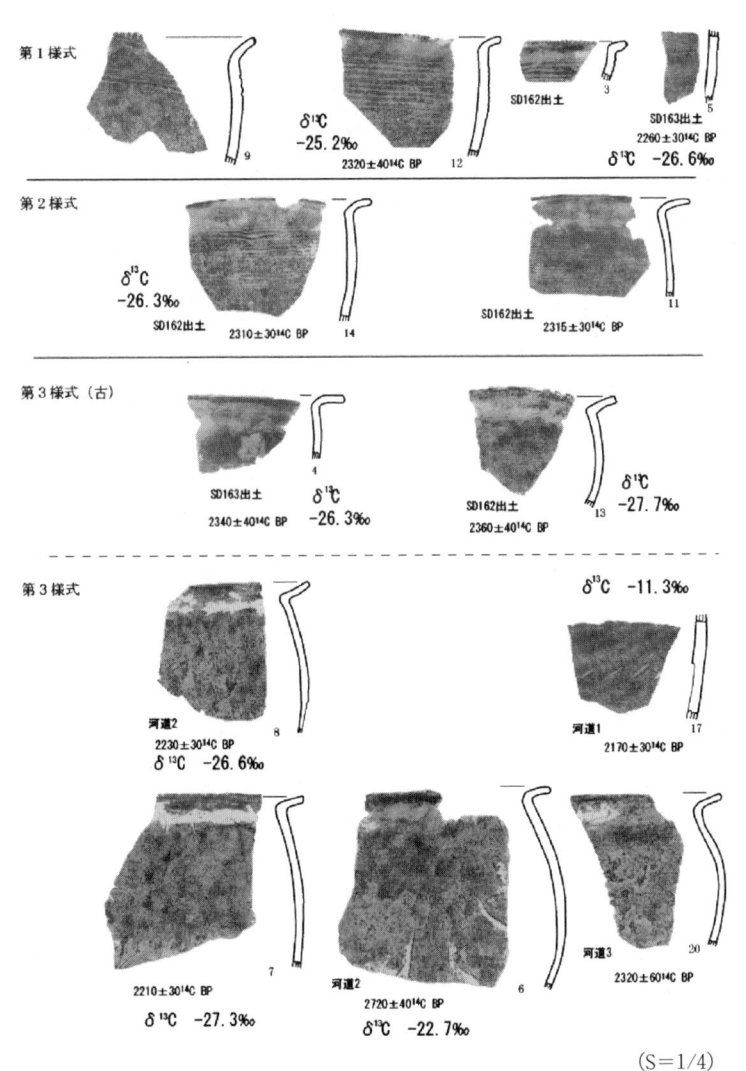

同位体分析による土器付着物の内容検討に向けて

(S=1/4)
図10　岡山県南方遺跡の年代測定土器　$\delta^{13}C$ は安定質量分析計による測定

125

Ⅰ 食・調理

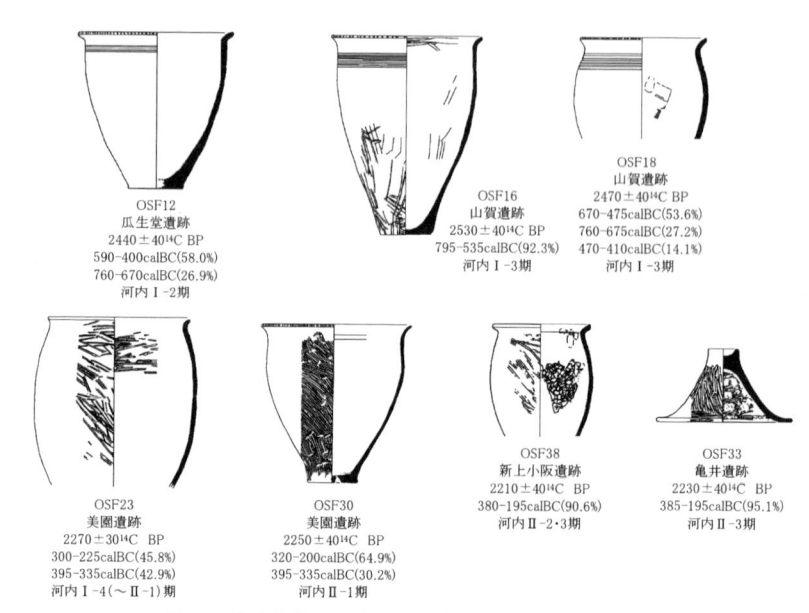

図11 炭素年代を測定した河内の弥生前・中期の土器

と私は思っています。しかし、$δ^{13}C$ 値をみていきますと図10の一番下の6番の土器ですが、年代値が2720±40 ^{14}C BP、これは他のものに比べますと、500年くらい古く出ております。やはり $δ^{13}C$ 値が-23‰くらいで、これは海洋リザーバー効果なのではないかな、と思います。瀬戸内海でどの程度の海洋リザーバー効果が見込めるのかはわからないのですが、実際にこのように指摘できる。これは、内側の焦げを採取して測った結果です。もう一つ、土器でいうと、この同じ時期のⅢ様式くらいの甕の外側付着物を測りましたら、年代は他と同じような年代で問題ないのですが、$δ^{13}C$ 値は-11.3‰で非常に重たい、という結果が出ております。これがひょっとするとC4植物ではないかな、と考えています。

もう一つこれはさっきの図には出さなかったのですけれど、南方遺跡の同じような時期の壺の内側にある焦げを測ったところ、やはり-17‰くらいで、これもC4植物なんじゃないかな、と私達は推測しています。ただ付着物だけを見ていましても、比較すべき他のC3植物、コメとの比較は肉眼的には

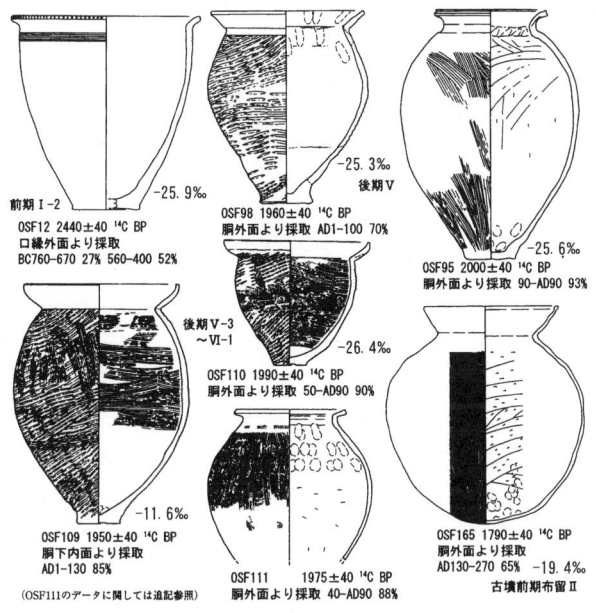

同位体分析による土器付着物の内容検討に向けて

図12　炭素年代測定試料採取土器
(大阪府瓜生堂遺跡、‰ は $\delta^{13}C$ 値)

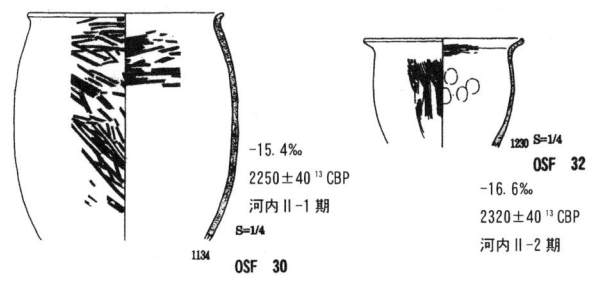

図13　炭素年代測定試料採取土器
(大阪府美園遺跡、‰ は $\delta^{13}C$ 値)

難しい。付着状態ですと、こちらのほうは、他のものと比べるとパリパリしたというか、違うふうに見えた感じもあるのですが付着状況や付着する組織などから明確には説明できません。私もお焦げは好きですけれど、午前中から発表されているように、お焦げの専門家と言いますか、そういった方々から見るとどういったものなのか、教えていただきたいと思います。$\delta^{13}C$ 値

I 食・調理

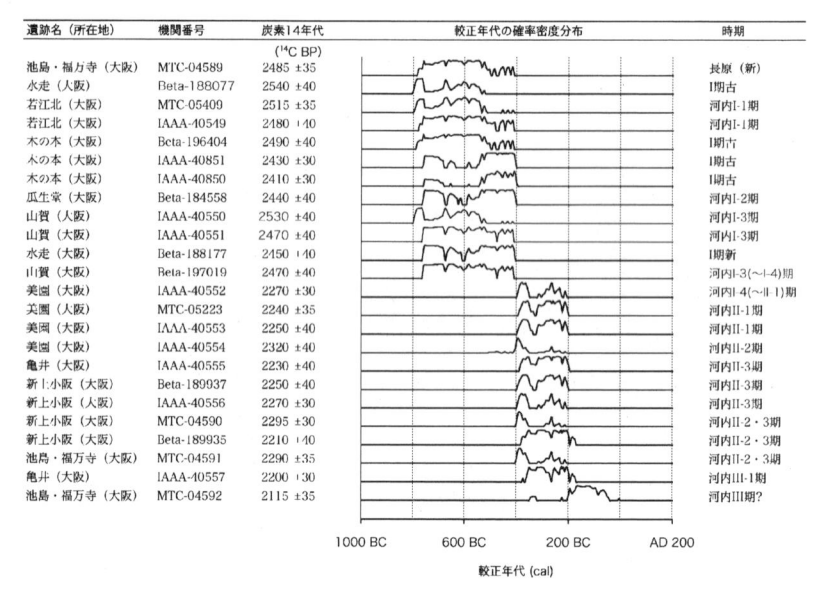

遺跡名（所在地）	機関番号	炭素14年代 (¹⁴C BP)	較正年代の確率密度分布	時期
池島・福万寺（大阪）	MTC-04589	2485 ±35		長原（新）
水走（大阪）	Beta-188077	2540 ±40		I期古
若江北（大阪）	MTC-05409	2515 ±35		河内I-1期
若江北（大阪）	IAAA-40549	2480 ±40		河内I-1期
木の本（大阪）	Beta-196404	2490 ±40		I期古
木の本（大阪）	IAAA-40851	2430 ±30		I期古
木の本（大阪）	IAAA-40850	2410 ±30		I期古
瓜生堂（大阪）	Beta-184558	2440 ±40		河内I-2期
山賀（大阪）	IAAA-40550	2530 ±40		河内I-3期
山賀（大阪）	IAAA-40551	2470 ±40		河内I-3期
水走（大阪）	Beta-188177	2150 ±40		I期新
山賀（大阪）	Beta-197019	2470 ±40		河内I-3（～I-4）期
美園（大阪）	IAAA-40552	2270 ±30		河内I-4（～II-1）期
美園（大阪）	MTC-05223	2240 ±35		河内II-1期
美園（大阪）	IAAA-40553	2250 ±40		河内II-1期
美園（大阪）	IAAA-40554	2320 ±40		河内II-2期
亀井（大阪）	IAAA-40555	2230 ±40		河内II-3期
新上小阪（大阪）	Beta-189937	2250 ±40		河内II-3期
新上小阪（大阪）	IAAA-40556	2270 ±30		河内II-3期
新上小阪（大阪）	MTC-04590	2235 ±30		河内II-2・3期
新上小阪（大阪）	Beta-189935	2210 ±40		河内II-2・3期
池島・福万寺（大阪）	MTC-04591	2290 ±35		河内II-2・3期
亀井（大阪）	IAAA-40557	2200 ±30		河内II-1期
池島・福万寺（大阪）	MTC-04592	2115 ±35		河内III期？

1000 BC　　600 BC　　200 BC　　AD 200
較正年代 (cal)

図14　炭素14年代法による河内の弥生時代較正年代

からみて、こういった例はアワ・ヒエではないかと思っております。

　今まで報告書の中で発表したものとして、大阪の瓜生堂遺跡の事例（図11・12・14）があります。瓜生堂遺跡の弥生時代前期から古墳時代前期までの土器を、いくつか大阪の埋蔵文化財調査センターで用意していただき測定をしました。その結果、年代的にはだいたい整合的な結果を得ました。$δ^{13}C$値を測っていきますと、OSF109（図12）という土器の内側にへばりついていた胴下面のバンド状の付着物は、-11.6‰という非常に重い$δ^{13}C$値がでました。これもやはりアワ・ヒエではないか、雑穀ではないかと推測しています。もう一つ、布留式の土器の外側に付いていた煤で-19.4‰という微妙な数値が出ています。年代的にはおかしくないと思っていますが、これに関して外側の煤ということからみて、いまのところはなんとも言えません。こちらも普通の煤だと思うのですが、これが-14.5‰という数値で、肉眼的には区別は難しいようです。

　他の遺跡では大阪府美園遺跡（図13）、他で測定した2個体に関しまして

は、やはり重たい $\delta^{13}C$ 値がでております。30（図 13-OSF30）の方は、-15.4‰、河内 II-1 期としましたが年代的には問題ないと思われます。32（図 13-OSF32）では、-16.6‰ という $\delta^{13}C$ 値がでておりまして、年代的には問題ありません。この2つは外側の付着物です。32は口縁部の下側ですね、30は胴の下半分になります。外側の煤のように見える付着物ですので、こういったものに関しましては、外側の煤の中にアワ・ヒエのようなものが燃料材として混じったのではないか、あるいは中でアワ・ヒエを炊いたものが吹きこぼれとして外に混ざったのではないか、と考えております。その根拠は私の方に明確にあるわけではありませんが、測定した結果としてはそういった可能性がある、ということで紹介させていただきました。この事に関しては、皆さんから教えて頂きたいと思っております。私の方で用意させていただいたものは以上です。

質疑応答

深澤：どうもありがとうございました。まだ、時間が少々ございますので、この際お二人に質問ある方はご自由に、手を挙げてください。お願いします。どうぞ。

庄田：たびたびすいません、高麗大学の庄田です。聞き逃してしまったのかもしれないのですけれども、小林（謙一）先生のほうからアワ・ヒエを炊いたときということで、図12・13の土器などの紹介がありました。C4型植物が見つかるとアワ・ヒエ・キビなどといったものを煮たときであるとおっしゃっていたのですが、するとイネとそれらの区別といったものは、どうやって判別していくのかについて説明していただけますか。

坂本：坂本の方から答えさせて頂きます。まず、もちろん $\delta^{13}C$ の値を見ることが一番最初に行われます。私の方からご説明申し上げたように、陸上植物であれば-26‰前後、C4型植物であれば、場合によっては-15‰であるとか、あるいはもっと大きな値を示す時があります。大きな $\delta^{13}C$ の値を示す場合には海洋、海の可能性もあるんですけれども、そういったものの年代を測ると、土器型式で考えられる年代より古い相の年代値が得られる。そうい

I 食・調理

う傾向にあります。一方、C4型植物からなった植物を測ると、それは年代からは土器型式から考えて比定される年代と同じ値が出る。つまり同じ陸上の植物ですので、そういった海洋の影響は受けない。小林氏から説明がありましたのは、$δ^{13}C$ と炭素14年代をみて、$δ^{13}C$ の値が違っていても、炭素14年代が同じである。そういった場合は、重い方がC4型植物の可能性があるということです。

庄田：ごめんなさい。ご説明十分に理解できていないのですが、直接的にイネとそれ以外の畑作物はどういうふうに識別をするのかという点について教えて頂けますか。

小林謙一：あくまで仮定といいますか、直接は判別出来ないと思います。トウモロコシなどが含まれるC4植物では光合成の仕方で ^{13}C など重い同位体が選択的に取り込まれるのです。$δ^{13}C$ の数値を対応させることによって、ある程度推測が可能だと考えているところです。コメの方は普通のC3型植物なので、-25‰程度の $δ^{13}C$ 値となります。たとえばその辺のクリを焼いても、ドングリを焼いても同じ数値になりますので、$δ^{13}C$ 値が-25〜-26‰位だったとしてもそれはコメだと私達の分析からわかることはあり得ないと思います。C3かC4型植物かについてはわかるといったのであって、私が口を滑らせたといいますか、コメであるとわかるような印象を与えたことに関しては、誤解を生むことになるので訂正します。

深澤：年代観の話ではなくて、今回はお焦げや煤の話が中心ですので、それで庄田さんのような質問を待っております。他にどなたかございませんか。小林（正史）さん、どうぞ。

小林正史：煤と焦げという比較がとても興味深かったのですが、本州ではほとんど例外なく煤と焦げの内外が一致し、北海道では一致しないと、いうことでしたので、それを利用すると、1遺跡でたくさん測らなくとも、外と内と比較することによって、違いがでたら内側は植物ではなく魚かなんかだろうと、いう言い方をして大丈夫なのでしょうか。すると、そういうことで魚をどれだけ鍋で調理したかが今後蓄積されていけば、焦げとの対比を見ていくうえで重要かと思います。ここを確認したかったのですが。

小林謙一：そうですね。一つだけ誤解を招かないように言うと、まだ測定事例としては内外をきちんと測ったというのは、20か30例くらいしかなく、十分ではないのです。特に本州では、細かく部位を分けて比較をしていないということがあって、もっと測定例を増やしていかないといけない、ということです。魚を焦げつかせていたら、理屈でいうと内側は $δ^{13}C$ 値が高くて、外側は普通の煤で $δ^{13}C$ 値は-26‰くらいであるというふうに分かれる訳ですけれども、実験的に確かめたわけでもなく、きちんとしたデータ蓄積にはなっておりません。同じように、気になるのでコメントだけしておきますと、坂本さんのほうから、中部地方の方でアワ・ヒエなどのC4型植物の事例がまだ見つかっていないという話があったと思います。中部に関しては私が担当して収集していたのですが、縄文中期くらいまでしか測定をやっておりません。まだ晩期以降の測定をやっていないので、あるとすれば今後みつかってくるのかもしれません。まだ、結論といった話はできる段階ではないと思われます。そういったことは一つご理解ください。

小林正史：希望ですが、いまのアワ・ヒエの識別も大きなポイントです。縄文時代に限りましたら、海洋性の食べ物が内外からでることによって識別できる、というところが切り開けるとすれば、そこに焦点を絞って縄文時代の内陸、湖の魚を食べても値は下がらない…。

坂本：それはいい質問だと思います。おそらく日本の場合はそれほど古くならないのではないか、と考えています。海洋リザーバー効果について説明が少し足りませんでしたが、海洋水が大気の二酸化炭素を取り込んで、大循環というのを何100年もかけて行っているわけです。その結果として、海の水は500年ほど古くなってしまう。そういったことがございますので、ちゃんと確認したわけではないので、どうともいえないのですが、日本の場合は湖沼の水がそんなに古くなるとはあまり考えなくてよいのかなというふうに考えています。

小林正史：そういうことでしたら内陸と海岸沿いの貝塚等、貝塚はけっこう煤・焦げが残る場合がありますので、そのあたりを重点的に比較をしていって、魚の調理がどれ位あったのかというテーマでやっていかれたら興味深い

I 食・調理

のではないでしょうか。希望を述べただけでありますが。

深澤：どなたかありませんか。では、私から。内面の焦げについてなのですが、何回か調理したものについて、1回ごと分析すれば、それぞれアワ・ヒエであるかわかりますか。後の調理で汚染されてしまいますか。

坂本：そもそも私たちの考え方といいますのは、いろいろなものをゴチャゴチャにして煮炊きをしていただろうと、考えています。アワ・ヒエだけが焦げ付いたというのは、考え難い。ですから、そうした繰り返しということであれば、もし前の炭化物が残ったままということであれば、それが混ざっていたということは十分考えられることであると思います。

深澤：確認したいのですけれども、それが前のものが混ぜこぜになっているのではなく、完全にペタっときれいに張り付いていて、また後にお焦げが形成されたという、で2回目の中に1回目の内容物の影響というものは見られるか、ということなのですが。

小林謙一：私達のほうでは、試料処理のやり方として混ぜてサンプリングしていますので、今のご意見には答えられないのですけれど、例えば、歴史民俗博物館の永嶋先生のところで学生の村本周三君が焦げ自体をスライスしてみていこう、としています。そうすると、層的に見えるとか、そういったことをやっていますので、今後そういったお焦げの形成過程ですか、うまくミクロに観察できればそういった違いがでるのかもしれないです。しかし、現段階においては、年代測定のサンプル1mg、その1mgを回収するためには土器付着物だと20〜30mgは必要です。お焦げは結構分厚いものですから、全部混ぜてしまって測定していますから、逆にわからなくなっているということです。将来的にはそういったことも研究していく可能性はあるのではないかな、と思います。

深澤：ありがとうございました。他ございませんか。それでは、お二方ありがとうございました（拍手）。

参考文献

小林謙一　2005　「付着炭化物のAMS炭素14年代測定による円筒土器の年代研

究」『三内丸山遺跡年報』
小林謙一・坂本　稔　2004　「青森県青森市三内丸山遺跡出土土器付着物の^{14}C年代測定」『青森県埋蔵文化財調査報告書　第382集　三内丸山遺跡24』
小林謙一・春成秀爾・坂本　稔・今村峯雄・松崎浩之・扇崎　由　2004　「岡山市南方遺跡出土土器付着物の^{14}C年代測定」『岡山市埋蔵文化財センター年報』3
小林謙一・春成秀爾・坂本　稔・今村峯雄・陳建立・松崎浩之・秋山浩三・川瀬貴子　2004　「大阪府瓜生堂遺跡出土の弥生～古墳時代土器の^{14}C年代測定」『瓜生堂遺跡』　大阪府文化財センター
小林謙一・坂本稔・松崎浩之　2005　「稲荷山貝塚出土試料の^{14}C年代測定―層位的出土状況の分析と海洋リザーバー効果の検討のために―」『縄文時代』16
坂本　稔・小林謙一・今村峯雄・松崎浩之・西田　茂　2005　「土器付着物に見られる海洋リザーバー効果」『日本文化財科学会第22回大会研究発表要旨集』
春成秀爾・藤尾慎一郎・今村峯雄・坂本　稔　2003　「弥生時代の開始年代―^{14}C年代の測定結果について―」『日本考古学境界第69回総会研究発表要旨』日本考古学協会
春成秀爾・今村峯雄編　2004　『弥生時代の実年代』　学生社
春成秀爾・今村峯雄・藤尾慎一郎・小林謙一・坂本　稔・西本豊弘　2005　「弥生時代中期の実年代―^{14}C年代の測定結果について―」『日本考古学協会第71回総会研究発表要旨』
Reimer, Paula J., Baillie, Mike G. L.; Bard, Edouard, Bayliss, Alex; Beck, J Warren, Bertrand, Chanda J. H., Blackwell, Paul G.; Buck, Caitlin E., Burr, George S., Cutler, Kirsten B., Damon, Paul E., Edwards, R Lawrence, Fairbanks, Richard G., Friedrich, Michael, Guilderson, Thomas P., Hogg, Alan G., Hughen, Konrad A., Kromer, Bernd, McCormac, Gerry, Manning, Sturt, Ramsey, Christopher Bronk, Reimer, Ron W., Remmele, Sabine, Southon, John R., Stuiver, Minze, Talamo, Sahra, Taylor, F. W., van der Plicht, Johannes, Weyhenmeyer, Constanze E. 2004 IntCal04 Terrestrial Radiocarbon Age Calibration, 0-26 cal kyr BP *Radiocarbon* 46 (3), 1029-1058.

土器圧痕からみた食と生業

山崎純男

1. はじめに

　福岡市の山崎です。今日は『土器圧痕からみた食と生業』ということで話す訳ですが、西日本縄文研究会の発表と内容はほとんど一緒ですので、なるべく食に関係するように話たいと思いますが、悪しからずご了承いただきたいと思います。

2. 圧痕研究の現状

　土器にしばしば木葉痕などの圧痕がついていることは、皆さんご承知のことと思います。小林達雄氏は1977年、『日本原始美術大系1 縄文土器』の中で簡潔に圧痕の種類を分けておりまして、一つが製作者の指紋が付いている例、それから動物の圧痕がついている例（ダニ、ホタテ貝、鯨脊椎骨など）、それから植物では種子の圧痕（ドングリ、クルミ、エノコログサなど）と木の葉類の圧痕があるということを紹介しております。その他、土器製作に関わる事例としてアンペラ状圧痕、スダレ状圧痕、それから九州の晩期には組織痕というのがあります。組織痕は型作りで土器を作り、下部の型と粘土の間に緩衝材として布などを置いたことによる圧痕が付くものです。

　このように土器には、土器についた圧痕以外に製作に関わって圧痕がたくさん付いています。それを研究対象とした例はあまりありません。数少ない例として、組織痕土器については鏡山猛先生の研究があります。スダレ状圧痕やアンペラ状圧痕については渡辺誠先生の研究がありますが、それ以外の圧痕そのものについてはあまり研究がありません。一部の人工遺物の圧痕跡については土器製作に関わった道具として研究対象とする人は出ていますが、

自然の木の実などについては圧痕として残る例が非常に少ないので、それらを対象とした研究はほとんどなかったわけです。ただし、縄文時代を考えていく場合は、植物種子の圧痕は栽培植物を考える上で非常に大切だということで、かつて佐原眞さんや佐々木高明さんはその重要性を指摘しています（佐原 1975、佐々木・小林・佐原 1978）。ただ指摘していますが、誰も研究をしないまま 30 年が過ぎてしまいました。私は縄文農耕の再論（山崎 2003）を試みたところ、どうしても栽培植物の問題に突き当たりますので、いろいろ考えた結果、土器そのものについた圧痕を調べていくのが一番よい方法なのではないかと考えました。

　現在、科学的分析の結果、プラントオパール分析や花粉分析、あるいは種子をフローテンションで洗い出した後の炭化種子の同定で、かなりの栽培植物が明らかにされていますが、よくよく考えるとこのような科学的分析には必ず落とし穴があります。コンタミネーションの問題です。科学分析ではその結果が納得いくような形で提示されますが、例えばプラントオパールが土器胎土から出てきた場合、多くの人々は肯定的に受けまとめますが、これでもコンタミネーションを避けることはできないと思います。肉眼的には見えませんが、土器にはプラントオパールより小さなひび割れが無数に入っているためです。そのため、たとえ土器の胎土からプラントオパールが出ても、それを全面的に 100% 信用するわけにはいきません（宇田津・高橋・外山・佐藤 2002）。

　時期の問題、コンタミネーションの問題をクリアするのに一番いい方法はやはり圧痕研究かと思いまして、佐原、佐々木両氏の指摘から 30 年経ちましたが、圧痕研究を試みたわけです。そこで、意識的に少なからず圧痕を見出すことができましたので、それを皆さんに紹介して、縄文時代の食に、農耕問題の中の栽培植物がどのように加わるか、どのような生業が考えられるかということで、話を進めていきたいと思います。

3. 圧痕研究の方法

　現在までに圧痕資料から縄文時代の栽培植物として提示されていますのは、

I 食・調理

　表1にあるように、籾の圧痕資料として南溝手遺跡から百花台遺跡、岡山県から九州にかけての後晩期の遺跡8遺跡8例です。この中で植物学者が完全にイネだと同定したのは、南溝手遺跡、ワクド石遺跡の2例です。このうち南溝手遺跡は間違いなく籾圧痕だろうと私も考えておりますが、最近土器が接合いたしまして、器形がわかるようになった結果、どうも壺形の土器だろうということで、もしかするとこれは突帯文土器の段階まで下がるかもしれないという疑問が提示されています（中沢 2005）。

　もう一つワクド石遺跡もレプリカ法で中沢さんが検証された結果、籾圧痕ではありませんでした（中沢・丑野 2005）。種類は何かはわかりませんが、後から紹介しますように、これはワクド石遺跡タイプと分けております。他の圧痕例もよく考えてみますと怪しいものが結構入っているので、再検証していく必要があるかと思います。

　今回の圧痕研究で私が用いましたのはレプリカ法という方法です（丑野・田川 1991）。これは丑野先生が試みられた方法でして、その方法は表2に示しております。

　私の場合は今まで見つかった圧痕を検証するのではなく、まず圧痕資料の探索を始めようということで、新たに全ての土器の資料にあたることから始めました。そのため第一番目に発掘資料—表採資料でも構いません—を全部見て、まず圧痕の可能性のある凹みのある土器を全部抽出するということからやっております。それから二番目に、圧痕には土がつまった例が多くありますので、それを水洗いして土を軽く除きます。それからその凹みを今回はNikonのネイチャースコープ・ファーブルという倍率20倍の携帯顕微鏡で観察して、種子圧痕であるか否かということを見極めます。種子圧痕、あるいは可能性あるものについて、さらにレプリカ法を用いて観察をしたという方法をとっています。

　レプリカ製作は、土器を再洗浄した後、圧痕部にアクリル樹脂、今回はパラロイドのB-72の5%から10%の溶液を塗布し、それから東芝シリコンTSE350と硬化剤のCE621を100：1の割合で混ぜたシリコンを圧痕部に充填し、それを硬化させた後取り出して、走査電子顕微鏡で観察するという手

土器圧痕からみた食と生業

表1 発見された圧痕資料

1	南溝手遺跡	岡山県総社市	後期後半
2	福田貝塚	岡山県倉敷市	後期後半
3	筏 遺跡	長崎県南高来郡国見町	後期後半
4	大石遺跡	大分県大野郡緒形町	晩期前半
5	ワクド石遺跡	熊本県菊池郡大津町	晩期前半
6	長行遺跡	福岡県北九州市	晩期後半
7	礫石原遺跡	長崎県島原市	晩期後半
8	百花台遺跡	長崎県南高来郡国見町	晩期後半

表2 圧痕研究（レプリカ研究）の手順

① 全ての資料の表、裏、断面を肉眼で観察し、圧痕あるいは圧痕の可能性のある凹みを有する資料を抽出する。
② 圧痕には土がつまっている場合が多いので、筆等で軽く水洗し、土を除く。
③ 圧痕を顕微鏡で観察する。今回は携帯顕微鏡・Nikon・ネイチャースコープ・ファーブル 倍率20倍を使用。
④ 種子・昆虫類の圧痕土器を検出。
⑤ 資料を超音波洗浄器により再度洗浄。
⑥ 圧痕部にアクリル樹脂 パラロイドB-72の5～10％溶液を塗布。
⑦ GE東芝シリコーンTSE 350と硬化剤CE 621を100：1の割合で混ぜたシリコーンを注射器で充填。
⑧ シリコーンが硬化した後、レプリカを圧痕から取り出す。土器については最初に塗布したアクリル樹脂をアセトンでふきとる。
⑨ レプリカを走査電子顕微鏡で観察する。検眼に際しては対象をあらゆる角度から観察、また倍率も15～1000倍の範囲で組織を観察し、特徴的な部分について写真撮影を行った。
⑩ 写真をもとに同定、現在、植物学者の協力を得て正確を期しているが進行中であり、同定については今後、変更するものがある。

I 食・調理

表3

No.	遺跡名	時期	ドングリ、その他		栽培植物	雑草植物	昆虫類
1	元岡・桑原3次	草創～早期	○				
2	椎原B	前期		○			
3	轟貝塚	前期～後期	○				
4	大矢(下層)	前期	○	○			
5	大矢(中層)	中期	○		イネ(1)		
6	大矢(上層)	後期初頭	○		イネ(1)	不明(3)	
7	桑原飛櫛貝塚	後期初頭	◎	○	シソ・エゴマ(1)	不明	
					イネ(2)?ゴボウ(1)		
8	柊原貝塚	後～晩期	○			ワクド石タイプ(1)	コクゾウムシ(3)
9	太郎迫	後期	◎	○	イネ(2)	ワクド石タイプ(3)	
					シソ・エゴマ(1)	イノコヅチ(1)	
						イネ科(1)不明(13)	
10	太郎迫	晩期	◎	○		ワクド石タイプ(3)	
11	石の本	後期	◎	○	イネ(2)		コクゾウムシ(2)
12	石の本	晩期	◎	○	イネ(4)ハトムギ(2)	ワクド石タイプ(1)	コクゾウムシ(3)
					ヒエ(4)シソ・エゴ	カジノキ(1)	コナラシギゾウ
					マ(1)ゴボウ(1)マメ	イノコヅチ(2)	ムシorハイイロ
					類(1)	イネ科(7)不明イネ	チョッキリの幼
						科(23)	虫(1)
13	ワクド石	晩期	○		アワ(1) シソ・エゴ	不明(1)	
					マ(4)	ワクド石タイプ(1)	
14	周船寺13次	晩期	◎	○	シソ・エゴマ(1)	不明	

法をとっています。倍率も15倍から1000倍まで観察いたしました。

その結果いろいろな植物の種子を検索することができましたので、ご紹介したいと思います。

まだ研究の途中ですので、実見した資料は大変少ないのですが、その遺跡は、表3に挙げていますように、福岡市の元岡・桑原遺跡第三次調査区（草創期から押型文早期）、椎原A遺跡（前期）（池田2004）、桑原飛櫛貝塚（中期の末から後期の初め）（井沢1996）、周船寺遺跡14次調査区（晩期）（阿部2004）、熊本県ワクド石遺跡（後晩期）、太郎迫遺跡（竹田1999）、石の本遺跡（いずれも後期晩期）（中村2002）、轟貝塚（前期から後期）、大矢遺跡（前期から後期

(山崎1993)、鹿児島県の柊原貝塚（後期から晩期）の10遺跡です。

この中で全ての土器を見たのが、元岡・桑原遺跡、椎原A遺跡、桑原飛櫛貝塚、周船寺遺跡、大矢遺跡です。太郎迫遺跡は報告書に図示された土器全てを観察しました。石の本遺跡に関しましては、完形に復元されたものと、その他コンテナ300箱分を観察しております。

4. 圧痕の諸例

それで一応ある程度の成果を得ましたのでご紹介したいと思います。

図1-1-1～3は熊本県大矢遺跡例です。圧痕を検出した中で一番古い段階の土器で、九州で阿高式と呼ばれている中期後半の土器です。圧痕は底部の粘土接合面に出ています。外底部は鯨の脊椎の圧痕がついていて、層位も土器の特徴からも中期の土器です。時期がわかりにくいので、周辺の共伴土器を提示しています。

図1-1-1が圧痕ですが、イネの外穎の部分が残っています。外穎が残って内穎が反対側に伸びているような状態になっています。これはさらに大きくして50倍で見たところですが、外面の顆粒状突起列が不鮮明で、確実にイネかといわれたら少し戸惑うところですが、玄米の可能性もある資料です。

図1-1-1・2は太郎迫遺跡例です。太郎迫式土器の底部より少し上の外面についている籾圧痕です。非常に浅く入っていますので、間違いなく外側の圧力でついた籾圧痕であると思います。こちらが芒側になります。少し入りが浅いので細長くなっています。これも顆粒状突起列が不鮮明ですが、全体の形から籾圧痕と考えられます。

図1-3-1～3は石の本遺跡の例です。これは鳥井原式の浅鉢型土器の凹線の中に入った圧痕です。形がいびつになっていますが、圧痕が付いた後、現物が土器から外れ、その上からまた研磨がかけられたためと考えられます。一部に粘土をかぶった状態です。右下側が外穎、左上側が内穎になる部分です。この段階で内穎側に顆粒状の突起列が見えますが、さらに拡大しますと、この部分にきれいに顆粒状の配列が見られますので、イネに間違いないと思います。

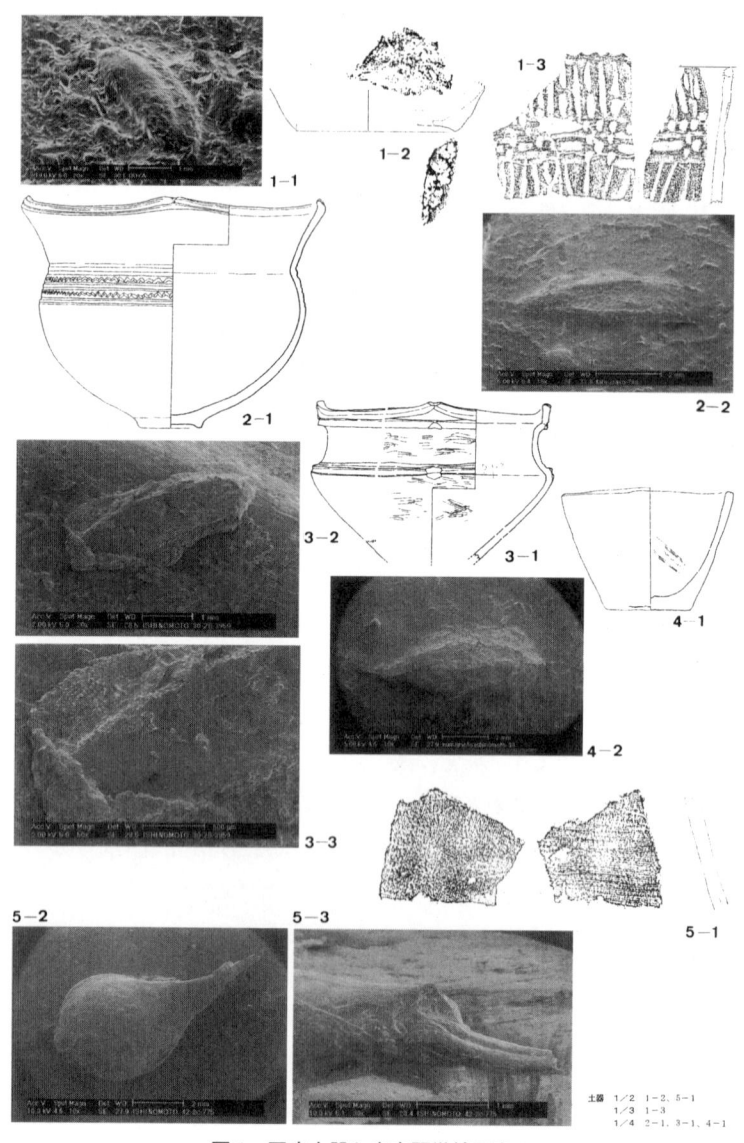

Ⅰ 食・調理

図1 圧痕土器と走査顕微鏡写真1

土器 1/2 1-2, 5-1
　　 1/3 1-3
　　 1/4 2-1, 3-1, 4-1

図1-4-1・2もやはり石の本遺跡の例で、晩期の古閑式にあたる鉢形の土器です。非常に特殊な器形ですが、これも底部の中心部に籾圧痕がついております。こちらが芒部分でここに内穎部があります。土器の割れと重なって少し分かりにくいのですが護穎まで残っております。

　図1-5-1～3も石の本遺跡の例でして、深鉢形土器の頸部の部分にある圧痕です。この圧痕、胎土の中に非常に深く入り込んでいます。もともと胎土の中にあったのが炭化したと考えられます。、その土器表面が割れて圧痕が出てきた状態です。これはハトムギの全形です。ハトムギはジュズダマ属に属しますが、日本にあるジュズダマ属はジュズダマとハトムギの二種類です。どちらに属するかということでさらに倍率を上げて、表面の組織を観察し、実物の組織を比較した結果、ハトムギに属することがわかった例です。

　図2-6-1・2も石の本遺跡の例ですが、これは埋甕の内側についたオオムギの圧痕例です。上端部が少し欠けております。これは植物学のムギの専門家の小西先生に見ていただき、オオムギに間違いなかろうということでした。

　図2-7-1～5はワクド石遺跡の粘土塊に付いているアワ（？）の圧痕です。時期は粘土塊ですから分かりませんが、他の遺物からみて後期か晩期のはじめに属すると考えられます。この粘土塊には圧痕が五つ残っております。これはラグビーボールのように筋が入っております。これはシソかエゴマのどちらかです。エゴマのほうが若干大きいのですが、形態その他では区別できませんので、エゴマかシソとしておきたいと思います。

　図2-8-1・2もやはり石の本遺跡の出土例です。口縁部の内側に、深く入り込んだ圧痕が残っています。古閑式の土器についた圧痕です。非常に残りがものですが、ここに外穎部分が残っています。

　種子の場合、同定はかなり困難です。穎果の部分、皮の部分と果実の部分が残ったり残らなかったりしますので種子によっては非常に判別がしにくいのです。

　図2-9-1・2も石の本遺跡の、やはり古閑式に属する土器ですが、その内面にシソ科―シソかエゴマかどちらか―の圧痕が残っております。

　図2-11-1・2も石の本遺跡ですが、精製の深鉢土器の頸部です。外面にこ

141

I 食・調理

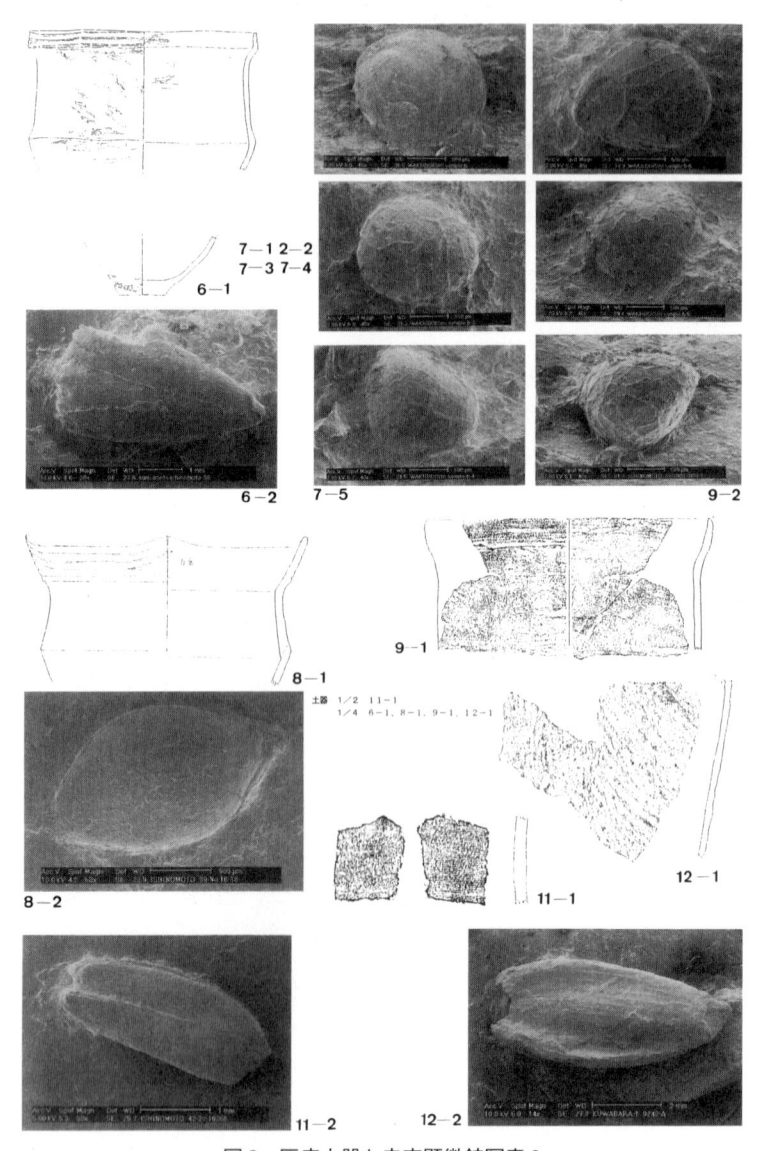

図2 圧痕土器と走査顕微鏡写真2

のような圧痕が残っています。写真では見えませんが右側に穴が開いていまして、圧痕では突起が残っています。ゴボウと考えられるものです。後から桑原飛櫛貝塚のゴボウの例を出しますが、ゴボウは日本で唯一栽培植物になったもので、日本でいつの時期栽培化されたか、縄文時代に栽培化したのか、それよりずっと後に栽培化したのかが問題です。ただ日本の本来の植物ではなく、外来植物です。一番古い例は北海道から出ていますので、北回りで入ってきた可能性がある植物です。ゴボウの種子は非常に人体に付着しやすいものです。

図2-12-1・2は桑原飛櫛貝塚の例で、後期の初頭の土器片の内側についています。やはりゴボウと考えられるものです。先ほど言いましたように、圧痕のほうにはここにきれいに突起が残っております。

図3-10-1・2は石の本遺跡の例で、精製土器の外面に大きな圧痕が残っています。これはマメ類ですが、マメの種類はまだ同定しておりません。ヘソの部分がありまして、形状的には豆、アズキに非常に近い例です。

それから圧痕には種子だけではなく、昆虫類も出てきます。特に昆虫類で注目されるのが、コクゾウムシの圧痕です。コクゾウムシはゾウムシという名前がついているくらいですから、ゾウのような鼻（吻）があります。実際資料のほうにはあるのですが、シリコンを入れて引き出す時、折れたものです。

図3-14-1・2は石の本遺跡の天城式の内面に残っているコクゾウムシの圧痕の例です。この土器にはあと二カ所にコクゾウムシのかけらのようなものが付いていますので、圧痕が三つある例ということになります。これは横向きに入っていますが、左端に吻が残っています。これは足が反対側を向いて残っていますが、足が全部もげています。おそらく足のもげは粘土の生地を練った時に全部外れたもので、コクゾウムシは圧痕というより粘土の中に混入した状態の圧痕といえます。

図3-15-1・2は石の本遺跡の御領式土器の浅鉢の内側についたコクゾウムシの例です。左端の吻の先が少し折れていますが、これは資料に土がつまったかシリコンが折れたものと思われます。この辺にとびだしているものは全

Ⅰ 食・調理

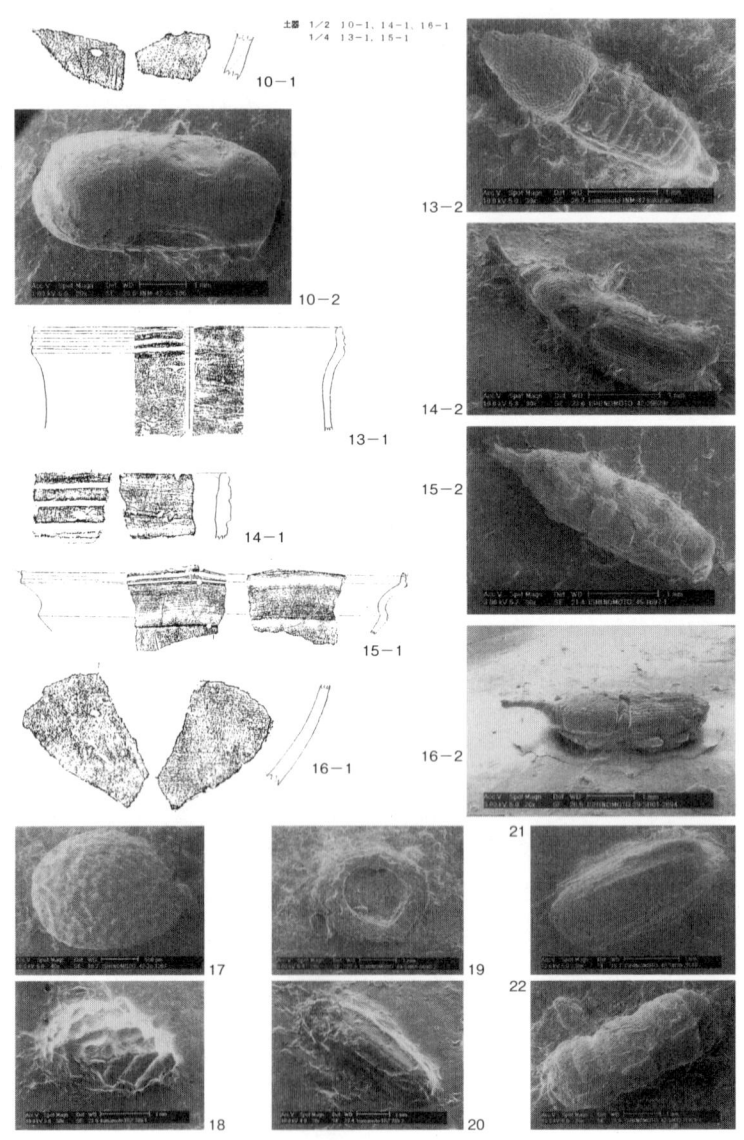

図3 圧痕土器と走査顕微鏡写真3

144

土器圧痕からみた食と生業

部足が付いていますが、先端は全部折れています。

図 3-16-1・2 も石の本遺跡の精製の浅鉢に残っている例で、全体にわかりやすいコクゾウムシの例です。これは足が付いていたあとです。

コクゾウムシは農耕問題を考えるときに非常に重要な資料となります。コクゾウムシは世界共通種の昆虫です。コメ、ムギ、トウモロコシなどの穀類に付く害虫で、コクゾウムシとココクゾウムシの二種類があります。これは貯蔵された穀物に付いて繁殖しますが、植わっている植物には付きません。コメに付いたらコメの中で成長し、成虫になってコメを食い破って外へ出てきますので、昔は米食い虫と言っていました。現在、私たちが食しているコメは消毒したもので、あまりコクゾウムシも見ることができません。今回はコクゾウムシのついた圧痕土器を持ってきておりますので、希望の方がありましたら顕微鏡で覗けるようにしておきます。

図 3-17 は石の本遺跡のカジノキの実の圧痕です。これはクワ科の植物で食用になりますし、現在は紙を作ったりもしています。皮は編みかごなどにも利用されている例があります。

図 3-20 は太郎迫遺跡のサンショウ類の圧痕です。

図 3-18 はちょっと種が不明ですが、ロータス状になったもので、周りに刻みが入っております。

この圧痕（図 3-21）が、ワクド石遺跡で最初コメという同定が出た圧痕です。このような圧痕はワクド石遺跡、太郎迫遺跡、石の本遺跡、柊原貝塚とたくさんの例がありますので、縄文人には非常に関係が深い種子だろうと思います。この種子は結構大きい種子ですので、同定することができれば、ひょっとすると、縄文時代に限ってかもしれませんが、栽培されていた可能性もあるような植物ではないかと考えております。

それから図 3-19 は皆さんよくご存知かと思いますが、イノコヅチという植物です。これも人体に付着しやすいもので、この部分が引っかかって人間や動物に付着しやすくなっています。

それから図 3-22 はコナラシギゾウムシないしはハイイロチョッキリという、いずれもコナラに付いているゾウムシの幼虫の例です。ドングリに付く

145

Ⅰ 食・調理

害虫の幼虫が圧痕として残っています。ドングリも、縄文人と非常に関係が深い関係にあります。

このように見てきますと、いろいろなものがあります。今回ここに圧痕の例として紹介しておりませんが、土器圧痕を見てきて一番多いのはドングリの圧痕です。ドングリの圧痕は土器に非常にたくさんついておりまして、遺跡によってはものすごい量で圧痕がついています。ドングリなどの堅果類の皮は、ドングリ類の皮を打ち砕いて土器の混和材として使っている可能性もあります。それについては今回は省いております。ドングリ類の圧痕はどの地域でも多いということが言えますので、農耕栽培の植物があって農耕があったとしてもドングリが縄文人の主食の一部を構成していたのは間違いないと考えております。なお、ドングリ類の堅果を砕いて混和材として土器の胎土に入れる技術は、地域的なまとまりと時代的なまとまりがありますので、これを混和材としてだけ見て、そういうまとまりだけ見ていくと非常にまたおもしろい結果が得られると思います。例えば福岡市の早良平野の場合は非常にたくさんドングリの皮を入れる特徴があります。これと反対に貝殻を砕いて入れる例もありまして、その圧痕も非常にたくさん出ております。

5. 圧痕からみた栽培植物

圧痕から見て現在わかっている栽培植物は、イネ（?）、オオムギ、ハトムギ、ヒエ（?）、アワ、ゴボウ、マメ類、シソ科という8種類になります。今回示した種子の圧痕例にイネが多いというのは疑問に思うところなのですが、イネは種子の粒が大きいので見つけやすいのが一因かと思います。

イネの種子に限って言いますと、大矢遺跡の中期後半例を最古としまして、桑原飛櫛貝塚で後期初頭のものが二例あります。この例は土器のほうに疑問を持っていますのでクエッションマークをつけています。それと大矢遺跡の後期初頭、南福寺式土器ですが、その中にもやはりイネの種子の圧痕例があります。それから石の本遺跡をはじめとして、後期後半から晩期にかけての遺跡で安定的にイネの種子の圧痕を認めることができます。

先ほど言いましたようにワクド石タイプとしました種子もいろいろな遺跡

から発見されていますので、これも要注意の植物だろうと考えております。それからヒエやアワなど、それにムギ類の種子も普遍的に認められます。まだ顕微鏡で覗いただけで、走査顕微鏡で覗いていない資料もあります。資料的にまだたくさんありますので、今後、さらに資料の増加を期待することができます。それからコクゾウムシの存在を加味して考えますと、間違いなく縄文時代の中期後半以降は栽培植物の存在を認めてよいだろうと考えております。縄文農耕については道具という側面からも考えることができますが、縄文人の食事の中に中期後半以降、栽培植物が加わるということを念頭において考えることが必要であろうかと考えております。

6. 縄文時代の農耕

　このような栽培植物があればどのような農耕があるかということになりますが、簡単にそれをご紹介しておきたいと思います。図4は、インドネシアのリウマ村にあります集落と焼畑耕地の関係を示した地図です。ここは集落で、その周りの山地部に焼畑耕地があります。ここの場合は、焼畑耕地は半径4kmの領域に分布していますが、この村は川の上流にもう一カ所焼畑耕地を持っていますので、それを加味しますと約半径5kmの範囲に焼畑耕地を持っていると言えます。他の民族例で見ましても、焼畑耕地は50人から100人からなる一つの集落を支えるために領域としてだいたい半径5kmが必要であるということが言えます。これは焼畑耕地が約3年から4年を境にして変えなくてはいけないことが一つの原因です。つまり連作が不可能ということで耕地が変わっていきます。ある焼畑耕地を廃棄してから、それが再生して再び焼畑耕地として使われるようになるまで約30年かかりますので、それを加味していくとどうしても半径5kmの範囲が必要だということが判明しております。

　この民族学の成果を踏まえて、縄文時代の遺跡をみていきます。例えば福岡市の早良平野の黒川式段階の遺跡をみますと、早良平野の中に拠点集落が二カ所あります（図5）。拠点集落は広範囲で大きな遺跡です。その周りの丘陵部に非常に小さな遺跡が連なっています。これは土器が2、3点から5、

Ⅰ 食・調理

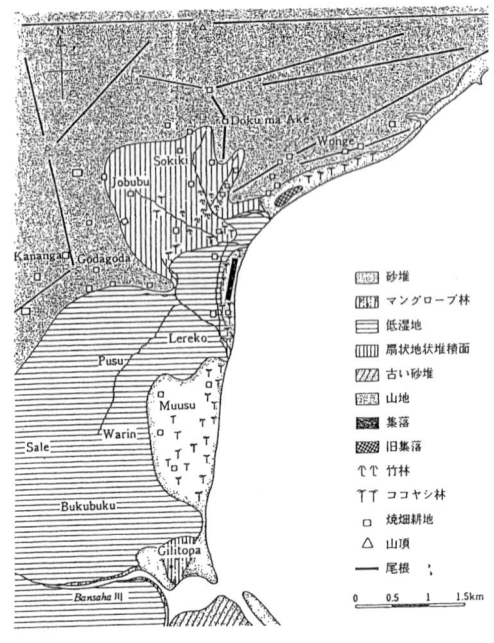

図4 リウマ村における集落と焼畑

60点、石器が数点から10数点出土する非常に小さな遺跡です。これらの遺跡は全部丘陵部に位置しています。普通はなかなか発見できないのですが、古墳調査で偶然に見つかった遺跡ばかりです。

先ほど見ました現代の焼畑耕地でもそうですが、焼畑耕地には必ずと言っていいほど出作り小屋が作られています。そういう民族事例を考えていきますと、どうもこの丘陵部に散発する遺跡は出作り小屋ではなかろうかということが考えられます。それでこの小さな遺跡と拠点集落との関係を考慮しながら領域を求めていくと、半径5kmくらいになります。このような状況から縄文時代の段階で焼畑農耕が行われた可能性を考える事ができます。

その典型的な例が、今の早良平野よりさらに西側にある糸島半島の例です。ここに大原遺跡という約10000 m^{2}にもおよぶ縄文時代晩期の集落があります。そこから約200 m離れて、焼畑耕地が出てまいりました。ちょっと中世にいじられていまして、出作り小屋などの跡は見出せませんでしたが、拠点集落と全く同時期の遺物を出土します。ここの斜面を試掘したところ、この範囲だけに晩期の層が残っていました。たくさんの炭を含んだ層が残っております。この炭を含んだ層の範囲が焼畑耕地だろうと考えられます。民族事例からみた焼畑耕地の面積と同様の広さを持っています。福岡市の大原口遺跡では、集落と焼畑耕地の関係をつかむことができます（図6）。このような

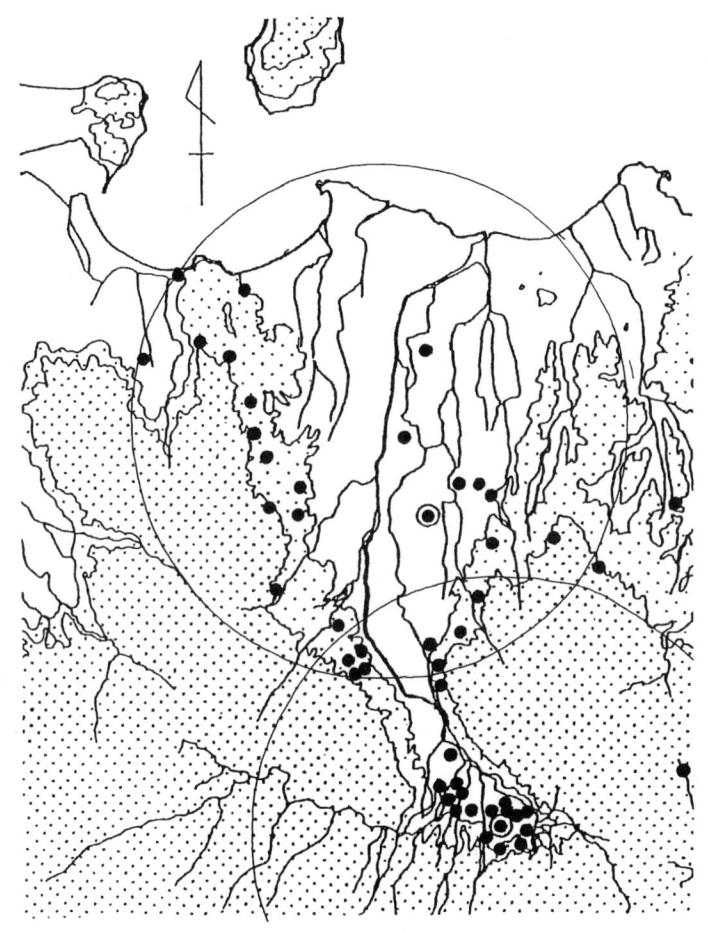

図5　福岡県早良平野における晩期後半の遺跡分布

集落と焼畑耕地の関係がいつまでさかのぼるかということですが、先ほど述べましたように、圧痕資料では一応縄文中期後半までさかのぼることが考えられます。その遺跡例を見てみましょう。これは熊本県の天草の下島の例でございます。この地域にある拠点的な遺跡ですが、中期から後期初頭の遺跡例をとりますと、北から沖ノ原貝塚、一尾貝塚、大矢遺跡それから海底遺跡、鳴子崎遺跡で、同時期の遺跡は6～7km離れて並列しています（図7）。この

Ⅰ 食・調理

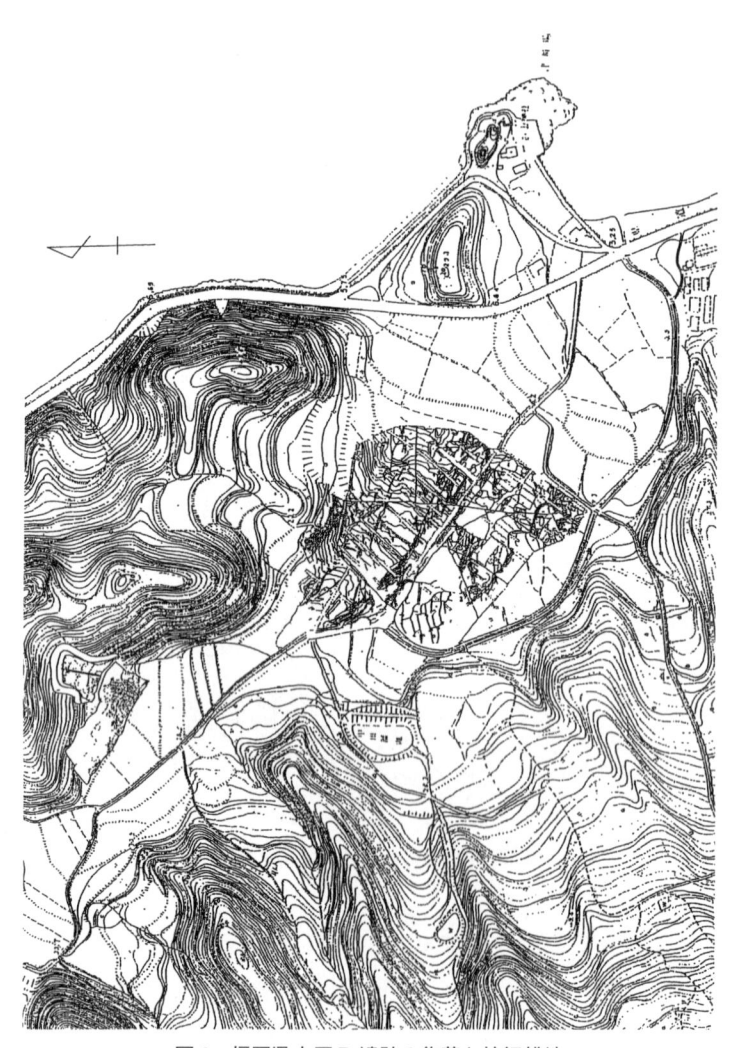

図6　福岡県大原D遺跡の集落と焼畑耕地

土器圧痕からみた食と生業

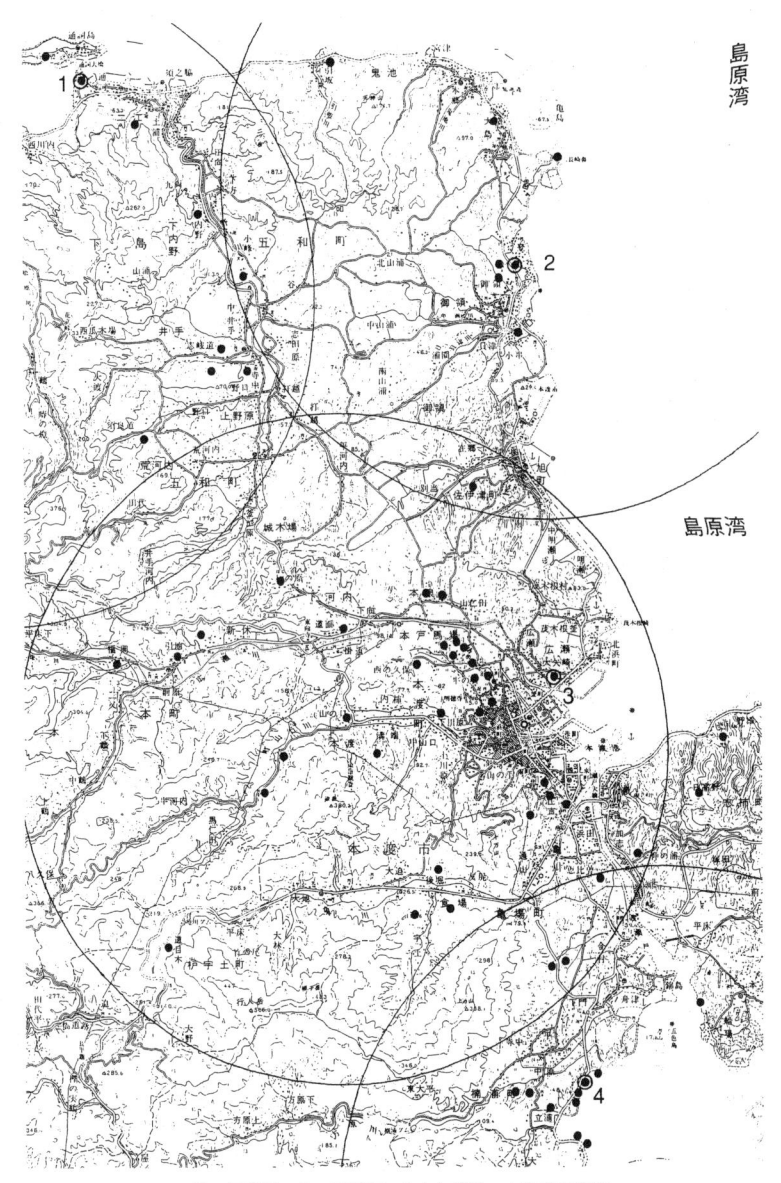

1 沖ノ原遺跡　2 一尾貝塚　3 大矢遺跡　4 鳴子崎遺跡
図7　熊本県大矢遺跡周辺における遺跡分布（円は半径5km）

Ⅰ 食・調理

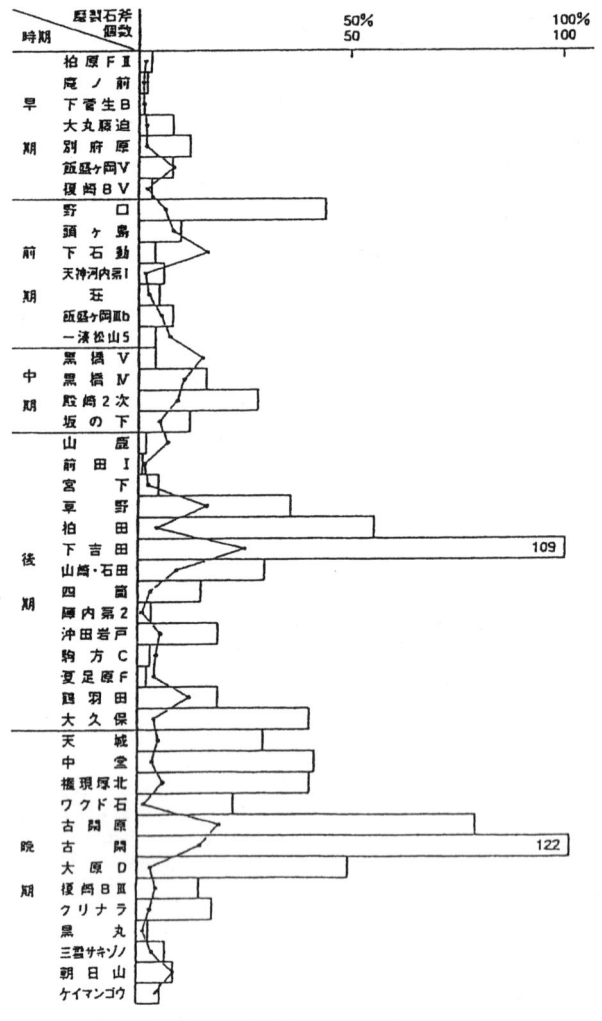

図8 九州における磨製石斧の保有変遷

　遺跡の分布から領域を割り出しましても、やはり半径5kmの領域が見出せます。表面採集の遺跡しかわかっていませんが、大矢遺跡を中心としまして、小河川の流域に点々と縄文時代の小さな遺跡が広がっています。もちろん焼畑農耕を考えるために遺跡の数はあと十倍くらい増えないといけませんが、

152

土器圧痕からみた食と生業

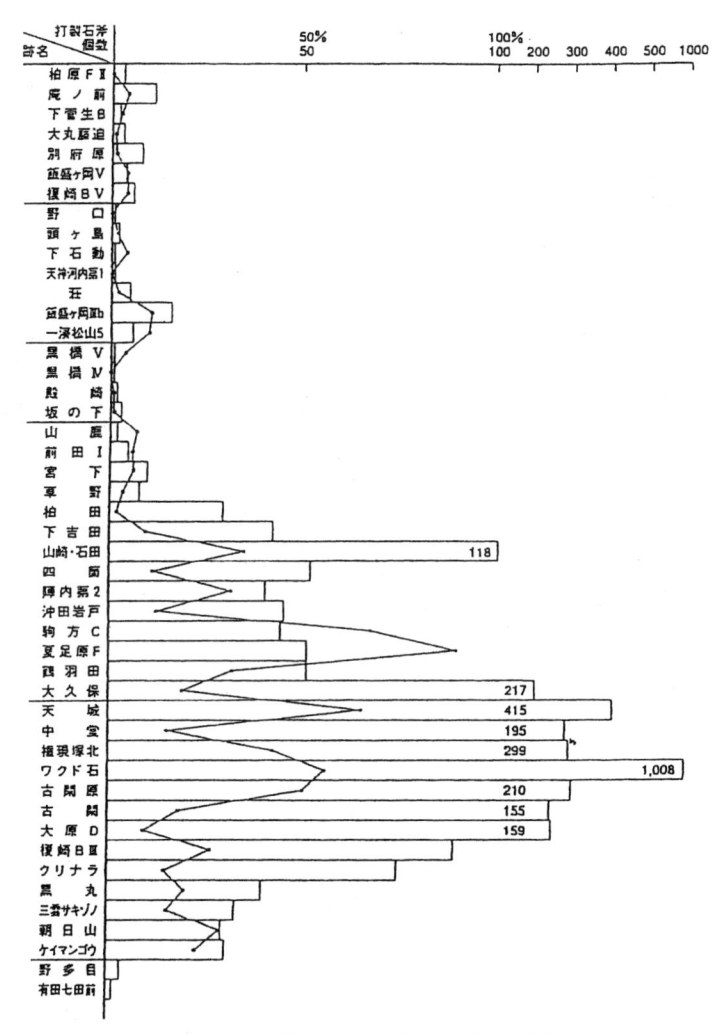

図9 九州における打製石斧の保有変遷

今後丹念に探していけば見つかると思います。ただし、ここでもよく見ていただくとわかりますように、大矢遺跡の領域は内陸部も含んで半径5kmで遺跡がありますが、例えば一尾貝塚の例とか沖ノ原貝塚の例を見ますと陸地が非常に少ないので、集落によっては焼畑をするより漁撈に力を入れた地域

153

I 食・調理

ですとか、同じ地域の中でも生業の違いが見出せるのではないかと考えております。

　焼畑農耕における道具の問題ですが、焼畑には基本的に耕作用の道具はいりません。焼畑農耕において最も必要な道具は、木を伐採する道具なので、磨製石斧がどういう変化をするかが問題です。九州を例にとりますと、前期に磨製石器が増える遺跡がありますが、基本的に中期から徐々に増えてくる傾向がつかめます（図8）。

　打製石斧は今まで縄文農耕論で最も重要な遺物として提示されてきました。この表は九州における打製石斧の保有の数を表したものです（図9）。これを見ますと九州では後期の後半から打製石斧は急激に増えてくることがわかります。特に増えるのは、阿蘇山を中心とした東と西の火山灰台地の上に急に増えてきます。例を提示しますと、ワクド石遺跡では遺跡の一部を掘っても1000本を超える打製石斧が出ていますし、太郎迫遺跡は石器の数が多すぎて点数を出しておりません。何万点という事でありますので、その一割としましても数千本という数になります。それくらいに熊本や大分の遺跡には、打製石斧が非常に増える遺跡が増加してきています。それを同じように焼畑農耕と考えてよいかという問題ですが、この台地上の拠点集落と思われる遺跡の分布から割り出した領域は半径2kmになりますので、少なくとも半径5kmを持つような焼畑農耕とは違う生業ではないかと思います。先ほど圧痕事例を紹介しましたワクド石遺跡、石の本遺跡、太郎迫遺跡というのは、地理的には阿蘇外輪の西側の火山台地上に展開する位置関係にありまして（図10）、打製石斧の量やその領域を考えると、その生活を維持していくためには焼畑とは異なった農耕がここで芽生えてきているのではないかと考えております。少なくともこの付近では焼畑から常畑に変わった状況が考えられるのではないかと考えます。ただし、このような展開は地域的な問題でして、中九州の火山台地上では常畑に近い形態が進んでいきますが、北部九州では先ほど言いましたように晩期の終わりまでやはり焼畑が展開しています。先ほど示しました晩期の遺跡分布図は次の突帯文土器の段階になりますと一変いたしまして（図11）、遺跡全部が沖積地に下りてきますので、その段階に、

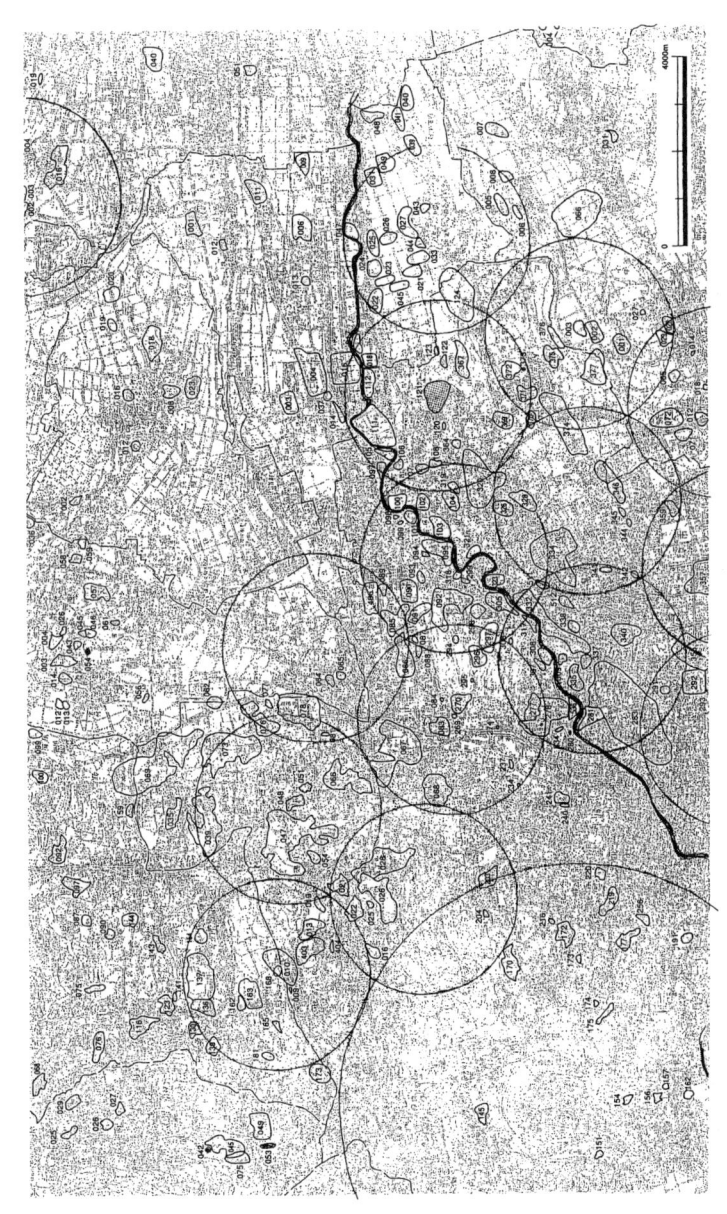

図10　熊本県託麻台地における遺跡分布と領域

Ⅰ 食・調理

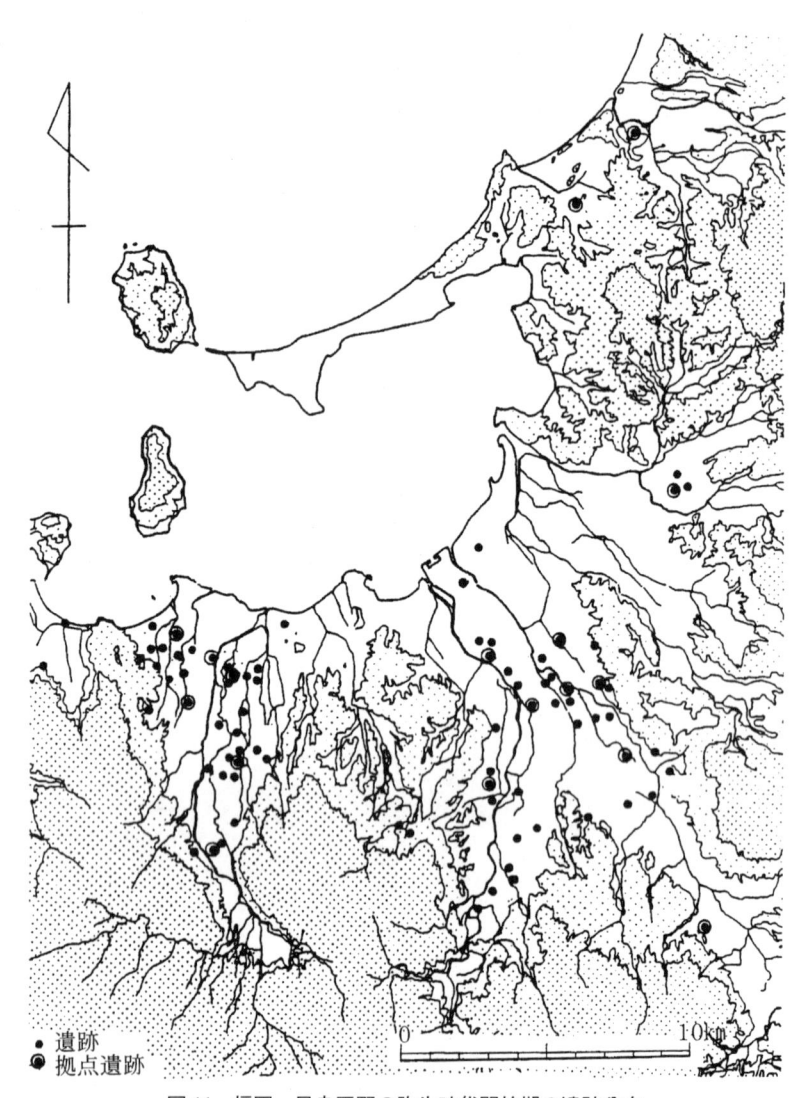

・遺跡
◉拠点遺跡

図11　福岡・早良平野の弥生時代開始期の遺跡分布

土器圧痕からみた食と生業

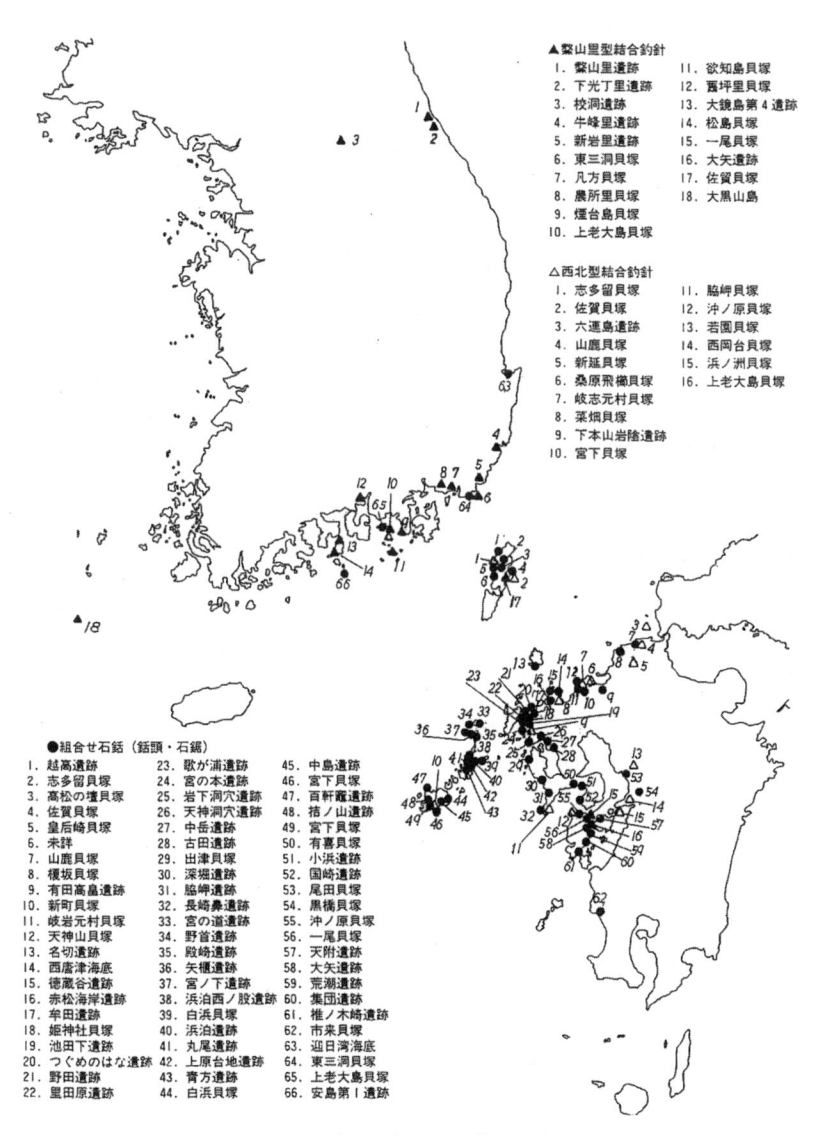

▲櫛山里型結合釣針
1. 鰲山里遺跡　11. 欲知島貝塚
2. 下光丁里遺跡　12. 舊坪里貝塚
3. 校洞遺跡　13. 大鏡島第4遺跡
4. 牛峰里遺跡　14. 松島貝塚
5. 新岩里遺跡　15. 一尾貝塚
6. 東三洞貝塚　16. 大矢遺跡
7. 凡方貝塚　17. 佐賀貝塚
8. 農所里貝塚　18. 大黒山島
9. 煙台島貝塚
10. 上老大島貝塚

△西北型結合釣針
1. 志多留貝塚　11. 脇岬貝塚
2. 佐賀貝塚　12. 沖ノ原貝塚
3. 六連島遺跡　13. 若園貝塚
4. 山鹿貝塚　14. 西岡台貝塚
5. 新延貝塚　15. 浜ノ洲貝塚
6. 桑原飛櫛貝塚　16. 上老大島貝塚
7. 岐志元村貝塚
8. 菜畑貝塚
9. 下本山岩陰遺跡
10. 宮下貝塚

●組合せ石鏃（鏃頭・石鋸）
1. 越高遺跡　23. 歌が浦遺跡　45. 中島遺跡
2. 志多留貝塚　24. 宮の本遺跡　46. 宮下貝塚
3. 高松の壇貝塚　25. 岩下洞穴遺跡　47. 百軒窪遺跡
4. 佐賀貝塚　26. 天神洞穴遺跡　48. 桔／山遺跡
5. 皇后崎貝塚　27. 中岳遺跡　49. 宮下貝塚
6. 未詳　28. 古田遺跡　50. 有黒貝塚
7. 山鹿貝塚　29. 出津貝塚　51. 小浜遺跡
8. 楪坂貝塚　30. 深堀遺跡　52. 国崎遺跡
9. 有田高畠遺跡　31. 脇岬遺跡　53. 尾田貝塚
10. 新町貝塚　32. 長崎鼻遺跡　54. 黒橋貝塚
11. 岐志元村貝塚　33. 宮の道遺跡　55. 沖ノ原貝塚
12. 天神山貝塚　34. 野首遺跡　56. 一尾貝塚
13. 名切遺跡　35. 殿崎遺跡　57. 天附遺跡
14. 西唐津海底　36. 矢櫃遺跡　58. 大矢遺跡
15. 徳蔵谷遺跡　37. 宮ノ下遺跡　59. 荒潮遺跡
16. 赤松海岸遺跡　38. 浜泊西ノ股遺跡　60. 集団遺跡
17. 牟田遺跡　39. 白浜貝塚　61. 椎ノ木崎遺跡
18. 姫神社貝塚　40. 浜泊遺跡　62. 市来貝塚
19. 池田下遺跡　41. 丸尾貝塚　63. 迎日湾海底
20. つぐめのはな遺跡　42. 上原台地遺跡　64. 東三島貝塚
21. 野田遺跡　43. 青方遺跡　65. 上老大島貝塚
22. 星田原遺跡　44. 白浜貝塚　66. 安島第1遺跡

図12　組合せ石鏃、結合釣針分布図

157

Ⅰ 食・調理

突帯文段階に焼畑から水稲農耕に変わったことがうかがえます。

では、縄文時代の農耕がどこから伝播したかというのが問題となります。縄文時代前期の終わりくらいから韓国南部と西北九州には共通する漁撈文化圏が成立します。図12は組合せの石銛と組合せ式の結合釣針の分布を示しています。このように韓国南部と西北九州を結ぶ、漁労道具や精神文化を共通して持つ漁労文化圏が成立します。この状況が最も活発になるのが中期末から後期の初頭ですが、この時期に朝鮮半島から農耕が西北九州に伝わってきた可能性があります。そして、その後、後期、晩期と経るうちに九州全地域に広がっていったのだろうと考えております。以上です。どうもありがとうございました。

質疑応答

田崎：表3には、ドングリその他、栽培植物、雑草植物、昆虫類の分類項目が設けられていますが、雑草植物の中で、畑耕地に伴う雑草というか、畑雑草の種実の圧痕は含まれていないのでしょうか。

山崎：例えばここにイネ科と書いてあるのはそういう畑雑草です。それとまだ同定していない資料に、畑に伴う雑草があります。まだたくさん資料がありますので、現在同定作業を進めているところです。圧痕の同定はなかなかややこしいというのが現状です。圧痕の問題で一番注意しなければならないのは種類の同定の問題で、私が今日言いました種子も同定は最終的に変わるものがあります。先生方も圧痕ということになりますと皆頭を抱えてしまって、意見が一致しないこともあります。畑雑草というのはたぶん出てくるだろうと考えております。ここに出していませんが、イネ科の植物できれいな圧痕があります。また、例えばシソとかエゴマを栽培植物に入れずに雑草とする場合もあり得ますし、ゴボウもそうです。ですので、今後はっきりしてくるだろうと思います。畑雑草以外の雑草に人や動物に付着しやすいゴボウ、キク科植物、イノコズチなどが多いというのが一つの特徴だろうと考えております。

田崎：それは人里雑草ということですね。

山崎：まあイノコヅチなんかそうでしょうね。

田崎：もう一点、発表では常畑の話をされたのですが、私は原初的な水田もあるのではないかと考えています。水田雑草の類は見つかっていないのでしょうか。教えてください。

山崎：私はこの段階に水田の存在は考えておりません。水田の開始は北部九州で言いますと、刻目突帯文土器の段階です。突帯文土器段階に焼畑を行っただろうと思われるところはほとんどなくなってしまいます。丘陵部に出てくるのは数例です。それに反比例して99％の遺跡は全部沖積地に出てまいります。それともう一つ、先ほど言いました常畑地域、熊本県の火山灰台地とか大分県側には、次の弥生文化が入ってくるのを阻害するような動きがありまして、北部九州のようにストレートに入ってまいりません。そういうことを考えれば、当時の人々は、水稲農耕は本当にいいのかなあと一瞬考えた間があったのだろうと思います。

小林正史：本筋と関係ないので恐縮なのですが、今回あまり触れていなかったというドングリ類というのは破砕して入っているのですか。具体的なイメージが湧かないので教えていただきたいです。

山崎：土器に入っているのはドングリの果皮を全部破砕して入れております。完形で入っているのは圧痕としては非常に少ないのです。果皮のほうを全部砕いて入れております。ドングリの果皮を破砕して土器胎土に混入するのは地域によって異なります。早良平野では混入する例が非常に多くて、土器は見ただけで表面は圧痕だらけです。しかし、平野を一つ北へ行くと状況は全然違うというように、平野によって違います。混和材を入れるところが地域によって違いますので、その違いを追及していったら面白いと思います。早良平野の西隣の糸島平野に行きますと、土器胎土に貝殻を砕いて入れていますので、地域によって胎土の混和材にまとまりがあるということもわかります。

小林正史：ドングリなどですとそのまま炭化物として入っているということもありますか。

山崎：はい、あります。それと言い忘れましたが、土器圧痕だけではなくて

I 食・調理

胎土中に炭化物として残っている例もあります。検出例としてはシソ科があります。それは現物を走査顕微鏡で覗いて確かめたものでありますし、遺跡にだいたい一例か二例くらい炭化物がそのまま残った例がありますので、炭化物の存在を考えますと胎土中に入った理由いうのは非常に難しいのです。炭化物の多くは胎土中に隠れていますし、圧痕自体も表面に見えるのではなくて、割れた断面や、胎土の中にいっぱい出てくるのですね。

小林正史：二つ伺いたいのですが、一つはゾウムシが検出されたというのが非常に興味深いと思いました。ゾウムシはコメ以外でしたらどんなものに付くのでしょう？

山崎：私はよく知りませんけれども、コメとムギとトウモロコシにつくとされています。コクゾウムシはコクゾウムシとココクゾウムシの二種類です。世界中共通種で、穀物に連れられて世界中を回ったということになります。

　あとドングリ類にも固有のゾウムシが付きます。ドングリはゾウムシから逆にドングリを特定できるようにゾウムシの種類が全部違います

小林正史：トチノミは栄養成分がコメとそっくりということが言われているのですが。

山崎：ただコクゾウムシが付く事例は貯蔵した穀物に付きますので、貯蔵して、トチの皮がむいてあれば別ですが、どうでしょうか。

小林正史：だから粉にしてとっておいたら…

山崎：私にはよくわかりません。

小林正史：再度伺いたいのですが、縄文土器の形と作りをみると、さっき中村さんが報告されたようにご飯を炊いたのに適するような作りになっていない気がします。それはまた後で話をしたいと思うのですが、そう考えるとコメの重要性というのはどの程度だったと考えたらよいのでしょうか。最大限見積もって。

山崎：私たちが弥生時代以降コメばかり意識していますので、コメがよく見えるかもしれません。私は縄文時代でもコメが見えすぎて困っているのです。コメは大きいので見つけやすい。これに対してアワとかヒエは非常に小さいですね。それだけ見つけにくいということがあります。だから縄文時代にコ

メを意識して選び出しているとは考えておりません。雑穀のうちの一つとして持ってきていると考えております。

　縄文農耕はコメの栽培がどれくらいの比重だったのかという問題は、あまりやってないからよく分からないということになりますが、それは弥生時代も一緒なんですよね。弥生時代もその比重を調べたことがあるかっていったら、コメが何％食べられて、他の食料を何％食べたかは誰もわからないですよね。それを弥生時代は全部コメと認めてますんで、話がおかしいのですが、縄文時代でもそんな軽くはないと思うんですよ。縄文の石器で打製石斧なり穂積具というのが定型化していますので、そう軽くはないと。無視はできないようなことはやっているだろうと考えています。ただ考える必要があるのは、農耕をやれば他の生業をやらないでいいかといえば逆なのです。焼畑農耕をすれば焼畑耕地がオープンになりますので、例えば収穫期には鳥が飛んできます。焼畑で一番困るのは収穫期に穀粒を鳥に食べられてしまうのが困るので、鳥追いが必要になる。また、他の動物類も集まってくる。それらを駆除する必要がでてくる訳で、狩猟もさかんになる。焼畑農耕があれば狩猟も活発になるとが今の民族事例でもそうなっています。

参考文献

小林達雄　1977　「縄文土器」『日本原始美術大系1』　講談社

佐原　真　1975　「農業の開始と階級社会の形成」『岩波講座　日本歴史第1巻、原始および古代1』　岩波書店

佐々木高明・小林達雄・佐原　真　1978年　「座談会　農耕のはじまりをめぐって」『歴史公論』第4巻第3号　雄山閣出版

宇田津徹朗・高橋護・外山秀一・佐藤洋一郎　2002　「縄文時代のイネと稲作」『縄文農耕を捉え直す』　勉誠出版

中沢道彦　2005　「山陰地方における縄文時代の植物質食料について―栽培植物の問題を中心に―」『縄文時代晩期の山陰地方』発表資料集109～131頁　16回中四国縄文研究会

中沢道彦・丑野　毅　2005　「レプリカ法による熊本県ワクド石遺跡出土土器の種子状圧痕の観察」『肥後考古』第13号

I 食・調理

丑野　毅・田川裕美　1991　「レプリカ法による土器圧痕の観察」『考古学と自然科学』1324　13～36頁　日本文化財科学会

池田祐司編　2004　『椎原A遺跡』福岡市埋蔵文化財調査報告書794集

井沢洋一編　1996　『桑原遺跡群2―飛櫛貝塚第1次調査―』福岡市埋蔵文化財調査報告書480集　福岡市教育委員会

阿部泰之　2004　『周船寺遺跡5』福岡市埋蔵文化財調査報告書第798集　福岡市教育委員会

竹田孝司編　1999　『太郎迫遺跡・妙見遺跡―寺迫地区農村活性化住環境整備事業に伴う埋蔵文化財の調査―』熊本県文化財調査報告書186集

中村幸弘編　2002　『石の本遺跡群V―54回国民体育大会秋季大主会場整備事業に伴う埋蔵文化財発掘調査報告書』熊本県文化財調査報告書205集

山崎純男　1993　『熊本県本渡市大矢遺跡調査概要』本渡市教育委員会

山崎純男　2005　「西日本縄文農耕論―種子圧痕と縄文農耕の概要―」西日本縄文研究会発表要旨

渡辺　誠　1975　『縄文時代の植物食』　雄山閣出版

山崎純男　2003　「西日本の縄文後・晩期の農耕再論」『大阪市学芸員等共同研究「朝鮮半島と日本の相互交流に関する総合学術調査」―平14年度成果報告―』48～69頁

宮本一夫　2003　「朝鮮半島新石器時代の農耕化と縄文農耕」『古代文化』第7巻第55号

山崎純男　2005　「西日本縄文農耕論」『韓・日新石器時代の農耕問題』第6回韓・日新石器時代共同学術大会発表資料集　韓国新石器学会・九州縄文研究会

討論「食・調理」

司会:深澤芳樹・長友朋子

深澤:今日発表された皆さんが壇上に揃いましたので、ただいまから討論をおこなおうと思います。皆さん、ご協力のほど、どうぞよろしくお願いいたします。

遺跡から出土する食物の残滓と、あるいはまあ汚い話で恐縮ですが、青谷上寺地遺跡などから出土するような人糞とを結ぶ線上に、人間が物を調理し、食料として体内に取り込むという行為を位置づけることができると思います。今日は食、調理というテーマで、「何を」「どう」というちょうどこの中間点を含む、多角的な研究が相次いで発表されました。私がしゃべっていてもしょうがないので早速、実は、昨夜長友さんと深夜メールでやりとりしまして、質問をいくつか用意してあります。まず、それから始めさせていただこうと思います。

先ほど田崎博之さん、また小林正史さんがふれましたが、実は、私事になりますが、去年12月に山崎純男さんにシリコンで抜いたコクゾウムシや様々な穀物の種子の電子顕微鏡写真を見せてもらい、私も土器をやっているのですが、見慣れた土器の圧痕がこんなに鮮明なものかと驚天動地の思いをしました。この研究をとおして、山崎さんは本日のご発表で明らかにしたように、縄文時代にすでに農耕が継続してあったことを実証されたと、私は確信します。私は、大学時代に縄文時代というのは自然の略奪経済段階にあって、弥生時代に移行して生産経済に入るという単純な図式を教えてもらいましたので、縄文時代の中後期以降に西日本のある地域においては、今まで私が思い描いていたような略奪経済という縄文時代の食料生産観を完全に変更しなければいけないのか、あるいは一部だけ修正すればすむのか、この辺り

I 食・調理

を少しお話していただけたらと思います。あまりにも間口が広すぎて怒られるかもしれませんが、よろしくお願いします。

山崎：私は、農耕の占めた割合がどれくらいかというのは非常に難しいので、うまく遺物からは言えませんけれども、土器の圧痕から見てきますと、思った以上に植物の種子圧痕がでてきます。しかし、ドングリ類については一個体のドングリはなかなかでてきません。圧痕としては意外と多く残っているなと思います。ただ、圧痕がたくさんあるから当時の食料として量が多いかというと、そうもいえません。どのように圧痕がついたか、胎土の中に入ったかという問題を解決しなければいけません。私は意識してコクゾウムシや植物種子を入れたと考えています。縄文農耕は意外と生業のなかに影響を与えていると考えています。だから、縄文時代の生業は狩猟、採集、漁労の三つは言っていましたけれども、少なくとも九州では、後期後半からはそれに農耕が加わるだろうと考えています。石器も農耕に関する石器が定型化してでてくるということは、生業のなかに明らかに農耕が重い比重を占めていた証拠と考えておりますので、従来の説のように、狩猟、採集、漁労が維持されて、弥生になってぽんと農耕が入ったのではないと考えています。だから、弥生時代に水稲農耕が入ってくることは極めて大きいのですけれども、それを入りやすくしたというのもまた事実だろうと思います。

深澤：ありがとうございました。

長友：それでは、次に坂本稔さんと小林謙一さんに質問です。今、山崎さんは生業としての食について研究されているのですけれども、坂本さんと小林さんの分析では土器に付着した内容物そのものを分析できるというのが特徴ではないかと理解しています。つまり、どの容器で何を調理したかということを追及できるというのが利点だと思うのですが、器種による調理内容物の違い、使い分けを示すような事例は、これまでの研究調査のなかであったでしょうか。

坂本：ひとことで言いますとないです。分析例自体が多くないですし、弥生は甕が多いですから、器種の違いはまだ見られていないと思います。まだはっきりしたことはわかりません。

討論「食・調理」

深澤：私も、坂本さんと小林謙一さんにお尋ねしたいことがあります。たとえば、前期や中期の弥生土器の地域色を見ていきますと、河川とか流域である程度まとまる傾向にあります。河川というのは、ただ単に人が歩きやすいとか動きやすいというよりも、むしろ異なった生態系を結ぶ、海と内陸を結ぶ物の交換ルートとしての役割を果たしたからだろうと私は思うわけです。例えば、海産のアカニシなどが、現に内陸の唐古・鍵遺跡でもたくさんでているように、今日ご発表された海洋リザーバー効果を逆手にとって、東北・北海道でも特に海洋起源の食料依存度を見極めるメルクマールになることがわかりましたので、他の地域、九州とか西日本、中国地方の内陸においても、ダシから食料まで、海産物をどの程度消費していたか解明できないか、お尋ねしたいと思います。

坂本：北海道の例で申し上げたいと思います。石狩川河口のようなすぐ海に近いところでは今回の結果は予想されていたわけですが、もっと内陸の旭川での分析例があります。結論から申しますと、実はかなり内陸でも海洋の影響がみられます。一つはサケが遡上してきて、サケが蛋白源として採用されていると理解できるかもしれません。どのようにきたかはわかりません。人が運んできたかもしれませんし、サケが遡上してきたかもしれませんけれども、北海道では意外と内陸まで海の影響が見られるな、と思っています。ちょっとお答えにならないかもしれませんが、すみません。

深澤：ありがとうございました。考えてみると、調理法というのは土器に付着した炭素や加熱痕跡などから復元している。加熱というのは植物の細胞膜を破壊して、消化吸収を容易にする。他に殺菌、味覚を高めるとか、調理中の浮いた時間を文化的活動に従事するとか、いろんな効果があると思います。そういう点で、本日の発表の加熱を含む調理方法というのは非常におもしろいと思って拝聴していたわけです。長友さんが、徳澤さんと中村さんに質問があるそうですが。

長友：その調理方法のことで、徳澤啓一さんと中村大介さんに質問があります。中村さんの発表された縄文時代の調理痕跡や、徳澤さんの発表された弥生時代の調理痕跡を比較すると、強火を終了する合図ともなる「吹きこぼ

165

I 食・調理

れ」、弱火と想定される「煤酸化」、煽り火と推定される「側面加熱」の痕跡が共通して認められました。シチュー状と想定されるような弱火で長時間煮る調理に対して、固体状の米を炊くというような調理の特徴は、強火を使用し、ほぼ水分をとばしきる過程にあるのではないかと考えられます。つまり、強火の証拠の有無が炊飯の大きな指標になっていると思うのですが、強火の特徴はどのような調理痕跡から窺うことができるでしょうか？あるいは、縄文土器と弥生土器の煤・焦げの特徴の差があれば教えてください。

徳澤：強火の痕跡が残っているかという質問だと思うのですが、調理が途中で中断されない限りは、煤で全部が覆われていて残っている状況というのはわかりにくいかなと思います。私もいっぱい見ているわけではありませんが、今のところ確認したことはないです。

中村：私のほうからは、縄文と弥生の共通性と差異からそれに関係することを答えさせていただきます。今回みた吹きこぼれの様相については、東日本の縄文時代では黒い吹きこぼれが多数あったのが、弥生時代になると白い吹きこぼれの比率がどんどん高まっていくという研究が小林正史さんによってあります。これは一地域での時間内変遷をみた場合ですけれども、地域的な違いを見ていった場合には、西日本では白い吹きこぼれが多く、東日本では黒い吹きこぼれが一般的という地域的な違いを見ることができます。そのようにみると、西日本では縄文時代後期後半になると弥生時代に近いものが見られるということなのですが、ただ、炊飯が考えにくい時期にも弥生時代とで共通した様相も見られまして、側面加熱や布留式土器のように浮かせて加熱するというのも、実は太郎迫遺跡などにみられます。従って発展的に変化していくというよりも、環境や土器の器形、当時の生活などにあわせて変化していく部分もあるので、完全に区分できる基準はなく、様々な組み合わせからより総合的に使用痕跡と使用方法の対応を検討していくのが今後の課題になるかと思います。

徳澤：縄文土器と弥生土器の痕跡の違いということなのですが、煤酸化部や側面加熱の痕跡が付くということは共通して見られます。ただ、印象なのですが、内容物による有機物の違いというのでしょうか、それが煤や焦げに反

討論「食・調理」

映されているのかなと思います。縄文のほうは胴部上半から胴部中位にかけて垂下していくところは、比較的鮮明に黒く焦げついている様子がみられるのですけれども、今回、私が示した炊飯に使用された中型土鍋で、胴部上半から中位まで帯状の焦げがある。しかし、それは煮汁の部分の粘りのある部分がついている程度で、縄文に比べると薄い色調です。内容物の違いが焦げの産状の違いにみられるのではないかと思います。

深澤：韓志仙さんは、韓国中島式土器の煤・焦げについて、きわめて客観的に資料を観察し、整理されて、すぐれた成果をあげられたと考えます。例えば、焦げの上端高を出されています。たしかに煮るに際して、当初どのくらいの容量をどのくらいの容器に入れるものと当時の人々が判断していたかを明らかにしておく作業は、容量の問題と焦げ位置をリンクするのに不可欠の視点です。このような緻密な検討を行われた韓志仙さんにお尋ねします。松菊里式から中島式までの土器の煤・焦げ痕のあり方は、よく似ているかどうか教えていただきたいと思います。

韓：まだ、青銅器時代の土器について、しっかり検討したことがないので確実なことを申しにくいのですけれども、5月に小林正史先生、北野博司先生などいろんな方がいらっしゃって、観察した図面をみたところ、煤の酸化部や胴の内部にバンド状の焦げがめぐるという同じような様相がみられました。ですので、中島式土器だけが特殊ということではなさそうです。

深澤：タタキ技法が弥生時代前期に九州に入ってくるのですが、その直接の系譜にあたるものが松菊里土器にあるという事実を李弘鐘さんと確かめたことがあります。松菊里式土器には水田が確実に伴いますので、そういうことを踏まえてお尋ねしたわけです。

韓：がんばります。

深澤：山崎さんにまた質問を投げようと思います。今日、中村さんが調理方法の煤・焦げからみた成果について発表されました。それは縄文時代の中における変化で、時期的にぴたっとくるわけではないかもしれませんが、山崎さんの成果を調理方法の面から支持することになるかと思うのですが、山崎さんはいかがお考えでしょうか。

167

Ⅰ 食・調理

山崎：私は面白いと思って聞いておりました。食べ方は難しいのですが、大型の土器に焦げと煤がついているというのはあり得るかなと思います。ハレの場の食べ物として穀物を使うということはあり得ると思います。ただ、それが本当に穀物であるとどうやって決めるかという問題があります。それから、ドングリのアク抜きをするとき、アク抜きをしないでもいい種類もありますが、実際はアク抜きをしないと食べられません。イチイガシもアク抜きをしないでもよろしいとなっていますが、やっぱりしないといけない。ドングリのコゲツキがけっこうあるのですが、その痕跡が反映しているのかしていないのかが考えられます。しかし、本当にコゲツキが穀物だったらいいなと思っているのです。食べ方としてもそのほうが量的にも合うかなと思うので、あのような研究をどこの遺跡でも進めていってそれが一致すればいいと考えています。圧痕の研究もまだ一部しかしていませんので、それが拡大していくと、ますます明らかになってくると思います。

深澤：中村さん、決意表明。

中村：最初、圧痕の研究を聞いたときにも、圧痕があってもそれほど農耕論が評価できないのではないかという疑問から始まりました。単純に焦げバンドの形成などをみていた段階では、東日本とそれほど変わらないのではないかとも考えていました。しかし、吹きこぼれを含めて煤や焦げをみたときに、弥生時代にきわめて近いことと、今回確実には1点だけなのですけど、穀物のあとと考えられるような痕跡がみられたことから、どこまでひろくというのはわからないのですが、穀物はただ存在しているのではなく、実際に調理されていると考えを改めました。そして、穀物痕も直接的な証拠となり得る点で重要な要素ではありますが、ここで注目しておきたいのは吹きこぼれです。ただ、量的にドングリを煮て吹きこぼれて白くなるということであれば、東日本でも同様のものがたくさんでるはずですが、その場合に西日本のほうが白い吹きこぼれが顕著であって、内容が違うかもしれないということがあるので、やはり西と東で内容物が違っている、そういう意識でもってこれから深めていきたいと思っています。

深澤：小林正史さんが東日本でも白い吹きこぼれがあるということを明らか

にしています。今回その九州の白い吹きこぼれとそれがどう違っているのか、私たちを納得させるような緻密な研究をして明らかにしてくれることを期待しています。

長友：私も山崎さんに質問なのですが、山崎さんは、漁具の共通性から韓半島と九州、特に西北九州との交流の強さを示され、焼畑雑穀農耕の波及を想定されていると思います。弥生開始期の水稲農耕の伝播は、無文土器の搬入状況や、環濠集落の形成、灌漑農耕が入ってくることなどから、研究者によって大小の差はあると思うのですが、韓半島からの人の移動を伴うことが想定されています。それに対して、縄文後期における漁具を使用するような人々を介した焼畑雑穀農耕の伝播は、もう少し具体的にどのような状況が考えられるでしょうか？例えば、漁労を営むような人々が栽培という行為、技術を韓半島で直接獲得したか、などいろいろ考えられると思いますが。

山崎：漁労をやっている人も、漁労だけやっているのではなく農耕もやっているし、他の全部の生業活動をやっていると考えています。縄文時代の前期以降頻繁な行き来がつづいていて、漁労用の道具もよく似ています。西北九州に分布する西北九州型結合釣針は、鰲山里型から西北九州型へと移っていくことがわかります。九州や朝鮮半島の人も基本的に全部の生業をやっている。当然言葉も通じていたと思います。農耕もやっていた。農耕だけをやっていて漁業はやっていないという地域も一部あるかもしれませんが、基本的には全部の生業をやっていたと思っています。一つおもしろいことがあります。桑原飛櫛貝塚には、西日本の抜歯形態と違う人が二人います。それは大汶口型の抜歯形態をもっています。それがどう関係するかは別ですけれども、当時の人々は、行き来はしていたけれども、何人かがくるというくらいの関係で、弥生時代には大々的にきていますから、大々的というか墓の形態からほかの事が全部変わっていますので、縄文時代の関係はそういう関係とは完全に違う。縄文時代には国境などないのですから、ちょっと隣の地域の人がきただけの話だと思います。

長友：もう一つ質問ですけれども、交流が活発になったという状況以外に焼畑雑穀農耕を始めた契機は何か想定できるでしょうか？

Ⅰ 食・調理

山崎：契機は、韓国に焼畑農耕が伝播してきたからです。韓国でも農耕がそれ以上はさかのぼりません。だから朝鮮半島に伝播して、次に北部九州に伝播するということは非常にスムーズに農耕が入ってきたんだと思います。何かがあってきたのではなくて、「種播いて簡単にできるんだぜ」ということであれば、誰でもはじめられるんですね。焼畑は木を切るのは大変ですけど、一年目は種を播いておけば雑草も生えてこないんですよ。そんな簡単だったら誰でもしますよね。あんまり焼畑農耕が伝播するのに理由はないと思います（気候的問題は別）。

長友：わかりました。ありがとうございました。

深澤：たとえば福井県の鳥浜貝塚で、草創期にヒョウタンの種子がでている、中後期以前に食べるか食べないかはともかくとして、これ以前から縄文時代では植物の栽培は経験済みだとお考えでしょうか。

山崎：西から入っているものと、北から入るものとの両方ありますから、その問題が残るのではないでしょうか。ヒエは北から入る例が結構ありますし、ゴボウは西日本では在来の植物ではなくて、伝播してくるのですが、北のほうがやはり早くて西日本は遅い。後期の初頭ですから、北海道では確か早期か前期からありますから、栽培のやり方は習わんとだめなんでしょうけれども、栽培の経験はあっただろうと考えます。

深澤：ありがとうございました。ということは、縄文時代の初めから植物栽培をしており、その後西日本では地域によって、縄文時代中後期から焼畑による穀物栽培を開始し、それから水稲を受容した。この段階を踏んで農耕が推移したということがわかってきたと思います。それでは、弥生時代になりますけれども、徳澤さんが後期に示されたような食べ方は、弥生時代の前期にすでに始まったのでしょうか。

徳澤：残念ながら前期の土器は見ていません。中期から古墳時代にかけてのものしか見てませんので、明確な答えは控えさせていただきたいと思います。

深澤：それでは、中村さんは。

中村：全く同じかはわかりません。保存状態のいい資料を見てみないとわからないのですが、使用の痕跡を見ると、弥生中期以降と変わらない。無文土

器中期ともあまり変わらない。ということを考えますと、前期までさかのぼるかなと思います。山崎さんのところの雀居遺跡などでみれば、もっとわかるだろうと思います。

深澤：韓志仙さんにお尋ねします。韓国のなかで、新石器時代にはどのような様相を示せそうか、その見通しでも結構です。教えていただけるとありがたいのですが。

韓：大変大きな問題を投げかけられて、検討が必要だと思います。私の関心は、調理するときの調理内容や調理方式に主に関心があるのですが、今日、小林謙一先生や坂本先生に教えていただきました自然科学的な分析も、是非韓国で採用されていったらよいのではないかと思います。ただ、私のスタンスとしては、やはり煤と焦げから調理内容と方法を復元していくという資料の蓄積をまずしていきたいと思っています。それをとおして食生活、食生活には広い意味があるのですけれども、炊飯の空間がどう特化されているのか、竈がどういうように変化をしていくのか、炊飯容器がどのようなインパクトなのか、それが人間の文化とどのように関連していくのかということを研究していきたいと思っています。深澤先生からは新石器時代について教えてくれということでしたが、私が知っていることは何もないので、これから頑張って勉強してお知らせできるようにしていこうと思います。

深澤：ありがとうございました。大いに期待しています。

長友：坂本さんと小林謙一さんとは、今回、地域別に整理されましたが、時間的変化から整理すると、どのような変化と見通しがあるかわかれば教えて下さい。発表要旨を見ますと、韓国の無文土器前期にもアワ、ヒエなどの雑穀類がありそうだという報告がありますので、それも含めて時間的変化について教えていただきたいのですが。

小林謙一：まずは、韓国の研究なのですが、私どもの共同研究者である藤尾慎一郎氏が試料を収集しておりますが、まだ韓国と交渉の段階にいたっておりません。詳しいことが言えないのが残念なのですが、金属器時代前期の資料を測りましたところ、瓜生堂遺跡の109番のような重い$\delta^{13}C$値がでた資料があります。ただそれも1点でございます。九州でも海洋リザーバー効果

Ⅰ 食・調理

的なことでしたら菜畑遺跡とか原の辻遺跡でも検討しております。アワ、ヒエなどC4植物のようなδ^{13}Cが-20%以下くらいのものが九州でもでています。それについては、今レポートをつくっておりますので近々報告できると思います。体系的な研究としてはじめたばかりで、そもそも年代を測定することに付随して検討しているにすぎません。例えば今日の午前中の焦げや煤の発表を見てみますと、遺跡からどうでているかという定量的な面から検討されています。しかし私たちはピックアップされた資料を見て事例報告にとどまっていますので、小林正史さんからも指摘があったのですが、九州なり、近畿でどのくらい海洋リザーバー効果がでてくるのか、また、アワ、ヒエと思われるものが、弥生中期から近畿でいくつか事例があるということにとどまっています。今後は東日本でも縄文時代晩期から弥生時代にかけて、アワ・ヒエがあるのかどうか検討課題だということになります。海洋リザーバー効果が現象面として、青森とか秋田のほうでかなりの密度であるということは確かなのですが、全体のなかでどのくらいの出現率なのかということはこれからつきつめていかなければいけませんので、検討中ということです。

坂本：今回示さなかったのですけれども、私は考古学的な手法ができないので、得られた結果でグラフを描くのですが、たとえば^{14}C年代と炭素の安定同位体比を縦軸と横軸にしてグラフを描きます。今、私が発表で申しましたように、δ^{13}C値が重いほうに振れるのは、海洋生物だったりC4植物だったりします。そういう観点でグラフを眺めますと、例えば縄文時代のある時期に関しては魚を蛋白源として食べていたことがわかるかもしれませんし、C4植物が食物にとりいれられたのはいつごろかということがわかるかもしれません。まだ例数が少ないので具体的にお話できないのですが、そういった形で、年代軸と内容物を比較することは、何か役に立つことがあるのではないかと思います。

深澤：小林謙一さんと坂本さんの研究が全国規模で展開し、列島規模でどういう調理がなされていたか、ということを解明する突破口になることに、大いに期待しています。「何をどういうふうに」という観点からすれば、お焦げは炭化穀粒痕にいきつくのかもしれませんが、それに私はねっとりしたも

のがどういう状態で炭化しているのかそれも復元できたら興味深いな、と思います。徳澤さんが、レジュメのなかでは示せないと慎重な言い回しでしたが、お焦げそのものからコメやアワ、ヒエなどを弁別できる可能性はあるのでしょうか。

徳澤：確かレジュメのほうでは、かなり慎重な言い回しといいますか、言葉を差し控えた部分が多いのですが、お米の形がそのまま土器の内面に転写されていることがあります。お米がたってしまった場合、お米が土器の内面にそのまま転写されないという風になると思うのです。逆に丸いぶつぶつのアワとかそちらのほうに似ている。穀粒だけを対象とする場合、あそこに転写されてしまったネガの状態を検討に加えるということ、それからもう一つ、しゃもじではないですけど、米粒自体が引き伸ばされて形がくずれてしまったものを検討に加えるか、という問題があるかと思います。ただ、穀粒痕を研究するということになりますと、最初に問題になってきますのは、単炊か混炊かという問題が出てくると思います。その場合考えなければいけないのは、穀粒痕の検討だけでできるのか、という問題があると思います。最近各地ででてきていると思いますが、おにぎり状炭化物といいますか、お米といろんな雑穀類とが合わさっておにぎりの形で出てくるもの、お米だけがでてくるものという二通りあると思います。ここだというものを重点的にみていくことによって、内容物、内面のお焦げの実態に対峙していく研究が先にあってもよいのかな、逆にそっちのほうが近道かなと思います。

深澤：ありがとうございました。さきほどの発表のなかで、山崎さんが穀物の種類がわかりそうなものがあるとおっしゃいましたが、何かアイデアがあればお願いします。

山崎：土師器には米粒があるのがわかりますよ。完形品だと覗けないので、いろいろなやりかたがあるかと思うのですが、炭化物が残っていますので、走査電子顕微鏡等でみれば米ということがわかると思います。少し質問がかわっても良いですか？

深澤：どうぞ。

山崎：縄文時代に栽培植物が比重を占めているか、弥生時代にどれくらい米

Ⅰ 食・調理

を食べたかという問題に疑問があります。最近生産地の状況がわかってきて、米がどれくらい収穫量があるかというのはわかってきていますが、弥生時代には本当にどれくらいの収穫量で米を食べたのかという問題で、縄文と弥生とは同じ焦げがついているから同じように食べたというのは、本当に説明になっているのかなと疑問に感じるのですが、そのへんどうでしょうか。

中村：弥生時代の前半期にどれほどコメが食べられたかというのは、たいへん難しい問題で、比較的多いとする佐原眞さんらの見解に対し、1980年代以降には、寺沢薫・知子さん、甲本眞之さんが、奈良時代などの文献の成果やご自身の実験をもとに反論されています。現在では両説が拮抗している状況なのですが、水田自体は、発掘技術の進展なども含めて、増加する傾向にあり、岡山のほうでも、弥生時代前期の水田が検出された著名な津島遺跡の周辺から似たような時期の水田が検出されています。もっとも、水田の広さと生産性は別問題で、中世以前の水田は生産性が低いという寺沢薫さんや甲本眞之さんの批判は解決できません。ただ、稲に限らず、様々な作物の生産性をみてみると、必ずしも歴史的に発展するようなものではないので、奈良時代や中世の文献記載内容が、弥生時代にも当てはめられるかという問題もあります。加えて、為政者の管理とそれへの対策が農耕の体系にどれほどの変化を与えたかについても検討する必要があるように思います。というわけで、生産面とは違う視点として取り上げたのが、土器の使用方法です。炊飯に使用された土器を探すことで、どこまで食べられていたかまではわかりませんが、どこまで広くコメが調理されたかというところまではある程度把握できるのではないかと思います。そして、コメの調理を示唆する穀粒痕や白い吹きこぼれと相関性の高い焦げのパターンや容量の縮小化は、確実に弥生開始期での変化を起点としています。そこから弥生時代の煮沸具が炊飯に多く使用されたと推定しました。混炊などの問題は今後の課題としたいと思います。

長友：その辺は会場の方もいろいろ意見があると思います。田崎博之さんはどうお考えでしょうか。

田崎：土器に残されている圧痕だけではなく、水洗選別で出てくる炭化種子

を含めて考える必要があると思います。確かに、弥生時代には炭化米の出土頻度は高いです。例えば、愛媛大学構内にある文京遺跡では、弥生中期後葉〜後期初頭の住居炉跡の埋土を水洗すると、10粒のコメに対してアワが1粒、2粒、あるいはヒエが1粒といった出土頻度で、コメが卓越しています。しかし、全体としてのコメの生産量がどれくらいかということはわからないのが現状でしょう。

長友：土器の容量から考えられている小林正史さんはいかがですか？

小林正史：私は米作りがどの程度だったかということに関して、鍋の分化からそれを検証できないかと考えています。稲作農耕民の民族史を見てみると、これもごはん用とおかず用にわかれていて、炊飯というのは非常に炊き方が特徴的なので、おかずを鍋で煮る調理一般から区別ができます。水面のレベルが高いとか強火加熱をするとか、吹きこぼれがあって弱火加熱にするとか。そういうことと関連して、炊き方にともなって、炊飯用の鍋はかき回しをしないから首がせまくてもよいとか、水面の喫水線が高いから、平たい形よりも球胴に近いほうがより上まで熱が当たりやすいので、というような文化的共通性が現代の土器を作って使っている人たちの鍋から言えます。そういう目で鍋とか土師器をみてみると、どうも弥生時代の初めから、先ほども韓さん、徳澤さんが容量の分布グラフをだされていますが、3ℓ、4ℓくらいで断絶ができる2峰分布がはっきりでてきます。縄文にはそれがみられません。そういうことを考えると、ごはんとおかずの使い分けが弥生時代の初めからあったのではないかと思います。実際にそれがみられるようになるのは弥生後期からで、使い込んでいる場合は強火になって弱火になるというようなのは見にくいのですが、弥生時代後期になると儀礼的廃棄が見られるようになってきます。徳澤さんが発表されたような当てはまらない例もあるのですが、加賀の資料を見るとかなりはっきり3ℓ以下は焦げが見られないけど、3ℓ以上には焦げが見られるというパターンが認められます。徳澤さんの挙げられたような例外はあるとしても、弥生土器全体を見ると前期段階から3〜4ℓを境とした小型と中型、形やつくりを考えても、中型のほうがより薄くするとか、括れがつよくなるとかそういう理由でより炊飯に適したつくりと言え

I 食・調理

ます。そういう分化が弥生前期段階からでてくるということ、使用痕跡から見ても後期段階から認定可能になってくる。そういうことから考えると、炊飯専用の鍋がでてくるということは、米が重要な役割を果たしていると思います。まだデータがしっかりそろっていませんが。

長友：この問題について、大庭重信さんはいかがお考えでしょうか。水田遺構に関していろいろご研究されていると思うのですが。

大庭：すみません。突然なので。もう一度質問をお願いします。

深澤：弥生時代では、米を腹いっぱい食っていたか、あるいはあまり食べていなかったか、基本的にはそういうことです。

大庭：私も、田崎先生がおっしゃられていたことと基本的に共通します。私も穀物の収集に興味をもってから、4年位しかたっていないのですが、大阪平野の弥生時代の遺跡で徹底的に洗ってみました。100粒に一つくらい米粒以外のものが出てくるので、基本は米を主食としていたのではないかと思っています。ただ生産域の方からみていかなければいけないのですが、畑作が中心となっている地域、例えば朝鮮半島の南部地域の畑作と水田の関係を検討して、そのうえで日本の水田を考えてみようと思います。まだそういう事例がみつかっていないのですが、基本は水稲農耕に付随する形で小さな畑作があるのかなと思っています。

深澤：突然で申し訳ありません。中村さんがちょっとしゃべり足りないようですので。

中村：これは明日の会にかかわることかと思うのですが、弥生時代に入ってからは焼き方として覆い焼きが入って稲藁を多く使用するということがわかっています。土器は頻繁に焼きますので、稲藁の安定供給があったと考えられます。そのように考えた場合、間接的ではありますが、稲を多く使用していたことは、米を食べていたことにつながると考えることができるかと思います。

深澤：早速の挙手、発言を許します。

田崎：土器焼成の燃料に稲藁を使っているという確実な証拠はあるのですか。そうした分析成果の実例があれば、教えてください。単なる草燃料でもよい

のですから。

長友：ごく最近、大阪府文化財センターが発掘されている四条畷市讃良郡条里遺跡を見学させていただきました。土器焼成遺構かとも言われていて、まだはっきりとは言えないのですが、その遺構から炭化した藁のようなものが見つかっています。若林さんからご教示いただいた例もあります。まだ、断片的な資料なのですが。

田崎：もしも、それが確実に稲藁燃料だとすれば、先ほどの論理も成り立ちます。しかし、そうでないのなら、確定的に発言できるでしょうか？ 慎重になるべきではないかと思います。弥生時代＝稲作＝稲藁燃料と単純に考えるのは、先入観にとらわれすぎているように感じますね。

中村：稲藁が入ったらしいという粘土塊がみつかっているので、それを同定していく必要があると思います。また、土器に火色ができるという、イネ科の草燃料を使わなければできないという痕跡もあります。葦を使っている場合にそれがでている可能性もありますが、弥生時代のものは太さが稲藁程度であるのに加え、縄文時代にはなくて水田が入って始めて覆い型野焼きがでてくるということも考えると、稲が使われていると考えたほうが良いかと思います。

深澤：深澤さんが割って入ろうかと思います。今議論しているのは、考えてみますと明日の議論ではないかと思います。田崎さんが明日の議論を今日こじ開けてくださったことに感謝いたします。若林さん、明日議論を深化させてください。だから、田崎さん明日が終わるまで帰れませんよ。

　今日は、これまた突然で申し訳ないのですが、川崎志乃さん三重県の筋違遺跡で水田と畑遺構を発掘調査されていますので、コメントをよろしくお願いいたします。

川崎：三重県の埋蔵文化財センターで筋違遺跡を調査している川崎志乃と申します。平成13年に弥生前期の灌漑水路とともに水田と畑が確認されまして、有名になった遺跡で、本年度も調査をしています。建物ですとか居住域もでてきているところですが、まだまだ資料的に充実していないので、栽培植物について具体的には何も言えません。以前に調査している平成13年度

I 食・調理

分については報告書が刊行されていますので、詳細はそちらをごらんいただきたいのですが、生産域ではイネのプラントオパールは非常に少ない量しか出ていません。なかなか栽培植物は今のところはっきり確認できなくて、畑も畝に相当する部分を2本分洗ってみましたが、栽培植物はよくわかりません。水路の土も分析をお願いしていますが、稲の破片がわずかしかでてきておりませんし、おそらく耕作にともなうと考えられる雑草類はでてくるのですが、まだまだお米をたくさん食べていたかというとなかなかそこまでたどり着けない状況です。

深澤：聞くところによれば、現在調査が継続されているということですので、これからの成果、地中からどのようなものが出てくるかに期待したいと思います。

　そろそろ時間となりましたので、最後に私の感想を述べさせていただきます。お米といいますと日本では稲の実を指します。しかし、この字は林巳奈夫さんの研究によれば、漢代では、穀物の実、一般を指す名詞として使われておりました。「米」への大きな偏りは、やはり水稲農耕を主体とした弥生文化の開始とともに始まった公算が大きい。

　そして、今日の発表を聞いていて次のように思いました。土器表面の炭素についても、小林さん、北野さんそして皆さんが研究を進められて、共通した認識に到達してきたかなと感じました。共通した認識があれば、共通した図化ができるはずです。本日のこの会を契機に、できるだけ早く、統一した図化表現法を決めていただいて、各地の土器資料を調理の観点からも図上で簡単に比較できるようになる日がくる。これを期待して、本日の討論を終了したいと思います。皆さん、どうもありがとうございました。

II 土器焼成と生産

土器焼成失敗品からみた焼成方法と生産体制

田崎博之

1. はじめに
   (1) 問題意識
 愛媛大学の田崎です。土器の焼成技術については、他の方々にお願いして、私は土器の生産をとりまく話をしたいと思います。
 まずは、昨日の反省から。中村大介さんに少し噛みついたのですが、懇親会で「若い人に噛みつくのは、大人気ない」と、大分言われました。私自身はそうは思わないのですけども。今回の研究会に参加されておられる方々は、私などと比べて、かなり若い。30歳代の方々が多くおられます。そして、考え方や発想が大分違うなと感じます。それともう一つ違うとすれば、研究姿勢と言いますか、研究スタンスの違いじゃないかと思います。そこで、私自身の研究スタンスをお話して、発表の導入としたく思います。
 私たちは、発掘調査や実験を通じて一連の考古学的事実を明らかにしていきます。その事実を説明とか解釈しながら一つの歴史像を結んで行く。これは教科書通りの言い方です。ところが、問題は、考古学的事実を説明や解釈して行く時の前提あるいは発想です。それに対する考え方がかなり違うのじゃないかと感じます。正直言いまして、「疑うことも知らない世代かな？」とも思います。私は、自分自身の発想の原点とか前提が何であるのかという問い直しを繰り返し行います。一見きれいなモデルがあり、一つの結論が得られても、「でも待てよ」、「その発想にいたる前提は何なのか？」、「それはどのように発想されたものなのか？」といったことです。
 私は、30歳代の前半に、土器の系統と集団関係を集落遺跡の中で検討しようと考え、3回連作の論文を書いたことがあります。しかし、書き進めて

II 土器焼成と生産

いるうちに、どうしても既存の考え方やモデルでは説明できない部分があるということに気づきました。それは、基本的には弥生時代というのは「土器生産が専業化され特定の土器作りのムラから一方的に製品を供給し、残りのムラが製品の受け取り手となる専業生産のシステムが一般的ではなかった」(都出 1989) という発想です。あるいは亡くなった佐原先生が土器の作り手というのは女性なのだという考え方です。なぜ女性かというと、土器づくりの技術の伝承とか伝達を、女性の養育や婚姻などで説明しようとする考え方ですね。

ところが、実際に自分で弥生時代前期の集落で検討を進めたのですが、「ちょっと待てよ。これじゃ説明できんぞ」と困りました。正直言いまして、最後は結論を逃げてしまいました。ただ、そういった思いはやはり論文には現れておりまして、何年かして佐原先生と電車に一緒に乗っていたら、「君の論文っていうのはユニセックスだよ。ホモだよ」と言われてしまいました。最初は何のことだかわからなかったですが、ああそうか、女性を絡ませないと歴史は動かないのかと思いました。私はそういった破綻をやっているのですが、だからこそ、自分自身の前提というものの問い直しが必要と思うのです。昨日の話になると、弥生土器の焼成の草本燃料、弥生時代イコール稲作の時代、そして稲藁燃料という発想です。「そう発想するのは何故なのか」、「それは本当なのか？」といった問い直しをぜひともやるべきですし、その中から新しい歴史像が生まれてくるものと思います。

それから、私たちは土器好きです。土器の地域色とか移動の話、いろいろな論議をいたします。ところが、前提となっている土器の生産、生産に関わる集団の組織化・単位・規模、そういったものをしっかり踏まえた上で論議しているのでしょうか。それを明らかにして、初めて土器の移動とか模倣・折衷されるプロセスや原理、あるいはそれを通してみた集落間の関係、地域間の関係を理解できると考えます。あるいは、もっと本質的な技術の伝播とか受容、あるいは私たちが様式とか型式、あるいは系統という言葉で認識する土器のまとまり、分類の単位自体の意味合いも説明できるのじゃないか。以上が、今日の発表の問題意識です。

(2) 焼成失敗品への着目

では、「土器づくりの体制というものを考えて行く方法や武器とは何か」と言う問題に入ってきます。私自身、かなり長い間悩んでいました。これでいけるかもしれないと最初に思いましたのは、遺跡から出てきますスサ入り状の焼成泥土塊とか、焼成施設の壁体ではないかという粘土塊でした。ただ、これに関しては、必ずしも土器の焼成施設の残滓であるとは限りません。では、どうすればよいのだろうと考えました。で、一緒に出てきている遺物を見ますと、焼き弾けた土器とか、焼成中に破損した資料を認識することができました。では、それを人にわかるような形でどういうふうに定式化するかというのが次の作業です。そのため、実験品との形態上の比較を行い、共通点を抽出して、焼成失敗品という資料を整理していきました（田崎2002, 2004, 2005）。

2. 土器焼成失敗品と生産様態復元の考え方の組み立て

(1) 土器焼成失敗品の類型

その結果、土器の焼成失敗品を、焼成未完成品（つまり生焼け品）、焼成破裂痕土器と焼成破裂土器片、それと焼成時破損土器に整理できました。焼成未完成品は、図1-1・2に示したように、土器の器壁、とくに厚い底部の一部が土塊になってボロボロ落ちていくものです。現場や整理作業を行っている方は、こういう事例を一度は見たことがあると思います。出てきた時は一見きれいに焼き上がっているのですが、洗って行くとだんだん土塊になって崩れていくやつですよ。

次に、焼成破裂痕土器と焼成破裂土器片。土器の焼成実験を行っている方々には釈迦に説法かと思いますが、粘土というのは可塑性のある素材です。それが焼き物になるためには、粘土の粒子をくっつけている構造水分を抜き去ることが必要です。それが不十分だと先程の焼成未完成品になってしまう。そして、構造水分が抜ける時が、一番土器が壊れやすい（図2）。パンパンと破裂音をたて、器壁の一部が弾け飛んだり、ヒビ（亀裂）が入ったりします。その中で、器表面が爆発的にパンパンと弾け飛んだような破損がもっとも目

Ⅱ 土器焼成と生産

1：焼成を中断して放置した実験品

2：焼成不完全品（松山市文京遺跡12次調査・弥生中期）

3：実験品にみられる焼成破裂痕と焼成破裂土器片

4：焼成破裂痕（岡山市足守川矢部南向遺跡・弥生後期）

5：焼成破裂痕（徳島県石井町石井城ノ内遺跡・弥生後期）

図1　土器焼成失敗品の類型（1）

土器焼成失敗品からみた焼成方法と生産体制

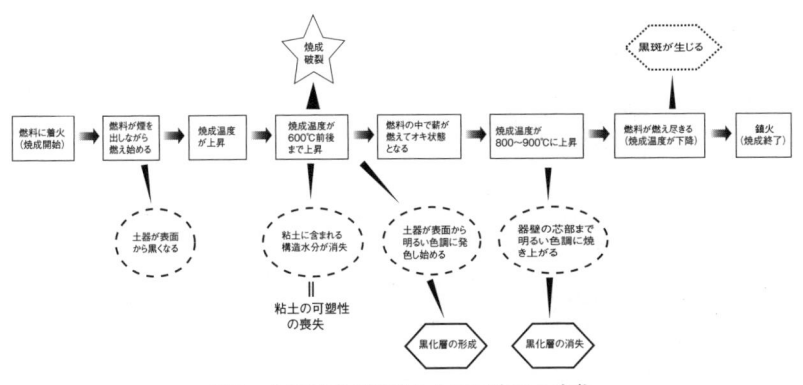

```
燃料に着火          燃料が煙を         焼成温度      焼成温度が          燃料の中で薪が       焼成温度が          燃料が燃え尽きる      鎮火
(焼成開始)    →    出しながら    →   が上昇    →   600℃前後    →   燃えてオキ状態   →   800〜900℃に上昇   →   (焼成温度が下降)   →   (焼成終了)
                  燃え始める                       まで上昇              となる
                                                                                                          ↑
                                                                                                       黒斑が生じる
                        ↓                          ↓                  ↓                  ↓
                    土器が表面            粘土に含まれる         土器が表面から      器壁の芯まで
                    から黒くなる           構造水分が消失        明るい色調に発     明るい色調に焼
                                                               色し始める          き上がる
                                            ‖
                                         粘土の可塑性
                                          の喪失                   ↓                  ↓
                                                               黒化層の形成        黒化層の消失
```

図2　土器焼成の過程と土器に生じる変化

立ちます。形状も特徴的です。私は、そうした破損を焼成破裂と呼んでいます。その痕跡が焼成破裂痕（図1-4・5）、弾け飛んだ方の破片が焼成破裂土器片（図3）ということになります。ネガとポジの関係ですね。

それと同じ焼成破裂ですが、岡山県の宇垣匡雅さんに教えてもらい、差し込んだ事例が層状焼成破裂です。一番よい例は岡山市の百間川遺跡群の資料ですが、図3-4のように、薄い焼成破裂が層状に生じて器壁が三枚おろし状態となったものです。須恵器の窯を掘っているとき、器壁が薄くめくれ上がったようなやつが出てくるじゃないですか。それが層状になっているやつです。弥生土器にもそういうものがある。それが層状焼成破裂です。

こうした焼成破裂以外にも、いろいろな形で土器は焼成時に破損します。そうした破損の中で、焼成時破損I種とII種を抽出しました。焼成時破損I種というのは、土器の焼成過程において土器の表面におこる変化、つまり黒変部・黒化層・黒斑が生じるタイミングが微妙にずれていること（図2）から、焼成時に破損したと判断できるもの。II種は、焼成破裂痕自体の残り方、例えば接合する破片で片一方に焼成破裂痕があって、それが接合する破片で途切れている事例です。要は、焼成破裂が生じる前に器体が割れて、片一方だけに焼成破裂が生じている資料です。

（2）　生産形態復元へむけて

ただ、焼成失敗品の検討だけだと、「ああ土器を焼いているのだ」、あるい

185

II 土器焼成と生産

1：焼成破裂土器片（高松市上天神遺跡・弥生後期）

2：焼成破裂痕に焼成破裂土器片が接合する事例
（徳島県石井町石井城ノ内遺跡・弥生後期）

3：焼成破裂土器片（高松市上天神遺跡・弥生後期）

4：層状焼成破裂の事例（佐賀県鳥栖市大久保遺跡・弥生中期） 5：焼成時破損Ⅰ種a（佐賀県吉野ヶ里遺跡・弥生中期）

図3 土器焼成失敗品の類型（2）

は単なる焼成技術論に止まってしまう。私は、土器の生産の体制というものを考えたい。では、どうすればよいのか。私は、生産の様態の解明に進むためには、まず土器焼成の場を特定することが必要だと考えます。そのためには、確実に土器焼成にともなうと判断できる失敗品を吟味しました。もう一つは、生産をめぐるモデル、イメージというのをどのように組み立てておくかです。それは分析を進めるための道具・武器となります。もう一点、先ほど都出比呂志先生の論文を引用させていただきましたが、「土器づくりのムラから一方的に……」という部分ですが、ムラのイメージというのは具体的にはどういうものなのでしょうか。これは土器生産を考えていく上での分析単位として、集落のユニットあるいは集落の実態をどう捉えておくかという問題です。

　具体的には、まず土器焼成の場を特定するための資料の吟味ですが、小さなポテトチップスの破片のような焼成破裂土器片と、焼成時破損 II 種の土器、深い焼成破裂痕が生じて土器に大きな穴があいたような破損品は、再利用ができませんので、土器焼成の場の周辺に捨てられていると考えてよいでしょう。後は、どうしようもない層状破裂を生じた土器が加わります。この四つの焼成失敗品で土器焼成の場を絞り込みます。

　次は、生産のモデルをどのように考えておくのかという話です。生産というシステムを、生産量・供給対象・労働の組織化・生産品の内容、これに原料・素材の確保という五つの要素で考えてみました。ただし、最後の原料・素材の確保というのは、これは手に余る状況なので、今回は措いておきます。一応、生産量・供給対象・労働の組織化・生産品の四つの要素で生産システム、生産というものを考え、消費側とどのような相互関係を持つのかを整理したのが、図4です。このモデルを分析のための手段として使います。

　最後に、集落のユニットをどう捉えておくのかの問題です。これは集落論の話になりますが、考古学で集団を認識できる最小単位は1棟の住居跡だと言われます。ところが、それが自立的な存在かというと、そうでもない。では、何が単位なのかというところで、昔の単位集団という言葉が出てきます（近藤1959）。一時期に1〜5棟くらいの住居群に象徴される集団。これは古

Ⅱ 土器焼成と生産

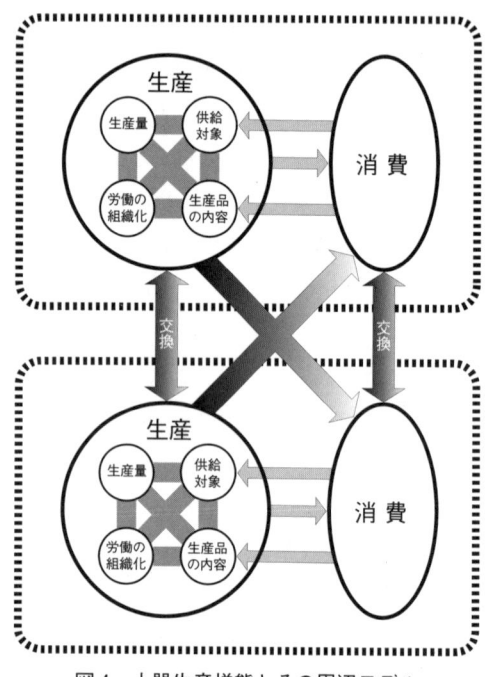

図4 土器生産様態とその周辺モデル

い言葉ですね。だけれども、これは非常に使いやすい言葉だと思います。要は、そういった小規模な集団を象徴する住居跡の集合体です。ただ、これがそのまま農業共同体とか家族集団とかに直結するかというのは別問題です。私が言っているのは、集落遺跡の中で読み取れる一つの単位、だから単位集団という言葉使っているのです。それと、もう一つ、集落遺跡によっては、単位集団をあらわす小規模な住居跡群に分解できず、一つの単位であるとしか把握できないような例があります。例えば、環濠集落内部や、中期の後葉以降に登場する大規模集落中心部の住居跡の集合体は、それ自体を一つの単位としか捉えられません。集落遺跡における景観の中で把握できるもう一種類の単位集団です。適当な用語を思いつかないので、ここでは、大規模単位集団とでも言っておきましょう。

　もう一つのキーワードとして、遺跡群という言葉を使います。弥生時代の集落遺跡は、平野内の微高地や山裾の段丘、あるいは小河川を単位として、ある程度まとまりをもって継続的に営まれます。私は径2～5kmほどの規模と考えていますが、こういった遺跡の集合体を遺跡群と呼びたく思います（田崎1995）。

3. 弥生時代における土器生産

では、土器生産の具体的な話に進みたく思います。図5は福岡市の板付遺跡周辺の調査地点と弥生時代初頭前後の遺構・遺物が出土している地点の分布図です。その中で、弥生時代初頭前後の遺構・遺物が発見されているのは、環濠が位置する中央台地、北側と南側の台地、諸岡の14次・17次地点そしてG区の地点、高畑遺跡地点、那珂君休の4次調査地点です。これらが径2kmほどの円内にほぼ収まるように展開しています。つまり一単位の遺跡

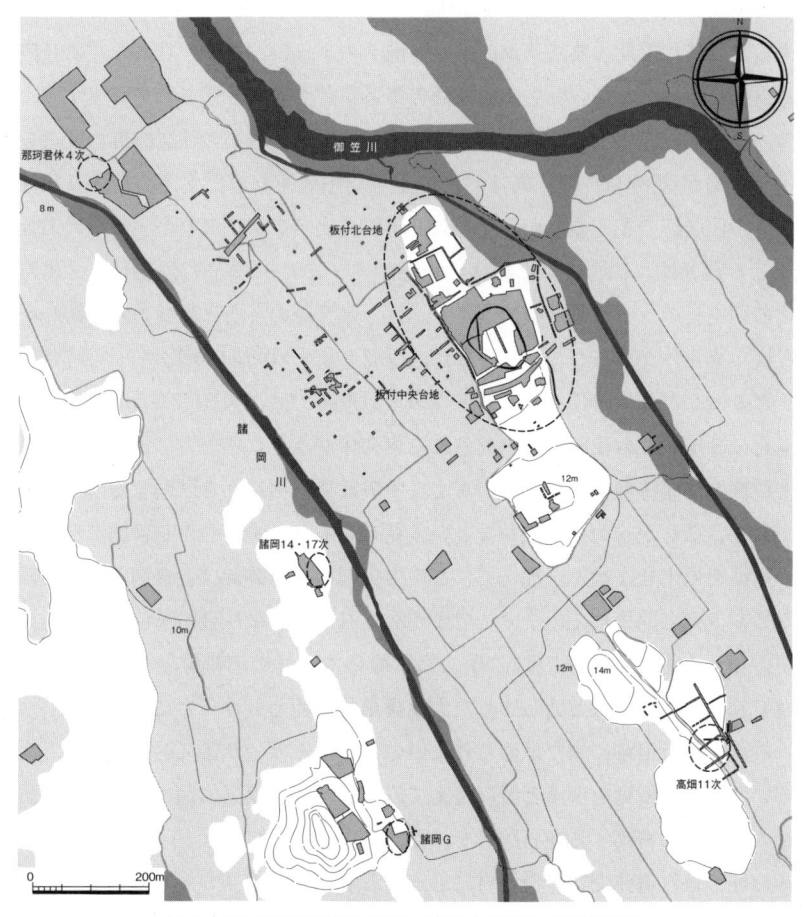

図5 福岡市板付遺跡周辺（白抜き部分は段丘部分）

II 土器焼成と生産

群として捉えることができます。この中で、弥生時代初頭の土器の生産体制を考えてみましょう。ただし、板付遺跡は、市街地化している上に、中世段階の削平などで、遺構の残りが非常に悪いのが実状です。図6は山崎純男さんが作られた中央台地と北台地の調査区の遺構配置図を再トレースしたものです（福岡市教育委員会1995）。これをみても、もともと深く掘られた貯蔵穴ばかりが発見されているのが、おわかりでしょう。

　そうした板付遺跡周辺の集落を復元する参考になるのが、福岡県小郡市の津古・三沢遺跡群です。この遺跡群は、標高30〜40ｍの低丘陵地帯に展開する弥生時代前期の集落遺跡群です。図7のように、八つ手状にのびる丘陵の頂部を中心として、弥生時代前期の集落遺跡が点々と営まれています。その一つとして津古土取遺跡における弥生前期中葉と後葉の住居跡群の変遷を示したのが図8-(1)で、先ほど述べました小規模な単位集団、つまり数棟程度の住居跡のまとまりが一ないし二単位見出せます。これが、小さめの丘陵上の調査地点に営まれた集落の実態です・また、図8-(2)-①は、弥生時代前期中葉の一ノ口遺跡の集落です。大きな丘陵の各所に数棟の住居跡の小規模な集合体が点在していることが読み取れます（田崎2002）。

　ところが、弥生時代でも前期末の一ノ口遺跡では、図8-(2)-②のように、南北に5棟までの住居跡で構成される集合体がみられる一方で、中央部では十数棟の住居跡群が密集しています。中央部でも南端部を区画する溝や柵列があり、これが一つの単位かなという見方もあります。しかし、他にそういう単位を見出せません。加えて、この中央部の住居跡群は、柵列と考えられるピット列で囲まれています。ですから、もう一つの社会的単位、近藤先生が言われる単位集団（近藤1959）とは異なるもう一つの単位として捉えてよいでしょう。さきほど話しました大規模単位集団ということになります。

　これを板付遺跡に当てはめられないのか。例えば、サイズ的にちょっと大きいですが、柵列を環濠と読み替えてみましょう。柵列に囲まれた一ノ口遺跡の中央部に密集する住居跡群を、環濠の中に見立ててはどうかと考えます。その他、板付遺跡では、環濠外にも点々と袋状竪穴が見つかっています。その広がりはほぼ径50ｍほどに収まりそうです。それは、前期末の一の口遺

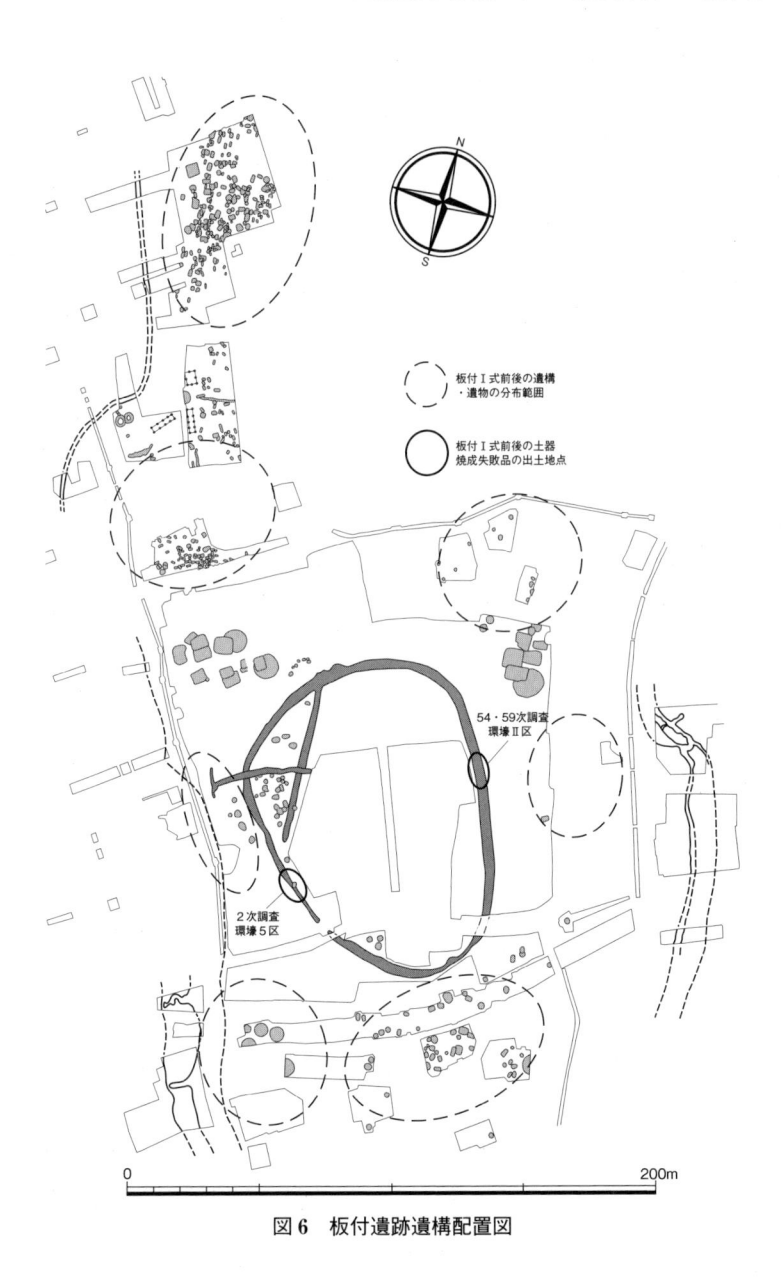

土器焼成失敗品からみた焼成方法と生産体制

図6 板付遺跡遺構配置図

Ⅱ 土器焼成と生産

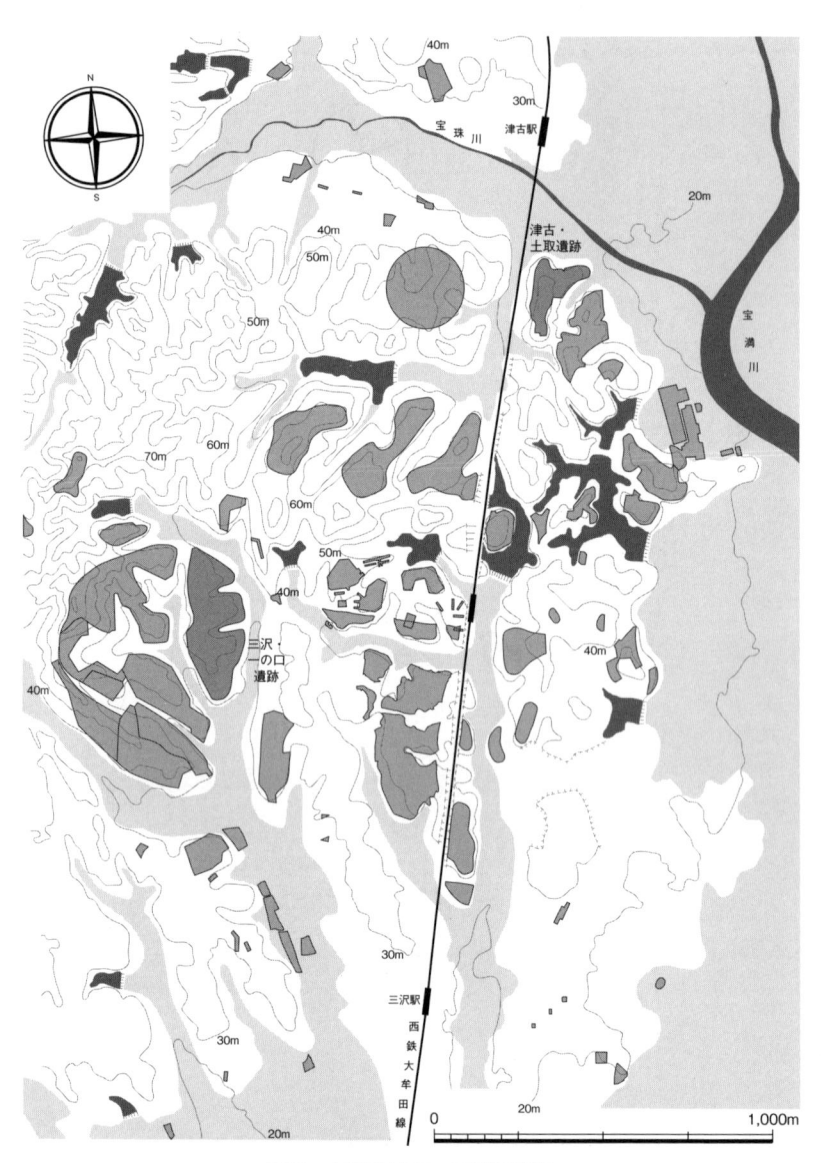

図7 小郡市津古・三沢遺跡群

土器焼成失敗品からみた焼成方法と生産体制

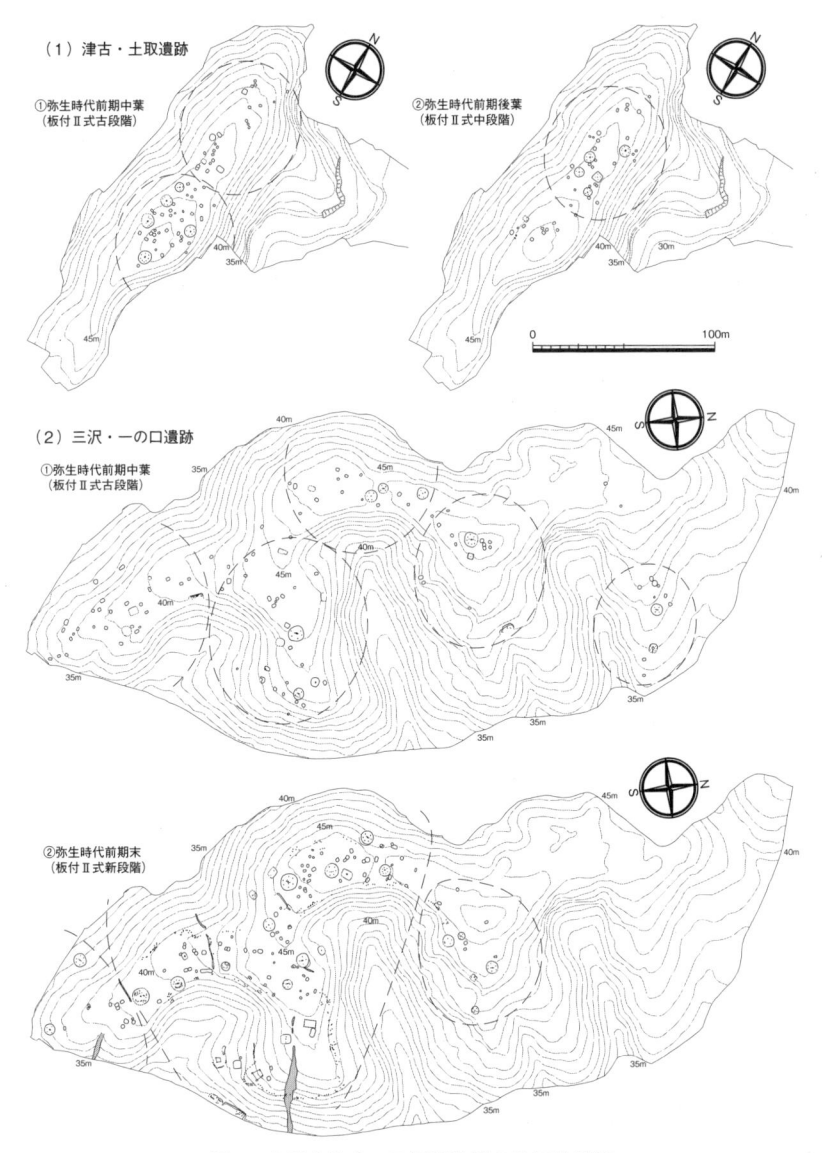

(1) 津古・土取遺跡
　①弥生時代前期中葉
　　(板付Ⅱ式古段階)
　②弥生時代前期後葉
　　(板付Ⅱ式中段階)

(2) 三沢・一の口遺跡
　①弥生時代前期中葉
　　(板付Ⅱ式古段階)

　②弥生時代前期末
　　(板付Ⅱ式新段階)

図8　小郡市津古・三沢遺跡群の住居址配置

193

Ⅱ 土器焼成と生産

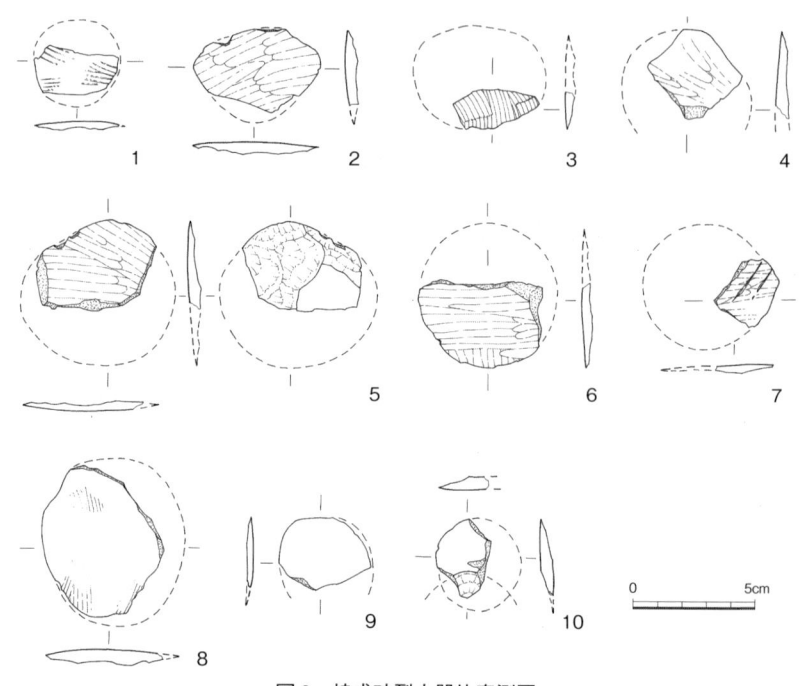

図9 焼成破裂土器片実測図

跡の丘陵の南北や、弥生前期前葉〜中葉の一の口遺跡や津古土取遺跡でみられる小規模な住居跡の集合体とほぼ同じ規模であり、小規模単位集団を想定できます。ですから、板付遺跡では、環濠内に中核的な10〜15棟くらいの住居群、周縁に隣接するように5棟くらいまでの小規模な住居群がいくつか伴って、一つの集落を構成している景観を復元できます。

では、板付遺跡では焼成失敗品はどこから出てきているかというと、明治大学が調査した2次調査5区の環濠南西部（杉原1977）と、山崎純男さんが調査された54・59次地点の環濠北東部（福岡市教育委員会1995）の二カ所だけです。例えば、図9-1（図10-1）は、夜臼式の深鉢胴部の焼成破裂土器片です。上下が折れていますが、本来は円形の破片で、両端には鋭いエッジがついています。この資料は、白っぽい胎土を持っています。こうした胎土や焼き上がりの夜臼式土器は板付Ⅰ式と伴うもので、夜臼式の単純期にはみら

194

土器焼成失敗品からみた焼成方法と生産体制

1：板付遺跡2次調査 環壕5区 R-00227

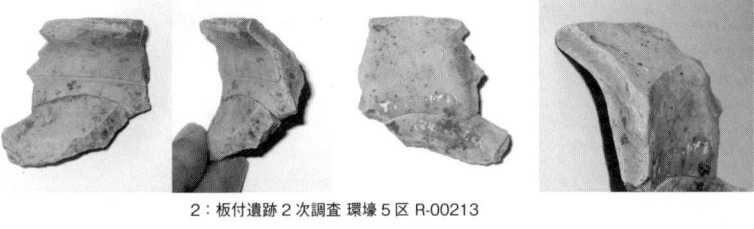

2：板付遺跡2次調査 環壕5区 R-00213

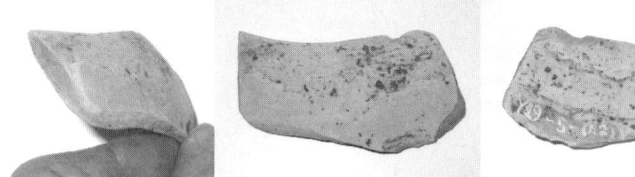

3：板付遺跡2次調査 環壕5区 R-00226-1

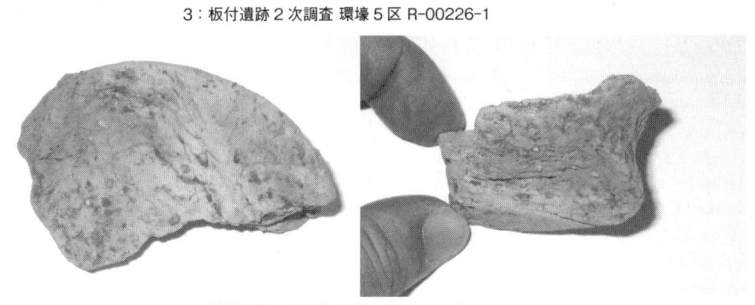

4：板付遺跡2次調査 環壕5区 R-00325

図10　板付遺跡の土器焼成失敗品

195

Ⅱ 土器焼成と生産

れません（以下、時期比定は田崎 1994 による）。図 10-2 は小形の精製壺です。器壁の芯部には黒化層が残っており、口縁部の内側が粘土接合面で破損しています。破損の深さから考えれば、黒化層が剥き出しになっているはずですが、破損面は器表面と同じ色調に焼き上がっています。焼成時破損Ⅰ種 f の事例です。また、図 10-3 も精製小壺です。頸の付け根の粘土接合面で破損しています。器壁の芯部には黒化層が残っていますが、粘土接合面は器表面と同じ色調に焼き上がっています。これも焼成時破損Ⅰ種 f です。図 10-4 は、板付Ⅰ式の甕底部です。外底面には焼成破裂痕が残っています。図 9-3 は焼成破裂土器片です。刷毛目調整の特徴から板付Ⅰ式あるいはⅡ式古段階の甕と考えられます。図 9-4 は丹塗り磨研壺の胴部の焼成破裂土器片です。この他、黒斑を生じた破片と、そうでない破片が接合する板付けⅠ式新段階の中型壺があります。焼成時破損Ⅰ種 c に分類できます。

　では、こうした焼成失敗品から、どのような土器の生産体制を考えることができるのでしょうか。これからは、図 4 のモデルを頭に入れて、話を聞いていただきたく思います。まず、板付遺跡を中心とする遺跡群で焼成失敗品の出土を確認できたのは、環壕の二カ所だけです。周辺で土器の焼成、土器づくりが行われていたことは確実です。環壕の西と東に小規模な住居群を想定できますが、それらから出てきている土器は量も少なく、焼成失敗品は一切ありませんでした。つまり、環壕の中で土器が生産されていたことになります。遺跡群の中核になる環壕に囲まれた大規模単位集団による土器生産です。径 2〜5 km ほどに展開する遺跡群内でも限られた地点での集中生産を想定できます。ところが、環壕内から一緒に出土します遺物には、食物残滓まで含まれています。ですから、集中生産というと、即専業だというイメージで捉えがちですが、決してそういうわけじゃなくて、その労働の編成というのは日常生活の延長線上で行われている。そういった組織化しか想定できないのです。

　もう一点、環壕から出土した焼成失敗品には、煮炊き用の甕や深鉢もあるのですが、精製小型壺とか丹塗磨研の壺が目立ちます。一般的に、弥生時代前期の遠賀川式土器では壺の出土比率は 20〜40％ です（山崎 1980）。ところ

が、板付遺跡、とくに水田跡がみつかった環濠の南西側のG-7a・b区では、壺の比率が50％を超えています。以前は、水田があるのだから、水田に関わるお祭り用の壺だと単純に考えていました。しかし、今回、環濠内から精製小型壺を含む多くの壺が出土していることが明らかになりました。しかも焼成失敗品も含まれています。壺が多く出てくるのは、壺づくりをやっているのだからだと考え直しました。

そして、壺の中でも精製小壺は、非常に精選された胎土を持ち、葬送用の副葬品によく使われます。ということは、環濠内でつくられた精製小型壺は、葬送用の器として板付遺跡群内に供給されたことが想定できます。そうした特殊品を集中生産する器種別分業といったものも読み取れるのです。ただし、それが順調に展開していくわけではありません。板付II式の段階になると、板付遺跡だけではなく、北側にあります比恵・那珂遺跡群でも精製小型壺がつくられはじめます。特定器種の初歩的な器種別分業ということが想定できても、それはあくまでも萌芽段階にしかすぎないと考えています。

このように、水利施設を伴う水田稲作が定着して農耕社会が形成される弥生時代前期初頭には、径2～5kmほどに展開する遺跡群で、中核的な大規模単位集団による土器生産が確立されます。遺跡群内での分業の生産スタイルです。かつ、特殊で限定された器種の初歩的な分業さえも萌芽しています。では、こうした土器生産がどのように展開していくかを、中期後葉～後期前葉で考えてみたいのですが、時間がありません。要点だけ述べさせてもらいます（田崎2004）。

弥生時代中期後葉～後期前葉には、西日本の各地で大規模密集型の集落が登場します。大阪府の池上曽根遺跡や松山市の文京遺跡などが代表例です。集落内の様相を比較的明らかにできている文京遺跡では、土器づくりのための工房域が集落の一画に準備されます。かつ2～5kmほどを単位とする遺跡群内に、生産された土器が供給されています。供給の基本的単位は遺跡群です。こうした供給圏の広がりは、板付遺跡で指摘したように、弥生時代前期からみられるものです。ところが、中期後葉～後期前葉には、日常品である土器でさえ遺跡群間でやりとりする動きを読み取れます。弥生後期前葉の

Ⅱ 土器焼成と生産

香川県高松平野がよい事例です。そこでは土器の供給体制の再編がおこると考えています。それは土器生産のための労働の組織化においての専業度の高まりと言えるでしょう。さらに、今回は触れられませんが、そうした専業度の高まりに支えられた工人たち自体の移動とか情報交換を、土器の移動や折衷された土器のあり方から読み取れます。

　時間がなくなりました。土器の焼成失敗品は、「見たことあるよ」、「そういえば、あそこにあったよな」と言われる方々がほとんどだと思います。そうした焼成失敗品を分析の素材として、さまざまな論議を展開できると思います。実の資料から、どのような弥生時代像が描けるのか、論議が深まることを期待したく思っています。ご静聴ありがとうございました。

質疑応答

若林：田崎さんどうもありがとうございました。多岐にわたるお話で、なかなか細かい話まで行かなかった部分もあって、そのへんに関する疑問もおありの方もいらっしゃるかと思います。私も大変関心を寄せている部分の話がたくさんありましたので、私自身も伺いたいことがあるんですが、特に事実関係に絞るということはやめて質問を受け付けたいと思います。何か質問のある方、発言お願いできますでしょうか。

庄田慎矢：庄田です。一つお聞きしたいんですが、議論の前提として田崎先生は土器を野焼きした場合、覆い焼きとおっしゃってましたけれども、失敗率というのがどのくらいであるという前提でお話をされているのか、それによって話は変わってくるかなと思ったんですが。

田崎：あまり失敗していないと思います。焼成実験をやられている方ならおわかりと思いますが、覆い焼きだと、焼成前に十分に天日干しした土器なら、ほとんど失敗品はでません。これに対して、開放型の野焼きだと、焼成温度の上下が激しく、かなり手慣れた人でないと、失敗した土器が多くなる。以上は焼成実験の経験からの想定ですが…。それと、庄田さんの質問の意図は、焼成破裂土器片の出土を過大評価しているのではないかという点だと思います。しかし、破損する土器が多い少ないという問題ではなく、焼成破裂土器

片に代表される焼成失敗品が出てくれば、土器が焼成されていることが言える。それだけの話なのですよ。
庄田：それと関連して、僕も失敗率に関しては同じように考えているんですけれども、そうすると破損品が出てくるということ、例えば器種ごとに、さっきはきれいな小型壺を集中的に作っているんじゃないかという話をしたときに、その残された破片が反映している実態というのは実は粗製土器もいっぱい作っていたんだけれど、たまたま胎土に砂が多く入ってなかったものがたくさん破損したとか、そういうことになりはしないかなということを思うんですけれど。
田崎：正直に言いまして、現状の資料では、板付遺跡で日常品と特殊品を一緒に焼いているかどうかはわかりません。ただ、特殊な精製小型壺がつくられていることは確実です。そういう点をクリアするために、図4のモデルを作っているのです。
庄田：別々に焼いているというのを主張されたわけではなかったんですか。
田崎：実態としては日常品と特殊品の焼成失敗品が一緒に出てきています。それに食料残滓も伴っています。ですから、日常生活の延長線上での生産形態である一方で、持ち出される特殊品もつくっていると説明しているのです。
庄田：ありがとうございました。
河合　忍：岡山の河合と申します。疑うことを知らない30歳代世代の一人です（笑）。前期のモデルとして福岡県の事例でお話されてますが、私は現在瀬戸内の方勉強しているんですけれども、より東の地域も前期段階では同じイメージで考えたらいいのか、それともそれは福岡の小郡辺に限られたお話なのでしょうか。ぜひ見通しを教えていただきたいと思います。
田崎：それは各地で検討していただきたいと思います。私も年を取ってきていますので、土器が沢山納められたコンテナを動かすと、腰が痛くなります。ですから、若い皆さんにやっていただきたいというのが、私からのお願いです。ただ、一例だけ、北部九州以外で検討した例をご紹介します。東北地方北部の遠賀川系土器での検討事例です。岩手県の北東部から青森県東部を流れる新井田川という河川があり、この流域からは東北地方北部でも遠賀川系

Ⅱ 土器焼成と生産

土器が集中して出土しています。新井田川沿いには、縄文時代晩期〜弥生時代前期の小規模な集落遺跡が 5 km くらいの間隔で分布しています。こうした集落遺跡では、それぞれ在地の土器をつくっていることを、焼成失敗品の出土から明らかにできました（田崎 2004）。この点は、板付遺跡の状況とは違っています。ところが、弥生時代前期になって登場する遠賀川系土器の焼成失敗品は、新井田川の下流近くの八戸市是川中居遺跡でしか出土していません。つまり、新井田川流域では遠賀川系土器は是川中居遺跡の集落だけでつくられていることになります。それが川筋で行くと 30 km 以上運ばれていく。遠賀川系土器の壺という特殊品が遠くまで運ばれていると言う点では、板付遺跡で想定した精製小型壺の生産と共通することになります。そのため、板付遺跡で想定した生産と供給のあり方は、西日本全域でも通じるのではないかと想像しています。ただし、これは北部九州と東北地方北部の事例から発想しているだけで、本当にそうであるかはわかりません。だからこそ、若い方々に、それを証明していただきたい。それも、批判的に検証していただければと思います。

河合：ありがとうございました。勉強させていただきたいと思います。

大久保徹也：討論の時でも結構ですから、最後の端折られたあたりのことお伺いしたいと思います。発表要旨で土器の供給体制の再編ということを論じておられます。例示されています高松平野の状況を見ますと、弥生時代の後期段階には遺跡群を超えて物が流通していますし、その頻度もかなり高い。しかし、それ以前では物の動きは一般に遺跡群を超えていない、遺跡群の中で完結しているということをお考えのようですが、中期以前の流通範囲が限定的であることを積極的に示せる資料はどのくらいあるのでしょうか。それと、供給体制の再編ということ、発表要旨では器種別分業という形での生産の効率化がそれを促しているようにお書きになっていますけれども、ちょっとそのあたりをもう少し説明して頂きたいのですが…。

若林：そのことは討論のときにやりましょう。

濱田延充：大阪の濱田です。事実確認なんですけれども、こういう破損土器は、田崎さんの話では胎土的にはすべて在地のものと考えてよろしいんでし

ょうか。そういう胎土は基本的に自分の所で作っているという、在地の胎土として認識できると。

田崎：ある遺跡から出てくる焼成失敗品がすべて在地の胎土であるとは言っていませんよ。それは、生産システムを構成する「原料・素材の確保」の要素と絡んでくる問題です。むしろ、濱田さんの質問は、粘土自体の移動が考えられないのかということでしょうか？その可能性が考えられる事例を、弥生時代中期後葉～後期初頭の宮崎県や、弥生時代終末前後の徳島県でみつけているのですが、胎土分析の成果とつきあわせて検討しないとわからないのが現状です。ぜひとも、焼成失敗品を見つけ出されて、胎土分析の成果とつきあわせをお願いします。

若林：ありがとうございました。いろいろあるかと思いますけれども、ひとまずこれで田崎先生の発表に対する質疑を終わります。どうもありがとうございました。

参考文献

梅木謙一　2000　「伊予中部地域」『弥生土器の様式と編年―四国編―』211-282頁　木耳社

愛媛大学埋蔵文化財調査室　1998　『文京遺跡シンポジウム―弥生大集落の解明―（資料集）』

大井晴男　1987　「学説史　日本考古学における方法・方法論」『論争・学説　日本の考古学』第1巻

大久保徹也　2004　「高松平野香東川下流域産土器の生産と流通」『初期古墳と大和の考古学』189-198頁　学生社

香川県埋蔵文化財調査センター　1995年　「第5章　まとめ　第5節　上天神遺跡の「在地」土器と「搬入」土器」『上天神遺跡　第2分冊』（高松東道路建設に伴う埋蔵文化財発掘調査報告　第6冊）114-127頁

近藤義郎　1959　「共同体と単位集団」『考古学研究』第21号　考古学研究会

近藤義郎　1962　「弥生文化論」『岩波講座　日本歴史1』　岩波書店

近藤義郎　1983　「単位集団と集合体」『前方後円墳の時代』80-103頁　岩波書店

杉原荘介　1977　『日本農耕社会の形成』7-25頁　吉川弘文館

Ⅱ 土器焼成と生産

田崎博之　1994　「夜臼式土器から板付式土器へ」『牟田裕二君追悼論集』35-74頁

田崎博之　1995　「瀬戸内における弥生時代社会と交流」『古代王権と交流6　瀬戸内海地域における交流の展開』29-59頁　名著出版

田崎博之　2002　「焼成失敗品からみた弥生土器の生産と供給」『環瀬戸内の考古学―平井勝氏追悼論文集』　古代吉備研究会

田崎博之　2004　『土器焼成・石器製作残滓からみた弥生時代の分業と集団間交流システムの実証的研究』（平成13（2001）年～平成15（2003）年度科学研究費補助金（基盤研究（C）(2)）研究成果報告書）

田崎博之　2005　「焼成失敗品からみた無文土器の生産形態―寛倉里遺跡B区域における検討を中心として―」『松菊里文化を通じてみた農耕社会の文化体系』145-214頁　書渓文化社（ソウル）

田中義昭　1976　「南関東における農耕社会の成立をめぐる若干の問題」『考古学研究』第87号　考古学研究会

田中義昭　1996　「中海・宍道湖西部域における農耕社会の展開」『出雲神庭荒神谷遺跡』第1冊（発掘調査報告　本文編）307-338頁　島根県古代文化センター

都出比呂志　1970　「農業共同体と首長権」『講座日本史1　古代国家』

都出比呂志　1984　「農耕社会の形成」『講座　日本歴史1』　東京大学出版会

都出比呂志　1989　『日本農耕社会の成立過程』　岩波書店

福岡市教育委員会　1995『環境整備遺構確認調査　板付遺跡』（福岡市埋蔵文化財調査報告書　第410集）5-24頁

宮田浩之　1997　「北九州における弥生土器の焼成坑について」『古代の土師器生産と焼成遺構』　真陽社

森岡秀人　2002　「分業と流通―縄紋・古墳時代との比較」『古代を考える　稲・金属・戦争―弥生―』　吉川弘文館

山崎純男　1980　「弥生文化成立期における土器の編年的研究」『鏡山猛先生古稀記念　古文化論攷』117-192頁

弥生早期（夜臼式）土器の野焼き方法

小林正史

1. 目的と方法

　覆い型野焼きが日本で初めて採用された北部九州の夜臼式土器を中心に話を進めます。手順は、最初に焼成痕跡、黒斑から野焼き方法を分析した後、復元された焼成方法がどのような意味をもっていたかを検討します。その分析方法ですが、考古資料の黒斑の分析と「基礎研究としての民族誌の比較分析と野焼き実験」を組み合わせることが特徴です。

　野焼き方法は黒斑だけ見ていても復元できません。というのは、焼成痕跡と実際の焼き方の間には複雑な繋がりがあるからです。そこで、まず考古資料の焼成痕跡を観察し、そのパターンから焼成方法の仮説を立て、実験して検証します（表1）。これは石器の使用痕研究でも同様です。ただし、野焼き方法の実験を行う場合は、覆い型野焼きの構造を把握しておかないと実験条件を設定できません。やみくもに実験をやっても成果はあがりません。そこで、実際の野焼き方法のノウハウが見え、弥生時代人と同じ稲作農耕民である東南アジア・南アジアの土器作り民族誌を体系的に比較分析をします。民族誌の体系的比較により、覆い型野焼きの基本構造とバリエーションが把握でき、さらに「基本特徴の地域によるバリエーションがどういう背景でできるのか」についてのモデル（規則性）を作りあげ、構造に対する見通しを立てることが可能となります。ということで、今日は東南アジアの伝統的土器作りの民族誌を紹介します。稲作農耕民の民族誌では、そのほとんどが覆い型野焼きというイネ藁で覆う焼き方をしますが、その基本構造とバリエーションを検討します。その上で、実際の考古資料を観察して、野焼き実験の結果を踏まえて弥生土器の覆い型野焼きの方法を復元します。

Ⅱ 土器焼成と生産

分析資料：復元可能資料が豊富に得られる福岡平野、糸島半島、佐賀平野という3地域の弥生早期（夜臼式期）の遺跡を選んでいます。福岡平野は板付、雀居、有田七田前、石丸古川、橋本一丁田遺跡の5遺跡の夜臼式土器、糸島半島は新町遺跡の土器棺、佐賀平野は礫石遺跡の土器棺を選びました。

　黒斑を復元するためには底近くまで残っている復元可能土器が必要です。個々の土器の野焼き方法を復元することは難しいので、一括土器群を対象として、集計したデータの全体的な特徴からその土器群の野焼き方法の特徴を見出すという手続きを取ります。復元可能土器が原則として20個以上得られることを条件としていますが、対象遺跡がかなり限られるという制約があります。弥生早期（夜臼式期）では土器棺を除いて復元可能土器が豊富に得られる資料が少ないため、福岡平野では5遺跡から出土した夜臼式土器をひとまとめにして扱わざるを得ませんでした。

2. 稲作農耕民の覆い型野焼きの比較分析

野焼き民族誌の比較分析の重要性：黒斑から野焼き方法を復元する手順は先ほど話しましたが、技術の復元には焼成痕跡から直接見えない部分も多くあります。例えば、覆い型野焼きでは、土器を覆うイネ藁の窯状覆いに穴が開くのを防ぐために、イネ藁の上に被覆材を掛けます。北部タイでは灰（写真11）、フィリピンでは生草（写真15）、東北タイではイネ藁のみ（穴があくとイネ藁を補充する；写真7）、雲南の一部・ミャンマー北部・インドでは泥を用います。被覆材をどの程度しっかりかけるかによって、昇温速度と焼成時間が自由に調整できることが覆い型野焼きの大きな特徴です。このように非常に重要な役割をもつ被覆材ですが、被覆材はイネ藁の覆いの上に置くものなので、考古資料では直接的な痕跡が残らない場合が多いです。このように黒斑の特徴から直接見えない部分については、土器作り民族誌の比較分析から明らかにされた規則性を参考にして推定します。例えば、「薪を多用する覆い型では地面に薪を敷くことが多いので、地面の薪に着火しやすいように覆いの密閉度が低めである」といった規則性を抽出することが、ある程度可能です。実際には表1の②③④の過程を行ったり来たりしながら野焼き方法を復元し

弥生早期（夜臼式）土器の野焼き方法

表1　焼成痕跡から野焼き方法を復元する手順

> ①土器作り民族誌の比較による観察視点の確立
> 　野焼き実験の実験条件の設定に不可欠
> 　開放型と覆い型の違い。覆い型野焼きの構造、などなど
> ②考古資料の焼成痕跡のパターンを見いだす→黒斑の形成過程や野焼き方法についての仮説を立てる
> ③野焼き実験（対照実験）により焼成痕跡と野焼き方法の関連を明らかにする
> ④黒斑の特徴から直接的にはみえない部分（例：被覆材の種類、全体の薪の量など）については、土器作り民族誌の比較分析から明らかにされた規則性を参考にしてすいてい復元する。

＊2～4を繰り返すことにより考古資料の黒斑のパターンから野焼き方法を復元できる

ます。

覆い型野焼きの基本構造：稲作農耕民の野焼きでは、イネ藁で土器を覆う覆い型野焼きがかなり普遍的に見られます。開放型もありますが、フィリピン南部の芋の重要性が高い地域など、水田稲作の重要性が低い地域に少数分布するのみです。以下では、このように水田稲作と結びつきが強い覆い型野焼きの民族事例を比較検討します。覆い型野焼きの基本構造として、イネ科草燃料の覆い、主熱源燃料（薪、竹、椰子、牛糞など）、覆いに穴が開くのを防ぐ被覆材、の3要素があります。

①イネ科草燃料の覆い：イネ藁、アシ・ヨシなどのイネ科草燃料は、非常に堅牢な構造を持つ珪酸分（プラントオパール）をたくさん含んでいるため、野焼き中でも筋状の形が崩れずに最後まで窯状の構造を維持できます。この窯状覆いのため少ない燃料で効率的に焼けることが、開放型に比べたときの覆い型の長所です。

②被覆材：イネ藁の覆いだけでは焼成中に穴があいてしまい酸素が入って昇温が急激になり、土器が破損します。そこで、イネ科草燃料の覆いに穴があかないように被覆材をイネ藁の上に置く必要があります。被覆材の種類は、泥、灰、生草、何も掛けずに穴があくと藁で補充する、といった種類があり、この順に覆いの密閉度が低くなります。覆いの密閉度が高めのほど、昇温速度が緩やかで長時間焼成になり、より少なめの燃料で効率的に土器を焼成できます。

③主熱源燃料：薪、竹、椰子類、牛糞などの種類があります。

Ⅱ 土器焼成と生産

写真1

写真2

写真1 多量の薪を格子状に敷いた上に土器を置く（薪燃料多用型）
写真2 薪に点火した後、稲ワラの覆いをかける。被覆材はなく、覆いに穴が開くと稲ワラを補充。
写真3 樹脂を塗るために途中で取り出す。覆いの密閉度が低いのは、地面に敷いた多量の薪に着火させるためと、樹脂塗布のため途中で取り出すため。

写真3

海南島の覆い型野焼き

以下では、覆い型野焼きの基本構造におけるバリエーションとして、被覆材の種類、主熱源燃料の置き方と種類、「イネ藁の覆いを掛けるタイミング」の三要素を検討し、「これらのバリエーションがどのような要因により生み出されるか」についての規則性を導き出したいと思います。

以下では筆者自身や共同研究者が調査を行った海南島（香港中文大学の鄧聡教授が調査）、東北タイ、北部タイ（小林2004）、フィリピン・ルソン島山岳地帯（コルディレラ地域）のカリンガ族（小林1993）の覆い型野焼き事例を検討します。

海南島の覆い型野焼き（写真1～3）：地面に非常にたくさんの薪を井桁状に組み、その上に口を下向きにした土器を置きます（写真1）。そして、薪に点火した後にイネ藁の覆いを掛けます（写真2）。被覆材は特に用いず、イネ藁の覆いに穴が開くとイネ藁を補充して穴を塞ぎます。数時間焼成した後、まだ熱い状態の土器を取り出し、樹液を振り掛けます（写真3）。このように、海南島

の覆い型野焼きは、薪燃料多用、低密閉、途中取り出し、という特徴があります。覆いの密閉度が低い（即ち、開放型により近い）理由として、薪燃料多用型なので薪に着火しやすいように覆いの密閉度を低くすることと、樹脂塗布のために途中で取り出すことがあげられます。途中で取り出すタイミングを測るためには、覆い内部の温度状態がある程度推定できるような密閉度の低い覆い型の方が適しています。なお、樹脂は、パッパとふり掛ける程度で水漏れを防ぐという意図はあまりなく、装飾的性格だと思います。焼成の前にお祈りをするなど、シンボリックな性格を帯びています。

東北タイの覆い型野焼き（写真4～7）：まず、海南島と同様に大量の薪を台上に格子状に敷き（写真4）、その上に土器を並べます（写真5）。敷いた薪に着火して、ある程度薪が燃えてからイネ藁の覆いを掛けます（写真6）。海南島と同様に被覆材を用いず、イネ藁の覆いに穴が開くと藁を補充して塞ぎます（写真7）。このように海南島と同様に薪多用・低密閉度の覆い型野焼きです。泥や灰などの被覆材を藁の上に掛ければもっと少ない燃料で効率的に焼けますが、あえて大量の薪を用いる理由はよくわかりません。なお、低密閉で急激な昇温にも関わらず焼成中に土器が破損しない理由として、チュアというシャモット（籾殻と粘土を同量混ぜたものを一晩焼いた後、細かく砕いた砂状の混和物。大量の籾殻が燃え残っていることから有機物混和物ともいえる）を3～4割ほど加えた素地を用いることがあげられます。この素地は、①大量の籾殻が燃え残っているため、多孔質の素地になる、②混和したチュアとマトリクスの粘土の膨張率が同じである、などの理由から、急激な昇温に耐える効果があります。

北部タイ・ハンケオ村（写真8～11）：イネ藁（雨季のみ）と灰を敷いた上に土器を並べ、間に一方向のみ薪か竹を置きます（写真8）。写真8は燃料が多めの方で、普通は薪か竹を一列のみ土器間に置く程度です。次に、土器群の四周に主熱源の竹を置きます（写真9）。イネ藁を土器に掛けた後（写真10）、灰で地面近くまで覆います（写真11）。このように、主熱源燃料は竹主体で量も少なめの薪節約型であり、比較的高密閉の覆い型野焼きです。このように少なめの燃料で効率的に焼成する方法を採用した背景として、都市近郊型の土

Ⅱ 土器焼成と生産

写真4

写真5

写真6

写真7

写真4　多量の薪を四隅においた台の上に敷く（薪燃料多用型）
写真5　薪の上に土器を置く（1段目は口を下向き）
写真6　薪に点火後に稲ワラの覆いを掛ける
写真7　被覆材なし。稲ワラの覆いに穴が開くと稲ワラを補充

東北タイの覆い型野焼き

器作り村では、近隣に森林が少ないため薪燃料入手コストが高いことがあげられます。

フィリピン・ルソン島山岳地帯（写真12〜15）：まず数個の台石の上に口を外向きにした土器を4〜5段ピラミッド状に積みます（写真12）。次に、地面と土器の間、土器の間、側面に非常に少量の竹を置いた後（写真13）、イネ藁や屋根葺き用のカヤで全体を覆います（写真14）。写真14では右側はカヤ、左側はイネ藁が掛けられていますが、これは二人の土器製作者が共同で野焼きする際、燃料を各自が用意しているためです。被覆材は生草を少量載せるのみであり（写真15）、点火後に藁を掛けることもあります。海南島と同様に

弥生早期（夜臼式）土器の野焼き方法

写真8
写真9 
写真10 
写真11 

写真8　灰と稲ワラ（雨季のみ）を敷いた上に土器を並べ、間に1列のみ薪か竹を置く。
写真9　土器の四周の地面に主熱源の竹を並べる（薪節約型）。
写真10　稲ワラの覆いを掛ける。
写真11　イネ藁の覆いの上に灰を掛ける（覆いの密閉度やや高め）。

北部タイ・ハンケオの覆い型野焼き

　樹脂塗布のために熱い状態の土器を取り出します。口を外向きに土器を置く方法は稲作農耕民の覆い型野焼きの中では例外的ですが、これは、棒を差し込んで土器を取り出しやすくするための工夫です。

　以上のように、ルソン島山岳地帯の覆い型野焼きは、薪節約型、低密閉、途中取り出しが特徴です。薪節約型にも関わらず覆いの密閉度が低いのは、樹脂塗布のため途中で取り出すためです。

　なお、フィリピンの樹脂塗布は、海南島と異なり、水漏れ防止の目的で鍋と水甕の内面全体（入念にミガキが施してあります）にしっかりと樹脂を塗ります。このようにしっかりと樹脂コーティングを行うのは、タタキ成形によ

Ⅱ 土器焼成と生産

写真12

写真13

写真14

写真15

写真12 台石の上に土器をピラミッド状に積む
写真13 土器と地面の間、土器の間、側面に主熱源の竹を置く
写真14 土器をイネ藁やカヤで覆う。
写真15 被覆材は生草（覆いの密閉度低い）。点火後に稲ワラを掛けることもある。
フィリピン・ルソン島山岳地帯のカリンガ族

る器壁の締めが東南アジア大陸部ほど徹底していないことが理由です。
野焼き民族誌の比較分析から導き出された規則性（表2）：以上の覆い型野焼き民族誌の比較分析から、次のような規則性が導き出されます。まず、覆いの密閉度については、薪多用型の野焼きでは、土器の下に多量の薪を敷くので、薪が着火しやすいように覆いの密閉度が低めになります（東北タイと海南島。ラオス・カンボジア・ベトナムなどのインドシナ半島東部と同様）。一方、薪節約型の場合は、少なめの燃料で効率よく焼成するために覆いの密閉度を高めにし、また、高密閉でも主熱源に点火しやすいように土器の四周に主熱源燃料を置きます（東北タイ）。ただし、樹脂塗布や黒色処理などのために熱い状態の土器を途中で取り出す場合は、取り出すタイミングを測りやすいように覆

弥生早期（夜臼式）土器の野焼き方法

表2　稲作農耕民の覆い型野焼きの比較

	雲南 （都市近郊のみ）	北部タイ	東北タイ	海南島	フィリピン山岳地帯
被覆材	泥を全体	灰	なし（ワラを補充）	なし（ワラを補充）	生草を頂部に掛ける
覆いの密閉度	最も密閉度が高い	地面近くまで灰をかぶせるため、密閉度が高め	点火後に藁を掛ける。密閉度が最も低い	点火後に藁を掛ける。密閉度が最も低い	密閉度低め。点火後に藁を掛けることもある
焼成時間	半日程度。翌朝取り出し	正味3〜6時間程度。翌朝取り出す	2〜3時間程度。翌朝取り出すが、当日も可能	短かめ	30分程度（樹脂を塗るため熱いうちに取り出す
地面側の燃料	①薪燃料を地面に敷く、②四周の地面に薪を置く（高さ20cm程度）	①灰（＋雨季に藁）を敷いた上に土器を置き、間に竹か薪を置く、②四周に竹・薪を置く（高さ20-30cm程度）	①石の台の上に薪燃料の床を作る、②地面と薪の間に藁を入れることもある	地面に多数の薪を敷く	①土器を石の置き台の上に積み、地面との間に竹燃料を入れる、②周囲に竹を立て掛ける、③土器の間に竹を入れる
選択理由	都市近郊で燃料コストが高い。素地に砂が少ない。	都市近郊で燃料コストが高いため、薪燃料節約型	Chua（有機物を含むシャモット）を入れた素地のため急激な昇温が可能。薪豊富	樹脂塗布のため熱い土器を取り出し	樹脂塗布のため熱い土器を取り出すため覆いの密閉度低い。
素地の特徴	鍋以外は砂を入れない	細粒砂を3割程度混入	Chua（有機物を含むシャモット）を入れた素地のため急激な昇温が可能		粗粒砂を多く含むため急激な昇温が可能
成形手法との関連	二次成形タタキでの変形度が大きいため、可塑性の高い素地が必要	二次成形タタキでの原型の変形度が大きいため、可塑性の高い素地が必要	中空粘土円柱の一次原型や二次成形タタキを行うため可塑性の高い素地が必要		二次成形タタキでの原型の変形度が小さいため、可塑性の低い素地でも成形可能
器面調整工程	粗いミガキ	なし	なし		内面ケズリによる薄手化、内外ミガキ、焼成後樹脂塗布

211

いの密閉度を低めにします（薪多用型の海南島と薪節約型のフィリピン）。

3. 黒斑の形成過程：野焼き実験から（写真16～25）

黒斑の類型：考古資料の黒斑を分析する前に、一連の野焼き実験を踏まえて黒斑の形成過程を明らかにする必要があります。野焼き方法は、イネ科草燃料の覆いの有無により覆い型と開放型に大別できます（表3）。覆い型野焼きでは覆い内部の状態がわからないので、開放型野焼きの実験例により黒斑の基本的な形成過程を説明しましょう。どのような焼き方でも、最初に燃料が燃えて出た煤により土器の内外面全体が真っ黒になります（写真16a）。覆い型では薪から出た煤が覆い内部に籠もるため、開放型よりもさらに煤付着が顕著です（久保田1989における実験を参照）。この後、火回りが良くなったところから黒斑が消えていきます（写真16b）。黒斑（煤）の消え残ったところが残存黒斑です。残存黒斑は開放型の方が出来やすいです。一方、覆い型野焼きは全体が窯状の構造なので、炎が直接当たらなくても、初期段階の煤が残りにくくなります。

　その後、いったん土器全体が明るくなった後で、薪と接したところに煤が付着したのが薪接触黒斑です（写真17）。また、オキが溜まった内面にはオキ溜まり黒斑が付き、イネ藁の覆いと接触した部分や地面に敷いたイネ藁に埋もれるように接触した部分には藁密着黒斑が付きます。弥生土器の覆い型野焼きは、弥生早・前期を除いて薪節約型であり、地面に置かれる薪の量が少ないため、地面側が火回り不良になるのを防ぐために地面に藁を敷いた上に土器を置いています。地面に敷いた藁に埋もれるようにして置かれた部分に黒味の強い黒斑ができます（写真21・22）。これは残存黒斑に含めるかどうか分類が難しいところなので、接地面の藁密着黒斑と呼ぶことにします。

薪の置き方に応じた覆い接触黒斑・藁密着黒斑の形の違い（写真21～23）：次に薪燃料の置き方に応じて覆い接触黒斑・藁密着黒斑の特徴がどのように異なるかを見ていきます。写真18～20は薪を比較的多く用いた実験（弥生前期土器の黒斑から想定される条件設定）です。藁を敷いた上に土器を載せ、接地面の周囲と土器群の四周に薪を配置しています。薪を地面に敷くことはしておらず、

弥生早期（夜臼式）土器の野焼き方法

表3　開放型と覆い型の比較

	開放型野焼き	覆い型野焼き
定義	イネ科草燃料の覆いなし。薪燃料主体	イネ科草燃料の覆いあり
地域	縄文土器、東北地方の弥生土器	西日本と中部・関東（中期中葉以降）の弥生土器
薪燃料の量	熱が大気中に逃げるため薪多用型	窯状覆いのため開放型よりも薪が少なめ（土器の側面の地面に薪を置かない。土器の側面に薪を立て掛けない。内面に薪を入れない）。ただし、弥生早・前期はやや多く使用。イネ科草燃料の覆いに穴が開くのを防ぐため泥、灰、生草などの被覆材を被せる
土器の置き方	直立しにくい土器や深めの土器は最初から最後まで横倒し。薪燃料主体は最初は直立し、後半段階に底部を加熱するために横倒しすることも多い。	イネ科草燃料の覆いに口を塞がれるのと防ぐため直立しない。土器の直下に薪を置く場合を除き、「横倒し時の接地面積が大きい土器ほど立ち気味に置く」傾向がある。立ち気味に置くことが多いため積み重ねは少ない
地面側の燃料の置き方	土器の回りの地面に薪を置く。	イネ科草燃料を敷いた上に土器を置き、土器の周囲（口を外向きにした土器の口縁側）の地面に薪を置く。ただし、土器の間（口を外向きにした土器の底部側）には薪を置かない。
側面の燃料の置き方	土器に薪を立て掛ける。	口を外向きにした土器の口縁部に薪を立て掛けることが多い。一方、側面に薪を立て掛けることは少ない。
土器内面の燃料	外側に置いた薪の熱は土器の内面まで届きにくいため、内面に薪を差し入れる必要性が高い。	窯状構造のため土器の内面まで熱が回るため、内面に薪を差し入れない。
火回り	ムラが多い	ムラが少ない
昇温速度	土器と燃料の様子がみえるため、土器を動かす操作（横倒しや転がし）や燃料の移動・追加ができる。よって、薪燃料の量と置き方により昇温速度と焼成時間を調整	イネ科草燃料の覆いのため土器と燃料がみえない。焼成中に土器や燃料を動かすことはない。主熱源の量と被覆材の密閉度により昇温速度と焼成時間を自由に調整できる。
焼成痕跡の特徴	①冷却段階でも炎が出ている状態の薪からのススに由来する薪接触黒斑が付く。②黒斑の位置の規則性が弱い	①イネ科草燃料との接触を示す火色や筋状黒斑が付くことがある。②黒斑の位置が規則的。③薪接触黒斑は棒状が主体（冷却段階のスス付着は少ない）
火色	なし（イネ科草燃料を用いない）	あり（イネ科草燃料、酸素がやや多い状態
外面の薪接触黒斑	冷却段階でも炎が出ている状態の薪からのススに由来する薪接触黒斑が付く。黒み強い。棒状黒斑の頻度が高い。	冷却段階で炎が出ている状態の薪からのススによる黒斑は少ない。棒状黒斑が付く場合も黒みが薄い
内面の黒斑	薪接触黒斑やオキ溜まり黒斑が高い頻度で付く。口縁部内外面に灰色の残存黒斑が残ることがある。	内面接地面にオキ溜まり黒斑が高い頻度で付く（口縁に立て掛けた薪が崩壊して溜まる）。残存黒斑が残ることもある。特に、覆いに口を塞がれると、内面全体が黒斑に覆われることもある
黒斑の位置の規則性	弥生土器に比べ規則性が弱い	規則的（下向き型の接地面の内外面とそれと線対称の上向き側の3カ所）
適した土器の条件	①厚手で予備焼き（あぶり焼き）を必要とする土器。②黒色処理	①焼成前（スリップ）赤彩。②薄手で急激な昇温に耐えられる土器。③非煮炊き用で高温焼成が適する土器

213

II 土器焼成と生産

写真 16a

写真 16b

写真 17

図 16a・b　土器全体が煤に覆われた後（16a）、強い火熱をうけた部分から煤が消失し全体が明色になる（16b）
図 17　煤がとんで全体が明色になった後、薪と接触・近接した部分に薪接触黒斑がつく
図 18a・b　覆い型野焼き実験での土器と燃料の配置

写真 18a

写真 18b

土器焼成実験

　インドシナ半島東半の薪多用型に比べると薪の量ははるかに少ないです。様々に条件を変えて薪を設置した後、イネ藁の覆いの上に被覆材としての泥を掛けて焼成しました（写真 19・20）。
　上側の覆い接触黒斑は、薪が近くにあると黒斑の一部が消失したり、棒状

弥生早期（夜臼式）土器の野焼き方法

の黒斑が付いたりして整った楕円形になりませんが（写真23）、上側に薪がないと整った楕円形になります。このように、覆い接触黒斑が、整った楕円形を呈するかどうかで、覆い接触部の間近に薪がどれくらい置かれたかをある程度推定できます。地面側も同様であり、接地面の間近に薪がない場合は整った楕円形の藁密着黒斑が付くのに対し（写真22）、接地面の間近に薪が置かれると、①薪からの熱により黒斑の側辺が消失する（直線的になる）、②薪からの熱により側辺の輪郭がシャープになる、③薪と接触した部分に細い棒状黒斑が付く、などの特徴がみられます（写真21）。また、土器が薪の上に載っていた場合は、薪の形を示す棒状黒斑が付き、藁密着黒斑は付かないか、非常に不規則な形になります。

また、イネ科草燃料と緩く接触したところにでは火色というオレンジ色のものが表層のみ付着します（写真24・25）。イネ藁と強く密着した部分では覆い接触黒斑が付きますが、その周囲の緩くイネ藁と接触した部分は珪酸分が土器の鉄分に作用して、普通に出る土器の赤とは違ったオレンジっぽい色調がでます。これが付

写真19a

写真19b

写真19a・b　野焼き実験でのイネ藁の覆いと被覆材の泥

写真20

写真20　野焼き実験での焼成過程

Ⅱ 土器焼成と生産

写真21a

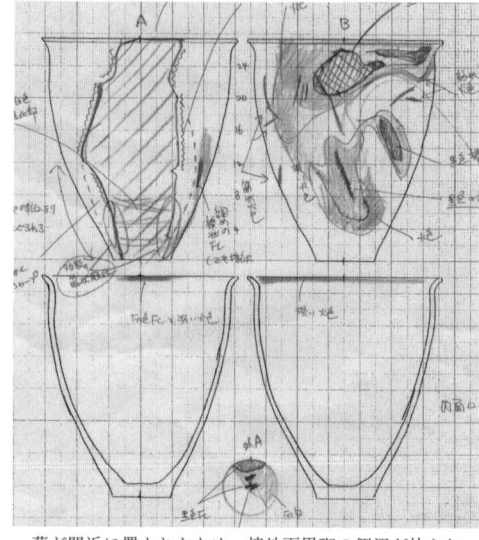

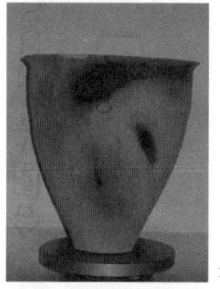

写真21b

薪が間近に置かれたため、接地面黒斑の側辺が抉られ、棒状黒斑を伴う。

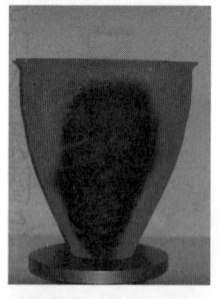

写真22a

写真22b

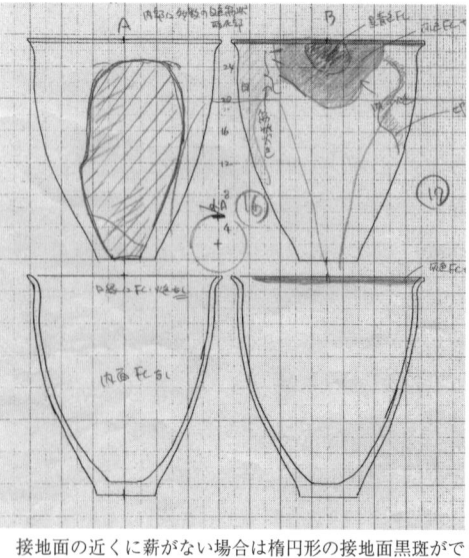

接地面の近くに薪がない場合は楕円形の接地面黒斑ができる。

216

弥生早期（夜臼式）土器の野焼き方法

写真23

写真24

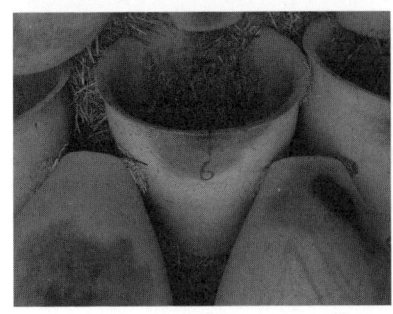

写真25 薪が側面に立て掛けられると不規則な覆い接触黒斑になる。
写真24 イネ科草燃料との接触を示す火色
写真25 筋状火色と筋状黒斑はイネ科草燃料の覆いとの接触を示す。

土器焼成実験

いていれば、イネ科草燃料を使った覆い型野焼きだといえます。写真24・25では火回りがあまり良くないので、オレンジが弱くて黒ずんだ火色になっていますが、もっと火回りが良いとより鮮明なオレンジになります。また、酸素がある程度ないときれいなオレンジ色にならないので、密閉度が高い覆い型野焼きでは火色は出来にくいです。即ち、明瞭なオレンジ色の火色ができるのは、火回りがある程度良くて、酸素供給量も多い（覆いの密閉度が低め）という条件で藁と密着しているときです。

4. 黒斑からみた弥生早期土器の野焼き方法

新町遺跡の大型壺：写真26・27aは新町遺跡の丹塗り磨研の大型壺（土器棺）です。接地面の黒斑側辺が消失していることから間近に薪が置かれたことが明らかです（写真26a）。上側にははっきりした覆い接触黒斑がなく、多数の

217

白色の薪接触黒斑が付きます（写真 26b）。胴下部に黒味の強い不規則形黒斑が付いていますが、位置から考えてここで覆いと接触するとは考えにくいので、薪接触黒斑と解釈できます（写真 26c）。一方、上半部は、細い棒状の黒斑が多数付くことから、多数の薪が載っていたことが明らかです（写真 26d）。上側に覆い接触黒斑がない理由として、たくさんの薪が上側に置かれたことと、覆いの密閉度が低かった（泥や灰などの圧力がかかる被覆材を用いなかった）ことが考えられます。後者については、上側に多くの薪が置かれたとしても、被覆材がしっかりあって圧力が加わっていれば黒味の強い覆い接触黒斑が出来ると期待されるので、それがないということは、被覆材の密閉度が低かったことを示しています。

新町遺跡の大型深鍋（20 号上棺；写真 27b）：接地面黒斑は整った楕円形ではなく、側辺が直線的であり、左側に棒状黒斑があります。よって、接地面の両側に置かれた薪の熱により、黒斑の両側辺部分が消失したことがわかります。このように、藁に埋もれるように接地し、その周囲に複数の薪が置かれたことが明らかです。上側では白色の不整楕円形の覆い接触黒斑が付き、その内部に複数の細い棒状黒斑があります。よって、土器の上側に複数の薪が置かれ、覆いの密閉度も低かったと解釈できます。

　新町遺跡の深鍋は土器棺なので煤・焦げが少なくて非常に良い条件で観察出来ます。一方、福岡平野の集落から出た土器は黒斑の残り具合が悪い例が多いです。

板付遺跡の大型壺：板付遺跡の大型壺 1-8（写真 27c）は接地面の藁密着黒斑の全側辺が消失していることから接地面の周囲に多数の薪があったことがわかります。上側には明瞭な覆い接触黒斑がなく、棒状黒斑と薪接触黒斑が付くことから、上に多くの薪がのっていたことが明らかです。このように、新町遺跡の大型壺と同様に「低密閉・薪多用型」と言えます。

板付遺跡の中型深鍋：煤・焦げがないため黒斑が一番わかりやすいのが、山崎1980 論文の 4 図-1 の夜臼式深鍋です（写真 27d）。接地面中央に太い棒状黒斑が付くことから薪の上にのっており、また、側面と上面に火色が非常に発達していることからイネ科草燃料の覆いがあったことが明らかです。火色は

弥生早期（夜臼式）土器の野焼き方法

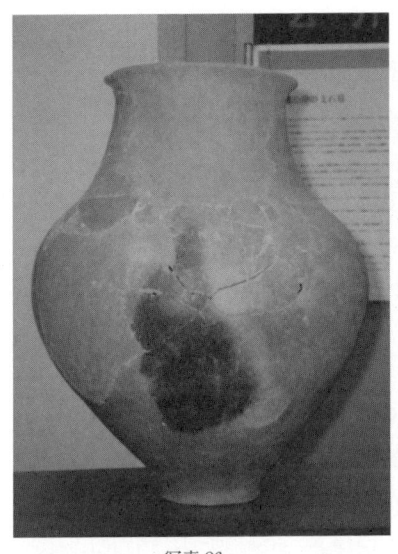

写真26 a

写真26 b

写真26 c

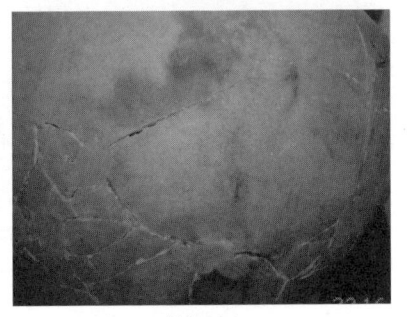

写真26 d

写真26a　接地面黒斑が不整楕円形であることから、接地面の間近に薪が置かれた。
写真26b〜c　覆い密着黒斑は不規則形で不明瞭なことから、上に薪が置かれ、覆いとの接触が弱かった。

新町遺跡18号下棺

上側の口縁部付近のみ白く抜けており、覆い接触部を示す可能性があります。そして、側面に不整楕円形の灰色黒斑が付くことから、隣接した土器と軽く接触していたと推定されます。覆い接触黒斑が不明瞭なのは、隣接した土器に覆いとの接触を遮られたためかもしれません。覆い接触黒斑を欠くことと、

219

II 土器焼成と生産

火色が非常に発達していることから、覆いの密閉度が低かったことが明らかです。被覆材を掛けず、イネ藁の覆いに穴があいたらイネ藁で補充していく野焼き方法がイメージできます。もしくは軽い被覆材を掛けている可能性もあります。

　薪の量については、地面側が薪の上にのっていることから地面に薪が多く置かれたと考えられます。さらに、この土器は覆い型野焼きとしては例外的に、内面に薪が差し入れられています。覆い型野焼きは窯状構造のため内面に薪を差し入れる必要性が低いですが、この土器のみ内面に薪が差し入れられているのは、覆いの密閉度が低かったためと考えられます。以上のように、この深鍋の野焼き方法も低密閉・薪多用型の覆い型だったといえます。

福岡平野の他の遺跡の中型深鍋：夜臼式深鍋の大多数は煤・焦げが顕著なため黒斑のパターンがわかりにくくなっています。福岡平野の5遺跡の夜臼式深鍋の特徴として、礫石遺跡の大型深鍋と同様に、接地面に不規則形の藁密着黒斑が付き、上側では整った楕円形の覆い接触黒斑がないことがあげられます（例：雀居遺跡の17-2；写真27e）。

夜臼式土器の黒斑の特徴のまとめ（表4）：夜臼式土器の覆い型野焼きの特徴は、以後の時期に比べて低密閉・薪多用型であることです。藁を敷いた上に土器を置くか、または、土器の下側に多くの薪を置きます。薪の上にドーンとのっている場合が壺、深鍋共にあります。さらに、側面と上にたくさんの薪を置いています。なお、覆いの密閉度が低いと考える根拠として、①火色が発達している例があること、②覆い密着黒斑が不明瞭なものが多いこと、③少数だが内面に薪を差し入れた例があること、などがあげられます。

夜臼式浅鉢（写真27f・g）：夜臼式土器の浅鉢の大半と一部の小型壺は黒色化され、また、椀型浅鉢の一部は丹塗り磨研です。雀居遺跡の黒色化浅鉢100（写真27f）は、外面にいくつかの棒状黒斑があり、黒味に色ムラがあります。雀居遺跡の黒色化浅鉢104（写真27g）も黒色化の色ムラが顕著です。一部白くなっている部分がありますが、いったん黒色化した後、酸化してしまい、再度黒くしたと解釈しています。

　なお、図は提示していませんが、内面黒色化、外面丹塗り磨研の碗形浅鉢

表4 夜臼式土器の黒斑の遺跡間・器種間の比較

	深鍋			赤彩大型壺			赤彩大型壺	
	福岡平野夜臼式	新町夜臼式	礫石	福岡平野夜臼式	新町夜臼式	新町板付1	礫石	礫石3・4期	礫石1期
内面									
薪差し入れ	1								
オキ溜まり	5	1	6	3	1	2			
なし	7		1	1	4		10	4	7
接地面									
薪の上に載り藁密着FCなし	2				0	1			1
不規則形の藁密着	9	1	3	4	5	2	9	3	6
楕円形藁密着	0		3		1	1		1	
FCなし	1								
上側									
多数の薪が載り覆い接触FCなし	1			1	3	3	3	1	2
薪接触FC点在し覆い接触FCなし	1		2				4	3	1
不規則形の覆い接触FC	4	1	3		2		1		1
薪が載る（覆い接触の有無不明）				3			3		3
楕円形覆い接触FC			2						
FCなし	1								
合計	15	1	7	4	5	3	11	4	7

もあります。橋本遺跡の丹塗り磨研浅鉢420（写真27g）も、外面に多くの棒状黒斑が付くことから、薪の上に置いていることがわかります。

　以上のように、夜臼式土器の黒色化処理は、縄文後・晩期土器に比べて黒味のムラが顕著なことが特徴です。これは、深鍋などと一緒に焼いていて、途中で黒色化するために取り出したためと考えています。そうだとすれば、先ほどの民族事例で述べたように、黒色化や樹脂塗布のために熱い状態の土器を取り出す場合は、覆いの密閉度が低い方が適すると言えます。

Ⅱ 土器焼成と生産

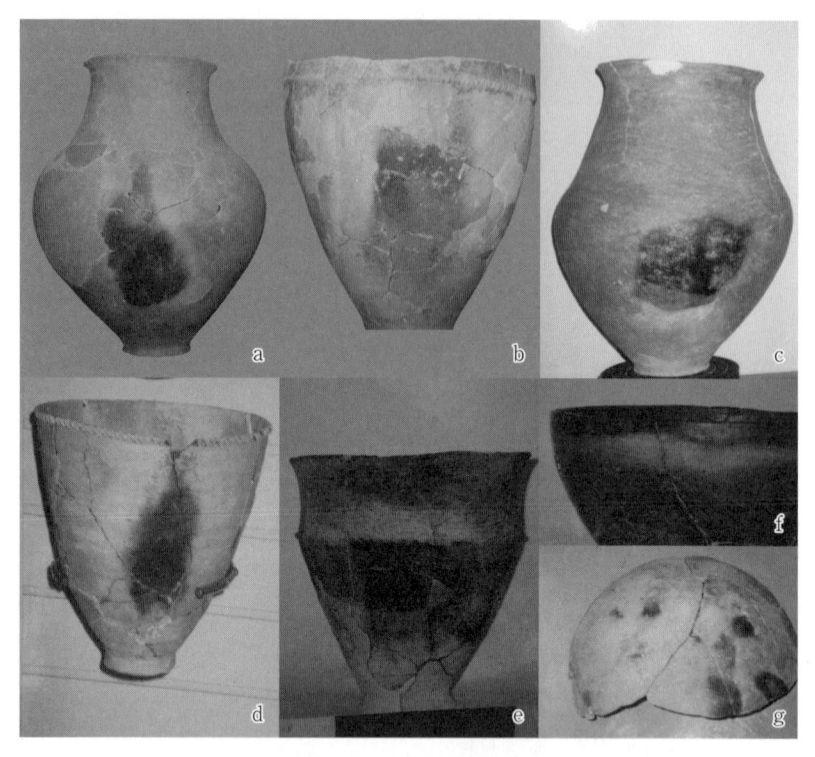

写真27 夜臼式土器の実測図

a 新町遺跡の大型壺18号下棺
b 新町遺跡の深鉢
c 板付遺跡の大型壺1-8
d 板付遺跡の中型深鍋4-1
e 雀居遺跡の中型深鍋17-2
f 雀居遺跡の黒色化浅鉢100
g 橋本遺跡の丹塗り磨研浅鉢420

5. 野焼き方法はなぜ変わるか:「道具としての土器」の視点から

西日本における覆い型野焼きの変化(表5):西日本の弥生土器では表5に示すような時間的変化がみられます。弥生早期(夜臼式)土器は「低密閉、薪多用型」の覆い型野焼きが特徴ですが、この特徴は朝鮮半島の中期無文土器と共通することから、中期無文土器の覆い型野焼き方法を忠実に受け入れたといえます。弥生前期になると楕円形の接地面黒斑が増え、棒状黒斑の出現頻度が減ることから、土器の周囲に置かれる薪の量が徐々に少なくなったと言えます。さらに弥生中期になると、上側も楕円形の覆い接触黒斑が付く頻度が

222

弥生早期(夜臼式)土器の野焼き方法

表5　西日本の覆い型野焼きの変化

	中期無文土器	弥生早期	弥生前期～中期前半	弥生中期後半以降
深鍋の形	バケツ形	バケツ形	やや球胴化	球胴化・薄手化
彩色手法	丹塗り磨研	黒色磨研＋丹塗り磨研	丹塗り磨研(黒色化衰退)	丹塗り磨研のみ
薪の量	薪多用型	薪多用型	中間	薪節約型
覆いの密閉度	低密閉	低密閉	中間	密閉度やや高まる
土器の置き方	横倒し	横倒し	横倒し主体	立ち気味(九州は横倒し)

増えます。支えや寄り掛けにより土器を立ち気味に設置することにより、より少なめの薪でも地面側の火回りを確保する方向に変わってきます。このように西日本では弥生早期、前期、中期、後期の順に「低密閉、薪多用型」から「より高密閉で薪節約型」の覆い型野焼きへ変わっていきます。

覆い型野焼きを受け入れた要因：「使い勝手(機能性と耐久性)と手間(コスト)のバランス」との関連から、弥生早期において覆い型野焼きを受け入れた要因を検討します。

まず、使い勝手の面から縄文土器から弥生土器への作りの変化をみると、以下三点の変化が覆い型野焼きの採用に関連していたと考えられます。

第一は、口のすぼまりが強い壺が西日本の弥生早期から普及します。開放型野焼きでは壺の内面まで燃焼ガスが入りにくいため、覆い型の方が適しています(表6)。

第二に、精製土器の彩色手法が、縄文後・晩期の黒色磨研から、弥生早期の「丹塗り磨研(大型壺と碗形浅鉢が主体)と黒色磨研(浅鉢と一部の小型壺)の組み合わせ」に変化します。また、スリップによる赤塗文も出現します。このうち、黒色磨研手法は弥生早期になると黒色の色ムラが顕著になり、弥生前期になると急激に衰退します。よって、大きくとらえると西日本では縄文から弥生へと「黒色磨研が減少し、丹塗り磨研が増える」という変化がみられます。これらの彩色手法と野焼き方法との関係を考えてみると、途中で

223

II 土器焼成と生産

表6 土器の彩色手法と野焼き方法との関連

	黒色（褐色）化処理 （→焼成後赤彩）	焼成後赤彩	スリップ（焼成前）赤彩
彩色方法	土器を明色に焼成した後、まだ熱い状態で有機物（松葉など）を掛けて炭素を吸着させる	漆やニカワなどでベンガラを貼り付ける	泥しょうに少量のベンガラを混ぜた赤彩スリップを土器に塗り、半乾燥後にミガキをかける。
赤彩顔料の定着	東日本の縄文後・晩期の精製土器では黒色化後に部分的に赤彩を施すのに対し、夜臼式土器では外面全体にスリップ赤彩を施した後に黒色化したり、スリップにより赤彩紋を描いた後に黒色化することもある	焼成後、漆・ニカワを接着剤としてベンガラ（または水銀朱）を貼り付けるため剥がれ落ちやすい。漆・ニカワはコストが高い。	赤彩スリップの定着度は、①ミガキ程度、②ベンガラ比率、③焼成温度の3要素により決まる。
発色程度に影響する要因	ミガキが入念なほど黒みが強まる	左同	①スリップと土器本体が明色に焼き上がるほど赤みが強まる、②ベンガラ比率が高いほど赤みが強まる、③ミガキが入念なほど赤みが強まる
適用器種	大型土器は黒色化しにくい	ベンガラを広範囲に塗るとコストがかかるので、小型に限定される	大型でもスリップ赤彩ができる。ベンガラを比較的少量入れるだけで赤みが得られるので、広い面積に塗るためのコストは低い
素地との関連	砂が少ない方が入念なミガキができ、黒の発色が良い。	左同	薄塗りの場合は素地とスリップ粘土の赤みが強い方が赤色の発色が良い。ただし、厚塗りの場合は素地が白い方が赤が引き立つ？。黒地は不適
文様との関連	東日本では黒地の上に赤塗りモチーフがつくことも多い（赤色が引き立つ）。無文ミガキ部では赤彩モチーフが消失しやすい	黒色化後に赤彩する場合は部分的（文様帯の一部など）。全面赤彩する場合は黒色化しない。	ミガキ調整が必要なので、沈線文様の上にはスリップ赤彩を施しにくい。弥生前期後半にスリップが減少するのは沈線文様が普及することと関連
野焼き方法	黒色化では、取り出すタイミングをはかるために土器の状態を観察できる方が適するので、開放型の方が適する	焼成後に赤彩を施すため、野焼き方法は問わない。	赤色の発色を良くするためには、①低温では赤彩スリップ中の粘土分が明るく発色しないので比較的高温で焼成する、②薪が直接触れるとベンガラが紫色に還元することがあるので、薪燃料と直接触れない、③赤色のムラを少なくするため全体が均一に火が回る、などが望まれることから、覆い型の方が適する
稲作農耕民の野焼き民族例	黒色処理は少数のみ（タイの例など）	類例なし	ルソン島より南のフィリピンでは覆い型と開放型が並存するが、スリップ赤彩をするのは覆い型野焼きに偏る。

224

取り出して有機物をかけて黒くする黒色磨研手法は、取り出すタイミングを測りやすい開放型（または密閉度が低い覆い型）の方が適しています。一方、丹塗り磨研（焼成前のスリップ赤塗り）は、①赤の発色を良くするには全体が均等に熱を受ける方が望ましい、②赤彩スリップは薪と接触した部分では紫色や白色に変色するため、薪と接触しない方が望ましい、などの点で開放型よりも覆い型の方が適しています（表6）。

　第三に、縄文後・晩期土器よりも弥生土器の方が精製器種の砂含有量が少なくなり、煮炊き用器種との砂含有量の違いが顕著になります。前者は急激な昇温では割れやすいので、この点で、昇温速度をより自由に調整できる覆い型の方が適しています。

　次に、製作の手間（製作・維持コスト）については、水田稲作が普及するにつれて集落の立地が丘陵から低地に移動した結果、イネ藁が豊富に得られるようになる反面、薪燃料が貴重になります。よって、イネ科草燃料の窯状覆いのために少なめの薪で効率的に焼成できる覆い型の方が適するようになりました。

野焼き方法を分析する意義：野焼き方法を分析する意義として、伝統的技術の優れた面を掘り起こすことがあります。具体的には、上述のように、「土器作り技術（野焼き方法）がなぜ変わるのか、なぜ新しい技術を受け入れたのか」を考える際に「使い勝手と手間のバランス」との関連を検討することを意味しています。

　手間（コスト）との関連については、「一定の選択肢の中から特定の土器作り技術（野焼き方法）がなぜ選択されたか」を考える際に、焼成だけではなく、素地作り、成形、器面調整、装飾との関係の上で解釈することが重要です。たとえば、シャモットを入れることによって低密閉の覆い型野焼きが可能になるというように、「ある工程に手を抜いた分、他の工程に手間をかける」という工程間の補い合いは、民族事例において普遍的に観察できます。縄文・弥生土器でも、分析が進むにつれてこのような工程間の補い合いが明らかになると期待できます。

　使い方（機能性と耐久性）との関連から土器作り技術を考える視点は「道具

Ⅱ 土器焼成と生産

としての土器」を分析する視点と言い換えることができます。上述のように、弥生早期において開放型から覆い型に野焼き方法が変化した要因として、①内面に燃焼ガスが入りにくい壺の出現・定着、②精製器種の砂含有量の減少（緩やかな昇温の必要性の増大）、③黒色磨研から丹塗り磨研への彩色手法の変化、といった土器の使い方の変化があげられました。

最後に、土器作り技術の変化は、「使い勝手と手間」という生態学的要因のみにより引き起こされる訳ではなく、田崎さんが先ほど話されたような土器生産・流通様式とか集団間の交流密度といった社会的側面、観念的な側面が関連している場合も多いと思われます。文化変化を生み出す要因は、生態学的側面（使い勝手と手間のバランス）、集団間の交流密度、意識の上での集団間の関係（憧れ意識とライバル意識など）、観念的的側面といった文化の諸側面の複数の要因が複雑に絡み合って起こることが一般的だと私は考えています。これらの中のどの要因が最も重要な役割を果たすかは文化要素により異なりますが、他の側面もマイナーな役割を果たしていると考えた方が良いと思います。「土器作り技術がなぜ変わるか」を考えていくと、技術面からではどうしても解釈できない点が出てくることが多いと思います。この場合は集団間の交流密度や意識の上での集団間の関係に解釈を求める必要がでてきます。

「集団間の交流密度が高まった結果、新しい技術が導入された」という説明のみでは、「受け手側がなぜ新技術を取り入れたか」がブラックボックスになっている点で説明として不十分です。「なぜその技術をある集団が取り入れたのか」について、集団間の交流密度のみでなく、生態学的側面や意識の上での集団間の関係から解釈する必要があります。情報は取り入れても、ライバル意識をもっているから受け入れないとか、交流をもっているから受け入れるといった意識の上での集団間の関係というのも重要となります。

このように文化変化の解釈では生態学的側面、社会的側面（交流密度）、意識の上での集団間関係、観念的側面などを総合的にみていって、いろんなパラダイムを総合していく必要があります。

質疑応答

若林：小林さんありがとうございました。今回は民族例をたくさん挙げて頂いて、どのように黒斑が出来るのか、黒斑からどういったパターンの焼成を読み取れるかについて基礎的なことからお話して頂きました。時間が少なくなってきていますので、一つだけ質問を受け付けたいと思います。どなたかいらっしゃるでしょうか？なければ私から一つ質問いたします。いくつか黒斑の種類がありますが、それらが出来るプロセス、パターンを少しまとめて頂ければと思います。

小林：黒斑の種類は大別すると、初期段階の煤が残った残存黒斑、藁密着黒斑と、一旦全体が明るく焼き上がった後に炭素が付着してできた薪接触黒斑、オキ溜まり黒斑、煤付着黒斑に大別できます。

　残存黒斑は最初に付いた煤が最後まで残ったもので、開放型野焼きのように密閉度が低い方が残りやすいです。形は不規則形です。覆い型野焼きの場合は藁と密着した上側や、藁に埋もれた接地面に付く藁密着黒斑があります。これは燃料の藁から付いた点で残存黒斑と区別しています。接地面の藁密着黒斑や覆い密着黒斑は、間近に薪がない場合は楕円形になりますが、すぐ横に薪があるとその熱により黒斑の側辺部分が消失して不規則形になります。そのことから地面や上面に薪がどのくらい置かれたかを推定できます。

　薪接触黒斑は、逆U字形、2個1対形、棒状などの種類があり、この順に薪から出る煤が少なかったといえます。土器の器壁が熱い状態では炭素がとんでしまうので、ある程度冷えたときに煤と接触すると、薪接触黒斑になります。土器の器壁が冷えた段階で薪からまだ煤がいっぱい出ている場合は、薪の周辺に逆U字形の黒斑が出来ます。両側に少ししか煤が出ていないと、薪の両側に2個1対の黒斑が付きます。さらに煤が少ない場合は、薪の形を示した棒状黒斑が付きます。このように降温段階で薪からどの程度煤が出るかによってバリエーションがあります。

　次に、オキ溜まり黒斑は、薪が崩れたオキが中に溜まって出来たものです。これは薪接触黒斑よりも薪から出る煤の量が少ない状態のオキが溜まった部分にできた黒斑です。

Ⅱ 土器焼成と生産

さらに、煤付着黒斑は、器面の温度が下がった状態で、まだ燃えている薪が周辺にあって煤がスーッと流れてきて付いた黒斑です。これは覆い型野焼きでは出来にくいです。というのは覆い型野焼きでは、窯状ですから土器の器壁は温度が下がった段階では、薪がちょろちょろ燃えているというのは考えにくいからです。逆にいえば、覆い型野焼きで薪がまだ燃えていたら、土器の温度はそんなに冷えていないはずです。よって、開放型野焼きや密閉度が低い覆い型野焼きの方が出来やすいのです。

参考文献

小林正史　1993　「カリンガ土器の製作技術」『北陸古代土器研究』3：74-103
小林正史　2004　「稲作農耕民の伝統的土器作りにおける覆い型野焼きの特徴」『北陸学院短期大学紀要』36：203-228
小林正史　2005　「稲作農耕民の伝統的土器作り技術における工程間の補い合い」『日本考古学協会第71回総会研究発表要旨』122-125頁
橋口達也　1987　『新町遺跡』 志摩町教育委員会
山崎純男　1980　「弥生文化成立期における土器の編年的研究―板付遺跡を中心としてみた福岡・早良平野の場合―」『鏡山猛先生古稀記念古文化論功』117-192頁
佐賀県教育委員会　1989　『礫石遺跡』
福岡市住宅・都市整備公団　1982　『十郎川2：福岡市早良平野石川・古川遺跡』
福岡市教育委員会　1983　『有田七田前遺跡』
福岡市教育委員会　1995　『雀居遺跡2』
福岡市教育委員会　1995　『雀居遺跡3』
福岡市教育委員会　1995　『環境整備遺構確認調査　板付遺跡』福岡市第410集
福岡市教育委員会　1998　『福岡外環状道路関係埋蔵文化財調査報告5：福岡市西区橋本一丁田遺跡第2次調査・橋本遺跡第一次調査』福岡市第582集

謝辞　写真の使用を許可してくださった鄧聡氏、福岡市埋蔵文化センター、志摩町教育委員会に感謝いたします。

東北地方における覆い型野焼きの受容

北野博司

1. はじめに

　東北芸術工科大学の北野です。私の発表は『東北地方における覆い型野焼きの受容』です。小林正史さんから北部九州の例を中心に、列島での覆い型野焼き採用初期のお話がありました。私は東北地方に関して三つの内容をお話します。一点目は、東北地方の弥生時代の野焼き方法。東北地方の弥生土器には、どういう土器の黒斑の特徴があって、そこからどんな野焼き方法が考えられるのかということです。二点目は、西日本で最初に導入されていった覆い型野焼きが、東北地方でいつ頃採用されていくのか。三番目に東北地方でも、北海道島に近い、北部で覆い型野焼きが受容されていく時期は若干遅れるんですが、どういう過程で覆い型野焼きが採用されていくか、ということをお話したいと思います。

　スライドは安城市の岡安さんが、野焼き方法の推移を東日本規模で整理したときの表（岡安1999）です。尾張から東の地域にかけては、弥生時代の櫛描文土器や凹線文土器、古墳時代開始期の東海系・畿内系土器の波及など、土器文化の波及に応じて、段階的に覆い型野焼きが受容されていったという仮説を示しています。それによれば、東北地方の弥生時代は開放型野焼きであって、覆い型野焼きは採用していない。東北地方で覆い型野焼きを採用するのは、古墳時代に入ってからとなっています。まず、この辺を実物資料で検証していきます。東北の初期弥生土器が開放型であるというのは、小林さんを中心に2001年に発表されております（小林ほか2001）。なぜ開放型を継続したかという背景について、技術的な要因を重視しています。開放型のメリットについて、彩色手法黒色化焼成後赤彩を重視した甕であるとか、成形

Ⅱ 土器焼成と生産

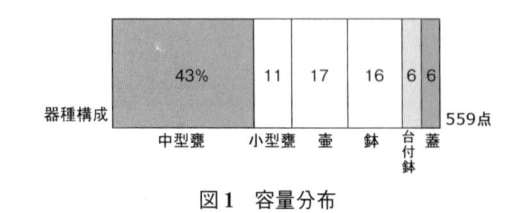

図1 容量分布

図2 生石2遺跡の土器容量分布

手法の特徴で作りが弱いことなど、それに適した野焼きを継続していったという解釈がされています。私は春の日本考古学協会のときに、北東北の古代の野焼き方法を復元する中で、北東北では古代に至っても、伝統を根強く残す、薪燃料を多用する野焼きを行なっていた、としました（北野ほか2005）。今日はこの辺の話をつなげて、弥生時代から古代まで東北地方の中で、野焼き技法がどういうふうに推移していったかを概観してみたいと思っています。

2. 東北地方における野焼き方法の変化
(1) 弥生前期の野焼き

山形県酒田市の生石2遺跡は弥生時代前期、砂沢式の時期の遺跡です。低地の集落でありまして、水田遺構は見つかっていませんが、多数の炭化米や、籾圧痕土器、遠賀川系土器が出土しています。器種構成は、甕が半数、あとは壺や小型の鉢類などで構成されています（図1）。在来系の、縄文時代晩期

から系統を引くような土器に、遠賀川系の壺であるとか、それが折衷したような土器が加わって、土器群が構成されていいます。土器の容量分布をみていきますと（図2）、煮炊き用の土器（甕形土器）は、2ℓ以下の小型と、3ℓ以上10ℓ未満くらいの中型のものがあります。これをみてもかなり大きな（中型の内7～10ℓをさして）鍋（甕形土器）が含まれているということが特徴と言えます。小型の中でも1ℓより小さいものは、縄文時代からの伝統を引く、文様をたくさんもつ甕であります。壺形土器は小型・中型・大型があります。大型はデータをとれるものがないのですが、遠賀川系土器の中でも、非常に白っぽく、小型・中型とは異質な焼きをしている土器です。具体的に土器の黒斑をみていくことにします。

　接地面側をA面、上側をB面としています。黒斑の形成要因については、さきほどの発表でありましたので、私の方はその辺の手続きは省略します。これ（図3-1、図4内A）をみてわかるのは、内面にオキが崩れ落ちて片側に溜まった、オキ溜り黒斑があることです。また、土器の底面をみますと、こういうふうによく酸化しています。これは焼成の最終段階に横倒しになっていたことを示すと考えられます。これ（図3-2、図5内A）も同じような例ですけれど、内面の接地面側（内A面）に、オキ溜まり黒斑ができている。内B面には薪が接触した黒斑、薪接触黒斑がある。これも外底面は非常によく酸化しています。内B面の薪接触黒斑をみても、当初は直立していて、最終段階に横倒しにした可能性が高い土器です。これも（図3-3）甕ですけれども、同じように内A面にオキ溜まり黒斑が付いています。内A面口縁部付近には、オキがかなり燃え尽きて白色をした、白斑が付いています。外A面には、さきほどの土器もそうでしたが、横倒しの時に付いたとみられる薪接触黒斑が認められます。ここからはちょっと器形がかわってきまして（図3-5）、括れの強い土器です。これも内A面の片側にオキ溜まり黒斑があります。この土器は底面に黒斑が残っています。このようなものは、実験の経験を踏まえると、当初直立していたとき、火まわりが悪くて残存した黒斑が、最後に横倒しにしても酸化しないで（一部は酸化していますが）残存したものと解釈できます。ここからは壺ですけれども（図3-6、図6）、東北の初期弥

Ⅱ 土器焼成と生産

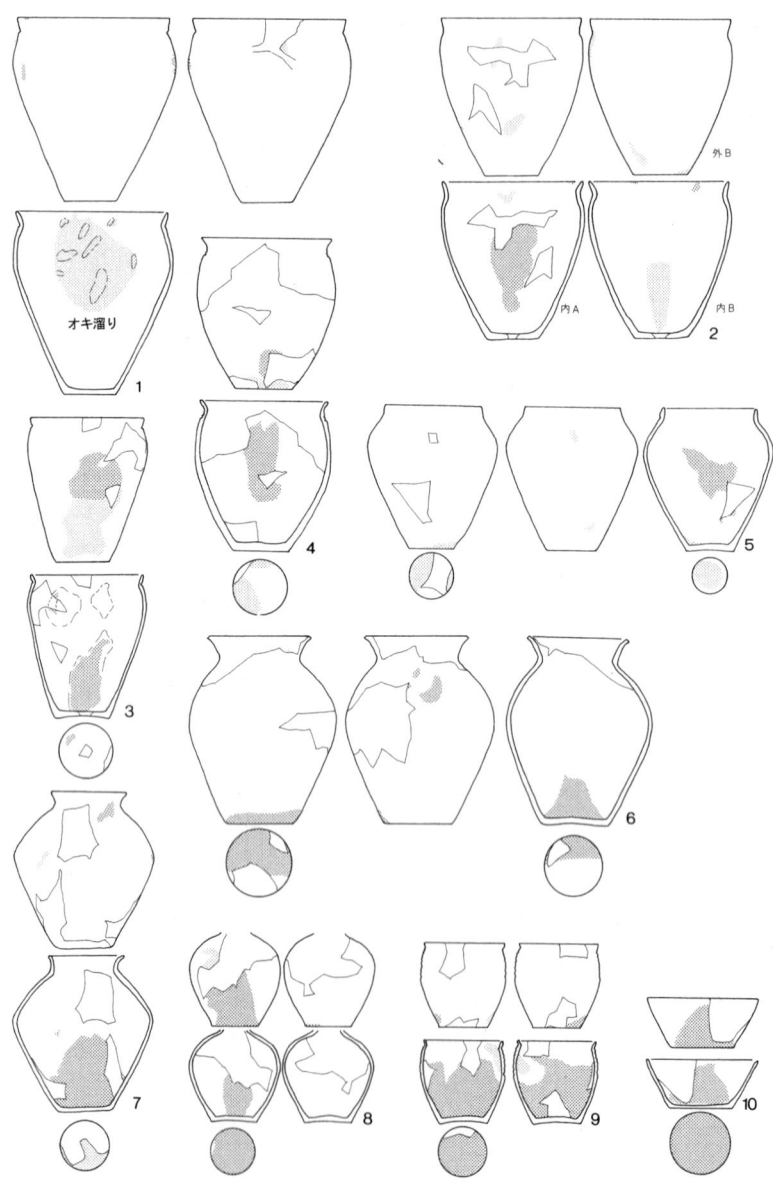

図3 弥生前期土器の黒斑（酒田市生石2遺跡）（S＝1/8）

東北地方における覆い型野焼きの受容

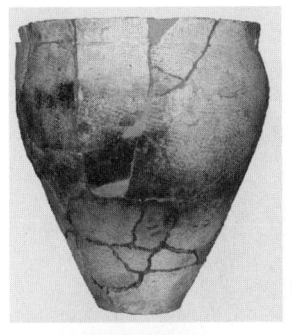

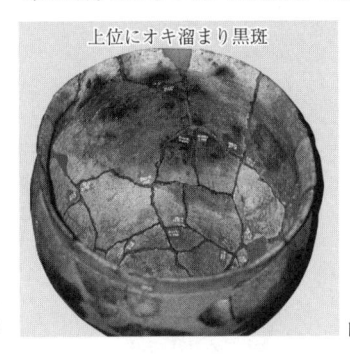

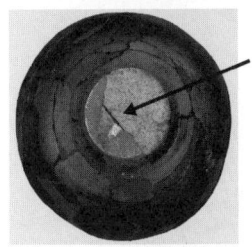

図4 最終段階には横倒しの煮沸具（生石2遺跡 41-19）

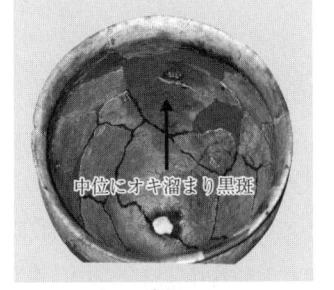

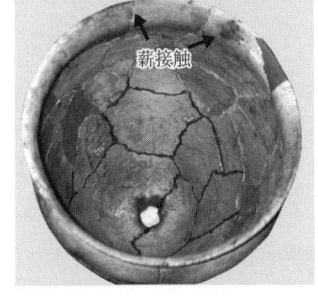

図5 直立から最終段階で横倒しの煮沸具（生石2遺跡 45-94）

233

Ⅱ 土器焼成と生産

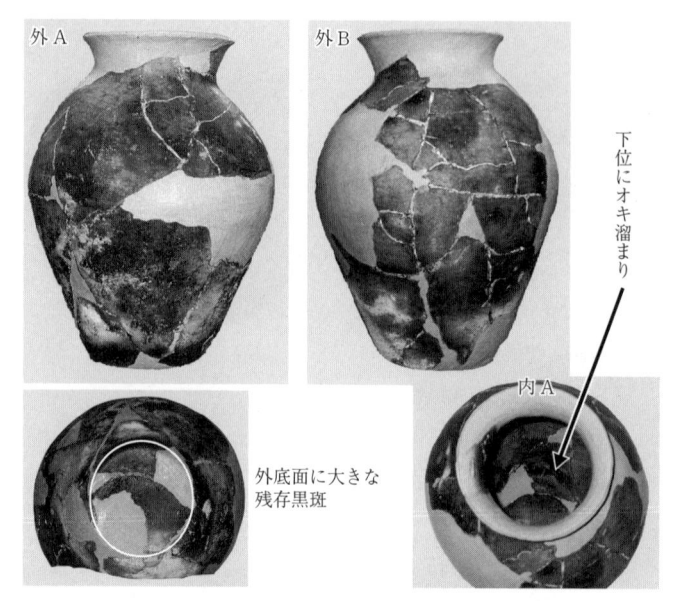

図6 黒色化し、直立から最終段階で横倒しの壺
(生石2遺跡54-3)

　生土器の特徴に、黒色化が挙げられます。表面を黒く焼きあげるものです。この壺をみていきますと、底部に残存黒斑が、かなり広い範囲で残っています。倒したときの接地面ではない方(外B面)の肩部や、外A面に棒状の黒斑が残っています。内A面の胴部下半にオキ溜まり黒斑が付いています。これは薪を差し入れていたのか、焼成中に落ち込んだのかはわかりませんが、やはり直立していたものが、最終段階で倒されて、オキが偏ったという解釈が可能です。これも壺(図3-7)ですが、やはり底部に黒斑があって、内側は胴部下半に偏って黒斑が付き、外は全面真っ黒になっています。これは小型の壺ですけれど(図3-8)、やはり内面の片側(内A面)に、胴下部から中部につながる黒斑があって、外底面にはかなり大きな黒斑があります。これ(図3-9、図7)は小型の甕です。小型の甕も黒色化する率が非常に高いです。あるいは黒色化した後、焼成後赤彩します。これをみても外底部に黒斑が残っていて、内面も黒斑が全体的に残っていますから、倒したかどうかはわか

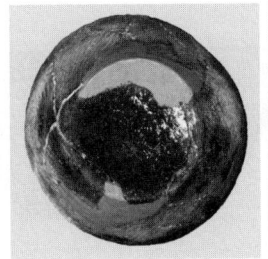

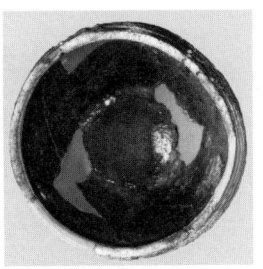

図7 黒色化と赤彩された小型甕（生石2遺跡 52-22）

りませんが、焼成の初期には直立していた可能性が高いと言えます。これ（図3-10、図8）は小型の鉢ですね。これもほぼ例外なく、外底面にこういう黒斑が付き、内底面全体に黒斑が付くか、あるいは、内A面に偏って黒斑が付きます。この器種も黒色化後に赤彩をおこないます。これ（図9）は中型の壺ですけれど、肩部に縦方向の薪接触黒斑が付いていまして、直立していた可能性が高いですし、黒色化をしています。断面をみると中に黒化層があって、その両側は白っぽく酸化していますが、表面内外面にまた薄い黒色層が形成されています。

　こういう土器の野焼きがどういうふうにおこなわれたかということですけれども、さきほどの写真でみたことを整理していきます。甕は14点と数は少ないんですが、6点に1/2以上の底部残存黒斑が残っています。内面のオキ溜まり黒斑も踏まえて考えると、当初直立していたものが最終段階で横倒しになっていて、その後、底部がよく酸化していたものについては黒斑が残らなかったけれど、酸化しきらなかったものは底部に黒斑が残ったと考えられます。特徴的なのは壺と鉢です。壺は3点しかないですが、底部のほぼ全面に黒斑が残っています。鉢も7点中6点については、半分以上（1/2～全面）の黒斑が残っています。これらの器種は黒色化処理をします。生石2遺跡では、このうち63%（91点中）で赤彩が確認されています。この野焼き方法を復元するには黒色化が一つの鍵になると思います。底部外面の接地面黒斑と同時に、内A面（設置面側）のオキ溜まり黒斑をみていきます。甕類は相対的に黒色化率は低いんですが、壺より内面のオキ溜まり黒斑の付く位

Ⅱ 土器焼成と生産

外A

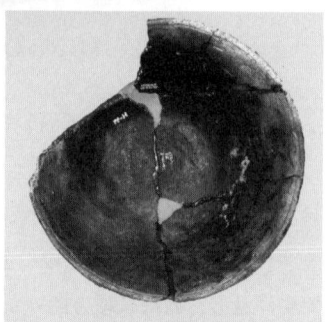

図8 黒色化と赤彩された鉢 (生石2遺跡 32-22)

縦方向の薪接触黒斑

図9 黒色化された壺 (生石2遺跡 54-17)

置が全体的にばらついています。上部に付くものが4点、中部が3点、底部から下半に付くものが3点です。壺や鉢の内A面のオキ溜まり黒斑は、ほとんどのものが底部から胴下部に付く、つまり内A面の黒斑が下位に偏ります。こういった要因を考えると、一つは器形ですね。甕の最大径はかなり上の方にありますから、倒したときに中に入ったオキが上の方まで崩れていきます。それに対して、壺は最大径が中位にありますから、倒したときに、上まではいかなく、せいぜい真ん中までしかいかないからと考えることができます。小型鉢は器形的に倒しにくいものです。もう一つの要因は黒色処理だと考えます。さきほど小林さんは、開放型野焼きの黒色化処理について、取り出すという行為を民族誌を参考にしながら挙げておられましたが、取り出さなくても野焼きの終盤段階で燻すという作業で黒色化は可能です。生石の例はまず直立して土器を焼き進めて、終盤に直立したままで燻しをかけて、それから野焼きの温度がある程度下がった状態で横倒しにするという過程を復元すれば、整合的に解釈できるのではないでしょうか。壺や鉢、つまり黒色化するものに、底部外面に大きな残存黒斑が付くことと、内A面のオキ溜まり黒斑が下位に偏るということ、黒色化層の吸着が浅いことを、そのような仮説を立てれば解釈し易いのではなかと思います。倒すタイミングの違いということです。この辺はさらに実験で検証していかなければなりません。

　(2)　弥生中期の野焼き

　今度は中期の例をいくつか紹介します。宮城県名取市の原遺跡は、中期前葉の再葬墓の壺棺が多く出土したことで有名です。この土器（図10-3、図11）をみても胴部に薪接触黒斑がたくさん付いていますし、内A面には白斑ですけれども、オキが溜まった痕跡があります。底部の外面はよく酸化していて、最終段階に横倒しになっていた例です。壺棺は非常に大型のものが特徴ですけれども、肩部と頸がすぼまるところは、焼成初期の煤が最終的に酸化しにくい部分で残存黒斑が残ったり、U字形や、2個1対になるような典型的な薪接触黒斑がみられます（図12）。底面側に残った黒斑がみられる（図12下）。こういう大型のものも、直立から横倒しをしていると考えられます。

Ⅱ 土器焼成と生産

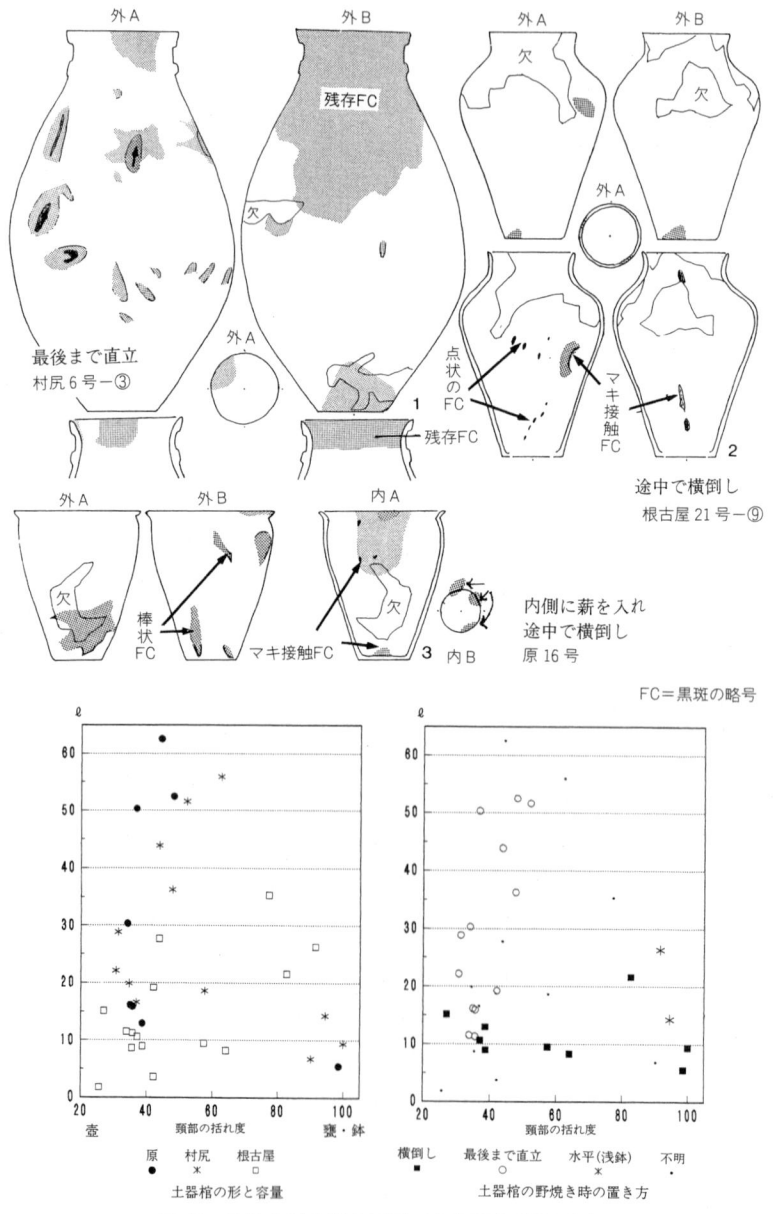

図10 弥生中期土器の黒斑（小林ほか2001より）

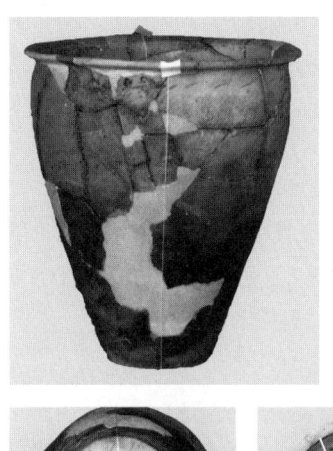

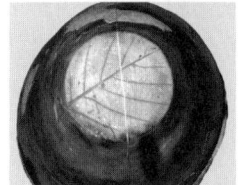

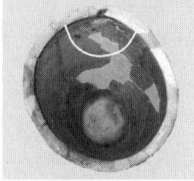

東北地方における覆い型野焼きの受容

図11　横倒しの土器（原遺跡16-20）

肩部に薪接触
黒斑

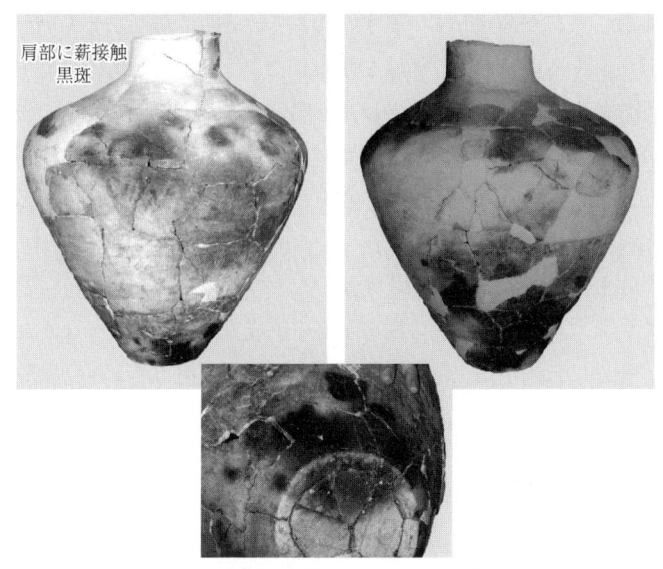

図12　直立から横倒しの壺棺（原遺跡）

Ⅱ 土器焼成と生産

　宮城県仙台市の中在家南遺跡(図16・17)は、弥生時代中期中葉の低地に位置する集落跡です。中在家南遺跡の土器はごらん頂いているような黒っぽい土器が非常に多いわけです(図17)。それと薪接触黒斑のある大型の壺なんかもみうけられます。報告書のデータですけれども、黒色化率が非常に高い、特に在来系統の小型の甕であるとか、高杯、鉢、蓋類については黒色化率が7割から8割となっています(図13)。報告書では、甕にも黒色化率が高いと書かれていますが、煮炊きの煤と区別が付きにくく、それらも含めたものらしいので、本当に甕がこんなに黒色化されているというようなことは、おそらくないと思います。赤彩率については、文様をたくさん入れる小型の甕であるとか、高杯、鉢類については、だいたい3割から5割くらいです(図15)。これらは、観察できたものですから、実際はもっと赤彩していたはずです。黒色化についても、明瞭な黒色化はわかるんですが、褐色だとなかなか評価しにくいです。こういったものも含めれば、かなり黒っぽく焼きあげる野焼きが、東北の中期弥生土器の特徴といっていいかと思います。これは(図16)中在家南遺跡の土器ですけれど、やはり壺の肩部に薪接触の黒斑があり、底部が酸化しています。ここでは詳しくふれませんが、樹液をふり掛けた、あるいは内面に樹液を塗布したような土器が出ています。樹液塗布と開放的な雰囲気の野焼きとは対応関係にあるということを、先ほどの小林さんも民族誌の分析等から言われています。高杯類(図17)は非常に丹念に黒色化して、こういうような赤彩をしている。小型の甕にも同じようなことをしています。

(3)　弥生後期～古墳前期の野焼き

　だいたい東北の弥生前期～中期の土器の焼成方法はこのようなかたちですけれど、後期に天王山式土器があります。福島県白河市の天王山遺跡の土器も観察しましたが、少なくとも西日本のような、密閉度の高いような覆い型野焼きはされていません。それでは、いつ覆い型野焼きが採用されるのかということですが、今回図として挙げたものは、山形県鶴岡市の畑田遺跡です。低地の集落遺跡で、北陸北東部と関連の深い土器群が出ています。布留式併行期で、東北地方では塩釜式土器とよばれています。こういう土器が分

東北地方における覆い型野焼きの受容

図13 中在家南遺跡の器種別黒色化率
（報告書データより）

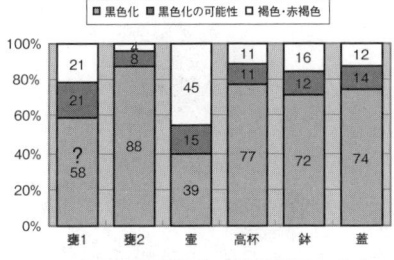

図14 中在家南遺跡の器種構成比
（報告書データより）

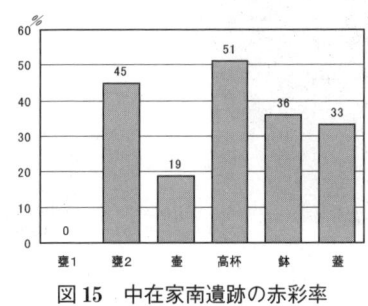

図15 中在家南遺跡の赤彩率
（報告書データより）

布する地域は、だいたい覆い型野焼きと解釈できるような特徴をもっています。具体例をみていきます（図18-1、図19）。写真左上の外A面には胴部下半に楕円形の黒斑があります。ここには昨日お話があった吹きこぼれ痕が、明瞭にみられます。外B面に少し形が不規則になっていますけれども、覆いの接触黒斑があって、その周囲にオレンジ色の火色が発達します。火色の中には、草燃料の痕跡を示す、筋状の火色というものもいくつか認められる。内A面（設置面側）の胴部下半に、オキとか灰が溜まってできた黒斑が付いています。甕の形は球胴化しつつあります。他に2点例（図18-2・3）を挙げていますけれども、同じように外A面の胴部下位に円形の黒斑があって、内A面にオキ、灰が溜まった黒斑があります。典型的な覆い型と認定して良いでしょう。東北南部の塩釜式土器の分布圏では、その後も古墳時代を通じて覆い型野焼きをやっていきます。

241

Ⅱ 土器焼成と生産

直立→横倒し

図16 薪壺（中在家南遺跡）

図17 黒色化・赤彩された高杯と小型甕（中在家南遺跡）

東北地方における覆い型野焼きの受容

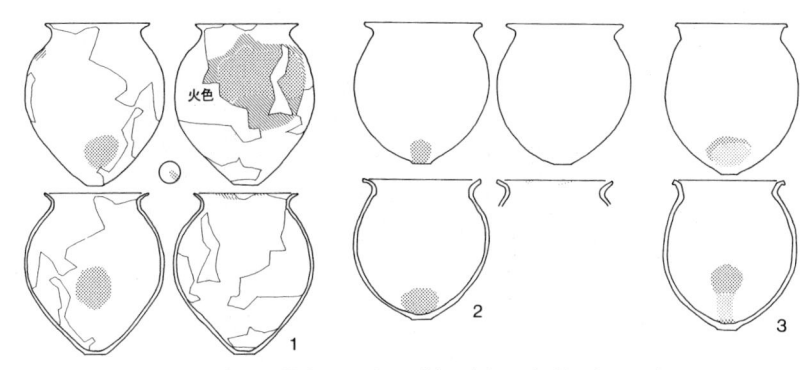

図18 古墳前期土器の黒斑（鶴岡市畑田遺跡）（S＝1/8）

3. 東北北部の野焼き

　では、東北の北部、具体的にいうと、岩手県中部から青森県、秋田県にかけての地域はどうか。ここでは、5世紀後半の青森県八戸市の田向冷水という遺跡を紹介します。これは未報告資料ですから、まだ具体的な分析はできませんけれど、竈をもつ竪穴集落があって、石製模造品が出たり、関東系の土器であるとか、一方で北海道の北大式土器が共伴している興味深い資料です。甕や壺をみると、薪接触黒斑がいっぱいあって、開放型野焼きをしています。しかし、5世紀代ですから、小型の椀類が出てきますが、そういうものにスリップ赤彩を施したものがあります。弥生時代は、中在家南遺跡などで見たように、黒色化したあと、焼成後に、何らかの溶剤を使って、ベンガラを塗布するという手法が一般化していたんですけれども、この頃はスリップ赤彩が行われました。ただ典型的な覆い型野焼きを採用しているのではなくて、在来的な、薪をたくさん使う、開放的な雰囲気の野焼きを行なっているようです。同じく八戸市に根城遺跡という、中世の南部氏の館跡で有名な遺跡がありますが、そこには6世紀末から7、8世紀にかけての集落があります。7世紀というのは東北の南部で、移民系の集落がたくさん出てくる時期です。東北北部の土器にもこの頃から杯類をはじめとして、内面黒色土器、内黒土師器が普遍化してきます。これらの多くは草燃料に伏せて焼く野焼きが復元できます。もし、それが認められるなら、内外のコントラスト

243

Ⅱ 土器焼成と生産

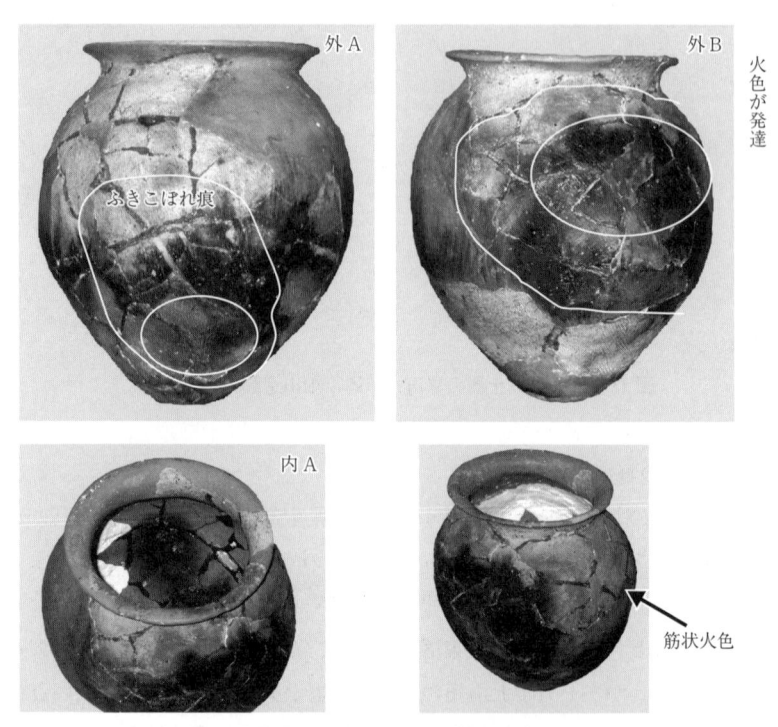

図19 覆い型野焼きの土器（畑田立会76-20）

を強調する内黒土師器の採用を契機に草燃料の利用が、野焼きの中で促進された可能性が考えられます。つまり、技術的な面からみると新しい土器様式の採用が野焼き方法を変化させていったのではないかということです。これは根城遺跡の6世紀末から7世紀初めくらいの小型の壺の例（図20）ですが、内面黒色処理をしています。外底面に黒斑、その周囲に火色があって、筋状の火色や、黒斑も筋状になっているところがあります。おそらく草燃料みたいなものが利用されているだろうと考えられます。長胴の甕類は（図21）、後で紹介する上田面遺跡の例と共通して、薪の接触黒斑がたくさん観察されます。壺には器形にあった楕円形の草燃料の可能性が想定できる黒斑も登場しています。内黒椀（杯）は（図21）口縁部の外面に黒斑が不規則にはみ出すタイプのものです。次に、7世紀後半から8世紀前半の岩手県二戸市上田

244

東北地方における覆い型野焼きの受容

図20 イネ科草燃料を利用した焼成（根城SK134）

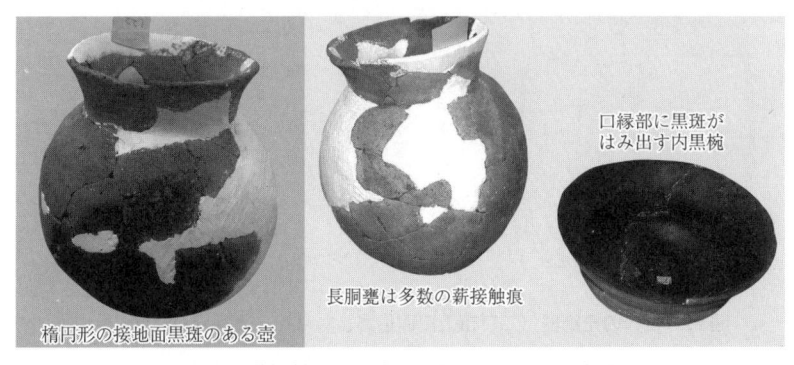

図21 薪接触黒斑と楕円形黒斑のみられる土器

面遺跡の土器を紹介したいと思います。非常に長い長胴甕で（図22-4）、外A面に楕円形がちょっと崩れたような黒斑があって、上向き側（外B面）にも、たくさんの薪の接触を示すような棒状の黒斑が認められます。この土器群の特徴は、色むらが非常に大きいことです。かなり酸化の良かったと思われるところ（外A面胴部下部）には、赤褐色の部分がある一方で、外A面上半部では灰色をしているように、一つの器面の中で非常に色むらが大きいで

Ⅱ 土器焼成と生産

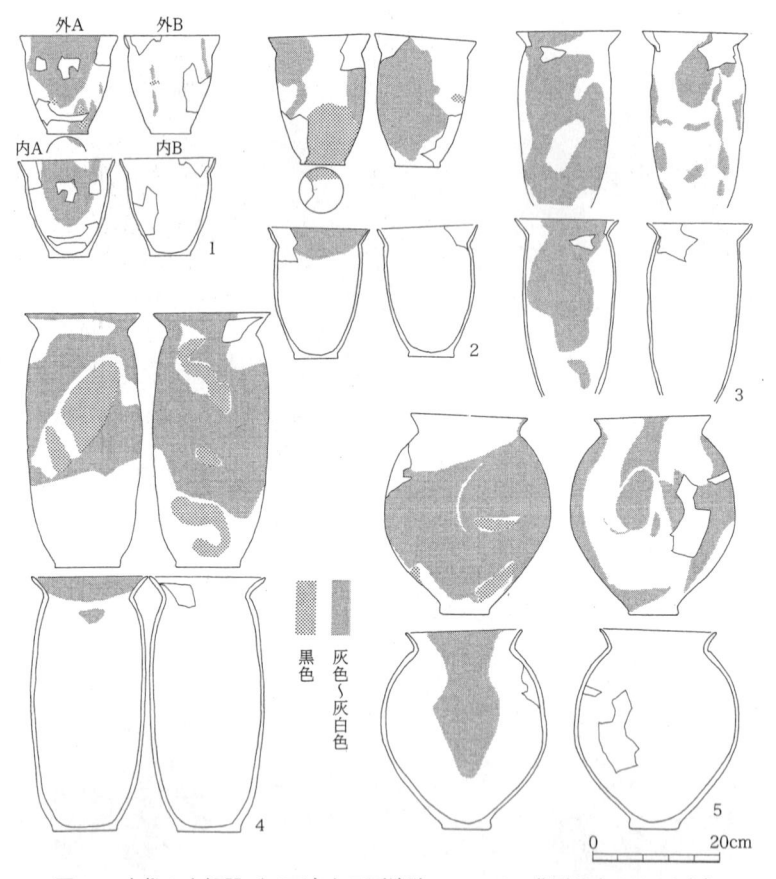

図22 古代の土師器（二戸市上田面遺跡、S＝1/8、北野ほか2005より）

す。内面には薪を差し入れたような痕跡はなくて、上半部の方にオキが崩れ落ちて、少し入り込んだような、白斑が認められるような例が多いです。これ（図22-3、図23）もそうですね。灰色とよく酸化した部分（白色、赤褐色の部分）が共存しています。設置面側は、内面の白斑で判断しているのですが、外A面と、外B面に、薪の接触痕、あるいはよく酸化しなかった部分があって、外面側（外B-A面、外A-B面）の両面、あるいは片面によく酸化した部分が付くのが、長胴甕の典型的な例です。長胴甕は横倒しに設置しています。壺ですけれども、この壺（図22-5、図24）は、横倒しに近いものですが、

246

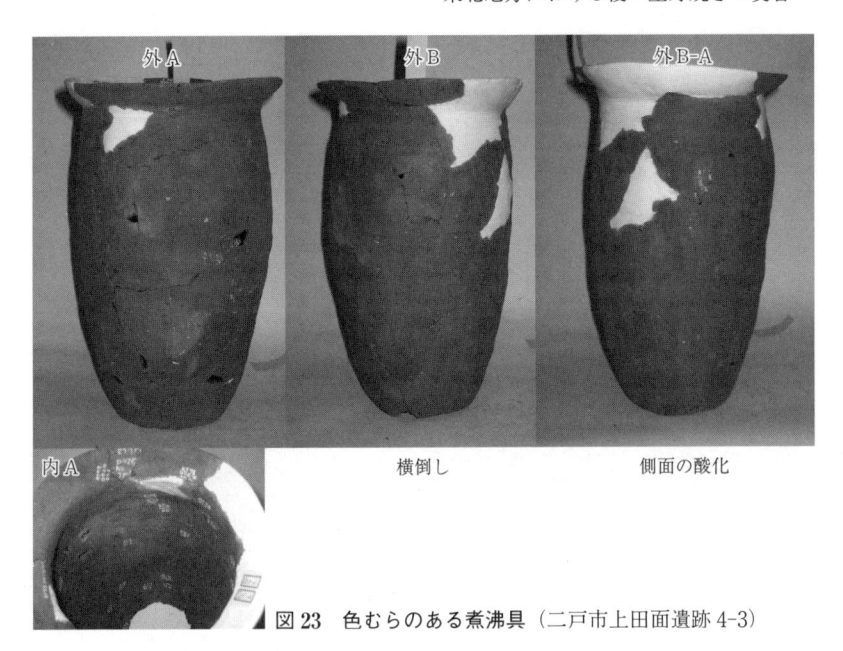

東北地方における覆い型野焼きの受容

図23 色むらのある煮沸具（二戸市上田面遺跡 4-3）

　器形によっては弥生土器のように、ちょっと口が斜めに傾くような置き方をしているものもあります。設置面側（外A面）が灰色になって、酸化部の中にも薪の接触黒斑があります。外B面もそうですね。均一にはならないで、不規則な黒斑、白斑がたくさん付くのが特徴です。二戸市長瀬B遺跡の8世紀の長胴甕も、全体に灰色っぽい色調をしていることが特徴です。そういうところに明瞭な棒状黒斑がたくさん付いています。
　野焼き方法を整理しますと、外面側というのは設置面（A面）も上向き側（B面）も共に薪の接触痕が非常にたくさんあります。色むらが非常に大きいことと考え合わせましても、上部を全体にイネ科の草燃料で完全に密閉するような覆いは、少なくともしていない。それは火色がほとんどないことや、覆い接触黒斑がないことから言えます。それに対して、設置面側は若干の例で草燃料を置いていた可能性が想定され、内面黒色土器の野焼きにも考えられたことです。
　そのような状況の中でいくつか条件を変えて実験した例です（図25）。ス

247

Ⅱ 土器焼成と生産

図24 色むらのある壺(二戸市上田面遺跡4-5)

スキみたいなもの、アシ・ヨシでも良いんですが、上面に掛けて、薪をたくさん使って野焼きした実験の例です。密閉度がこのままですと非常に低いわけです。焼成中に大きな穴があいて、燃焼した薪は土器と土器の境目のところにいっぱい落ちてきます。被覆材として重量のかかる、泥みたいのものがありませんから、上側にも、覆いの密着黒斑がほとんど付きません。横倒しにしているので、底部側にもそんなに大きな残存黒斑は付かない。このような密閉度の低い野焼きの中で、一部草燃料を使うような野焼きとして、例えばこのような条件も考えられます(図26)。薪燃料を土器の周囲にたくさん立てかけておいて、薪への着火とそれが急激に燃え上がるのを防ぐために、草燃料みたいなものを周囲に置いたり、途中で投入していく。さきほどの発表に民族例に近いものがありましたけど、こういうふうな焼き方ですと、薪燃料多用型ですから、部分的にはよく酸化しますけれど、オキが溜まったところなどに、還元雰囲気の所ができます。オキの熱の強いところは白斑になりますが、火回りが悪ければ、むらのある黒斑になる確率が高いと考えられ

東北地方における覆い型野焼きの受容

図25 ススキを利用した密閉度の低い覆い型野焼き実験

図26 薪燃料を多用した半開放型の野焼き実験

249

Ⅱ 土器焼成と生産

ます。こういう事例をみていきますと、さきほど小林さんが夜臼式土器の野焼き方法の特徴の中で、それ以降の覆い型の野焼きと比べて、薪を多用することや、覆いの密閉度が低いことと、ある意味通じるところがあります。ただ根本的に違うのは、火色が出現してこないということ、全体的な火回りが夜臼の場合は相対的に良いことです。そういうものに比べて、東北北部の7世紀以降の野焼きは、たとえ覆いがあったとしても、密閉度が高く、火回り（蓄熱効果）の良い野焼きではなかったと考えられます。

4. 東北地方の野焼きの展開

ここで、東北地方の野焼き方法の展開を考えたときに、野焼きピットというものをとりあげてみます。東北南部、福島県から宮城県では8世紀初めくらいから、須恵器の窯場に付属したり、あるいは非内黒土器が先駆的に焼かれるところで、野焼きピットを伴うような土師器生産が確認されます。東北南部では、すでに覆い型野焼きは普及しています。典型的な覆い接触黒斑が残り、設置面側にもかなり大きな楕円形黒斑が残るような薪燃料節約型です。それに対して東北北部、今みてきた地域では、8世紀代でもこういった野焼き遺構は確認されていませんし、これまでみてきた黒斑の特徴からも、薪燃料多用型の野焼きがおこなわれていただろうと思います。遺構あるいは土器の黒斑からみていきますと、9世紀代以降にロクロ土師器が登場してきますけど、その頃に覆い型野焼きを採用していったことを窺い知ることができます。

以上のことを踏まえて最後にまとめていきます。まず、東北の南部では、古墳時代前期に覆い型野焼きを受容した。弥生時代には、さきほど初期の弥生土器の例で示しましたように、基本的には開放型の野焼きです。それは黒色化を一つの技術的な前提として、開放的な雰囲気の中で直立したまま、黒色化して、最終段階で倒すという野焼き方法を復元しました。東北の弥生時代というのは生業や葬送など文化の多くの面で西日本と違いがありますが、南部ではやがて古墳を築く社会になるわけです。そういう時期に覆い型野焼きを受容したことをおさえておきたいと思います。また、東北の北部は、6

世紀から内黒土器が登場し、あるいは7世紀には関東系の土師器というものが入ってきます。関東系土師器は非内黒で関東では覆い型野焼きで焼かれています。このような技術的な変化の背景としては、移民集落に象徴されるような人やモノ、情報交換の活発化が要因の一つと考えられます。もちろんそれ以前に変化があったことを否定するわけではないですけれども、少なくともこの時期からは明確化してきます。さきほどの田向冷水遺跡や上田面遺跡のように、スリップ赤彩や内面黒色土器といった新しい焼物技術の採用を契機に、在来伝統を残しながら野焼き方法が変化していったのではないかと考えます。

　それが9世紀代に入って、焼成ピットを伴う覆い型野焼きというものを受容していく。そこには野焼き技術の変化にとどまらない土器生産体制の変容があったと考えています。さきほど開放型か覆い型かについての概念規定がありましたが、夜臼の例も含めて二者択一では捉えきれない野焼き方法というものがありそうです。東北北部もその一つの事例でしょう。なぜ東北地方で弥生時代に、あるいは東北北部で古代に典型的な覆い型野焼きが採用されなかったかについては、いろいろな側面から解釈が可能だと思います。弥生土器の生産に覆い型野焼きの受容が促進しなかった理由は、生石2遺跡の例で説明したように、土器の視覚情報を規定する黒色化が、野焼きの技術的な側面において非常に重要視されたからではないかと考えました。もちろん作りや赤彩方法の伝統という側面もありますが、ここでは黒色化という側面を強調しました。自然環境や生業要因の面からみますと、東北の植生には豊富な落葉広葉樹があります。今頃東北へ行きますと里山は紅葉が終わり、落葉して丸裸になった山の中は歩きやすくなります。そういう豊富な薪燃料のある環境の中で生活しています。あるいは集落とか生業環境について、弥生時代の例ですと、さきほどの弥生前期・中期の集落は、水田農耕を一定程度するために、平野部におりてきますが、石器組成などいろいろな考古資料の全体の構成をみていくと、西日本の社会ほど水稲農耕に比重をおく社会ではなかったとみられます。あるいは、北東北は弥生前期・中期には水稲農耕を示す遺跡はありますが、その後は長く不明となります。そういう生業環境の中

Ⅱ 土器焼成と生産

で、薪を多用するようなあり方や、草燃料に比重をおかない野焼き方法の伝統が続いたと解釈しています。そして、北東北のさらに北には北海道島があって、続縄文土器あるいは擦文土器のように、覆い型野焼きとは異なる別の野焼き世界が続いているわけです。

質疑応答

若林:北野さんどうもありがとうございました。多様なありかたを示す東北地方の土器焼成方法ですが、覆い型と呼べるものもあるし、そうでないものもあり、さらに覆い型野焼き自体にもパターンがある、というお話でした。質問については、方法や技術的なこと、事実関係に関わらず、後の討論のヒントになることでもかまいません。何か質問はありませんか。

中村:岡山の中村です。直接技術的な問題やそういったことに関わらずに、本題からはずれるかもしれないですが、東北の弥生土器併行期に黒色化に固執することは、弥生土器に対する差異化というような、アイデンティティーを示すような態度がとられたということでしょうか。

北野:土器の色調とか文様の役割をどう捉えるかというようなことだと思うんですが、実用的な機能というのは、黒色化には認め難いので、中村さんが考えておられるように、アイデンティティーというか、土器の機能の重要な要素である象徴性というものを表現するために、黒色化したと、考えざるを得ないかと思います。技術的には別にやらなくても大丈夫でしょうし、黒色化することによって焼きしまりがよくなるとか、そういうことではないと思います。

若林:今回の発表の事例からははずれますが、東北の土器を数多くみておられると思います。弥生時代あるいは、弥生時代併行期以降のいろいろな焼成方法のバリエーションについて検討されていますが、それより前に、つまり縄文時代に、一般的には開放型野焼きといわれている中に、弱い覆い型といいますか、不完全な覆い型野焼きと表現されているようなものがありそうな痕跡は東北地方にみられないですか。つまり、縄文時代の焼成方法のバリエーションと、弥生時代以降(典型的な覆い型野焼きを含まない)のバリエーシ

ョンは変化しているのか、あるいは同質なものかということです。

北野:縄文時代中期のもので非常に明るく、赤っぽく焼くものがあります。後晩期から黒色化は盛んになりますけれども、こういった変化は列島規模のものですし、地域単位でも時期差や小地域差はあると思います。それぞれ焼成方法に違いがある可能性もありますが、縄文野焼きの多様性については、ちょっと私にはわかりません。

若林:ありがとうございました。

参考文献

岡安雅彦 1999 「弥生の技術革新 野焼きから覆い焼きへ」『弥生の技術革新』安城市歴史博物館

小林正史ほか・北野博司・久世建二 2001 「東北地方の初期弥生土器の野焼き方法」『日本考古学協会第67回総会研究発表要旨』p61-64

北野博司・小林正史・島原弘征・西澤正晴・福島正和・村田淳 2005 「古代の土師器の野焼き方法―岩手県二戸市上田面遺跡―」『日本考古学協会第71回総会研究発表要旨』203-206頁

韓国無文土器の焼成技法
―黒斑の観察と焼成遺構の検討から―

庄田慎矢

1. はじめに

　今日私がお話したい内容ですが、最初に韓国における土器焼成に関する先行研究をざっとおさらいしまして、次に実際に土器に残された黒斑などを中心とする焼成痕の分析を行います。その後に遺跡で確認された土器焼成遺構とされているものを検討いたします。それと、今私も困っているところなので今日皆さんのアイディアを頂きたいところなのですけれども、いわゆる焼成粘土塊が本当に覆い型野焼きの覆いが焼き固まって出来たものなのかどうかという問題を提起したいと思います。そして最後に現時点で把握される無文土器焼成技法の変遷についてお話します。

　皆さんもご存知の通り、この時代のことを無文土器時代と呼んでいる方が日本では多いんですけれども、韓国ではどちらかというと青銅器時代という呼び方をすることが一般的です。ここに「青銅器時代（無文土器時代）」などと書いてお茶を濁しておりますけれども、どれくらいの時期を言うかといいますと、だいたい縄文後期の終わり頃あるいは晩期から弥生の中期くらいまでの時期のことです。暦年代ではいろいろ意見が分かれますが、私の立場といたしましては、紀元前二千年紀の終わりの方から紀元前1世紀頃までを青銅器時代としておきたいと思います。

2. 韓国における先史土器の焼成に関する先行研究

　先ほど申し上げた通り、まず先行研究を簡単におさらいしておきます。土器に対する化学分析が80年代に崔夢龍先生などを中心に行われるのですが、今日鐘ヶ江さんが発表される内容にかなり近い、土器に含まれる鉱物の状態

あるいは種類などを調べて、それをもとに焼成温度や原産地を推定するという研究がなされております。その集大成とも言える本が1998年に出ております（崔・申1988）。ところが、私が今日問題としたい焼成技法については言及されておりません。

次に、土器の焼成遺構が90年代になって抽出されていきます。李起吉さんという方の本を読みますと、アフリカの民族誌を援用して、新石器時代の積石遺構、敷石遺構と言ってもいいと思うんですが、こういったものの中にそれと似たものがあるので、土器を焼いた施設なのではないかということをいくつか具体例を挙げて示されています（李1995）。それを受けまして、実際にこれを実験でやって土器を焼成するという研究も登場しました。これが金希燦さんという方の研究ですけれども、実際にそうした新石器時代の遺跡から出てきた遺構と似たような施設を作りまして、そこで焼成実験を行いました。単に焼いてみるというだけではなくて、混和材の入れ方によって収縮率がどう変わるか、あるいは私達が開放型の野焼きと言っている方法ですけれども、そういう野焼きによってどれくらいの温度が得られるのかということを、温度計を用いて科学的に実験されています（金1996）。それから次に、発掘現場において非常に優れた観察を行った方がいらっしゃいます。金賢さんという方です。この方が有名な大坪遺跡を掘りながら、土器を焼いた遺構ではないかというものを確認します。どういう基準で認定したかと言いますと、ここにある四つのことから、これは土器を焼いた施設であるということを言っているわけです。つまり、遺構の規模に比べて多量の土器片が出土する。焼成不良と判断される土器がこういったところからよく出る。あるいは多数の土器片とともに被熱痕のある石が多く出てくる。さらには、床や壁が焼き締まっていて、埋土には炭や焼成粘土塊、金賢さんの言葉で言うと草圧痕付き焼粘土が含まれる。こういったことを総合的に判断しまして焼成遺構の抽出を行ったわけです（金2002）。

一方日本では土器に付いた黒斑について、実物に基づいた記録と解釈という研究が進められていまして、今日もおいでになっていますが、小林先生らのグループによってまず無文土器の観察が行われます。中期と後期の無文土

Ⅱ 土器焼成と生産

器について観察が行われたんですけれども、同じ覆い型野焼きにおいても被覆材や焼き方の細部で違いがあるという指摘を小林先生は、早くからされています（小林ほか2000）。次に、長友さんあるいは小林先生や私が共同でやった研究があるんですけれども、これは先ほども紹介しました韓国嶺南地方の大坪遺跡などの資料と、それまで蓄積されてきた北部九州における弥生の早・前期の焼成方法というのを比較しまして、相当な類似度があるということを指摘したことがあります（長友ほか2004）。また、韓国の資料については大型の甕棺を観察して覆い型野焼きのパターンを確認し（孫・庄田2004）、中期無文土器の焼成痕が同時期の嶺南地方や北部九州のそれに近いという指摘をしたこともあります（庄田・孫2004）。それから、今日午前中に田崎さんの発表がありましたけれども、ああいった分析が韓国の遺跡においても行われておりまして、焼成関連遺物というものを抽出して、そこから土器焼成場を認定した上で集落内の構造把握に利用し、土器の生産体制が時期によってどうやって変わっていくのか考えるという新鮮な研究をされたこともあります（田崎2005）。以上が、非常にざっとですけれども韓国において土器焼成の研究が行われてきた経過ということになります。

3. 無文土器に残る焼成痕の検討

それでは実際に具体的な分析について紹介していこうと思います。土器焼成技法の研究と言っておりますけど、実際にどうやって研究していくんだという話になります。先ほど小林先生は無心に土器だけ見ていてもわかりはしないんだという話をされましたけれども、基本は当然、遺物や遺構、ここで遺構というのは焼成遺構を言っているんですけれども、こういったものを裏付けにします。地域的な問題、時期的な問題がクリアされていることは勿論なのですけれども、これをどうやって焼いたんだろう、どういう意味があるんだろうと解釈する際に、色々な方法を援用する必要があるわけです。例えば民族誌を小林先生もよく使われますけれども、民族誌から得られた所見によって直接的に何かヒントを得て解釈につなげることもあるし、あるいは民族誌からアイディアを得て、こういう実験の条件を設定してみようというこ

韓国無文土器の焼成技法

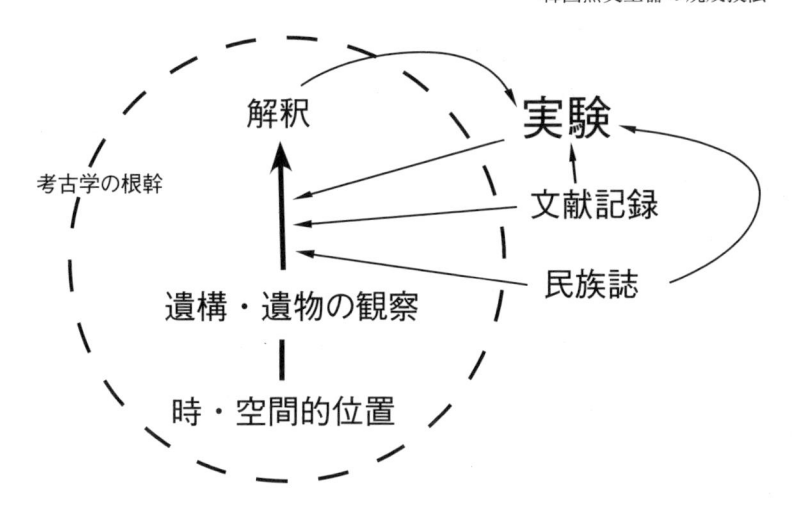

図1 土器焼成技法の考古学的研究方法

ともあります。あるいは文献記録です。古い時期の土器焼きについて非常に断片的な文献記録もありますが、そういったものを基に解釈してみたりもするわけです。もしくはやはりそれを実験の条件設定に活用したりするということになります。それから、実験を通して遺構・遺物の、観察する前提を作っていくわけですけれども、その得られた解釈をもとに再びそれが正しいのか、どういう条件の差があるとどういうふうに変わるのかといったことを反復して研究することになります。図1に実験という文字をなぜ大きく書いたかといいますと、民族誌あるいは文献記録というのは一過性のものであるわけですが、実験というのは繰り返し条件を変えて何度でも反復して実行できるという面があるので、やはり実験研究というのが重要になってくると思うからです。今お話した内容を整理して絵で描きましたけれども、これは別に僕のオリジナルではなくて、小林先生や北野先生が何年も前から現場で示されていることを自分なりに整理しただけです。

それで実際に出かけていって黒斑の記録をするわけですが、今回題材としましたのは渼沙里遺跡出土の前期無文土器、ソウル大学校の博物館と高麗大学校埋蔵文化財研究所の資料を観察しました。中期無文土器に関しましては

Ⅱ 土器焼成と生産

寛倉里遺跡の出土土器を高麗大学校で観察しました。韓国の研究者にも参加してもらって、ああだこうだと議論しながらやる形式でやったわけです。どういった記録を取るのかについては、ご存知の方も多いと思いますし、さっき北野先生が説明されたので詳しくは省きますけれども、土器を外面と内面およびそれぞれの向かいという4面を記録します。実測図をもとに縮尺4分の1図面を作りまして、どの部分にどういった黒斑、どういう特徴が見られるかということを実測して記録していきます。

記録作業が終わりますと、次にそれをどういうふうに解釈するかということに話が移るわけです。まず、野焼き方法の種類について最初に整理しておく必要があります。田崎さんは私たちが「開放型野焼き」と言っているものを「野焼き」とおっしゃっておりまして、私たちが「覆い型野焼き」と言っているものに「覆い焼き」という言葉を使われています。しかし、私は野焼きという言葉を、窯を用いない焼成方法の意味で使うことにしたいと思います。また野焼きは、イネ科植物などの被覆材を用いた覆い型の野焼きと、覆いを被せない開放型の野焼きというように、概念的には大きく二つに分かれます。ただし今日の小林先生や北野先生の発表にもあったように、それぞれに多様性もありますし、途中から被せてしまうとか、両者の中間的な形態というのが民族誌にもあります。北野先生の発表では考古遺物からもそういったものがあるのではないかと、「半開放型」とおっしゃっていたと思いますが、そういったものがあります。あくまで、覆い型野焼きというのはこういうもの、開放型野焼きというのはこういうものだという固定的なものがあるのではなくて、非常に多様な野焼き方法の中であえて二つに分けるときにこういった区分が可能であるというくらいに考えていただければと思います。例えば、当時の覆い型野焼きではどのような被覆材がどのくらい載っていたか、そんなことは当然ほとんどわからないわけです。

覆い型野焼きの特徴：覆い型野焼きにどういう特徴があるかといいますと、イネ科の植物で覆いを作りましてその上に被覆材をかけます。今回の私の黒斑の分析で重要視したいのは、焼きながら土器を動かせるかどうかというところですけれども、覆いで覆われているために当然覆い型野焼きでは焼成が終

韓国無文土器の焼成技法

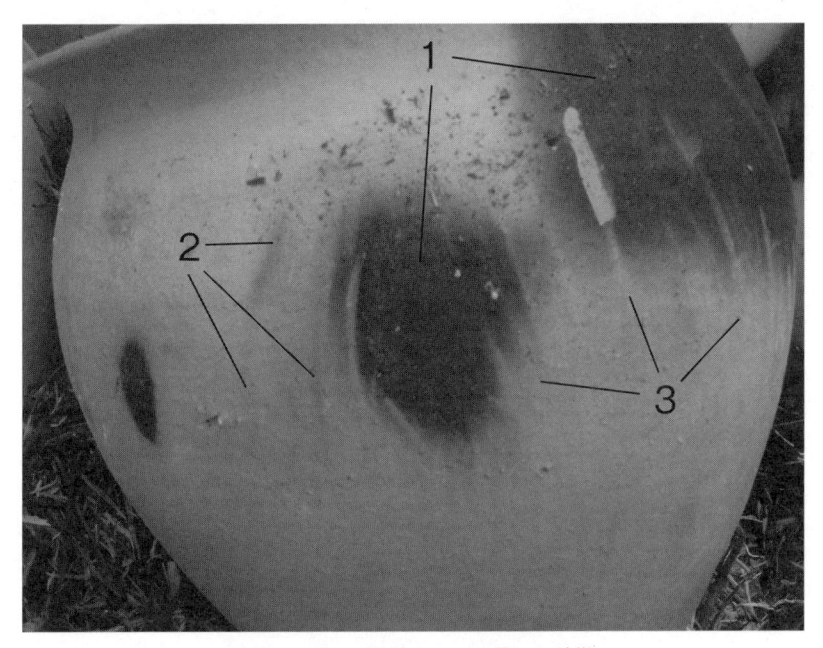

写真1　覆い型野焼きによる黒斑の特徴

わるまで土器を動かすことができません。実験によって、ある程度どういうパターンがあるのか蓄積されてきているわけですが、まず接地面と覆い接触面、そしてオキ溜まり黒斑が付く面の対応関係が、一直線上にきれいに並ぶという特徴があります。それから覆いなどと接触している部分あるいは下に敷いた藁などと接している部分には非常に整った形の楕円形の黒斑が見られます。さらに、今日お話に出たかと思いますけれどもイネ科植物に由来するとされている、火色が観察されることもある、あるいは藁ですから接した部分に筋状の黒斑が残るという特徴が観察されます。実験土器で見てみますと、藁と接してきれいに楕円形になるというのはこういうことを言っております（写真1-1）。火色というのはこのオレンジ部分（写真1-2）になります。境界部分が筋状（写真1-3）になっておりますけれども、やはり藁と接しているために起こる現象です。

開放型野焼きの特徴：次に開放型野焼きと言っているものの特徴についてご説

259

Ⅱ 土器焼成と生産

1：直立して焼成
2：土器を寝かせて焼成
3：(1) の状態で生じた黒斑（下）と
　　(2) の状態で生じた黒斑（上）

写真2　開放型野焼きによる黒斑の特徴

明いたします。もちろん土器の置き方やどういう燃料を使っているのか、どういうタイミングで土器や燃料を動かすか等には無限の可変性があるわけですが、覆いのないものを総称して開放型と言っております。まず、覆いがないために当然土器を外から自由に動かしていける。先ほど黒色化の話がありましたけれども、どの時点で土器をどういうふうに動かしてどういうふうに焼こうというような操作が非常にやりやすいというのが特徴です。開放型野焼きで生じる黒斑のパターンというのもやはり実験の蓄積によってある程度わかってきていますが、その一つとしてオキ溜まり黒斑が複数箇所に生じる可能性があるという点があります。写真2は実験の写真ですが、このうちの47番の土器（写真2-1左側）に注目して下さい。これは土器の中にわざと薪を差し入れてみたものです。最初は立っている状況ですけれども、その後倒してみました（写真2-2）。焼き上がった土器の底部に見えるのはさっき立っていたときに薪が燃えて底の方に溜まった黒斑です（写真2-3下）。もともとこの底部にあったオキが土器を横に倒したことで胴部に移動しましたので、

260

最後まで残ったオキが原因で黒斑がここにできます（写真2-3上）。その後もどんどん加熱されていくわけですが、底部のほうにはオキがもうありませんから、酸化が進んでこういう薄い黒斑になるわけです。最後までオキが残った胴部の方は、黒斑が濃く残っています。土器の口縁部に番号が書いてありますので、焼成時の姿勢との対応関係がわかると思います。

　開放型にみられるその他の特徴としては、全体的にいろんな方向から風が来ますし、不規則な炎の当たり方をしますので、黒斑も全体的に不規則な分布を示すことがあげられます。それから、当然のことながら先ほど覆い型で示した四つの特徴は確認されません。

前期無文土器の焼成痕：こういった目で大きく概念的に二つの野焼き方法を設定できるという話をしましたけれども、それでは次に、具体的な遺物にどういうパターンが見られるのかという話をしたいと思います。まず、前期の無文土器と言っている渼沙里遺跡の土器ですけれども、時期的には大体縄文晩期併行になります。どのくらいの大きさの土器をどういうふうな焼き方をしているかということを判断するためにサイズを分けました。ただ、昨日の議論でもずいぶん小型、中型という単語がたくさん出てきまして、非常に意味を持った言葉になってきています。私の発表ではあくまで便宜的なものであると注意して頂きたいと思います。単にこの遺跡の資料の中でこういうような分け方が出来るという程度です。

　大きさ別に見ていくわけですけれども、図2以降に実測図を示してありますので参照していただければと思うのですが、簡単に特徴を見ていきます。大型と極大型の土器では非常に不定形といえる黒斑の分布をしているわけですが、特に内面において複数箇所に黒斑が存在しています。この土器（図2-2）が一番わかりやすいかと思うんですけれども、内面の複数箇所に黒斑があるというところに注目できます。これは先ほど実験の土器で示したような、焼成過程で土器の姿勢が変わったときに起きる現象であると推測できるわけです。中型を見ますと内外面において不規則に分布している黒斑が観察されます（図2-3など）。小型もやはり非常に内面の広い範囲に及んでいます。それからかなり不規則な黒斑の付き方というのが見られると思います。

Ⅱ 土器焼成と生産

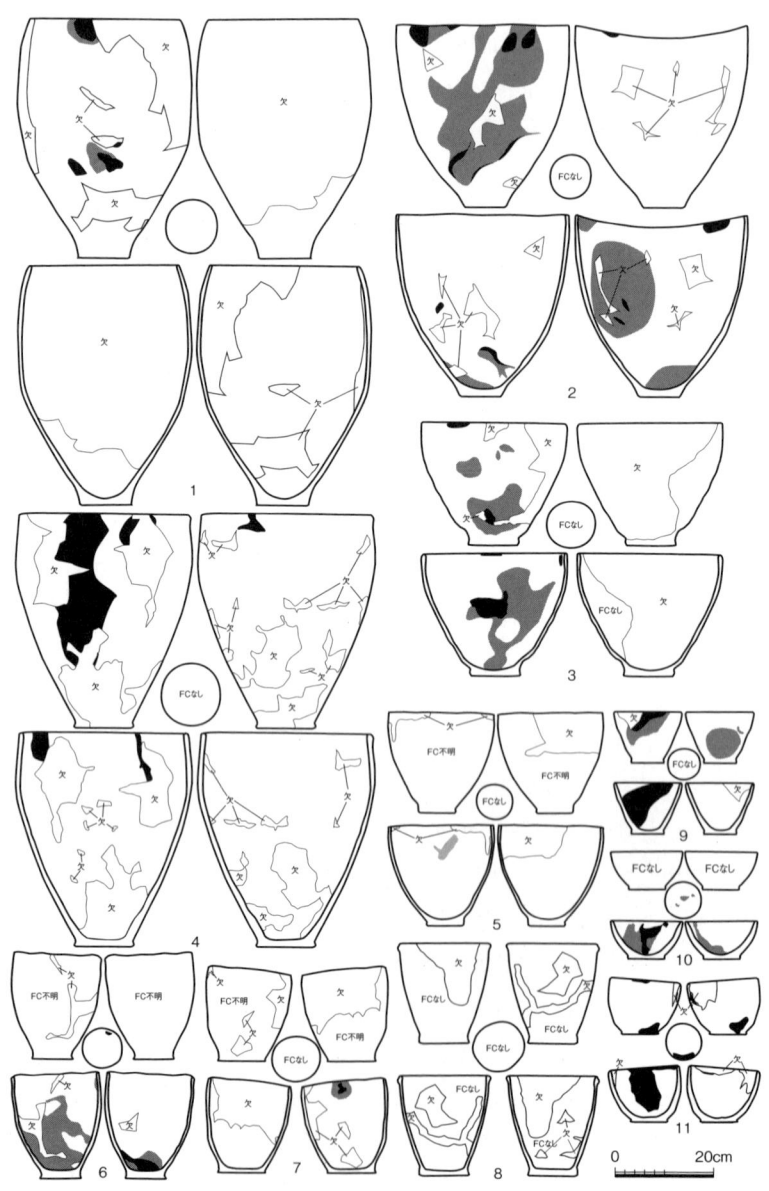

図2 渼沙里遺跡出土前期無文土器にみられる黒斑　その1 (S=1/15)

韓国無文土器の焼成技法

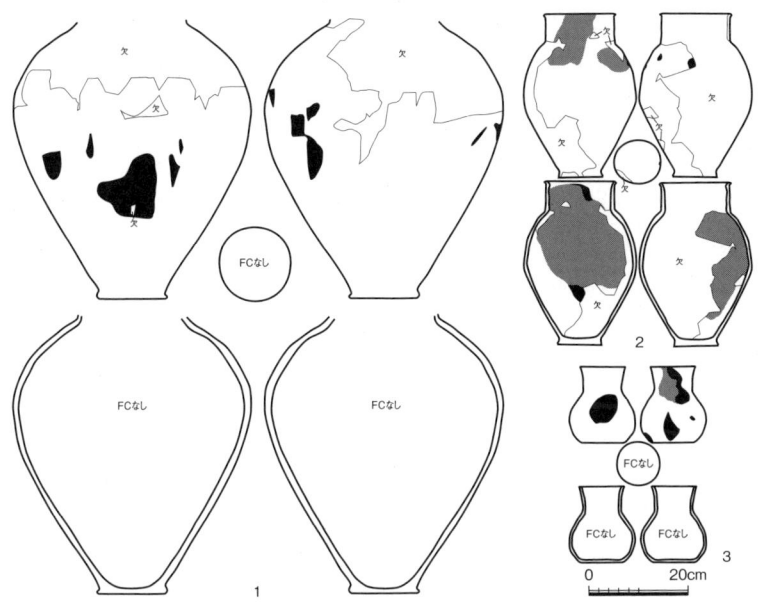

図3 渼沙里遺跡出土前期無文土器にみられる黒斑 その2（S＝1/15）

資料数をもう少し確保したいところですが、限られた中でパターンを抽出しようと思いますと次のようなことになるかと思います。まず側面、側面というのは接地面を正面にしたときの側面という意味ですが、その側面にまで及ぶ不規則な黒斑の分布が見られる。それから色ムラの多い色調をもつ黒斑が見られる。あるいは内面に二カ所以上のオキ溜まり黒斑が見られるといったパターンを照合しますと、これは先ほど申し上げた開放型の野焼きで焼成された可能性が高いであろうという結論を暫定的に下すことができると思います。

中期無文土器の焼成痕：次に中期に移りまして、これは弥生早期から前期併行ですけれども、やはり

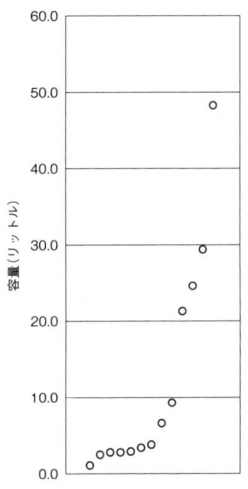

図4 渼沙里遺跡・検討対象土器の容量組成

263

Ⅱ 土器焼成と生産

便宜的にサイズを区切って話をしたいと思います。重要なのは、図5・6を見てもわかるとおり、内湾口縁の甕もありますが、時期が下るにつれて壺も甕も全部外反口縁の土器になってしまいます。器種の認定というのが難しいのですが、一旦そういうものを一括りにして話をしていきます。寛倉里の資料は、どういう事情かわかりませんが大型の資料があまりありませんで、それを援用する意味で、私が韓国で孫晙鎬さんという人と一緒にやった研究で大型の甕棺をいっぱい集めたのがありますが、そのときに見た黒斑のパターンと照らし合わせながらやっていくことにします（孫・庄田2004）。

まず中型です。これは寛倉里の土器ですけれども、ここに深澤さんの大好きなタタキメのある松菊里型土器があります（図5-4）。ここに黒斑が観察されます。どういった特徴があるかといいますと、1個体内の複数の面において、中心線上に黒斑が分布する。どういう意味かというと、例えばこの土器（図5-3）は外A面と外B面の中心のそばにメインの黒斑がきている。他のものでもそうです。それで形態はやや不規則ですが、稀に側面の方まで黒斑が及ぶものもあります。それと胴部の中央付近にこうした黒斑があることから、接地角度を考えますと、横倒しの姿勢で焼かれたことがわかると思います。また、小型土器には非常に面積の広い楕円形黒斑が見られます（図5-7）。こちらは薪から出た炎で黒斑が消失していると思われますが、これ（図6-3）もやはり楕円形の黒斑になります。一方では図5-8を見ますと真ん中ではなくて下の方に寄っていますから、接地角度はちょっと起きている感じになるかと思います。極小型とした、ものすごく小さい土器もありますが、図6-5は底面に黒斑が集中します。上から見ますと真っ黒で底部にも黒斑がある。こういったものは直立して焼かれたと考えられます。

それから先ほど申し上げたように大型あるいは極大型の甕棺について焼成痕を分析したことがありますけれども、大型の土器の場合は中小型に比べまして観察が容易であります。その理由として考えられるのが、器形自体が大きく器体が緩くカーブするので広い範囲に黒斑が付きやすいということが一つと、土器自体が重いために接地面側に非常によく密着してくれるということ。それから図7-1は180ℓある甕棺ですが、こんなものを積み重ねて焼く

韓国無文土器の焼成技法

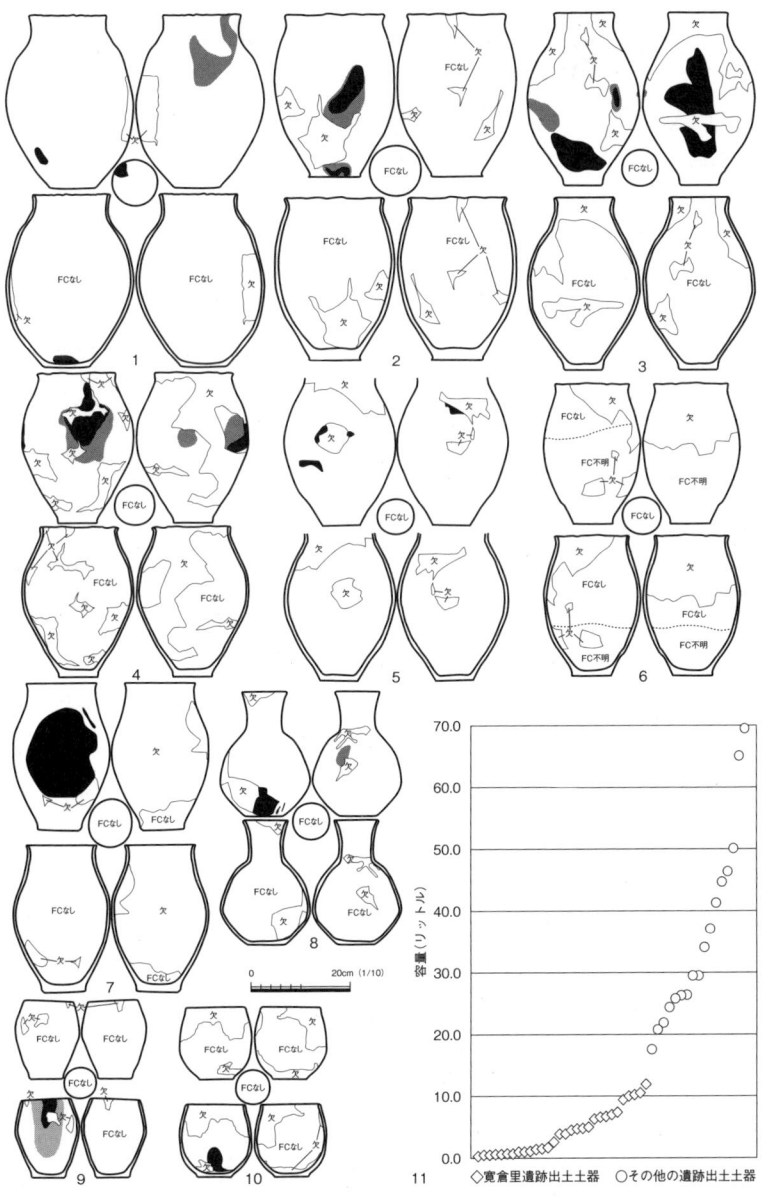

図5 寛倉里遺跡出土中期無文土器にみられる黒斑 その1 (S=1/15)

Ⅱ 土器焼成と生産

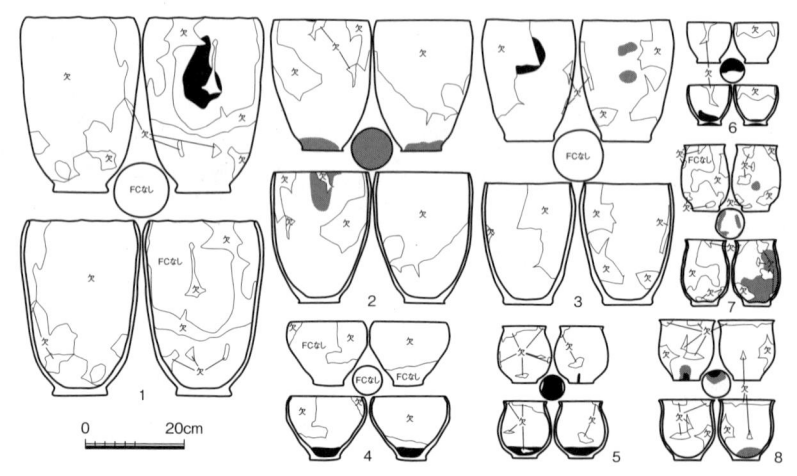

図6 寛倉里遺跡出土中期無文土器にみられる黒斑 その2（S＝1/15）

ことはおそらくないと思われますので、接地面あるいは覆いとの接触面といった対応関係を見せやすいというような資料的特徴があります。この甕棺を見ますと、内面にはほとんど黒斑が見られないので、燃料の差し込みというのはあまり行っていなかったのではないかと思われます。一方外面をみますと、黒斑が非常によく発達しているのがわかります。とくにセットでみますと外A面としたところに楕円形の黒斑がありましてその正反対の外B面に不規則な黒斑が発達するというパターンがいくつかあります（図7-1・2・6）。あるいは、程度の差はありますけれども外A面・外B面ともに不規則な黒斑の付き方を示します（図7-3・4・5・8）。注目していただきたいのは、黒斑が上下面には付いていますが側面に広くは付かないという点で、接地面と覆い接触面とのきれいな対応関係というのがはっきり見えるわけです。

　資料蓄積が必要なのはいうまでもありませんが、中期無文土器に見られる黒斑の特徴は、次のようにまとめられるかと思います。まず複数の面において黒斑が中心線上にのってくるということ。それから楕円形の広い黒斑が見られるということ。これは、先ほど説明したような覆い型野焼きの焼成パターンと一致します。それから火色が観察されないという点からは、通気性が

266

韓国無文土器の焼成技法

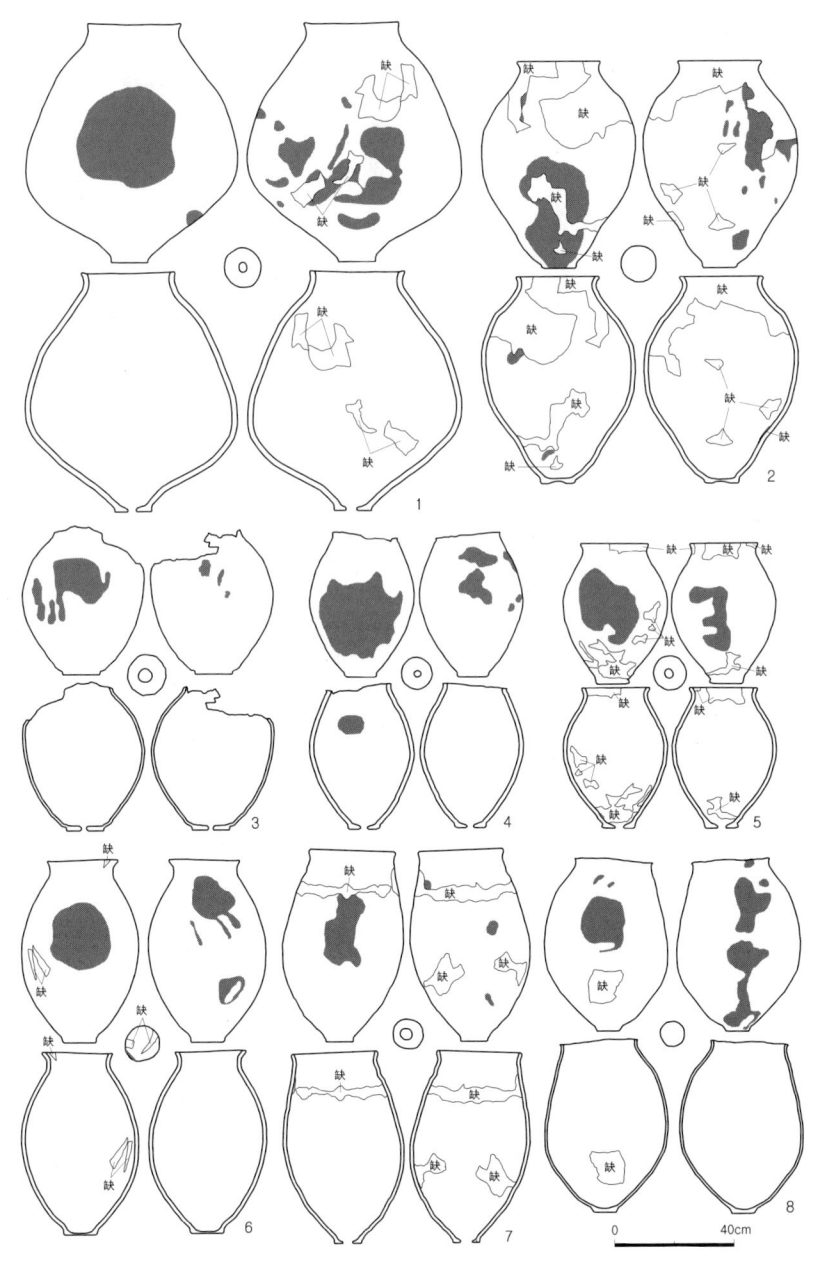

図7 松菊里型甕棺にみられる黒斑 (S=1/30)

267

Ⅱ 土器焼成と生産

低い焼成というのが想定されます。中・大型で胴中部に楕円形黒斑が多いということは、先ほども言いましたように土器を横倒しにして焼成したのではないかと思われます。それから不規則形黒斑、さきほど甕棺で示しましたけれども、楕円形が抉られたような黒斑が多かったわけですが、それは土器の周辺に比較的多くの薪を設置したからではないかと考えられます。

　同じ中期で小林先生らが検丹里遺跡に対する検討を行ったことがありますが、その図面あるいは考察などをもとに特徴をまとめますと、外A面に大きな楕円形黒斑が見られまして、外B面には数ヵ所に見られることが多い。あるいは楕円形黒斑の中にさらに棒状黒斑が見られることがある。内A面にオキ溜まり黒斑が形成される。大型は横倒しで、小型は立ち気味、もちろん覆い型で焼いているわけです。細かいところで差異がありそうですが、大筋で寛倉里遺跡などで見た傾向と一致しております。

後期無文土器の焼成痕：では次に後期に移ります。後期はやはり小林先生がすでに勒島遺跡の資料を分析しておりまして（小林ほか2000、図8）、それを援用します。まず、内面のオキ溜まり黒斑が明瞭であります（図8-1・2・3・5・10・13・14・17）。中期の場合はほとんど見られなかったのですが、明瞭になります。それからやや立ち気味で焼成されます。接地面内外面の黒斑が胴下部に位置するものが多くみられるので、中期のものは横倒しが主でしたが後期になると立ち気味になったことがわかります。それから全体的に明るい、赤みを帯びる色調になりまして火色も観察されます。これもやはり中期と違う。外面に薪接触黒斑が側面にベタベタ付いていますけれども、この特徴もやはり中期と若干異なる部分になります。以上のことからみますと、同じ覆い型野焼きと言っても中期とは幾分異なった焼き方をしていたのではないかということが言えるわけです。以上が土器に残された黒斑の記録と解釈と言うことになります。

4. 青銅器時代（無文土器時代）の土器焼成遺構

　次に遺跡で焼成遺構とされたものについてもあわせて検討したいと思います。どういったものかと言いますと、例えば寛倉里で見つかったものは非常

韓国無文土器の焼成技法

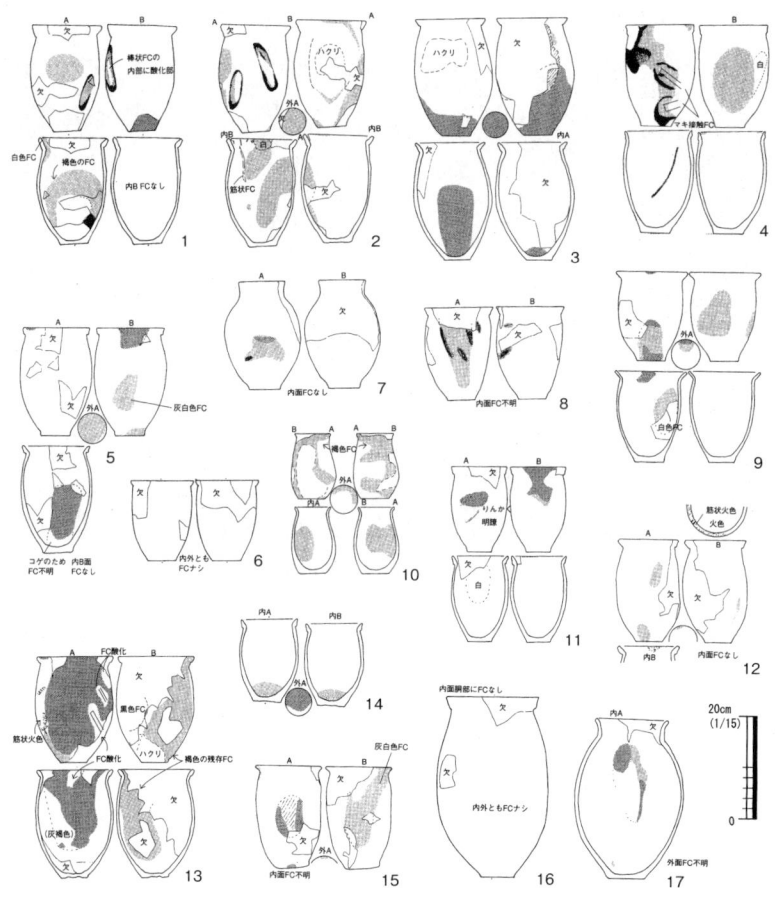

図8　勒島遺跡出土後期無文土器にみられる黒斑
（S＝1/15）（小林ほか2000より転載）

に浅い竪穴ですが、この中に後で申し上げます焼土塊が敷かれているような、こういう出方をしている遺構です（写真3）。それでやはり、日本でも同じですけれども、本当にこれが土器の焼成遺構なのかということについて皆さん疑問をもたれると思います。実は僕も疑問をもっているんです。しかし、あえて議論の材料という意味でも最大限、報告者や研究者がこれは土器焼成遺構ではないかというふうに言及したものを集めてみました（表1）。実際に自

Ⅱ 土器焼成と生産

写真3 寛倉里遺跡の土器焼成遺構（KY825）

分で発掘したとしても、本当に土器焼成遺構だというところまで確実に証明することは難しいですし、逆にここにあるものについて完全に焼成遺構でないと断定するのも難しいと思いますので、研究の進展を待ちながら資料を蓄積していく努力が必要ではないかと思うわけです。

前期の焼成遺構：前・中・後期の三時期区分で見ていきます。前期と言われているものは白石洞遺跡の1例のみです。ただ、これがよくわかりません（図9-1）。図示したように竪穴を掘り込んでおりまして、この辺に石がめぐっております。それで木炭ですとか強く被熱した石列、それから土器片が多量に出てくるということからこれは土器焼成遺構であろうというふうに言われているわけです。ただし焼土類というのが一切検出されなかったと報告書に書いてありますので、これを確定的なものと見るのかについては慎重を期したいと思います。また、もちろん焼土が出れば土器焼成遺構かというとそうではありません。前期にはこの1例しかありません。

中期の焼成遺構：中期になりますと焼成遺構と取り沙汰されるものが一気に増えてくるわけですけれども、形態も非常に多様であります。例えば、図9

韓国無文土器の焼成技法

表1 青銅器時代の土器焼成遺構とされた事例集成表（その1）

遺跡名	遺構名	時期	長(cm)	幅(cm)	深(cm)	形状	焼成遺構としての特徴	出土遺物	文献
天安 白石洞	推定窯址	青銅前期	493	236	36	凸字形・割石集中部	木炭・被熱した石列	10数個体分の土器片・上面で石器	1
蔚山 華亭洞	16号溝	青銅中期	500	110	15	溝状	焼土・割石	土器片・漁網錘・石器	2
居昌 大也里	5号小型土坑	青銅中期	150	150	12	円形	床被熱	土器片	3
居昌 大也里	11号小型土坑	青銅中期	160	74	20	円形	床被熱	なし	3
公州 安永里	焼成遺構	青銅中期	202	136	28	隅丸方形	木炭・焼土	土器片	4
昇川 大谷里	窯	青銅中期	115	100	15	隅丸方形	木炭・炭・焼成粘土塊	土器片・石鏃・石包丁	5
舒川 鳥石里	焼土遺構	青銅中期	262	110	24	不定形	焼土	土器片	6
舒川 玉北里	1号土器窯	青銅中期	137	130	23	隅丸方形	焼成粘土塊	土器片	7
舒川 玉北里	2号土器窯	青銅中期	141	113	31	隅丸方形	焼成粘土塊	土器片	7
舒川 玉北里	3号土器窯	青銅中期	140	139	11	隅丸方形	焼成粘土塊	土器片	7
舒川 玉北里	4号土器窯	青銅中期	128	112	28	隅丸方形	焼土	土器片	7
舒川 玉北里	5号土器窯	青銅中期	95	56	52	楕円形	木炭	土器片・石剣片	7
舒川 玉北里	6号土器窯	青銅中期	89	76	37	隅丸方形	木炭と草本類	土器片・石庖丁片	7
舒川 玉北里	7号土器窯	青銅中期	102	(72)	32	推定円形	焼成失敗土器・木炭	土器片	7
舒川 玉北里	8号土器窯	青銅中期	82	77	27	隅丸方形	木炭	土器片・石剣片	7
晋州 大坪里	619号溝状窯	青銅中期	620	65	70	溝状	木炭・焼土・石材・紡錘車	土器・砥石	8
晋州 大坪里	620号円形窯	青銅中期	200	200	25	円形	木炭・焼成粘土塊・被熱した礫	土器片・砥石・石鏃・石斧	8
晋州 大坪里	621号溝状窯	青銅中期	420	105	58	溝状	木炭・焼成粘土塊・板石	土器片・石庖丁・石鏃・紡錘車	8
晋州 大坪里	上記の他39基	不明	不明	不明	不明	不明	不明	不明	8
清原 宮坪里	1号窯址	青銅中期	260	(150)	60	楕円形?	木炭・焼土	土器片	9
清原 宮坪里	2号窯址	青銅中期	300	260	20	不定形	木炭・焼土・床被熱	土器片	9
清原 宮坪里	3号窯址	青銅中期	(90)	(55)	不明	不定形	木炭・焼土・床被熱	土器片	9
扶餘 松菊里	55地区窯址	青銅中期	370	330	80	円形	スサ入り状焼粘土塊・床被熱	土器・石剣・紡錘車・石鑿・土製管玉	10
保寧 寛倉里	KY-801	青銅中期	350	250	30	楕円形	木炭・焼土	土器片・石鏃	11
保寧 寛倉里	KY-802	青銅中期	340	330	30	円形	焼土	土器片・石鏃・凹石	11
保寧 寛倉里	KY-803	青銅中期	570	330	30	不定形	木炭	土器片・凹石	11
保寧 寛倉里	KY-804	青銅中期	340	260	20	楕円形	木炭	土器片・石剣・砥石・紡錘車・石斧	11
保寧 寛倉里	KY-805	青銅中期	410	320	40	楕円形		土器片	11
保寧 寛倉里	KY-806	青銅中期	390	300	10	楕円形		砥石	11
保寧 寛倉里	KY-807	青銅中期	420	270	30	不定形・2段		石斧・石鏃・石剣	11
保寧 寛倉里	KY-808	青銅中期	340	310	20	円形・2段・穴4	土塊	土器片・石鏃・紡錘車	11
保寧 寛倉里	KY-809	青銅中期	330	280	50	楕円形・2段・穴4		土器片・石鏃	11
保寧 寛倉里	KY-810	青銅中期	370	230	40	不定形・2段		土器片・石鏃・凹石	11
保寧 寛倉里	KY-811	青銅中期	300	240	30	楕円形・穴1		土器片	11
保寧 寛倉里	KY-812	青銅中期	280	160	10	不定形		土器片	11
保寧 寛倉里	KY-813	青銅中期	310	220	22	不整円形		土器片・凹石	11

271

Ⅱ 土器焼成と生産

表1 青銅器時代の土器焼成遺構とされた事例集成表（その2）

保寧 寛倉里	KY-814	青銅中期	340	300	30	不定形・2段		土器片・石鏃・凹石	11
保寧 寛倉里	KY-815	青銅中期	320	230	30	楕円・2段		土器片・凹石	11
保寧 寛倉里	KY-816	青銅中期	220	160	18	不整円形		土器片	11
保寧 寛倉里	KY-817	青銅中期	470	320	25	不定形・2段・穴2		土器片	11
保寧 寛倉里	KY-818	青銅中期	640	470	50	不定形・穴1	焼土	土器片・石鏃・石包丁・石鎌	11
保寧 寛倉里	KY-819	青銅中期	410	220	25	不整円形	木炭・焼土	土器・石鎌	11
保寧 寛倉里	KY-820	青銅中期	370	260	30	楕円形・2段・穴1		土器片	11
保寧 寛倉里	KY-821	青銅中期	220	220	40	円形・柱穴8・外にも穴	木炭	土器片	11
保寧 寛倉里	KY-822	青銅中期	280	200	10	楕円形		土器片・石斧	11
保寧 寛倉里	KY-823	青銅中期	240	180	25	楕円形			11
保寧 寛倉里	KY-824	青銅中期	230	60	30	不定形			11
保寧 寛倉里	KY-825	青銅中期	420	220	16	不整円形・穴1	木炭・焼土	土器片	11
光州 新昌洞	楕円形土器窯址	青銅後期	410	240	26	不定形	台石・床壁被熱	土器片	12
江陵 芳洞里	C-1号窯	青銅後期	173	162	62	円形	焼成粘土塊	土器片	13
泗川 勒島	7基検出	青銅後期	不明	不明	不明	不明	不明	不明	14
泗川 芳芝里	5号溝状遺構	青銅後期	1710	430	160	溝状	木炭・焼土・割石	土器片	15
陝川 盈倉里	7号窯	青銅後期	142	135	39	隅丸方形	木炭・灰・床壁被熱		16
陝川 盈倉里	27号窯	青銅後期	(1500)	162	60	溝状	割石・床壁被熱	土器片・炭化穀粒	16
論山 院北里	1号焼成遺構	青銅後期	182	180	56	不整円形	木炭・炭・焼土・床壁被熱	土器片	17
論山 院北里	2号焼成遺構	青銅後期	120	120	35	円形	焼土・床壁被熱	土器片・炭化米	17
論山 院北里	3号焼成遺構	青銅後期	128	78	18	隅丸方形	木炭・焼土	土器片	17
金海 大成洞	焼成遺構	青銅後期〜原三国	1470	680	50	不定形・2段・外にも穴	木炭・灰・焼土・礫	土器片・紡錘車・凹石・砥石	18
泗川 鳳渓里	1号窯	青銅後期〜原三国	(1890)	358	63	溝状	木炭・焼土・割石	土器片・石鏃	19
泗川 鳳渓里	1-1号窯	青銅後期〜原三国	(1975)	261	45	溝状	木炭・焼土・割石	土器片	19
泗川 鳳渓里	2号窯	青銅後期〜原三国	(2340)	400	65	溝状	木炭・焼成粘土塊	土器片・砥石	19
泗川 鳳渓里	3号窯	青銅後期〜原三国	(1160)	300	30	溝状	木炭・焼土・割石	土器片・嘴形石器	19
泗川 鳳渓里	58号窯	青銅後期〜原三国	(115)	(150)	51	楕円形？	木炭・焼土	土器片	19

に掲載したように、方形、円形、溝状などがあります。溝状というのは日本では見られないようです。あるいは二段掘りみたいになっているものもあって、非常に好き勝手に形を作っているという印象を受けます。出土遺物には焼成粘土塊あるいは焼土、焼成失敗品、木炭などがあり、被熱した床や壁などが確認されることもあります。こういった遺物がともに確認された上で土器焼成遺構と報告される例が出てきております。ただし、忠清南道の玉北里

韓国無文土器の焼成技法

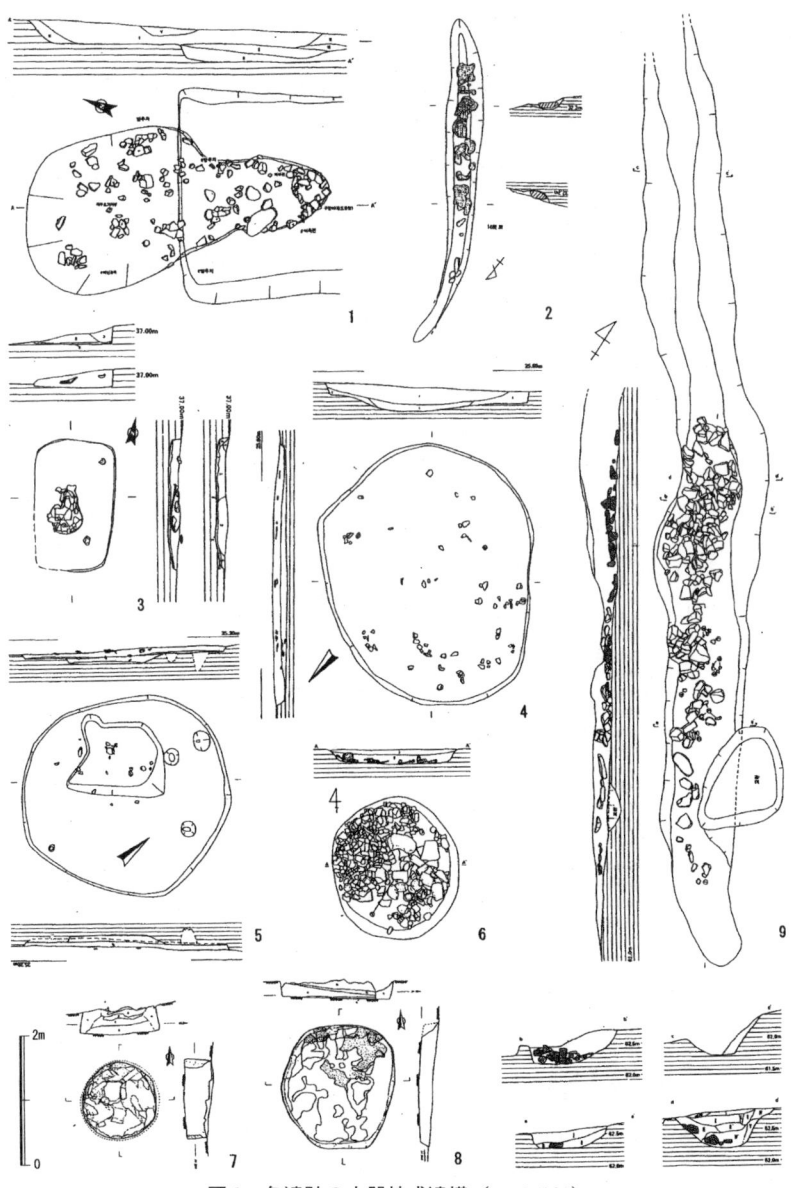

図9 各遺跡の土器焼成遺構 (S=1/120)

273

II 土器焼成と生産

遺跡で最近発掘が行われましたが、表1を見ていただきますと1～8号土器窯というのがあります。1～4号が一カ所の区域にありまして5～8号が別の区域にあります。この5～8号が規模的にちょっと小さいのが気になりまして、日本の焼成遺構を見てもそうですけれど、竪穴を掘ってその全面に土器を置けるわけではなくて、火を横から付けないといけないわけですから、そうしますとこのような小さな竪穴で本当に土器を焼いたのだろうか、出土遺物なども不十分かなというところもありまして、やや疑問があるところです。その他の例については強力に疑問を呈することは出来ません。

それから、こういった土器の焼成遺構から石器が出土するという例も目につきます。石剣とか石鏃とかいった道具類は焼成遺構の機能とは関連しない混入だと思われますが、砥石や凹み石それから礫がそのまま出てくるものは、量が半端ではないのであるいは土器を設置するときに使っていた可能性があります。石の種類によっては破裂したりしますので、そういった部分の検討もこれからしていく必要があるかなと思います。それから、これは後でも述べますけれども、覆いを構成していたものと想定されている焼成粘土塊ですけれども、先ほど紹介しました金賢さんが大坪遺跡の遺物を分析したところ、厚さが3～4 cmになるということです。これを見てびっくりして、私も今いる高麗大学の研究所にある寛倉里遺跡の焼成粘土塊を見てみました。すると、本当にカーブがわかるものはほとんどないんですが、わかるものについてはやはりこのくらいの厚さがありました（図10）。これは民族誌などから想定しがちな覆いの厚さよりも相当に厚いということには注意が必要だと思います。

後期の焼成遺構：次に後期ですけれども、形態には溝状ですとか隅丸方形、円形あるいは不定形などがありまして、やはりいろんな形態がごっちゃにあるということは中期と変わりません。ただし規模において大きく二極化するという指摘をすることができます。これは少数の例外を除きますと連続的にサイズの変異幅を持っている中期のものとは異なります。中期の焼成遺構は似たり寄ったりの大きさなのですが、後期の焼成遺構とされているものは非常に大きなものとすごく小さなものになぜか分れるという様相が見て取れま

す。これが中期と後期における土器の生産の様相の違いなどにうまく絡めていくとひょっとしたら面白い手がかりになるかと思うんですが、まだそれは未検討です。また、出土土器の観察からこの時期に明らかに薪燃料を多く使いましてかなり酸素の供給量を高めていたという小林先生の指摘もあります。こういったものも参考にすると、やはり大形になればなるほど火の回りというものに気を使うわけですけれども、火を回りやすくするために、薪燃料を敷いたり、被覆材の密閉度を低くしてやることによって通気性を高めたりといった工夫があるいはあったのかもしれないと推定します。

　ただし後期無文土器の観察例というのはきわめて少なく、そもそも現在見つかっている遺物自体が少ないのです。これから多くの資料が蓄積される必要があると思います。それから出土遺物は土器片あるいは石器などで中期と似たり寄ったりですが、論山市の院北里遺跡では炭化穀物が塊で出ておりまして、何らかの儀礼行為と関わってくるのかなという資料もあります。

5. 焼成粘土塊は覆いが焼結したものか

　さて、これ（図10）は私も自分の意見を用意できていないんですけれども、焼成粘土塊というものをどうやって解釈していくかということをぜひ皆さんに教えていただきたいのです。植物の痕跡がかなり無秩序に入っておりまして、付着しているというよりはぐちゃぐちゃに混ざっているという感じが見て取れます。さすがに植物の種類は同定しようとしても無理だと思います。また1cm以下の小石などもかなり入っているという特徴もありますが、これを本当に壁体として認定していいのかどうか。そこで実験で試してみようということになりました。こちらが壁体に使ったもの（写真4-1）、こちらは粘土に藁を巻くようにしてぐちゃぐちゃにして使ったものです（写真4-2）。覆いの一部である場合は扁平で片面に集中的に藁の痕跡が付きます。ただし、粘土も柔らかい水分の多い状態で塗りますので覆いの内側まで粘土が及ぶ場合もあります。藁の方向はおおむね一方向という特徴がわかります。外側にあった部分は焼けていないので水に浸ると溶け出してしまいます。右側の、粘土に藁を混ぜて支えに使った場合は、当然扁平にはならず、多角体または

Ⅱ 土器焼成と生産

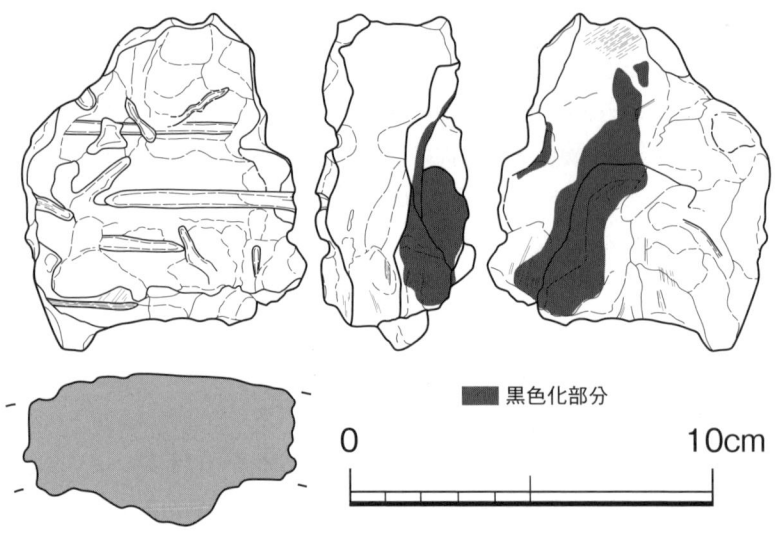

図 10 寛倉里遺跡 KY825 出土の焼成粘土塊（S＝1/2）

球体に近くなりまして、藁も複数方向、内部まで圧痕が付く。そうしますと遺物自体の特徴としてはこちらに幾分か近い方向を見せるわけです。ですが、先ほどもお見せしたような焼成遺構での出方（写真3）を見ると、これだけたくさんの焼土塊を全部支えとして認定するのはちょっと厳しいかなというところで袋小路に入ってしまうんです。後でこれについて皆さん方からご意見を伺えたらいいかなと思います。

6. 韓国における焼成技法の変遷

簡単にまとめとしまして、話を締めくくりたいと思います。土器の観察と焼成遺構の検討のまとめということになります。青銅器時代前期、これは縄文晩期併行ですけれども、開放型野焼きで焼成されていたであろうと考えられました。焼成施設が残り難い焼成方法という意味でもある程度妥当性があるという考え方ができます。中期になりますと、これは弥生時代の早期～前期併行になりますが、水稲農耕の普及とともに覆い型野焼きを採用しているということが言えると思います。ちなみに韓国では前期にまで遡る水田遺構

韓国無文土器の焼成技法

写真 4　焼成実験で焼結した覆い(1)と粘土塊(2)

も確認されていますが、本格的な水利施設を伴う水田は中期に登場します。それから大・中型の土器は横倒しで焼成し、密閉度の高い覆いを使用しています。それから中型の焼成施設というのが、これも認定の問題が十分に解決できていませんけれども、見られる。弥生中期頃に該当する後期になりますと、引き続き覆い型野焼きを採用し続けます。ただし細かいところを検討しますと大分違う様相が見て取れまして、やや立ち気味に土器を設置し、密閉度の低い覆いを使っているという違いがありました。それから焼成遺構の規模につきましても極大型のものと小型のものに分かれます。やはり焼成遺構につきましても中・後期の差というのがある程度認識できたようです。以上、非常に危ない橋をたくさん渡って話をしたわけですけれど、ご意見を頂けたらと思います。ご静聴ありがとうございました。

　それから宣伝ですが、韓国で焼成実験を最近しまして、今回長友さんの御厚意で成果についてポスター展示をオープンリサーチセンターでやっておりますので、お時間のある方はぜひご覧下さい。

質疑応答

若林：庄田さんどうもありがとうございました。韓国の事例を中心として特に焼成遺構の問題について難しいところもあるけれども、あえて踏み込んでいただいたというところがポイントかなと思いますが、そういうところも含めてご質問のある方、ご意見いただければと思いますけれども。

森岡秀人：芦屋市の森岡と申します。図 7 に韓国の焼成遺構の実例をスケー

Ⅱ 土器焼成と生産

ルを揃えて集成を出しておられます。小さい図面であることもあって少しわかりにくいんですが、断面の断ち割りをして赤色酸化層といいますか変化層の厚みとか、側壁と窯床と考えている床での厚みの違いなどを教えて下さい。私も35年前に大師山遺跡で出土した焼成遺構に関連して、実験でこういう簡単な施設をいくつか作って焼成実験をやったことがありました。当時はほとんど類例がなかったものですから。磁気温度計で窯床温度と側壁温度とそれから土器の底部温度と肩部の温度と口縁部の温度とで変化を調べたら、低い位置にある窯床というんですかね、土坑の底の部分は200℃とか250℃より低いんですけど、上は700℃とか800℃に上昇します。一つの土器の温度でも激変した差がありました。実験した燃成遺構の断面観察でも、断ち割りしますと作った遺構の大半がやはり床は非常に薄い、ほとんど焼けないと言った方がいいくらい、焼けが入りませんでした。側壁はきちっと2層に黄色部と赤色部に分かれるような焼けが入ったんですけれどね。そういうことは35年前に実験でわかっておりまして、随分一つの土器で温度差があるんじゃないかという見解をもったんです。図7の遺構について、もし焼成遺構と考えるならばいろんなデータとして断ち割りとかの発掘をやってると思うのですが。その焼けの入り具合とか、質問は長くなりましたけれど、きいてることは単純なことですので、もしわかりましたら教えて下さい。

庄田：僕も実験をやってみて、森岡先生のおっしゃるように側面にむしろ被熱痕が残るというパターンはありかなと思うんですが、実際発掘の報告書をもとに微細な部分を検討しようと思いますと、資料的な部分で難しいものがあります。記述を見ますとどの部分が強く被焼していたというようなことを書いてありますので、それを手掛りにしていけば、ある程度わかるとは思うんですけれども。それから直接は関係ないですけれども図の7・8番の資料などを見ますと焼土部分の平面的な分布を網かけで描いてあったりもします。断片的なものですけどこういったことから復元しようと思えばできるかなと言ったところですが、今のところはそこまでには至っておりません。

河合：河合です。今の森岡さんの質問とも関係するのですけれども、図9の2とか9とか溝状の遺構を焼成遺構じゃないかと言われたんですけれども、

こういう溝状の遺構は韓国では結構多いんですか。

庄田：はい。表1に「形状」という項目を作りました。そこを見ると溝状というものはポツポツと認められると思います。

河合：それで溝状の遺構だったら、焼土とかそういったものが出てくる割合が高いということですか。それともそういうものが入らない溝状遺構も結構あるとか。

庄田：そういうものが入らない溝状遺構も結構あるということです。例えば金賢さんが大坪遺跡で溝状の遺構も焼成遺構であるとしたのですけれども、それ以外の溝状遺構というのも非常にたくさんあります。そのときに判断の根拠になるのが、さっき言ったような四種類の基準です。これを適用して多くの溝状遺構の中から焼成遺構をピックアップしているという状況になります。

河合：岡山県でも弥生時代前期と中期前葉くらいに、こういう溝状の舟形土坑とか呼ばれている土坑もあって、日本ではあまりないですよという話もあったんですけれども、もしかして似ているものもあるのかなと、ちょっと思ったので確認させてもらいました。どうもありがとうございます。

木立雅朗：立命館の木立といいます。先ほどの焼土塊で質問があるんですけれども、あの分厚いものは覆いの部材であるのはおかしいという意見だと思うんですが、私も同感です。実は窯跡研究会で古代の土師器の焼成遺構の本を出した後、弥生の焼成遺構じゃないかということで見てくれという遺跡が何カ所かあったんですね。一つは古代学協会が掘った雲宮遺跡です。これは遺構が残っていなくて焼土塊だけだったんですが、おそらく鋳造関係であろうという意見を担当者はお持ちでした。市田斉当坊遺跡という京都府が掘って報告書が出ましたけれども、一部断面断ち割りをさせていただいたんですが、床面がカチカチで移植ゴテで掘れないので手バチで掘った記憶があります。ということは覆いがないと床面の温度がそんなに上がるはずがない。大きな先ほどのような焼土塊も覆土の中にありました。もう一つは和歌山県の堅田遺跡ですけれども、これはヤリガンナの鋳型も出たということで鋳造遺構として認知されてしまいました。実は市田斉当坊遺跡は、私がこれは鋳造

Ⅱ 土器焼成と生産

関係ではないですかと言ったんですが、分析の結果金属成分が何もないということでそうではないという結論に至って報告書が出ております。そういうことを考えると結論が出ませんけれども、鋳造を含めた広い、火を使う作業の中で焼土塊も見られた方が無難ではないかと思います。だからといって鋳造とは限らないという結果もでているようですが、鋳造の可能性も私は非常に高いんじゃないかなとも思っています。

庄田：どうもありがとうございます。大変参考になります。

若林：後の討論でも、今の焼成遺構の問題は取り上げたいと思っております。木立先生には続きのコメントをもしかしたら求めるかもしれません。質問がなければ、庄田さんの発表の質疑応答はこれで終わりたいと思います。どうもありがとうございました。

参考文献

尹世英・李弘鍾　1994　『渼沙里』第5巻　高麗大学校発掘調査団

木立雅朗　1997　「土師器焼成坑の定義と型式分類」『古代の土師器生産と焼成遺構』19-41頁　眞陽社

金希燦　1996　「櫛目文土器の焼成に関する実験的分析」『古文化』49　9-34頁　韓國大學博物館協會

金賢　2002　「大坪無文土器窯に対する一検討」『晋州大坪玉房1・9地区無文時代集落』407-422頁　慶南考古学研究所

金元龍　1985　『鰲山里遺跡Ⅱ』　ソウル大学校博物館

金東鎬・朴九秉　1989　『山登貝塚』　釜山水産大学博物館

久保田正寿　1989　『土器の焼成1＝土師器の焼成実験＝』（私家版）

黄龍渾・申福淳・金希燦　1994　「慶煕大学校考古・美術史研究所調査報告（1991年度）」『渼沙里』第1巻　63-273頁

小林正史・北野博司・久世建二・小嶋俊彰　2000　「北部九州における縄文・弥生土器の野焼き方法の変化」『青丘学術論集』1　77-140頁　韓国文化研究振興財団

崔秉鉉　1990　「鎮川地域の土器窯址と原三国時代土器の問題」『昌山金正基博士華甲記念論叢』550-583頁

崔夢龍・申叔静 1988 「韓国考古学における土器の科学分析についての検討」『韓国上古史学報』1 1-35頁 韓国上古史学会
庄田慎矢・孫晙鎬 2004 「無文土器中期の甕棺にみられる黒斑とススの分析」『九州考古学』79 90-91頁 九州考古学会
庄田慎矢・塚本浩司・根岸洋 2005 「北海道オホーツク海沿岸先・原史土器の焼成痕」『貝塚』60 17-30頁 物質文化研究会
曺永鉉 1993 「金陵松竹里遺跡発掘調査」『三韓社会と考古学』119-133頁 韓国考古学会
孫晙鎬・庄田慎矢 2004 「松菊里型甕棺の焼成および使用方法の研究」『湖西考古学』11 111-133頁 湖西考古学会
田崎博之 2005 「焼成失敗品からみた無文土器の生産形態」『松菊里文化からみた農耕社会の文化体系』145-214頁 高麗大学校考古環境研究所
鄭澄元・林孝澤・申敬澈 1981 『金海水佳里貝塚発掘調査報告書』 慶尚南道
長友朋子・庄田慎矢・所一男・久世建二・小林正史・松尾奈緒子・中村大介・鐘ヶ江賢二・渡邊誠 2004 「弥生時代における覆い型野焼きの受容と展開」『日本考古学協会第70回総会研究発表要旨』98-101頁
任孝宰 1983 『岩寺洞遺跡緊急発掘調査報告』 岩寺洞遺跡発掘調査団
任孝宰・崔鍾澤・林尚澤・呉世筵 1994 『渼沙里』第4巻 ソウル大学校博物館
任孝宰・李俊貞 1988 『鰲山里遺跡III』 ソウル大学校博物館
裵基同・金娥官 1994 「漢陽大学校発掘調査団調査報告(1991年度)」『渼沙里』第2巻49-134頁 成均館大学校発掘調査団・漢陽大学校発掘調査団
李起吉 1995 『韓国新石器時代の土器と暮らし』白山資料院
李弘鍾・姜元杓・孫晙鎬 2001 『寛倉里遺跡』高麗大学校埋蔵文化財研究

表1 文献

1:公州大学校博物館1998『白石洞遺跡』、2:蔚山文化財研究院2004『蔚山華亭洞遺跡』、3:東義大学校博物館1989『大也里住居址II』、4:忠清文化財研究院2003『公州安永里セト・シンメ遺跡』、5:全南大学校博物館1989、6:公州大学校博物館1996『烏石里遺跡』、7:忠清文化財研究院2005『舒川玉北里遺跡』、8:慶南考古学研究所2002『晋州大坪玉房1・9地区無文時代集落』、9:忠北大学校先史文化研究所1994『清原宮坪里青銅器遺跡』、10:国立中央博物館1979『松菊里I』、11:高麗大学校埋蔵文化財研究所2001『寛倉里遺跡』、12:国立光州博物館2001『光州

Ⅱ 土器焼成と生産

新昌洞低湿地遺跡Ⅲ』、13：李建忠 2005「江陵芳洞里粘土帯土器遺跡発掘調査概報」『2004・2005 年江原道の発掘調査成果』江原考古学会、14：慶南考古学研究所 2003『勒島貝塚―A 地区・住居群―』、15：尹昊弼・高旻廷 2004「泗川芳芝里遺跡の発掘調査成果」『第 47 回全国歴史学大会考古学部発表資料集』韓国考古学会、16：慶南考古学研究所 2002『陜川盈倉里無文時代集落』、17：中央文化財研究院 2001『論山院北里遺跡』、18：釜慶大学校博物館 1998『金海大成洞焼成遺跡』、19：慶南考古学研究所 2002『泗川鳳渓里三国時代集落』

胎土分析から推測する土器焼成技術と焼成温度との関連性
―弥生土器と韓半島系土器の比較研究―

鐘ヶ江賢二

1. はじめに

　鹿児島国際大学の鐘ヶ江です。今日の発表は胎土分析を用いまして焼成技術と焼成温度の関係性についての考察を行いたいと思います。小林正史先生を中心とした実験的な研究と土器の焼成痕跡の観察によりまして、土器の焼成技術について詳細が明らかになってきました。また実際に土器焼成に関わると考えられる遺構も報告されておりまして、土器焼成技術を解明するための材料はかなり蓄積されてきたと思います。

　土器の焼成温度は、以前から佐原眞先生らによって弥生時代の土器は600～800℃程度だろうということが指摘されてきました（佐原1983）。私は、これまで主に胎土分析を中心として研究をしてきましたが、恐らくその指摘は妥当なものであろうと考えています。今後、それを裏付ける分析も蓄積されてくると思います。しかし最近では土器が被熱で変形したり破裂したりして結構高温で焼かれたと考えられる事例も報告されています。レジュメに小郡市西島遺跡の、高熱で歪んだと思われる土器を示しています（図1）。これは意図的な焼成ではなく焼成失敗品と思われますが、かなり高温で焼かれたと推測される事例です。そして私の分析の経験では、稀なケースではありますが顕微鏡で観察した結果、一部には1000℃付近の高温で焼かれたものもあるということも指摘できます。ただしそういった高温で焼かれたものは弥生時代の焼成技術においてどのように位置付けられるのか、そしてそれがどの程度意図的になされたのか、あるいは偶発的なものか、ということを判断するのは今のところではちょっと難しいと考えています。

　今回の発表では北部九州における弥生時代の胎土分析を軸にしまして、弥

II 土器焼成と生産

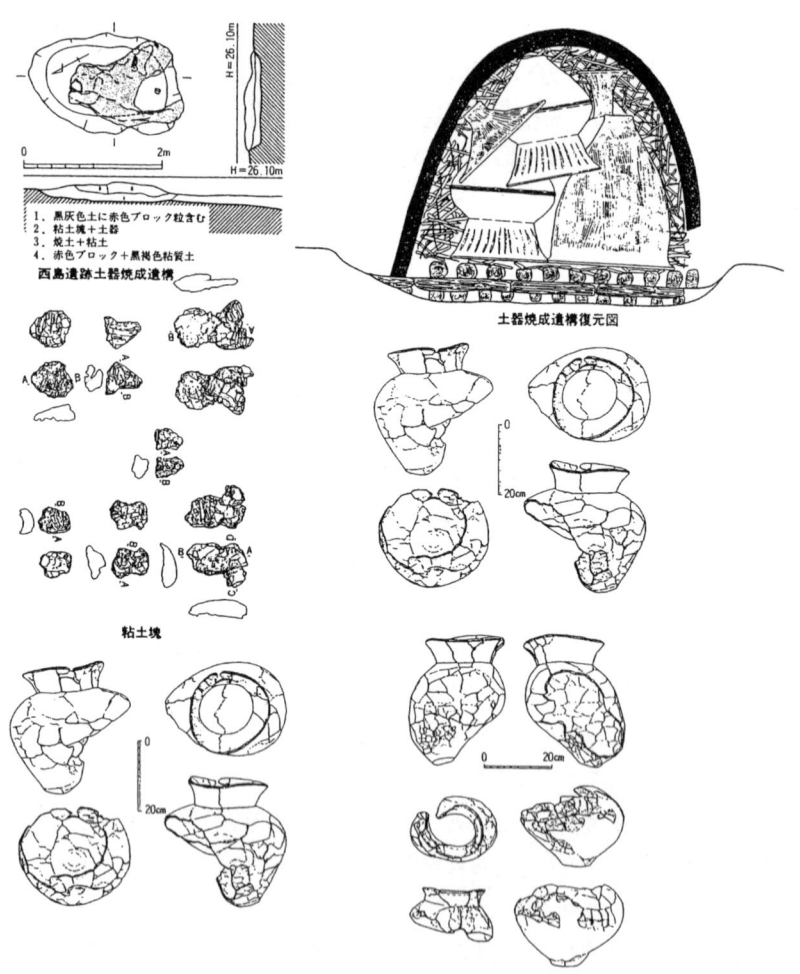

図1 西島遺跡における土器焼成遺構と変形土器（宮田編 1996）

生時代の土器の焼成温度について私の見解を示したいと思います。また縄文土器につきましてもいくつか胎土分析をしていますので、両者の比較を通じて焼成温度と製作技術がどのように関わっているのか、またそれに関する課題はどのようなものがあるのか等を示していきたいと思います。また韓半島系土器や楽浪系土器といわれる窯によって焼成された土器についても分析す

る機会を得ました。そのような分析を通じて土器の焼成温度のコントロールやそれに関連する焼成技術がどのような要因で決定、選択されたのか、それが土器の製作と消費のシステムの中でどのように位置付けられるかというのを考える上での指針を示すということを今回の発表では目指したいと思います。

2. 土器の焼成温度と推測する方法に関して

　まず、これまで土器の焼成温度に関するさまざまな分析事例がありますが、土器の焼成温度の分析はX線回析やメスバウアー分光法、熱膨張分析、あるいは焼成実験などによって行われてきました。それによって、弥生時代の土器は、大体600〜800℃くらいの焼成温度であるといわれてきました。それに対して縄文時代の土器は、弥生時代の土器よりも焼成温度が若干低いのではないかということが小林正史先生らの分析によって提示されています。その一方で縄文時代の土器については、ほかの研究では900℃くらいの高温で焼かれたという指摘もあります。焼成温度については諸説あってなかなか一定の見解は示されていないというのが現状かと思いますが、縄文土器はおおよそ600〜900℃くらいの範囲で焼成されたのではないかと推測されています。

　図2は小林正史先生が文化財科学会で発表された熱膨張分析の事例ですが（小林・宮本1996）、膨張曲線のピークは弥生時代の土器の方が高いので、縄文土器よりも弥生時代の土器の焼成温度の方が高いと指摘されています。ただし、縄文時代の土器の焼成温度に関しては分析結果が異なる研究事例がありますので、評価はなかなか一定していません。

　今回報告させていただきますのは、偏光顕微鏡を用いた岩石学的な研究です。岩石学的な研究というのは、主に土器に含まれる鉱物の種類を分析し、どこで土器製作のための材料が採れて、どこで土器が作られたのかを推測するための方法です。ですから焼成温度とは直接関係ない分野の研究かもしれないのですが、その鉱物を観察する過程で高温のため鉱物が溶けているものがありまして、これに注目すれば、焼成温度を考える上でも有効となると考

Ⅱ 土器焼成と生産

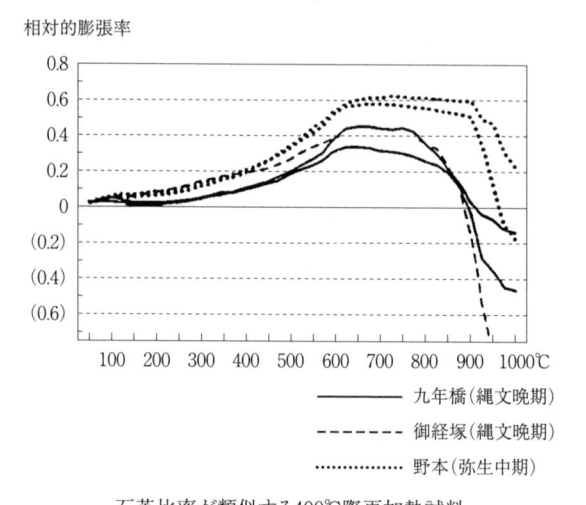

相対的膨張率

石英比率が類似する400℃際再加熱試料
図2 御経塚・九年橋・野本遺跡出土土器の熱膨張曲線の比較
(小林・宮本1996より)

えました。そこで、今回は岩石学的方法で焼成温度を推測してみようと思います。この方法は民間のパリノ・サーヴェイなどでも分析事例があります。しかし、この方法は課題もありまして、偏光顕微鏡による鉱物の分析は厚さ0.03mmくらいの試料のプレパラートを作って観察する必要があります。ですから観察する範囲は非常に限られたものであるという問題点もあります。それと同時にX線回折という鉱物の結晶構造を調べる分析も一部行っています。これも鉱物がごく微量な場合は検出できないという課題があるのですが、これらの方法から焼成温度を考えてみようと思います。

それでこのような分析を行う上で、焼成温度の上昇に伴って鉱物がどう変化するのかというのを、まず踏まえておく必要があります。これはすでに粘土鉱物学などの研究分野でかなり蓄積がありまして、主な変化を以下に挙げます。大体575℃付近で低温型石英、あるいはアルファ型石英とも言いますけれども、それが高温型石英、ベータ型石英に転移する。そして石英が膨張する。ただし顕微鏡下でこの変化を確認するのはちょっと難しいのですが、まずこういった変化があります。そして次に750℃くらいから角閃石が酸化

角閃石というものに変化する。その次に867℃付近で高温型石英からトリディマイトという鉱物に変化すると言われています。次に900℃付近になりますとセリサイトという粘土鉱物の非晶質化（ガラス化）が始まる、つまり粘土鉱物の結晶がなくなってしまいます。1000℃付近になりますとムライトという高温で生成される鉱物が出てくる。そして1200℃以上でクリストバライトという鉱物が生成される。よく須恵器などを分析するとクリストバライトが検出されることがあります。

ただし、このような粘土鉱物のガラス化の要因は結構複雑です。さらに、粘土中に含まれる不純物、つまり珪酸分以外のものは、石英の膨張による焼成中の破裂を防ぐということと、粘土鉱物のガラス化をより低い温度で促す効果があるといわれています。また大きな砂粒が混じった粗い胎土のものよりも、より細粒な胎土の方が早くガラス化が進むということも言われています。このような粘土の性質に対して、製作者がかなり正確な知識を持っていたと指摘する民族誌もあるようです（Arnold 1985）。以上のような粘土鉱物の焼成にともなう変化を踏まえて弥生時代の土器を観察していこうと思います。

3. 北部九州地域の弥生土器の焼成温度推定

図3に顕微鏡写真を載せていますが、左側の写真は開放ニコル、あるいは開放ポーラといいます。これは偏光という一方向のみに振動する光を試料に当てて、鉱物の色や屈折率の違いによって鉱物の違いを見分けるものです。その右側の写真は直交ニコル、あるいは直交ポーラともいいますが、これは偏光を十字の方向に干渉させます。そうしますと干渉色として鉱物独自の色が見えます。そのような手続きによって鉱物の種類を把握することができます。図3の1と2は佐賀県の大友遺跡の夜臼式の段階の壺形土器の顕微鏡写真です。弥生時代には大体こういった特徴のものが多いということで出してみました。石英や長石などが確認されておりましてそれ以外の部分ではセリサイト、つまり写真では見にくいですけれども非常に細かい絹のような、粘土鉱物に由来する鉱物が残っています。この分析結果から弥生時代の土器の

II 土器焼成と生産

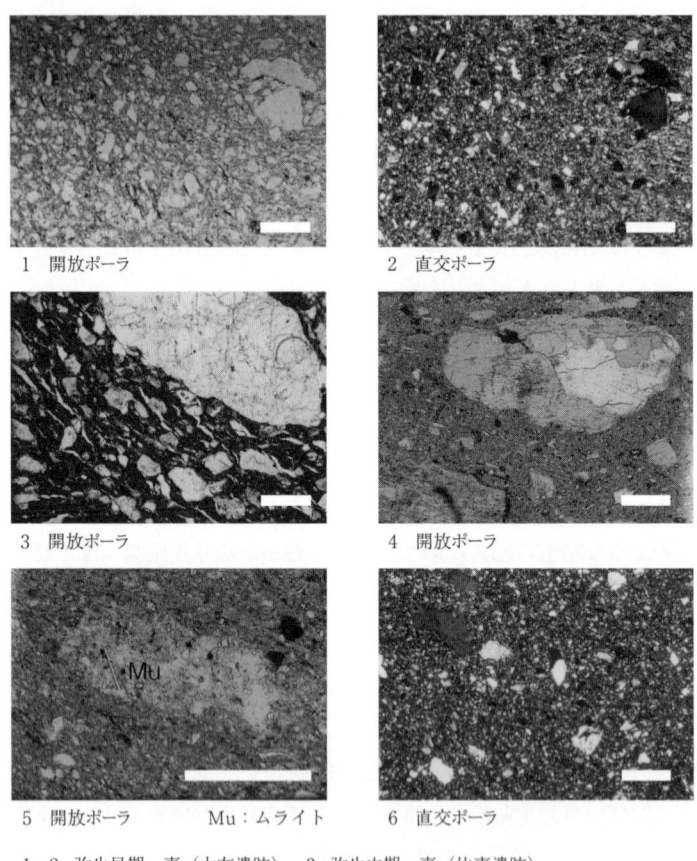

1 開放ポーラ	2 直交ポーラ
3 開放ポーラ	4 開放ポーラ
5 開放ポーラ　　Mu：ムライト	6 直交ポーラ

1・2 弥生早期、壺（大友遺跡）　3 弥生中期、壺（比恵遺跡）
4 弥生後期、壺（比恵遺跡）　5 弥生後期、壺（比恵遺跡）
6 古墳初頭、甕（比恵遺跡）

図3　土器の偏光顕微鏡写真（スケール0.5mm）

焼成温度はセリサイトが完全に溶けない程度の温度、すなわち700℃から800℃前後ということが言えるのではないかということがわかります。

図3の3〜5は福岡市の比恵遺跡の弥生土器です（鐘ヶ江ほか2002）。3と4は焼成温度とは直接関係ない事例を出していますけれども、弥生時代中期の後半と後期の前半の土器を比べてみたところです。北部九州では中期土器に鉄が多く含まれる胎土が多いです。鉄が多いということはすなわち不純物が

胎土分析から推測する土器焼成技術と焼成温度との関連性

多いということで、褐鉄鉱などを粘土の中に混ぜ込んだ可能性もあると思います。後期になりますとそのような胎土は少なくなりまして、鉄や有色鉱物の量は時期的に変化します。これは粘土の機能的側面で考えてみますと、急激な温度の上昇による衝撃の緩和やガラス化を早く促すなどの効果も想定されるかもしれません。ただしここでみた中期の土器に関しては、ガラス化しているものはあまりありません。ですからこういった胎土の違いというのは土器の焼成温度にかかわる機能だけではなくて、もっと様式的なものというか、この土器にはこの色や質感の粘土がいいというような、機能性以外の要因によって選択された可能性の方が強いのではないかと考えています。

　あまり時間もありませんので、胎土分析からみた北部九州の弥生時代の土器の焼成温度について、簡潔にまとめてみますと、まず石英とか長石類などの胎土中に含まれる主要な鉱物が比較的残存している。そして加熱による変成というのはあまりみられない。角閃石の酸化角閃石への変化というものもあまり認められないということが言えます。鉱物以外の部分を構成する粘土鉱物については、残存するものと一度溶けてガラス化するものと両方があります。また焼成温度とは関係ないかもしれませんけれども中期の方が鉄が多い。後期になりますと鉄が少なくなってきまして、これは、土器の焼成に適した材料のものを選んだというよりは、様式的な意味の方が大きいのではないかと考えています。顕微鏡観察からは、焼成温度に関する従来の指摘と、今回の焼成温度に関する見解とはあまり矛盾しないと言えます。

　次に、土器の色調に関して、鉄と土器の色調の関係をみたのがこの図4になります。これは横軸に鉄の量を示しています。鉄の量の分析は三辻利一先生にご協力いただきまして、蛍光X線分析でJG1という標準資料で標準化した値を横軸にとっています。a^*というのは分光測色計という機械で色を計測し、赤と緑のバランスを定量的にあらわしたものです。a^*の値が高いほど赤みが強いことを示します。このようにみますと胎土の鉄の量が多いほど赤みが強いという傾向が把握されると思います（図4左）。図4右は鉄とb^*との関係を示しています。b^*は黄色みと青みのバランスでして、値が高いほど黄色みが強い色調を示すのですけれども、これはa^*ほど明確な変化は示し

Ⅱ 土器焼成と生産

ておりませんが、おおよそ鉄が増えてくると黄色みが増えてくるような傾向もみてとれると思います。このことから土器の色調はある程度土器の材料の化学組成を反映しているということが言えます。土器の色調が材料の化学組成を反映することは、弥生時代の土器焼成自体がある程度安定した酸化焔の状態を保っているということも示唆しているのではないかと考えています。

　顕微鏡観察で推測される土器の焼成温度は、従来の指摘とあまり矛盾するものではないようです。ただし一部高温で焼かれたとみられるものもあります。図3-5は福岡市の比恵遺跡の後期土器の顕微鏡写真です。中心に長石がみえますが、全体的に溶けたような状態です。その中央に針状の鉱物がみられまして、これは恐らくムライトという1000℃付近で生成される鉱物ではないかと思います。また吉野ケ里遺跡の後期土器でも同様に鉱物の周りがやや溶けたような状態で中央にムライトらしき針状の鉱物が認められました。こういった事例から弥生時代にも1000℃以上の高温で焼かれたものもあるということがわかります。そして高温焼成の時期的パターンがあるのかと言いますと今のところ明確にはわからないのですが、どちらかと言えば後期の方に高温の焼成を示すものが多いのかなという印象を持っていました。ただし現在壱岐の原の辻などほかの遺跡の分析もしていますが、高温焼成のものが後期に特に目立つということはありません。ですから後期に全体として九州で土器の焼成温度が上がってくるということは現段階では言えないと思います。以前はそういうことを考えたことがありますが修正する必要もあると考えています。現段階では、このように高温焼成を示すものも一部あるということを指摘するにとどめておきます。

　またムライトの生成だけでなく粘土鉱物がガラス化している事例もあります。図3-6は古墳時代初頭の布留系の壺です。これは胎土自体が精良であまり大きな砂粒がみられないものでして、直交ニコルの状態でみますと全体的に暗い部分が目立つということがわかるかと思います。直交ニコルでは本来あった粘土鉱物が溶けて結晶でなくなった状態になりますと全体的に暗くみえてきます。そのようにしてガラス化が確認できるものがあります。比恵遺跡のほかの古墳時代初頭の土器をみますと、内面が青っぽい色調で肉眼でも

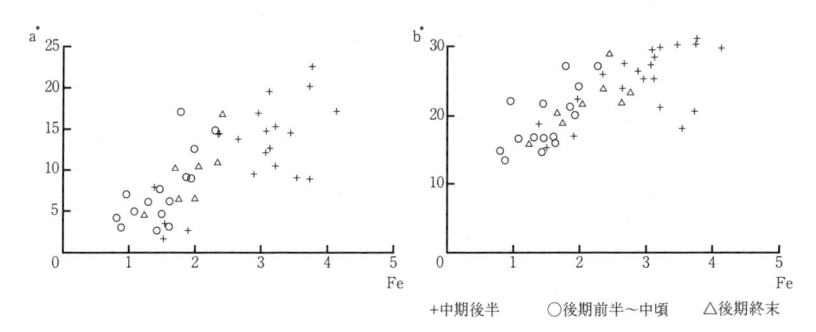

胎土分析から推測する土器焼成技術と焼成温度との関連性

+中期後半　　○後期前半〜中頃　　△後期終末

図4　比恵・那珂遺跡における土器胎土の色調とFeとの関係

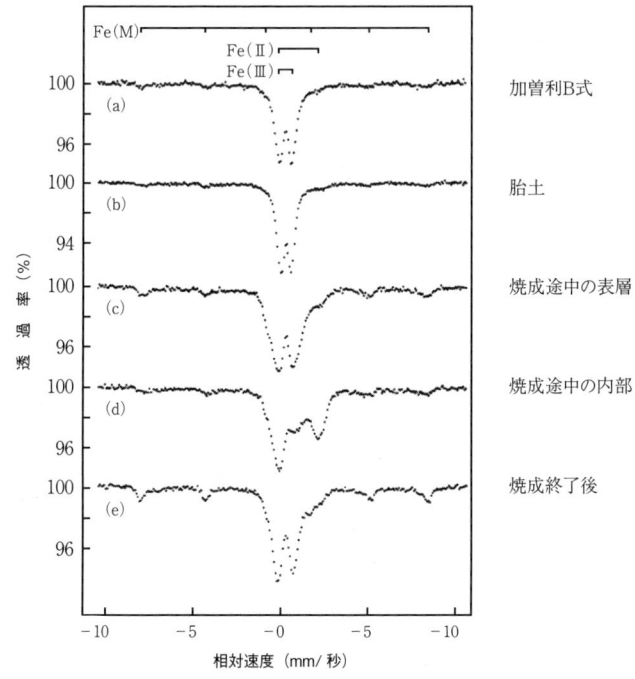

図5　縄文土器および焼成実験土器のメスバウアースペクトル
　　　（富永1981より）

291

Ⅱ 土器焼成と生産

高温が推測できる土器もあります。

　これまで弥生時代の土器について顕微鏡で観察を行いましたが、それでは縄文土器についてはどうかと言いますと、若干異なる傾向も認められます。例えば長崎県の対馬の吉田遺跡で出土した縄文時代後期の土器を顕微鏡で観察しますと、全体的に暗く見えていますが、これはガラス化しているのではなくて元々の粘土に非常に多く鉄が含まれている状態を示しています。輝石など有色鉱物が多く含まれています。九州における縄文時代の土器は弥生土器に比べて色調が暗いものが多いですが、赤みを帯びた暗い色調は元々粘土自体に有色鉱物や鉄を多く含んでいることを示すと思います。ですから弥生時代の土器と縄文時代の土器では材料を採取する時点から製作技術体系が違うのではないかと推測しています。

　また、胎土に滑石が混入された土器もあります。滑石は九州では縄文時代前期の曽畑式、また中期の阿高式などによく含まれているものでして、顕微鏡でみますと、ほとんど滑石土器と言える程に、多量の滑石が入っているものもあります。滑石の混和は焼成温度が上昇する際に破裂などの失敗を防ぐような機能もあるかと思うのですけれども、滑石を混和材とする土器は縄文後期に入るとすぐ消えてしまいます。ですから滑石を混ぜること自体が土器の焼成に耐え得るような機能性のみを目指したとも断定できないと思っておりまして、機能性以外の意義もあると考えます。

　九州における縄文土器の焼成温度や焼成技術に関してまとめますと、粘土鉱物に関してはガラス化はあまり見られず、弥生時代の土器よりも若干焼成温度は低いと推測しています。ただし、まだ九州の縄文後期の一部の土器を分析しただけですので、分析を広げてみればもう少し違う傾向もみられるかもしれません。また胎土についてみると、弥生時代の土器に比べて縄文土器は角閃石とか輝石のような有色鉱物が目立ち、鉄が非常に多く含まれ、これは縄文土器の暗い色調とも結びつくと思います。また滑石とか貝殻などが混和材として用いられることに関して、土器の製作のための材料の選び方というのは、縄文土器と弥生時代の土器とではかなり異なる可能性も示しています。弥生土器は覆い型野焼きであり、縄文土器は開放型野焼き、すなわち覆

いを作らない焼き方で、急激に温度が上昇する焼き方です。しかし、土器の焼き方と材料の選び方が機能的に完全に対応しているかというと、そうとも言い切れないと思います。焼成技術と胎土との関係は、土器製作の様式的な意味合いや材料を産出する地質など環境的な要因も考える必要があると思います。

　ところで、土器の断面を観察しますとよく表層部と内部に色調の差異がみられることがあります。これは北部九州では弥生時代の後期に結構多いのですが、断面の中に黒色層や灰色っぽい層が見られるときに、これは焼成温度を推測する手がかりになり得るのかということが問題としてあるかと思います。このような黒色層は胎土に含まれる有機物が残存したことを示す可能性もあります。図5は富永健先生がメスバウアー分光法によって土器の表面と断面の鉄分の還元度の違いを分析した例です（富永1981）。一番上に加曽利B式の実際の土器のメスバウアースペクトルがありまして、下の方に焼成途中の実験的に作った土器のメスバウアースペクトルが挙げられています。これをみますと、実験土器の焼成途中ではやはり内部が黒い層が残っているのですが、スペクトルをみると、2価の鉄イオンのところにピークを示しており、内部がより鉄が還元した状態であるということを示しています。ですから黒色層が見られる際の焼成内部の状態というのは、土器内に含まれている有機物がすべて燃焼するほどに酸素が行き渡ってない状態であり、それは内部が還元状態であることを示しているかと思います。この断面の黒色層は弥生時代の土器にもありますし、窯で焼く朝鮮半島の瓦質土器などにもあります。瓦質土器は結構高温で焼かれることも多いのですけれども、そういった場合に断面黒色層がみられるということは、急激に温度が上がって表面が先にガラス化し、中まで酸素が及ばず還元状態になったことによるという指摘があります（崔夢龍ほか1989）。ですから焼成温度の高低が黒色層の形成につながるというよりも、内部に酸素が及んでいるかどうか、還元状態か十分な酸化状態に及んでいるかというのが断面に現れていると考えます。ですから断面の色調は焼成温度と関係もあると思うのですが、どの程度の速度で焼成温度が上昇したか、どれだけの焼成時間であったか、などの要素も含めて断面の

Ⅱ 土器焼成と生産

黒色層の形成のプロセスを考える必要があります。

4. 韓半島系土器・楽浪系土器の焼成技術と焼成温度
(1) 韓半島側での研究事例

　続きまして韓半島の土器の焼成温度に関する研究を少し紹介しておきたいと思います。韓半島では、先ほど庄田さんの発表にもありましたように、これまで焼成温度推定のためさまざまな分析がされていまして、おもにＸ線回折分析が中心的に行われているようです。無文土器の早い段階では焼成温度が低いものが多いとし、そして後期の段階になりますと焼成温度の高いものが徐々に増えてくるとする研究もあります。しかしこれは色々な最近の研究事例からみますと、なかなかそう単純にはいかないのではないかと思います。例えば先ほどでました大坪里遺跡のような無文土器の早い段階の分析事例をみますと、800℃程度の温度で焼かれたとみられています。ですから焼成温度に関しては時期差や地域性も考慮する必要があると考えています。そして紀元前１世紀頃に窯焼成の技術が導入されます。これは一般的に瓦質土器と言われるものでして、瓦質土器は様々な色調や硬度、質感によって構成されます。瓦質土器でも後半期になりますとより硬度が高まり、新式瓦質土器と言われる硬質の土器が出現します。そして４世紀になりますと陶質土器になりまして、高温で須恵器のように堅緻な焼成が行われることが明らかにされています。

　韓半島側の研究事例をここで紹介しますが、図６が瓦質土器の研究事例でして李盛周先生のＸ線回折分析を用いた研究です（李盛周1988a）。この右側に軟質陶器、硬質陶器とあります。これは瓦質土器の用語に対する論争がありまして、瓦質土器と言うのはいわゆる今の嶺南地方の土器について言われてきたのですが、ほかの地域に行きますとちょっと様相が違うので、用語として好ましくない、ということで軟質陶器、硬質陶器という用語がここで使用されています。軟質陶器というのは瓦質土器の中でも軟質な、モースの硬度で言えば２とか３のちょっと柔らかい土器のことを示しています。Ｑというのは石英、Ｆは長石、ＣＭというのは粘土鉱物のことで、粘土鉱物が検出

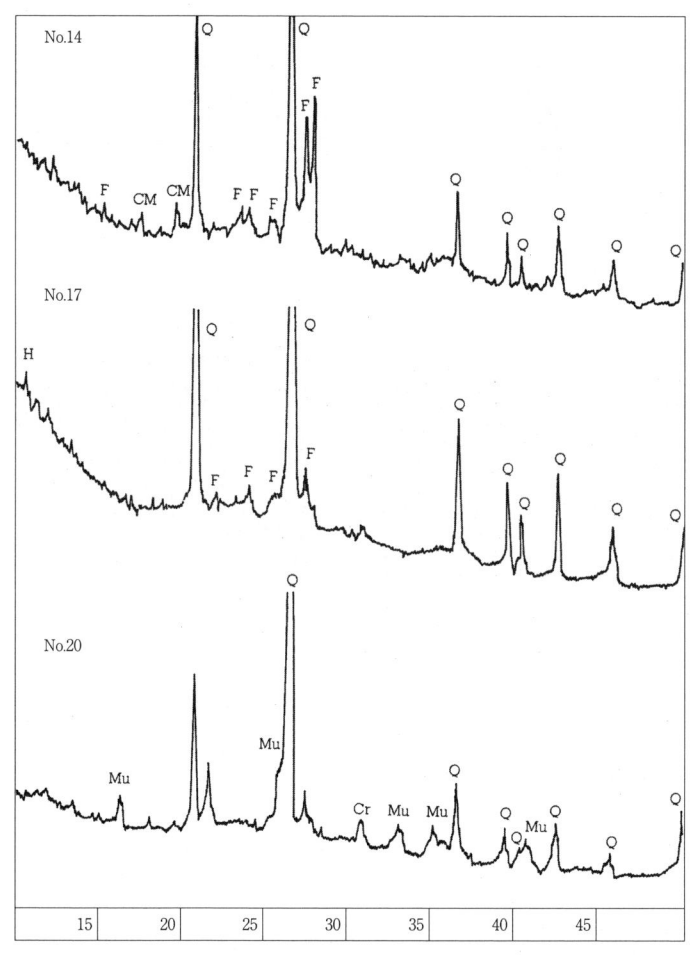

胎土分析から推測する土器焼成技術と焼成温度との関連性

No.14・17 軟質陶器　No.20 硬質陶器

図6　韓半島における軟質陶器と硬質陶器（三韓系瓦質土器）のX線回析パターン（李1988a）

されるほど焼成温度は低いということです。硬質陶器はやや硬度が高いもので、新式瓦質土器に相当するものです。先ほどでましたムライトがX線回折分析のパターンで検出されます。このように瓦質土器と言われましても様々な硬度の土器が含まれていると言うことがわかります。No.14のように瓦質土器のうち粘土鉱物が残存するような軟質のものは700℃以下の焼成

295

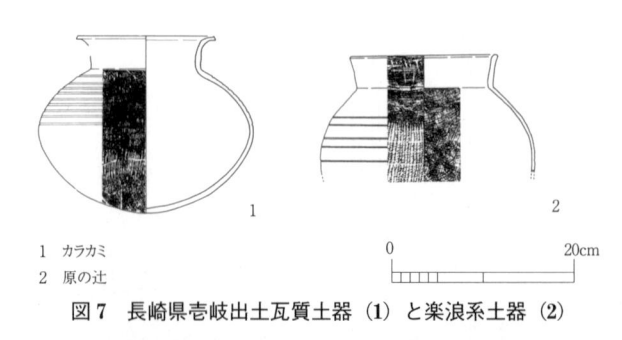

Ⅱ 土器焼成と生産

1 カラカミ
2 原の辻

図7　長崎県壱岐出土瓦質土器（1）と楽浪系土器（2）

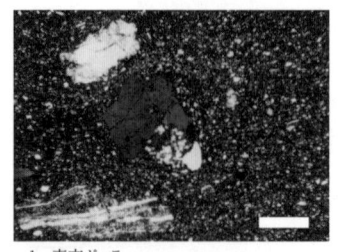

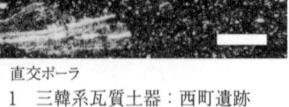

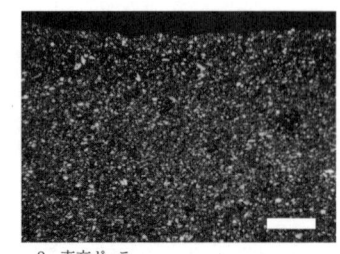

1　直交ポーラ
　1　三韓系瓦質土器：西町遺跡
2　直交ポーラ
　2　楽浪系土器：三根遺跡

図8　土器の偏光顕微鏡写真（スケール0.5mm）

であり、そしてもう少し硬度の高いものですとムライトが検出されていないことから800～957℃の温度であろうと推測されています。No. 20のようにより硬質の瓦質土器になりますとムライトが検出されまして1000℃を超える焼成温度である。そういったことが韓半島側のX線回折を中心とする分析からわかってきました。

　(2)　壱岐・対馬・糸島出土三韓系瓦質土器・楽浪系土器の焼成温度
　その研究成果を踏まえて私の方でも福岡県前原市の西町遺跡や長崎県壱岐市の原の辻遺跡、対馬市で出土した瓦質土器や楽浪系土器（図7）の分析を行いました（鐘ヶ江・福田2006）。窯で焼成されていますが、色調や質感が多様な土器で構成されるのがこれらの土器の特徴です。楽浪系土器を顕微鏡でみますと（図8右）、直交ニコルをみてもらえばわかると思いますが暗い部分がかなり多いことがわかります。このことから基質のガラス化が進んでいるということが言えると思いますが、ムライトのような鉱物はみられませんで

296

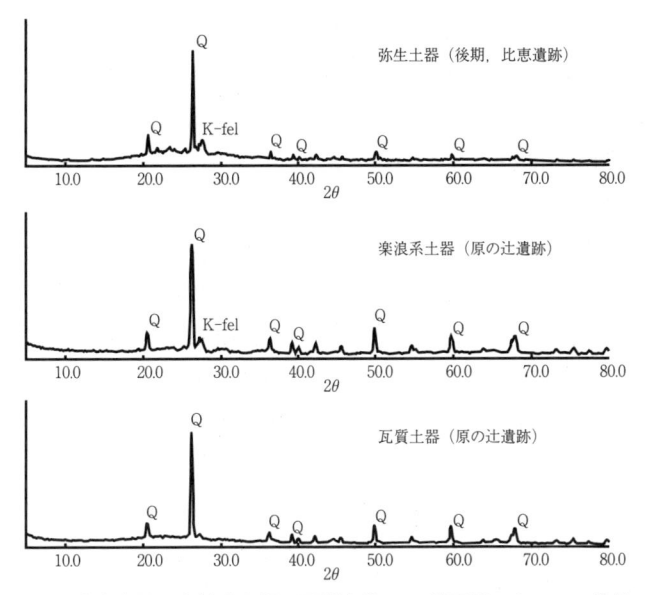

胎土分析から推測する土器焼成技術と焼成温度との関連性

図9 弥生土器、楽浪系土器、瓦質土器のX線回析パターンの比較

した。さらに基質には石英や長石など細かな鉱物も残存しておりまして、須恵器になりますと顕微鏡の直交ニコルではガラス化のため真っ暗にみえるのですが、そうではなくて割と細かい鉱物も残っています。この結果から楽浪系土器の焼成温度は1000℃付近かもしれませんけれども1000℃を大きく超えるものではないと考えています。また瓦質土器の顕微鏡分析も行いましたが（図8左）、やはり直交ニコルでみますと、全体的に暗い部分がありまして、鉱物が変成しているのが確認できます。ですから比較的高温で焼かれたことはわかるのですが、ムライトのような鉱物はみられません。

　これをX線回折のパターンで比較してみようということで三点挙げています（図9）。これは三点しか挙げていませんけれども他も何点か分析を行っており、同じような結果が得られています。大体X線回折のパターンは三つの土器で類似しており、焼成温度の違いを示すような鉱物は検出されていません。ですから瓦質土器や楽浪系土器は弥生時代の土器よりも相対的に高温で焼かれたということは言えるかと思いますが、あまり大きな焼成温度の

Ⅱ 土器焼成と生産

違いはなく、割と近接した温度で焼かれたとみてもいいのではないかと思います。なお瓦質土器と楽浪系土器の胎土に含まれます鉄と色調との関係についても調べてみましたが、鉄の量と色調が相関関係を示しません。これは土器の焼成状態が酸化焔だったり還元焔だったり焼成状態が不安定であるということがこういった色調のばらつきに示されていると考えています。一方、それよりも時期的に新しい陶質土器について検討しますと、鉄の量が増えるにつれて赤みが減ってくるようで、鉄との相関関係が認められました。ですから安定した還元焔の状態ですと胎土中の化学組成が色調に表れると推測できるのではないかと思います。そこで瓦質土器や楽浪系土器というのは還元焔でもあり酸化焔でもあるような焼成の状態であるということが言えるのではないでしょうか。さらに色調を分光測色計のスペクトル曲線で表してみると（図10）、楽浪系土器と瓦質土器は反射率が低いものと高いものがあり、ばらつきがあるのがわかります。これは青灰色のものから白色、灰色系のものなどさまざまな色調を含んでいることを示しています。その一方で福岡市西新町遺跡などの陶質土器をみると全体的に反射率が低いことがわかります。つまり高温の強い還元状態で焼成された陶質土器は、全体的に暗灰色や青灰色の暗い色調であることがこういったスペクトル曲線からわかります。

　楽浪系土器や瓦質土器の色調のヴァリエーションはどのような要因から出てくるのかと言いますと、一つには土器焼成の窯の構造との結びつきがあると考えられます。図11は郡谷里貝塚と大谷里遺跡の土器焼成窯です。原三国時代の土器窯ですが、やはりこういった形態をみますと後の陶質土器や須恵器の窯のように、より硬質で還元焔の焼成を得るための土器焼成の窯とは異なるものです。このような焼成の窯の構造の違いが土器の発色の違い、質感の違いの要因となる一つの要素であると考えています。李盛周先生など韓国側の研究では、先ほどのような窯は中国の戦国時代の圓窯に源流が求められると考えられています。窯以外にも還元状態を得るための作業や燃料の量など、焼成技術に関する要素はあり、こうした技術的特質が楽浪系土器とか瓦質土器の発色に関係しているのではないかと現段階では考えます。

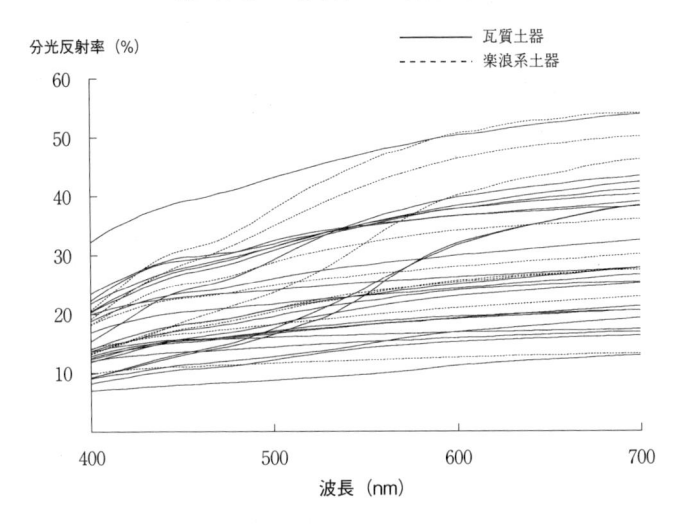

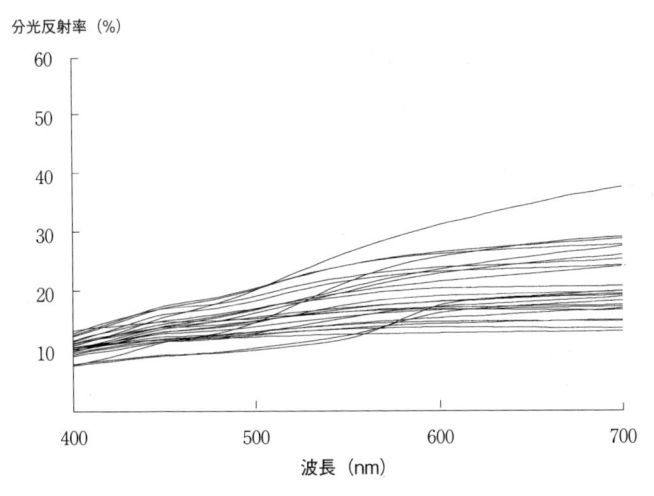

胎土分析から推測する土器焼成技術と焼成温度との関連性

上：瓦質土器・楽浪系土器　下：陶質土器
図10　分光測光計による土器のスペクトル曲線

5. まとめ

　以上の分析をまとめていきたいと思いますが、まず弥生時代の土器の焼成技術と焼成温度につきまして、弥生時代の焼成温度に対する従来の見解は、私の分析結果からも妥当なものだと判断されます。しかし1000℃付近の高

Ⅱ 土器焼成と生産

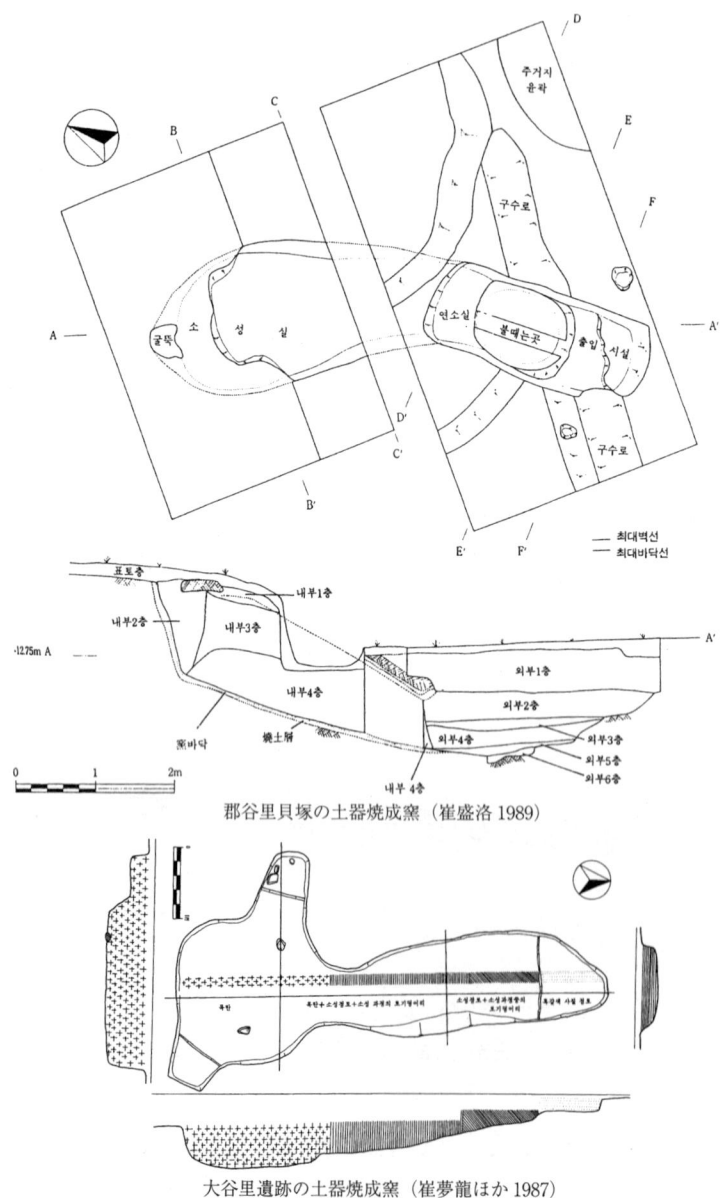

郡谷里貝塚の土器焼成窯（崔盛洛 1989）

大谷里遺跡の土器焼成窯（崔夢龍ほか 1987）
図 11　原三国時代の土器焼成窯

温で焼かれた事例もありますが、その評価についてはもう少し分析事例を増やしていくことが必要ではないかと考えています。そしてある程度意図的な焼成温度のコントロールがなされた可能性も含めて考えていく必要があると思っています。

また土器の焼成時におきまして、材料に温度の上昇に耐え得る性質が備わっているということももちろん土器作りにおいては重要なことですけれども、焼成技術と材料の機能、性質が完全に対応するとは限らないということもいえると思います。そこで弥生時代の土器の焼成の技術というのは、ある程度焼成温度や化学組成の変化など変異の幅に対応するような柔軟性をもった焼成技術であったという評価も現段階ではできると思います。

それに対して韓半島の焼成技術ですけれども、無文土器は時期が下るにつれて焼成温度が高いものが増えるという研究もありましたが、おおむね弥生時代の土器とも類似した温度ではないかと考えております。そして窯による還元焔焼成が取り入れられる瓦質土器や楽浪系土器は様々な色調や硬度をもっていますが、窯の焼成は焼成時に高温を目指すこと自体が目的ではなかった可能性があります。無文土器については弥生土器と共通する覆い型野焼きを用いて焼成されたことは小林先生の研究でもわかっていますが、瓦質土器の焼成のため窯を導入することは土器自体を高温で焼くとか、硬質で丈夫な土器を焼くという意味で導入したのではなかったのではないでしょうか。そこで瓦質土器や楽浪系土器というのは焼成温度があまり高くなく、後のより硬質な還元焔焼成の土器に比べると過度的な技術かもしれません。ただし、様々な質感の焼成を行う点で使用者の嗜好性にも適する技術ではなかったかと思います。瓦質土器とか楽浪系土器は白っぽい発色の器種もありますが、そういった明るい色調の土器を作りたい場合には還元焔で焼きますとどうしても暗い色調になりがちですので、逆に酸化焔の状態の方が明るい色調の土器を作るには適しています。

そういったことを考えますと、土器の焼成技術やそれに関連する粘土など材料の選択は、焼成過程に耐える性質とかあるいは高温で安定した焼成を目指すような、機能性を志向するだけではなく、様々な要因が関わっていたと

II 土器焼成と生産

言えると思います。つまり社会的なコンテクストとか経済的な状況、環境的な制約や適応、あるいは土器の色調や質感に対する象徴性や世界観などが、土器の焼成技術のありかたやその特質に関係しているのではないかと思います。このような要因を含めて土器の焼成技術を複合的に捉えていく必要がある、ということを今回の土器の焼成温度と焼成技術の関係性の検討から提示したいと思います。以上です。ありがとうございました。

質疑応答

若林：鐘ヶ江さんどうもありがとうございました。胎土中の鉱物などから焼成温度について類推を試みて、最後は鐘ヶ江さんがずっとテーマにされている土器の色調の話を考慮する必要性と、技術の結びつきということでありました。技術的なこともいっぱいあったとは思いますが、質問をお願いしたいと思います。何かありませんでしょうか。

木立：立命館の木立です。教えていただきたいんですが、焼成温度という言い方は非常にわかりやすくていいんですけれども、窯炊きさんはよく熱カロリーという話をされるんではないかと思うんです。長時間焼けば低い温度で焼いても高い温度で焼いたのと同じ効果を出すということもおっしゃるんです。私たちは経験上、縄文土器の場合ブラシで断面をゴシゴシ洗っても大丈夫と、ところが弥生はちょっとわからないんですけど弥生の末から以降は叩き洗いをしないと溶けてしまうと。年代的ストレスは縄文土器の方が遥かにかかっているのに実態としてはその逆になっている。これは恐らく熱カロリーのせいではないかなと私はちょっと思ってたんです。熱カロリーが今言われた粘土の鉱物の組成、様々な問題とどう関わるかという見込みはお持ちでしょうか。

鐘ヶ江：今回発表しました鉱物の変化から焼成技術を推測する方法は、焼成中にどういった鉱物が残存するかを調べるものですが、それはあくまでもある温度に達したときの状態で鉱物をみようというもので、実際はもっと複雑なプロセスがあると思います。それに関しましてはもっと他の分析を含めて検討する必要があると思いますし、今回の分析だけではそういった熱カロリ

一のような側面はわからないと思います。もう少し違う方法を含めて検討したいと思っています。

若林：他にございますでしょうか。無ければ、鐘ヶ江さんの発表に対する質疑はこれで終わりにしたいと思います。鐘ヶ江さんどうもありがとうございました。

参考文献

鐘ヶ江賢二・三辻利一・上野禎一　2002　「比恵・那珂遺跡群出土弥生土器の胎土分析―土器の生産と流通・製作技術の理解へむけて」『人類史研究』、13号：137-153

鐘ヶ江賢二　2003　「色調変化からみた九州弥生土器の地域色」『認知考古学とはなにか』、pp. 87-104. 青木書店

鐘ヶ江賢二・三辻利一　2003　「前原西町遺跡出土韓半島系土器の胎土分析」『前原西町遺跡』、pp. 25-28. 前原市文化財調査報告書84集

鐘ヶ江賢二・福田匡朗　2006　「韓半島系土器・楽浪系土器の発色技術についての基礎的研究―胎土分析と色調の計量的分析を通じて―」『考古学と自然科学』52、pp. 51-65

小林正史・宮本正規　1996　「熱膨張率と断面色調からみた縄文・弥生土器の焼成温度の推定」『日本文化財科学会第13回大会研究発表要旨』

佐々木幹雄　2003　「還元焔土器の焼成技術―陶質土器の焼成実験を通じて―」『三韓・三国時代の土器生産技術』、pp. 35-64. 第7回福泉博物館国際学術大会

佐々木幹雄・余語琢磨　2004　「須恵器の色―実験的技術復元と理化学的分析に関する考察―」『古代』、112：12-150

佐原　真　1983　「弥生土器入門」『弥生土器』I、pp. 1-22. ニューサイエンス社

富永　健　1981　「遺物の製作技法をさぐる―メスバウアー分光法」『考古学のための化学10章』、pp. 179-200. 東京大学出版会

長友恒人・西村誠治・(株)古環境研究所　2005　「被熱土器の分析 TL法 ESR法による再加熱された弥生土器の被熱温度推定」『久枝遺跡　久枝II遺跡　本郷I遺跡』、pp. 731-734. 財団法人愛媛県埋蔵文化財センター

パリノ・サーヴェイ株式会社　2004　「池上曽根遺跡の被熱変形土器・土製品に関

Ⅱ 土器焼成と生産

する自然科学的分析」『史跡池上曽根遺跡 99』、pp. 215-230.（財）大阪府文化財センター

町田利幸編　2002　『原の辻遺跡』原の辻遺跡発掘調査事務所調査報告 24 集

峰町教育委員会・峰町歴史民俗資料館編　2002　「三根遺跡山辺区略報・図版編」『対馬と韓国―弥生・中世―』峰町日韓共同遺跡発掘交流事業日韓文化講演会発表資料集

宮田浩之編　1996　『三国地区遺跡群 6　西島遺跡 1・2 区の調査』小郡市教育委員会

Arnold, D. 1985. *Ceramic Theory and Cultural Process.* Cambridge University Press.

Rice, P. M. 1987 *Pottery analysis : a sourcebook.* University of Chicago Press

Woods, A. J. 1986. Form, Fabric, and Function : Some Observation on the Cooking Pot in Antiquity. in W. D. Kingery, (eds.) Technology and Style. 269-285. American Ceramic Society

崔鍾圭　1982　「陶質土器出現前夜と展開」『韓国考古学報』、12 : 213-243

崔夢龍　1981　Analysis of 'Plain Coarse Pottery'from Cholla Province, and the Implication for Ceramic Technology and so-called 'Yongsan River Valley Culture Area.『韓国考古学報』、10、11 : 261-269

崔夢龍・姜景仁　1987　「附録Ⅰ靈岩長川里遺跡住居址出土無文土器の科学的分析」『靈岩長川里住居址』Ⅱ, pp. 79-80

崔夢龍・権五栄・金承玉　1987　「昇州　大谷里住居址　発掘調査略報」『文化財』、20 : 80-111

崔夢龍・李盛周・李根旭　1989　「洛水里　洛水　住居址」『住岩ダム水没地区文化遺跡発掘調査報告書』全羅大学校博物館・全羅南道

崔盛洛　1988　『海南郡谷里貝塚』Ⅲ 木浦大学博物館

李盛周　1988a　「三国時代　前期　土器の研究―嶺南地方出土土器を中心に―」『韓国上古史学報』、1 : 93-187

李盛周　1988b　「原三国時代　胎土の類型」『嶺南考古学』、5 : 19-41

李盛周　1991　「原三国時代　土器の類型、系譜、編年、生産体制」『韓国古代史論叢』、2

申敬澈　1982　「釜山・慶南出土瓦質系土器」『韓国考古学報』、12 : 39-87

討論「土器焼成と生産」

司会：若林邦彦・長友朋子

若林：それでは、始めたいと思います。昨日は食べ方、調理の仕方の話でやわらかい話でした。生活密着型といいますか、ご飯をどういう風に炊くのかという肩のこらない問題かと思いました。今日は、少し趣が違うかなというように聞いておりました。はじめに、田崎博之さんのお話が生産という問題で、大久保徹也さんからも質問がありましたが、社会論の話題でした。小林正史さんは焼成と生活文化と言うように生態的な側面で、脈絡が少し違う部分があると思います。ただ、一度に違う話をしてもしょうがありません。討論の時間も1時間ということで、司会で勝手に大きく二つの柱を立てて、話を進めたいと思います。一つは、焼き方の問題です。開放型と覆い型という二つの焼き方の認定の仕方という問題があります。一つには生態学的な要因が十分考えられますし、朝鮮半島との関連というのが最後にはでてくるというのが考えられます。前提としては、どういうふうに見分けるかということがあるわけですが、覆い型野焼きを中心とした焼き方の問題です。もう一つは田崎さんからお話がありましたような、どこで焼いているのか、どういうふうに消費されているのか、消費の前提とされている生産とはどういうものなのか、それから考えられる社会論にどれだけアプローチできるのかという、二点にわけて話をしていきたいと思います。

　まず、焼き方の問題です。鍵をにぎるのは黒斑のありかただということはおわかりいただけたと思います。黒斑がどのように形成されるのか、どういうように生成されるのか、というのが、どうやら単純なものではなさそうだということもわかってきたと思います。私が小林さんに伺ったところでは、大きく二つに分けられる。一つは残存黒斑。初め初期の段階で真っ黒になる

のですが、その後ある部分だけが大きくのこる残存黒斑。それと、薪接触やオキだまりによって生じるという、つまり燃料が、一度黒くなくなったところに再度黒い黒斑が形成されるというように、2種類あると私は思っております。そういう理解でよいのか、ということとそれについて補足的な説明を、まず小林さんのほうからお願いしたいと思います。

小林正史：基本はよいと思うのですが、今の藁を敷いた上に土器が埋もれるようにおいてあった場合、確かに最初についた煤がずっと消えないという状況なのですが、それは残存黒斑とは独立させて、接地面の藁密着黒斑と名付けました。というのは、黒斑からどうやって野焼きを復元していくかということを考えた場合、残存黒斑というのは一回ついた煤が消えないものなので藁密着黒斑とは区別しました。

若林：それと鐘ヶ江賢二さんの発表でありました、土器の断面が黒色になるということについて、その形成のメカニズムはどういうふうに説明できるでしょうか。鐘ヶ江さんにお願いします。

鐘ヶ江：黒色層の形成ということですが、焼成の初期の段階でまず全体が黒くなります。そして途中で酸化する過程でそれが消えていくのですが、焼成のプロセスで内部にどの程度酸素がいきわたる状態かということが、黒色層の形成に関して今のところ一番重要なことかと思います。黒色層の形成には焼成温度というのももちろん関係あると思うのですが、内部にどの程度酸化が及ぶかというのが一番のポイントではないかと思います。

若林：その点なのですが、北野博司さんは実験をかなりされていますが、実験を通してみますと、黒色層ができる条件というのはどういうものでしょうか。

北野：焼成実験をしていると、温度だけではないなというのがよくわかります。開放型野焼きでゆっくり焼成して、断面に黒色層ができない場合、偶発的に薪がワーッと焼けて、鐘ヶ江さんがおっしゃたように、かなり高温に焼けているのに黒色層ができている場合もあります。時間と全体の焼成雰囲気というのもあると思います。温度だけではない要素によって、黒色層が形成されるということはうなずけると思います。

討論「土器焼成と生産」

若林：黒斑と黒色層のできかたについて、小林正史さんどうぞ。

小林正史：もう一つ補足したいのですが、素地の有機物量というのも関係する場合があります。実験土器で使っているのは精緻な素地ですが、実験でも土器がよく割れる場合は砂が少なかったりします。そういう目でフィリピンとかタイの例とかをみますと、ものすごく急に焼いているのに割れないですね。それは、素地に不純物が多いことによるとしか思えない。そういう不純物が素地にいっぱい入っていると割れにくい。

若林：ありがとうございます。実験の上ではそういうことが言えるわけですが、一方、田崎さんから 185 頁にモデル図をだしていただいているのですが、土器焼成と黒斑の変化についてまとめられています。異論もあるのかもしれませんが、こういうようにまとめられていて、そのなかで黒化層や黒斑の生じ方ということを書かれているわけですが、北野さんや小林さんの黒斑の説明もしくは黒色層の説明が、同じような説明で大丈夫と考えられているかどうかですが。

田崎：土器表面に残された黒色の斑文を、残存黒斑と、薪接触・オキだまり黒斑に二大別することには賛成です。私が黒変部と言っているのは、器壁の芯部から染み出しているようなつやのない斑文です。小林さんの言う残存黒斑にあたります。一方、黒斑と言っているのは、土器の表面に吸着したもので、小林さんの薪接触やオキだまり黒斑にあたります。黒化層の問題は、いろいろな原因が考えられます。こうした話は、すでに昭和 40〜50 年代に佐原眞さんが整理されていますよね。

長友：そうしますと、そういう黒斑の形成の現象があるということを利用して、土器焼成を復元して発表されたということだと思います。今日は縄文から弥生の時期、それ以外の幅広い時期の発表もありましたが、この時期を中心にご発表された方が多かったと思います。まず、確認しておきたいのは、開放型野焼きから覆い型野焼きへと変化するということについてです。小林正史さんは、イネ科草燃料と慎重に言ってらっしゃいますが、覆い燃料について、どの程度現在きちんと認識できるかということ、庄田さんがご発表のなかであげられたと思いますけれども、焼成粘土塊についてどのように捉え

Ⅱ 土器焼成と生産

られるかということについて、どうでしょうか。小林正史さんお願いします。
小林：まず、イネ科草燃料の具体的証拠についてですが、勉強していないのであまり出土例はわかりません。圧痕はあります。ちょっと意見の違いがあるところですが、私自身は出土した焼き粘土塊で、確実に稲藁に泥を覆ってというような、そこまで言う資料はないのではないかと思います。可能性があるのは黒斑だと思います。というのは、泥で覆って焼いた場合に、最終段階で落ち込む場合があります。稲藁と一緒に粘土塊が土器の中に落ちると、特徴的な黒斑ができます。四角ばってどーんと落ちて、稲藁も一緒に落ちるので、独特の黒斑と火色ができます。焼粘土塊があったときはその痕跡が期待できます。ただ、僕たちが見てきた黒斑のなかでそのような特徴をもつ黒斑と火色があった可能性もあると思うのですが、確認できなかっただけで、そういうのを探すのがもう一つの手かなと思います。出土状況については徳澤さんのほうが詳しいと思いますので。
長友：徳澤啓一さん。
徳澤：私の知っている燃料材、被覆材と考えられるイネ科草燃料がついている粘土塊についての質問でよかったでしょうか。確かに弥生時代前後になると、あまりないように思うのですが、古代のものではわりに多いかなと思います。実際に粘土塊にスサ状の痕跡がついていますし、決してないとは言い切れないというような気がしています。ただ、先ほど庄田慎矢さんから出されました、大きな塊になって両方がよく焼けているのは厳しいかなと思います。というのは、実験をやられて稲藁燃料の上に掛けた泥というのは、一方通行の熱を受けるわけですよね。これがもう一回熱を受けないかぎり、反対側も焼かれるような状態にはならないと思います。多くの場合は、そういうような覆い天井を取り去ったあとに、それをどこかに捨てて、トランポリングすることによって、より細かくなったものが焼成遺構のなかに若干残されていて、また焼成されて、ああいう小さな粘土塊が残るのかなというように思います。スサ入りの話から粘土塊の話にずれてしまったのですが、弥生時代については今のところこれを肯定するような材料はないと思います。
田崎：徳澤さんは、確か遺跡から出土したスサ入り粘土塊をプラントオパー

ル分析したことがありましたよね。あの試料は、どの時代でしたかね？

徳澤：あれは、7世紀です。

田崎：その分析結果は、稲藁でしたかね？　ちょっと記憶がなくなっているので、教えてください。

徳澤：実は、田崎先生にお送りしたことがあると思うのですが、覆いの泥にイネ科植物が束になってくっついているというのがあります。それを事実報告したことがあります。実際に分析したところ、イネ科植物であるがイネとは言えないという結果がでました。ただ、そういう植物があるのは確かです。

田崎：それは7世紀の話ですね。

徳澤：はい。そうです。

小林：先ほど二つ目の土器粘土塊のほうを答えてしまったので、イネ科草燃料が稲藁かどうかですが、それに関して確証はないのですが、私たちはずっと稲藁を使った実験や民族例でも火色しかみてないのですが、それが発掘資料にかなりよく似ていると思います。実際には、葦とかヨシとか、実験をしてみないといけないのですが、それをやらない段階で言うのはなんですが、稲藁の非常に細い筋のイネ燃料とよく似ているので、稲藁としても不思議ではないです。これから実験していこうと思います。

若林：ありがとうございます。いろいろな燃料を揃えてやるということはできませんので、もちろん可能性論として蓋然性が高いということで理解するところです。こういう現状ですということでよろしいでしょうか。

田崎：燃料の問題については、草本類、とくにイネの可能性は高いと思います。しかし、現状では、それはあくまでも想定にしかすぎない。徳澤さんが昔やられたように、圧痕の形状の観察やプラントオパール分析を行って、稲藁燃料であることを検証していただきたい。昨日は、こうした検証なしで、論議を大きくふくらませるのは問題があると言ったまでです。

若林：それで、この話はそれで終わりということにしたいと思います。ベーシックな覆い型のやり方に関して現象面の諸条件を整理したつもりなのですが、その上で、開放型から覆い型への大きな変化については、ここにおられる方だけでなくて、安城市の岡安さんなど多くの方が研究されています。岡

II 土器焼成と生産

安雅彦さんは、現実にこういうふうに覆い型野焼きが入いっていくのだという絵を描いているわけです。しかし、実際には克明にチェックしていく、一つひとつつぶしていく必要があるというように思います。つぶしていく必要があるというのに、ざっとしたことを言えというのは問題があるかもしれませんが、現状のこのような条件の中で、列島規模での覆い型の導入のありかたというのはどうなるのでしょうか。夜臼式は板付式とは大きくは変わらない焼き方で焼いているという話でしたが、東に行くにしたがって、順次どのように導入時期が変わっていくという見通しがあるのかということを、小林さんにお尋ねします。

小林正史：基本的には、岡安さんが描かれたような感じではないでしょうか。近畿、東海、北陸までは、北陸はちょっと微妙なのですが、II様式の土器を観察した、石川県加賀のワークショップの八日市地方遺跡の観察では、櫛描文土器は覆い型野焼きで、条痕文土器は棒状黒斑がいっぱいあって開放かな、ということでそのあたりが境目になります。それより東の土器になると完形の観察可能な土器がほとんどないのでわかりません。岡安さんが描かれたような図式になると思います。

長友：ありがとうございます。それでは、そのような覆い型野焼きの様相があるということです。例えば、北野さんがご発表されましたように、東北北部で6世紀末に草燃料を利用するというのは、移民の流入と相関がありそうだ、あるいは9世紀からピットを伴う覆い型野焼きを需要するというのは、新たな窯業技術と連動しそうだというように、そのときそのときの状況によって、さまざまな要因で覆い型野焼きが受容されるということの一端が、そこに示されているというように思いました。縄文から弥生の場合は水稲農耕の本格的な導入と関連して、これまで説明がなされていますが、例えば庄田さんのされている韓国の覆い型野焼きの受容の場合は、どういうように受容されてきたのか、ということをおききしたいのですが。

庄田：どういうようにというのは具体的に何をお答えすれば良いのでしょうか。

長友：覆い型野焼きが受容された要因や契機についての問題です。

討論「土器焼成と生産」

庄田：いまのところ覆い型野焼きを受容したと考えているのは青銅器時代中期なんですが、この時期は韓国では水田が発掘された例がありますので、水稲耕作と関連するという説明が時代的にもあってくるかなということです。起源地に関しては、九州の場合は朝鮮半島南部の様子がわかってきていますので具体的に言えるのですが、韓国の場合は、より北側を探せないという状況なので、自発なのか伝来なのかという議論の材料がないというのが現状です。

若林：それに関して、会場側から小林さんに質問があったのですが。これは解釈の問題になります。朝鮮半島でも遺物を観察されていて、覆い焼きになってきているということがわかるのですが、夜臼式の段階の技術は、そのようなものが完全なパッケージとして入ってきたと考えてよいのか、技術体系として同じものが入ってきているのかということですが。

小林正史：基本的には同じだと思います。ただ、無文土器では焼成ピットが出てきているのですが、確実な例は少ないと思います。地面に藁を敷いた上に、薪をいっぱい置く、土器の側面と上に薪をいっぱい置く、スリップ赤塗りを夜臼式から導入する、などの点で夜臼式土器と中期無文土器は非常によく似ていると思います。

若林：いまのところの理解としては、そのままセットで入ってきたということですね。その夜臼式の直前の時期のことも、詳細には実は問題がまだあるだろうと思いますが、覆い焼きの話は基本的にはこういうことかなと思います。

では、二つ目の柱のどこで焼いているのか、という話について議論を進めていきたいと思います。庄田さんから、いくつか焼成遺構をピックアップしていただきました。田崎さんから、弥生時代の焼成遺構の可能性があると認定してよいのか、というより条件をきちっと整理していただきたいと思います。

田崎：論議を少し戻してよいでしょうか？先ほど焼成温度の問題で、木立さんからカロリーの問題、つまりどれだけ火を受けているかという問題が指摘されました。これに対して、鐘ヶ江さんからは、焼成温度を明らかにするこ

311

とは難しいということでした。私は、覆い型野焼きと開放型の野焼きの大きな違いは、焼成時間の長短だと考えています。その焼成時間を土器に残されている痕跡から読み取る指標になるのは、黒化層の残り方だと思います。例えば、縄文土器を観察すると、黒化層がすごく厚く、土器の表面が1mmもないくらいにしか焼き上がっていないものを目にします。そうした厚い黒化層は、少なくとも西日本の弥生土器ではあまりみかけません。黒化層が残っていても、弥生土器では黒化層が薄くなっていたり、黒みが薄い色調であったりします。この点が、先ほどの木立さんが言われた被熱カロリーの問題、そして覆い型野焼きか開放型野焼きなのかを判断する手掛かりになると考えています。九州の場合、器壁の芯部に非常に厚い黒化層が残る事例は、夜臼式の深鉢や浅鉢までみられますが、板付Ⅰ・Ⅱ式ではほとんどみられませんので、覆い型野焼きの導入は夜臼式～板付Ⅰ・Ⅱ式と言うことになります。ただし、この考え方には前提があります。先ほども申しましたように、黒化層と焼成時間は相関性があるということです。また、北野さんの発表にありましたように、焼成中に土器をゴロゴロころがして焼くと、器壁の芯まで焼き上がり、黒化層は薄くなったり消えてしまったりします。そうした焼き方があるのかを含めて考えていきたく思っています。

さて、焼成遺構の問題に話を移します。弥生時代の焼成遺構は宮田浩之さんなどが集成され、今回は庄田さんが韓国の青銅器時代の事例を集成されています。しかし、確実に焼成遺構かと問い詰めると、曖昧な点が多く、ほとんどの事例は焼成遺構と確定できないのが現状ではないでしょうか。私は、単に火を使っている痕跡があるというのではなく、ポテトチップスのような焼成破裂土器片が一緒に出てこない限り、焼成遺構とは言いたくないですね。
長友：ポテトチップスについて出てきたところで、こちらに話を進めていきたいと思います。会場の方から田崎さんに焼成破裂薄片は二次焼成の可能性はないでしょうかという質問があります。これまでも質問されてきたことだと思うのですが、区別するポイントを教えてください。
田崎：194頁の図9をみていただきたいのですが、焼成破裂土器片は、円形もしくは楕円形で剝離面側の中央が膨らむ凸レンズ状の断面をもっています。

ただし、完全な形で出土することはほとんどありませんので、判断に際しては、まず、もともと円形あるいは楕円形の破片なのかを検討します。そして、周縁が鋭いエッジとなっているのか、器表面と剝離面が同じ色調に焼けているのかといった確認をやっていきます。それと、186頁の図3-1のように、土器片の芯部に黒化層が残っている場合もあります。慣れれば、比較的容易に認定できると思います。そして、二次的な焼成破裂と同じ形状的な特徴をもつ破損が生じないのかという質問については、二次的な火熱を受けて器面が剝離する場合、断面が凸レンズ状に窪むような剝離痕は生じません。ほとんど同じ深さの剝離痕で、そのため剝がれた土器片の周縁が鋭いエッジとはなりません。また、土器が焼き上がった後に加わった打撃や加圧でも、そうした破損は生じません。

若林：そういうようなかたちで、田崎さんがつかまえている確実な証拠という基準にてらして、焼成遺構らしきものに当たられた方はいらっしゃいますか。もしくは会場におられる木立雅朗さん、窯の研究でもちろん構造的な窯以外のことにも取り組まれていますから、何か良い例はありますでしょうか。

木立：何を答えればいいのでしょうか。

若林：焼成遺構の認定ですね。

木立：私自身の研究ではなくて、窯跡研究会で北野さんや望月さん、上村さんがやられたときに、有象無象を除外しようとやったときに、底面が赤く焼けていること、壁面だけが焼けているのは炭焼きの可能性があるということです。ちょっと忘れましたね。すみません。破裂破片は、田崎さんがかなり重視されていて、そこに出てくるということは重要ですし、秋山浩三さんが黒斑の土器のことで失敗品として示されたものもありますので、それが集中したところはその可能性があるのですが、片付けの問題がありますので。田崎さんはポテトチップがないといやだとおっしゃいましたが、一つの穴からそれがでるからといってその穴が焼成遺構であるということではない、という程度の認識は同じだと思います。ひとつの本を窯跡研究会から刊行したときに、とにかく焼成遺構ではないかということでみてくれというので行ったのですね。確か、長友朋子さんと一緒に市田斉頭坊遺跡にも行ったと思いま

Ⅱ 土器焼成と生産

すが、焼けているととにかく焼成遺構ではなかろうかということで、自分の知っている範囲のなかで遺構の性格付けをしようというのがあります。それは勘弁してほしいという気持ちはありますが、おかげで私は遺構をいっぱい見ることが出来ましたので、これはラッキーだなと思いました。苦い経験もありました。もし、他に可能性がなければ土器焼成遺構でもいいということでしたが、あとで精査するとそれは湯屋であったということがあります。私自身はそう言いながらこういう研究をしていますので、ますます気をつけていただきたいのですが、人を信じてはいけないな、ということです。

田崎：私は焼成破裂土器片を重視しているのですが、確かに遺構だけでは決められない。また、遺物だけでも決められないのも事実です。両者を総合しながら、可能性が高い遺構を抽出していくしかありません。

若林：これは私が思ったのですが、ポテトチップスのような土器片とも関連して失敗品の問題ですね。庄田さんが言っていたなかにも、それがあると思うのですが、それらがまとまって捨てられている場所や地区をみてしまっている、ということはないでしょうか。つまり田崎さんの話ですと失敗品を見つけているわけですが、失敗品が廃棄されている姿の可能性もあるわけですよね。その辺の問題はどのように考えられるでしょうか。庄田さんのピックアップされている遺構の中で、捨てられている遺構の可能性があるわけです。ある遺跡のなかで、解釈の問題にもなってしまうのですが、遺跡をどう考えるかという問題とも絡むのですが、そういうものが集中的に捨てられているゾーンがあるということは考えられないでしょうか。

田崎：それはあるでしょう。それを判断するのに決め手になるのは、遺構の性格や出土状況の確認です。私は焼成破裂土器片を重視していますが、何も遺構の性格や出土状況を無視して、焼成遺構を認定していこうとしているわけではありません。遺構の方から言えば、壁が焼けているだけでは認定できません、再利用されないような焼成失敗品が一緒に出ないと確定的なことは言えません。反対に、焼成失敗品がでてきているから、そこが焼成遺構だとも単純に言えない場合もあります。貯蔵穴が使えなくなった後に、焼成破裂土器片を含む焼成失敗品をドーンと捨てている事例もあります。ここでは、

討論「土器焼成と生産」

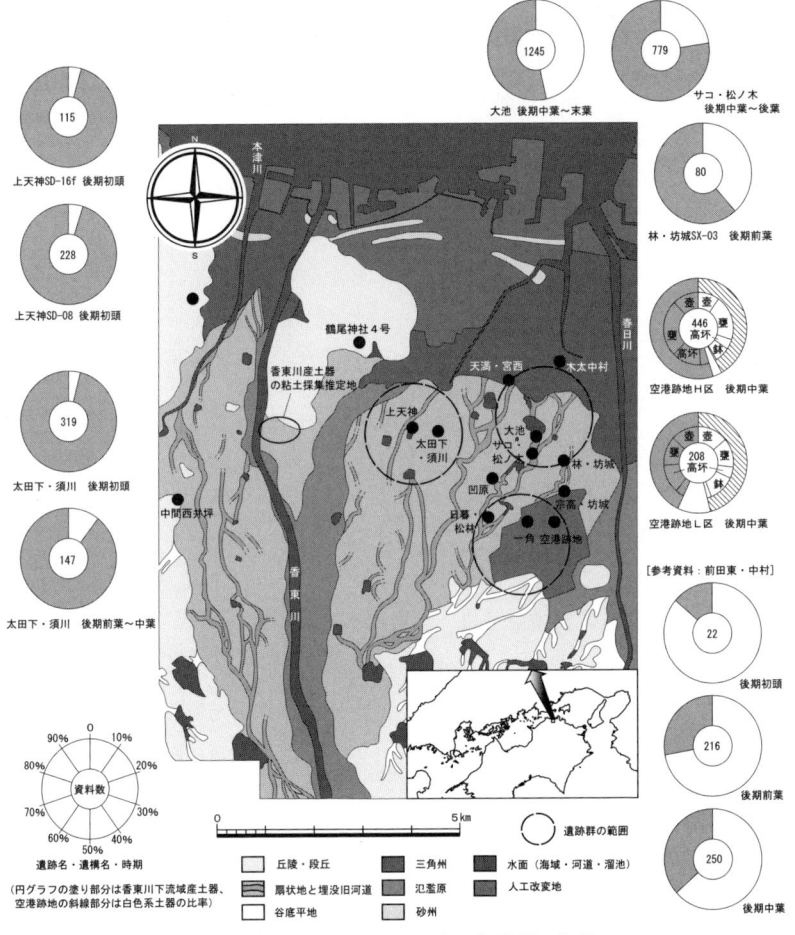

図1　高松平野における弥生時代後期の集落

庄田さんが集成された焼成遺構を個々に検討することはできませんが、発掘調査時の遺構の性格や出土状況の検討を通じた判断が大切なのであって、焼成失敗品と焼成遺構を単純に結びつけるべきではないと思います。

若林：それでは、若干説明がありました、上天神遺跡の実態についてご説明いただけますか。

田崎：これからの話は、生産というより供給の話になりますが、私は大久保

Ⅱ 土器焼成と生産

徹也さんの論文を使って、高松平野の地形分類図の上に弥生時代後期の集落遺跡を落とした図1を作ってみました。そうすると、扇状地上の旧河道沿いの径2kmほどの範囲に遺跡のまとまりを見出せます。こうした遺跡のまとまりを、私は遺跡群と呼んでいます。さて、高松平野では弥生時代後期になると、かって大久保さんが提唱された下川津B類土器という角閃石粒が非常に多く混じり、赤っぽく焼き上げられた土器が数多く出土します。そうした粘土が採取できるのが、香東川下流でも東岸の地点です。ですから、現在は、大久保さんは香東川下流産土器という名称を使われています。その香東川下流産土器が各集落遺跡でどの程度出土しているのかを地図の両側に円グラフで示しています。すると、粘土採取想定地から少し南に離れた上天神遺跡や太田下・須川遺跡では90%以上の比率で香東川下流産土器が出土しています。そして、上天神遺跡では、焼成破裂土器片をはじめとする香東川下流産土器の焼成失敗品が出土していますので、この遺跡群で香東川下流産土器が生産されていることは確実です。ところが、上天神遺跡から3kmほど南東に離れた空港跡地遺跡では、香東川下流産土器は50%くらいしかありません。残りの40～45%は、香東川下流産土器とは異なる白っぽい焼きの土器群です。白っぽい焼きの土器は空港跡地遺跡で焼成失敗品が出土しているので、空港跡地遺跡の集落で製作されていることは明らかです。そうなると、弥生時代後期の段階というのは、一つの集落で自前で作る土器が半分、よそから供給される土器が半分といった世界が形成されていることになります。商品生産、商品経済といったら言い過ぎかもしれませんが、土器が交換を目的として生産される世界が登場していると言えるでしょう。今、商品経済という言葉に反応して、大久保さんが手を叩いて喜んでいますが、弥生時代後期、さらに遡って中期後葉でも、そういう状況が想定できると考えています。

若林：そういう話があったので、大久保さんに伺いたいと思います。高松平野で後期の段階で、そういう様相がみえてくる。単純な社会論の中に入れてはいけないと思うのですが、それを前提の上で、じゃあ後期からでてくるのではないかというのを田崎さんがされました。しかし、実際にはそれがどの

討論「土器焼成と生産」

ように連続していくかというのが、問題になってくると思います。ある程度エリアを限定して、高松平野と言いますか、そのゾーンの中で後期の初めには、どっかで作ってそれが供給されているということがわかっている。それがどういうように発展、展開するのか、その中で今、田崎さんから見せていただいたものは、どういう社会的状況に基づいてあるのかということの考え方をお聞きしたいのですが。

大久保：そのあたりのことは田崎さんの発表要旨で十分に説明されていると思いますが……。高松平野の弥生時代後期の状況では、テクニックと素地粘土の選択・調合によって、識別しやすい土器群、以前は下川津B類土器と呼んだ一群ですが、幸いこれがありますから、生産と流通の実態を補足しやすいわけです。高松平野の各遺跡で、この土器群がどの程度の量を占めているか、きれいに比率をおさえることができます。でも、このわかりやすい土器群は後期初頭に成立するものですから、中期以前では残念ながら、後期と同じような精度で、この地域の土器の動きを追跡することが難しいのです。午前中の質問は、このことに関連するものです。田崎さんは、弥生時代中期中葉と後葉のところに画期を設定され、遺跡群を超えた供給が発生するとおっしゃられました。今、述べましたように、高松平野では中期以前がよくわかりません。ですから、この時期に画期を設定すべきか判断に迷うところです。そこでもっと前から、田崎さんの言い方をうければ、商品経済化という、そういう土器の流通が想定できないのか気になります。と言いますのは、石器の動きなどをみた場合、すでに弥生時代前期段階でも、一つの集落で複数産地の製品が共存する事態が当たり前のように観察されます。例えば、鴨部川田遺跡の石包丁を例に挙げると、近在で石材を獲得できる条件があり、実際に自家生産しているにもかかわらず、それは消費量の三分の一でしかありません。残りの三分の二はサヌカイト製品、片岩製品、安山岩製品、しかも片岩と安山岩は磨製・打製双方を含みます。つまり、自家生産品以上の比率で、しかも単一ではなく複数の生産地の製品が流入することで消費を支えているのです。高松平野で弥生時代後期に土器に関して観察できたあり方と同じ状況が、石器の場合は前期後半にすでに確認できるわけです。このことを

317

Ⅱ 土器焼成と生産

重視すれば、土器だけがだいぶん遅れて中期後葉に変化する、と見てよいのか疑問に思うわけです。ついでに申しますと、総じて自家生産が基本という見方、そうした昔ながらの常識にとらわれていていいのか疑問を覚えます。交換とか流通、つまり外部依存は技術的な限界や資源の偏在といった止むを得ない条件の下で発生するという思い込みに縛られすぎていると感じるのです。

田崎：弥生時代中期後葉の画期は、日常土器を含めて、そうした商品経済的な活動が始まるという画期です。しかし、午前中の発表でも述べましたように、特殊品であれば、それはもっと古くからあったと言えます。ただ、何故、弥生時代中期後葉に画期を求めているかと言うと、日常に使う土器でさえ、「所詮、土器なのだから、わざわざ自分たちで作ることはない。どこかで作っている連中から土器を仕入れてきてもいいじゃないか」という発想の転換がおこる点で、大きな画期と考えているのです。どうでしょうか？

大久保：「わざわざ作らなくても余所から入手できるならそれでよい」という発想と、実際そのようにできている、というのが、少し広げていえば弥生的な状況だと私も思うのです。「作れないから外部から獲得する」というのではなく、作ることができても、外部から獲得する方が効率的であれば、そうしてしまう。自家生産と外部依存、二つの可能性が均等に開かれているという事態がかなり一般的であるというイメージをもちます。これまでは「よほどの条件をクリアしないと外部依存に傾かない」という思い入れが強すぎたように感じます。その上で、こういう状況が中期後葉に始まるのか、土器についていえばそれ以前では、そうした状況は発生していない、と見るべきなのかやはり気になります。逆にそれ以前は自給自足が基本で、イレギュラーにごく低い頻度で外部からものが入っているにすぎない、ということを示すデータはどのくらいからあるのでしょうか。

田崎：発表でも触れましたが、板付の精製小壺といった特殊品に限れば、大久保さんが言われるような外部依存ということは認められます。もっと遡って、縄文時代でも考えることができるのではないかとも思いますが……。ただ、今回のシンポジウムのテーマに従うならば、近畿の弥生土器研究で以前

から注目されてきた生駒西麓産の胎土をもつ土器の流通を加えて、論議した方がよいのではないですか。香東川下流産土器よりも条件は非常によいと思います。森井貞雄さんなど、遺跡の実態に即した話をしていただいたら、どうですか。

若林：それについて、私も意見がありますが、ニュートラルな立場で、濱田延充さんに意見を言っていただきたいと思います。

濱田：今の大久保さんの話は、一昔前にわれわれが大騒ぎしていた話かなあ、やっとその話がでてきたかなあと思っています。皆さんもよくご存知だと思いますが、生駒西麓産と呼ばれる、上天神遺跡の土器と同じような色を持っている土器については、その特徴的な胎土からその分布域、製作地の問題、流通の問題が過去に議論があったと思います。それはそれだけではなくて、近畿の中での石器や木器の生産体制の問題について、あるいは酒井龍一さんの言われる集落ネットワークの問題も含めて、田崎さんの言われるネットワークの問題も含めて議論がでた、出尽くした、そのあとで広瀬和雄さんの都市論のようなことが出てきたかなあと思います。そのあと、今の段階では、広瀬さんの都市論の反省が響いているのかもしれませんが、もう少し下がった段階で、僕なんかは商品生産と言うところまでもっていきたかったのですが、儀礼とかそういう話で落ち着いているのかなあと思っています。その後ちょっと最近の若い人の研究は僕もちゃんと勉強していないのですが、もう少しこれからなにか展開があるのかなあと考えているのですが、そういうところでよろしいでしょうか。

若林：その話は、大阪平野でずっと考えられてきた問題でありました。その話をみると、特定の土器の生産領域があるということを前提で、そういうのがみえる時期とみえない時期がなぜあるのかというのが問題ではないかと思います。そうでなければ、専業的ということの意味があまりない、非常に一般化された議論になるのではないかと思います。それでは、時代研究としておもしろくないということになってしまいます。見方の問題で、儀礼とかそういう要素を考えるべき時期があるのではないかと思います。鐘ヶ江さんの発表はそういう意味もあるし半分共感するのですが、焼き方とか作り方の問

II 土器焼成と生産

題も最後には見え方と相関する場合がある、その中で技術の問題もどこで作ってどこで使っているのかということも明らかにしなければいけないかなあという、感想を持ちます。そのほかに何か、議論がはちゃめちゃになってきましたので、皆さん会場のほうから。

田崎：でもね、お二人の話を聞いて、ちょっと挑戦的に言わせていただくと、要は近畿の弥生土器研究が停滞しているわけですよね。生駒西麓産の胎土をもつ土器の話は、私が学生時代の頃からやっていますよね。論議が出尽くしたという話ですが、本当なのかと思います。だって、考古資料から生産地の立証、生産単位とか組織化をどれだけ明らかにされてきたかというと、わかっていない部分が膨大にある。論議が出尽くしたと思い込んでいるだけで、本質的な問題は何も論議されていないのではないですか。しかし、これは近畿だけではなくて、どの地域でもそうだと思います。そうした停滞した状況を、どのように打ち破れるのか、武器にできる考古資料は何なのか、それを使って研究の構想や戦略をどのように組み立てるのかといったことを、私は考えたいし、近畿の方々にもやっていただきたいと思いますね。

若林：わかりました。そのほかに何かご意見ありますでしょうか。

濱田：続けて、話は全然別なのですが、今日庄田さんの話を伺うと、覆い型野焼きになるのが、無文土器中期とおっしゃいましたが、じゃあ実際に日本の夜臼式期とか弥生時代早期というのとは、時期のズレがないのでしょうか。以前、家根祥多さんが遠賀川式土器が無文土器中期、松菊里のもう一つあがる前期無文土器の影響の中で考えたいということを想起すると前期が開放型であるとちょっとまずいのではないかなと思うのですが、そのへんのずれはいかがですか。

庄田：まずいということはないと思います。家根先生の何式を前期とするかによると思いますが、家根先生は確か無文土器時代を七つに分けられています。私は九つに分けるのですが、家根先生が弥生土器の祖形と考えている段階を、私は中期の始まりと考えています。もちろん、中期無文土器のはじめと夜臼式がまったく同時に始まるとは考えられず、少し中期無文土器のほうが早く始まると考えていて、武末純一先生もそう考えられていますが、その

部分でタイムラグをもって朝鮮半島側が先行すると考えています。
若林：それ以外に何か質問ありませんか。それでは、森岡秀人さんから質問をいただいています。私がかみくだいて説明するよりも、覆い型の焼きの発生に関して、基本的な大枠の話だと思いますので、森岡さんから直接質問していただいて、あと全体の議論を通した感想も一緒にお願いします。
森岡：二分法でこの十年来研究してこられて、日本列島の覆い型野焼きが、東アジアのなかでの進化過程に位置付けられた点は、非常に重要なことでして、三十数年ほど前に私たちが土器製作技術、焼成技術に興味もち始めたころとは、雲泥の差があると思います。その後の、弥生時代区分論と関連付けますと、少なくとも年代論も含めてですと、弥生時代前期の時期の長さの評価と、弥生時代前期の土器と近畿の中期初頭以降の胎土の差、文様の差、形態的なものを含めての差、私はコアになる弥生時代は前期ではなくて、もう少し時間をおくらして中期の初期のある段階からというように考えています。今言われているそうした焼成技術転換の二分法の発展の中の覆い焼き自体は、本来的に弥生時代の中でもっと技術革新と発展段階があるのではないか、と思うのです。その発展の階段は、北野さんが安城博物館のデータを使われてわかりやすいのですけれども、実際に弥生文化が列島において発展していく中で、当然そこに存在しているはずであろうと思います。それは地域によって土器様式の変遷の違いによって、あるいは技術の伝播などと絡んで後期の中頃になったり、中期の中頃になったりもするでしょう。そうでないと、時期区分論にもうまくつながってこないし、弥生時代と弥生土器の発展そのものの歴史にはならないので、たんに縄文と弥生を区別していただいてわかりやすいな、と一般の方には説明しやすいのですが。弥生時代の中での技術的な発展過程をどうお考えなのかということをまずお訊きしたいということです。段階がありますので、いまは相対的には文化複合で弥生文化の発展を考えた場合に、弥生時代には焼き方一つにも大きな変化があるのですから、今の段階で二つに分けられるということでもかまいませんから見通しを教えて下さい。

それともう一点、比率などの実態論ではなくして、土器の生産と供給とい

II 土器焼成と生産

う形で理解することと、現象的に考古学では搬入という用語を使いますので、特殊な意味で搬入という用語が使われているケースが多いと思います。供給と搬入は用語も違うのですが、生活文化の中での供給ということと、搬入ということについて田崎さんなどは厳密に考えられていると思いますので、どう違いを考えるかということをおききしたいと思います。

小林正史：焼き方の変化については、長友さんが2005年と2006年春の考古学協会で発表されていますし、先程私の表で少し説明したのですが、簡単に言いますと、弥生中期、後期は弥生時代前期の特徴をそのまま受け入れています。弥生中期前半の資料がないのでわかりにくいのですが、中期後半になりますと、今まで横倒しにしていたのを立ち気味において、地面側の火回りがよくなります。また、棒状黒斑がなくなって、土器に薪が接触しなくなる。それを、私たちは薪燃料節約化傾向と解釈するのですが、そういう変化があります。それから、弥生後期後半になると積み重ね痕がはっきりしてきます。それまでも積み重ねたものもあるのですが、立ち気味に鍋を置く場合は、この上に確かに積みにくいですね。たいした数も積めません。それが後期終末に球胴化してくると、かなりたくさん積み重ねるようになります。それを長友さんは、生産規模の拡大ということで解釈して発表されています。それとおもしろいのが、朝鮮半島の無文土器は一貫して薪燃料多用型で推移していきます。鍋の形をみてもくびれのない寸胴で分厚いのがずっと続くのですが、それに関連して、釜に取って代わるまで薪燃料多用型で推移します。弥生土器の場合は、早期から布留型まで、鍋だけをみると球胴化、薄手化の流れでいくのですが、野焼き方法の薪燃料節約型、後期になると球胴化して積み重ねて土器を大量に生産するようになるということが、土器の形とかなり対応して変化しているということができると思います。

田崎：森岡さんからの質問を確認させてもらいます。まず、縄文時代終末～弥生時代初頭に焼成方法が変化するという考えが提示されたが、土器自体の研究からみると、弥生I期とII期、つまり前期末～中期初頭に、胎土選択・焼き上げの色調および文様などの製作技術の側面で大きな変化が読み取れる。そうした二つの画期を、どのように解釈するのかという質問ですね。小林さ

んとは少し考えが違うのですが、縄文時代終末〜弥生時代初頭の刻目凸帯文土器から遠賀川式土器への変化は、土器焼成方法だけでなく、土器の製作技術や器種組成・胎土の選択、さらには生産組織などと連動したものと言えます。しかし、前期末〜中期初頭の変化は、近畿だけではなく、北部九州や瀬戸内でも大きいですが、この西日本の全域で生じる変化には、土器焼成方法は連動しているのではなく、188頁図4の生産システムを構成する要素の一部だけと関わる変化と考えています。

　もう一つの質問は、供給と搬入という言葉の使い分けをどのようにやっているのかという点ですね。私は、供給というのは、土器そのものが製品あるいは生産物として移動することを考えています。搬入というのは、特殊品の場合もですが、その他の移動を含めて使っています。ただ、これは現時点での整理で、より複雑な生産と供給のシステムを考えていく必要があれば、その折々で整理していこうと思っています。

長友：ありがとうございました。時間も超過しておりますので、このへんで議論を終りにさせていただこうと思います。

　今日は、「土器焼成と生産」というテーマでご発表いただきました。焼成の場、焼成方法、焼成温度というさまざまな角度から分析していだき、焼成や生産という問題に迫っていただいたのですが、まだまだ課題もあるようです。一方で、最後に森岡さんにも質問していただきましたように、これまで私たちが蓄積してきた製作技法や観察視点と組み合わせることで、また新たな側面がみえてくるのではないか、そういう道も拓けてくるのではないかと思いました。二日間、長時間にわたりましたが、どうもご静聴ありがとうございました。

Ⅲ シンポジウムを終えて

調理する容器

深澤芳樹

1. はじめに

「おっちゃん、これなんにつこうたん？どんなもん食べたん？それどうやって作ったん？」わたくしが学生だった頃、土器を見た小学生に問われた質問である。何をどう調理したか。この疑問は、調理するための容器にとって、その本質である。

2. 今回の発表

二日間にわたったシンポジウムの初日は、この疑問に対する最新成果の発表の場となった。

山崎純男さんは、土器の圧痕がどんなに緻密・精細であるか画像で示し、圧痕資料の種実同定作業などに基づいて、九州では農耕の開始が縄文時代中後期にまで遡る可能性を指摘した。圧巻であった。

坂本稔さんと小林謙一さんは、土器内面のコゲツキを同位体分析する。そして海洋リザーバー効果が現実に起きており、これが奈良県唐古・鍵遺跡出土土器においてさえも実在することを明らかにした。日本列島の食生活がどれくらい海洋動物に依存していたか、これは交換系に道を拓く研究である。

中村大介さん、徳澤啓一さん・河合忍さん・石田為成さん、韓志仙さんは、小林正史さんや北野博司さんたちと共同で錬磨してきた判定基準を、土器の使用痕跡に適用してその使用法を推定する。

中村さんは東西日本の縄文・弥生土器や韓国の無文土器を、徳澤さんたちは岡山県と大阪府の後期弥生土器を、韓さんは韓国の中島式硬質無文土器を、それぞれ対象にした。調理の具体的で厳密な復原作業は、徳澤さんたちの発

Ⅲ シンポジウムを終えて

表で知ることができ、中村さんの成果は山崎さんの研究に呼応し、さらに韓国の竈導入期の様相は韓さんの研究で知ることができるという、居ながらにして極東地域の調理法の流れを概観することができた、まさに司会者冥利に尽きるひとときであった。

3. 唐古遺跡資料

　思い起こすことがある。わたくしは、修士論文のテーマに弥生土器の製作法を選んだ。そして唐古遺跡の土器を見ることにした。木箱に入っていた土器は、見事なほど残り具合が良かった。そしてその表面には、ススやコゲツキが厚く残っているもの多かった。その時は、唐古遺跡だからこれほど残りがいいのか、と感心する一方で、それはわたくしにとって器表面の調整を覆い隠す邪魔者でしかなかった。

　しかしその後研究史を知って、実は小林行雄さんたちがこれを注意深く故意に残したと確信するようになった。森本六爾さんが器表面の煤に着目して、煤が付着しうす汚れた土器を煮沸形態とし、美しく飾られた土器と分離する決め手としたからだ（森本六爾「煮沸形態と貯蔵形態」『考古学評論』第1巻第1号 日本原始農業新論 1934年）。この使用法の違いに着目して、小林さんは唐古遺跡の報告書で、当時における弥生土器の編年作業を完成した（小林行雄「弥生式土器論」『論集日本文化の起源』1　1971年 平凡社）。

4. 内底面のコゲツキ

　考えてみれば、炭素が土器に吸着する機会は、使用時ばかりでなく、焼成時や廃棄後にもありうる。使用も一回とは限らないから、そのたびに炭素の吸着範囲が増えたり、減ったりする。また土器の遺存状態や土器洗浄の程度が、炭素の残り具合に影響する。実際に土器を見ると、どれが使用時の炭素であるか、決めにくいことも多い。決めにくい場合は、あえて決めずに不明としておくこともまた必要であろう。

　このような悩みをかかえながら、以前にわたくしは土器内底面のコゲツキの有無に着目したことがある（「おこげのあと」『文化財論叢 Ⅱ』奈良国立文化財

研究所編 1995 年 同朋舎)。そしてコゲツキを、環状痕、円形痕、そして無痕の三種類に分け、奈良県橿原市と明日香村の三遺跡で出土した弥生時代前期から庄内式期にかけての甕形土器で、その変遷の様相を追跡したことがある。その結果、①時期を超えて無痕が常に約半数あること、②環状痕から円形痕へ比率転換が後期の中頃に劇的に起こっており、この転換は外面の激しい赤変が底面におよぶのと時期的に対応することから、これは支脚を利用するようになって、長時間強く加熱されるようになったためであると推定した。

しかし、観察した土器は完形品に乏しかったこともあって、内面にコゲツキがあるかないかを問題にするのに適した資料でなかった。だからこれに基づいた①の使い分けに関する論定部分は、削除しなければならない。なお後者②については、基本的な考えは今も変わらない。

これが 1995 年のことで、それから 10 年しか経ていないのに、まさに隔世の感のある発表が続いたのである。

5. 段取りを教える歌

　　　はじめチョロチョロ
　　　なかパッパッ
　　　ジュージューふいたら火を引いて
　　　赤子泣いても蓋とるな
　　　(神崎宣武・薗部澄『失われた日本の風景』2000 年　河出書房新社)

竈の番が、子供の頃のわたくしの朝の日課だった。親が太い薪にじょうずに火をつけ、竈の中に火が勢いよくまわってからが、わたくしの出番になる。竈には鉄釜がのっていてその前の土間に陣取る。しばらくはよく燃えるようにと薪の位置を加減しながら、「三筋、吹きこぼれたら、薪を外に出す」決まりがあって、これを待ったのである。鉄釜には、厚い木蓋がのっていて、中が沸騰すると、鉄釜と蓋の間から、熱い煮え汁が勢いよく吹き出し、やがて鉄釜を伝いこぼれ始める。これが三本になったのを確かめて、燃える薪を土間に落とし、竈の中を熾(オキ)にする。これを親に告げて、わたくしの仕事は終わる。わたくしは、毎日この火を見て過ごした。そして夢想していた。だが

Ⅲ シンポジウムを終えて

この日課も、ガスの登場でなくなった。その後土間には簀の子を敷くようになり、いつの間にか板の間になった。

　さきの歌は、ご飯を炊く時のいわば段取り歌である。そしてわたくしの子供の頃の炊き方は、まさにこの順に進行した。つまり一行目は、釜の中には水が入っているから、時間をかけた低温加熱。二行目になってから、大人が子供と交替する。この場面では、高温加熱を維持し、やがて沸騰する。米は、水と熱で細胞膜が破壊され、糊状になって、ヒトが消化・吸収しやすくなる。この状態になると、糊状になったデンプンが水に溶けて、水は粘性を増して、釜の中が泡状になり、釜と蓋の間から吹き出し始める。これが三行目の状態で、この段階で、薪を排除する。すなわち火を引いて、熾にする。ここで、わたくしは竈を離れる。四行目が、釜の中を高温に保ちながら、余分な水分を除去する蒸らしである。

　子供のわたくしは、技術的に容易で、比較的安全な工程を担当した。世の中には、性差に基づいた分業がある一方で、年齢による役割分担がある（網野善彦・大西廣・佐竹昭広『いまは昔　むかしは今』第5巻 人生の階段 1999年 福音館書店）。子供の頃、後者をこの場面で実行していたことになる。そして炊きあがりから蒸らしへの移行のタイミングは、蓋を開けることなく、つまり急激な温度の低下をもたらすことなく、外面で視覚的に把握できる吹きこぼれという現象で確認し、これを合図に次の工程へ移ったのである。

6. 米の意味

　林巳奈夫さんは、「漢代の飲食」（『東方学報』第48号 1975年12月）の論文において、中国漢代では、

　「「米」はコメではない。『説文』に

　　　米、粟実也

と。「米」とは「粟」の殻を去った実だ、というのである。（中略）金谷園1号墓に「白米」「粟」、「梁米」「黍米」「稲米」がある所からみて、「米」は確かに各種の穀物を通じてその実を指していっていることが知られる。更に考えるに、表一を見ると最も普通に出てくるのは粟、黍、稲であり、黍、稲に

対しては「黍米」「稲米」があるのに対し、「粟」には「白米粟」が一例あるだけである。すると「白米」は、「粟の米」と見るのが妥当なのではないかと思われる。」(3頁) とした。さらに洛陽地方で、稲がモチゴメを指していることを明らかにしてから、「桂馥は『説文』の稲字の『義證』に、大体穀物では粘る方を上等とした、というが、この漢墓の明器でもキビ、イネとも大部分がモチの方の黍、稲であり、ウルチを指す方は稀である。死者に敬意を表したことが知られる。」(7頁) とした。また「前漢時代の楚の地方では、モチゴメ、ウルチゴメ両方を包括した意味、即ち我々の稲というのと同義で、「稲」の語が使はれていることが知られる。洛陽地方の先の「稲」の解釈はここには当てはまらないことに注意せねばならない。」(8頁) とした。

　わたくしたち日本人のいう米は、稲の実に限定されていて、中国漢代に穀物一般の実を指すのとは異なる。これは、日本列島では穀物が稲に大きく偏重していたことに起因するのだろう。さらに「稲」の語すら、これが指示する内容も北部の洛陽地方とは異なり、中国南部の楚地方と共通点を有していた。まさにわたくしたちのいう「コメ」が、日本列島における水稲農耕文化の特殊性をあぶり出していたのである。

　林さんは、漢代の調理法も明らかにした。こしきで蒸すのが、主流だが、炊いたご飯もあった。飯がバラバラかベタついているかその程度によってそれぞれ名前がついていた。同様に、かゆも硬さ加減で各種の名前があった。ただしかゆは飲物に含まれていた。また焼きおにぎり、多種多様の炊き込み混ぜご飯、水をかけたり脂をかけたご飯、もち、モチゴメを用いたおはぎ、粉にして蒸しさらに水を加えてまとめたもの、みたらし団子のようなもの、粉に水を加えて丸めて蒸し、これにきな粉をまぶした団子など、稲の実に限ってもその加工・調理の程度はきわめて多様であり、豊かであった。

7. おわりに

　では日本列島の縄文・弥生社会はどうであったか。それはこれから明らかになってくるだろう。

　そう、今日はおいしい料理を腹一杯ごちそうになった、そんな一日だった。

弥生土器焼成・生産をめぐる諸議論
―討論のまとめとして―

若林邦彦

1. 討論の方針

　二日目の討論は、土器の焼成に関わる議論であった。討論の冒頭の記録に筆者が発言しているように、この問題は単に生活工芸に関わる事項とというよりも、生態学的文化体系・社会経済関係といった、弥生社会を説明するための大きな背景に関連した問題である。

　しかし、最初から大上段に構えた問題に取りかかると、事実から遊離した検証不能な議論を重ねることになってしまう。そこで、土器製作に関わる技術面における事実関係の整理を試みながら、大きな問題への足掛りを探した。事実関係に関しては、①黒斑の形成、②土器焼成に関わる痕跡と考えられる遺物、③土器焼成遺構そのものの三点を取り上げた。①に関する状況からは、覆い型野焼きへの変化の構図について、②・③の状況からは主に土器生産のありかたに関する問題へ、と議論は展開した。

2. 黒斑・燃料と覆い型野焼き導入

　黒斑については、その形成のプロセスに関して、パネラー相互の認識の差異はほとんどなかった。焼成の過程で最初全面黒化したものが残った残存黒斑と、薪などの燃料接触による二種の黒斑があり、前者については、最初黒化した部分が土器と藁燃料などとの大きな密着部分で最後まで大きな黒斑が残るという認識である。これは、70年代から佐原眞氏らによって指摘され、近年各地で行われている焼成実験や土器そのものの観察によって確認できている点は、研究の現状での到達点であることが確認できた。土器断面にうかがわれる黒化層については、土器焼成時の温度だけでなく、別の要因によっ

て酸素が遮断される状況があった場合にも形成されることが鐘ヶ江賢二氏・北野博司氏によって、さらに土器の素地中における不純物の混入度合いとの関係によっても形成されることが小林正史氏から指摘された。

この問題は、焼成にイネ科草の燃料をどれだけ使っているかと関係している。これについては、小林正史氏や徳澤啓一氏から指摘があったように、焼粘土塊に付着した草本類の圧痕が話題となった。また、小林氏は土器表面に観察できる、焼成時に形成された火色について藁の焼成痕跡の可能性を指摘した。

こういった議論を踏まえた上で、開放型野焼きから覆い焼きへの移行プロセスについて話合った。庄田慎矢氏から、朝鮮半島では中期無文土器から覆い型野焼きへの移行が確認できるという見通しが述べられた。小林正史氏は、その無文土器の技術が弥生早期にそのまま北部九州に移入されて変化が起こったという考え方を示した。稲作文化の導入と土器焼成技術変化の相関が指摘されたことになる。上記の燃料問題を解決することの重要性はここにある。稲作文化本格導入に遅れのみられる東北地方での北野博司氏による分析例はこれを考える上で示唆的であった。こういった議論は焼成遺構の問題とも関連することが指摘された。

3. 土器焼成痕跡と生産―消費体制

これに関連して、土器焼成の痕跡と考えられる遺物が話題となった。これについては田崎博之氏が指摘した焼成時に形成されるポテトチップス状の破裂土器片が議論の中心となった。会場からは、これについて説明は理解できるものの実際の遺物の認定について疑問があるという質問があった。特に二次焼成によって発生した場合との識別について指摘であったが、田崎氏は再説明により根拠を示した。この問題は、田崎氏の分析の当否というより、まだ対象資料を前にしての各研究者の合意形成ができていない状態のようである。土器片をみながら研究者間の共通認識をどうやって作り上げていくかが課題に思えた。

土器焼成遺構については、田崎氏や会場に参加していた木立雅朗氏から実

Ⅲ シンポジウムを終えて

際にそう断定できる遺構がいかに少ないかということが説明された。また、田崎氏は焼成失敗品や焼成時の破裂土器片などが出土することを遺跡の中での土器生産領域と結びつけることは可能でも、その出土遺構そのものが焼成場所と言えないことなどが指摘された。土器焼成の地点・施設についてはまだ不分明な点が多いことが議論を通じてよくわかった。これについては、発表の際に庄田氏から韓国における焼成施設の可能性のある遺構に言及があったが、日韓を通しての共通理解のもとに、確実な資料について今後吟味を続けていく必要を感じた。

また、弥生集落の中における焼成施設や土器焼成痕跡の分布から生産・消費にかかわる領域から、その外部への土器の供給という問題が田崎氏によって強く主張された。土器焼成の証拠だけでなく、高松平野における胎土に角閃石を多く含む土器の分布状況なども指摘された。濱田延充氏も発言していた大阪平野における生駒西麓産胎土の土器の分布状況にもみえるように、弥生時代における土器生産は個別集落・集団が小規模に自給的に行っていたとは思えない例がいくつもみられる。しかし、一方ではすべての地域・時期にそのような痕跡が確認できるわけでもない。非自給的な土器生産システムがそれぞれの地域・時期の中でどういった要因によって成立しているのかを探ることも重要な課題と思われる。

最後に話題となった森岡秀人氏からの指摘も、弥生時代研究の中では重要と感じられた。覆い型野焼きという点では弥生早期・前期以後は基本的に同じ焼成方法のようにみえるが、土器の諸特徴を分析すると前期と中期の間に大きな特徴の差が認められてきた。これは、従前の型式学的検討に基づく知見である。それは、どういった技術的もしくは生産手法・体制の違いとして説明できるのかという問題である。これについては、今回の議論では深められなかった課題である。実際には、土器生産―消費のありかたにとって、この変化が重要なものと思われる。今後に残された課題は小さくない。

4. 全体を通して

討論の推移は以上のようなものである。最後に今回のシンポジウムを通じ

て得た私見を述べたい。
　今回の議論の主役は、小林氏・北野氏らが中心になって進めてきた、土器の煤・焦げや黒斑の観察作業の分析結果である。これまでは、その成果はその独自の方法とセットで常に提示されてきた。しかし、今回は他の分析方法との比較が行われた。山崎純男氏による土器圧痕観察、田崎氏による土器焼成時に発生する土器片の観察などは、相関する問題意識を持ちながら異なる手法を用いた土器研究である。異なる方法間の成果の相互比較がどれだけできたかについては、討論の司会を担った者としてあまり自信がない。しかし、いかなる研究も異なる問題意識・方法を持つもの同士の相互交流なくして進展しない。今回のシンポジウムは、土器研究における新たな方法をめぐる可能性と問題点を自然と浮かび上がらせる結果になったと思う。
　もちろん、問題は浮かび上がっただけであって、解決されたわけではない。特に、縄文時代から弥生時代への移行の問題が議論されながら、縄文土器での分析がまだ十分でないように思われる。これは、土器の煤・焦げや黒斑の観察作業だけではなく、調理痕跡や土器焼成痕跡全体について言えることであろう。この点が進めば、議論は進展するだろう。また、縄文時代・弥生時代といった対比自体の有効性自体も吟味されるべきではないか。そういった雑然とした課題を感じたシンポジウムであった。

土器に残された痕跡から読み解く縄文、弥生文化

長友朋子

1. 食・調理の研究の到達点と今後の展望

　確実にそうと言えるのか、と追究すれば、さらに詳細な観察や検討が必要な部分もあるだろう。しかし、課題を残しつつも、土器に残された製作技術以外の観察から、食や生業の側面が豊かに引き出されたことの意義は小さくない。今回のシンポジウムから、次のような風景と時代の変化が想像されるような内容の発表だった。

　縄文時代後期には栽培活動が始まっており（山崎純男、敬称略以下同じ）、饗宴のときには大型の甕で、栽培された穀物が調理され振舞われていた（中村大介）。弥生時代になると稲が本格的に栽培されるようになり、弥生後期には粒を残すような姫飯状のご飯が食べられるようになる（德澤啓一ほか）。内陸部の集落でも海産物を調理しており（坂本稔・小林謙一）、姫飯状のご飯のおかずになっていたのであろう。ほぼ同時代の韓半島でも、住居の炉に直立させた甕で同じような調理がおこなわれ、人々は姫飯状のご飯を楽しんだ（韓志仙）。そして次の時代になると、竈という新しい台所施設が出現し、蒸す調理が本格的に始まる。

　さらに、討論では弥生時代に米をどれだけ食べていたのかという議論が白熱したが、土をフルイにかけると、アワやヒエよりもイネの比重が格段に大きいということでは意見の一致をみた。これは、少し視点をずらしてみると、深澤芳樹さんが投げかけられたような大きな疑問にぶつかる。つまり、現在でも中国東北部は雑穀地帯として知られるが、漢代において「米」とは各種の穀物の殻をとった実のことであったという。それが、日本列島に伝わるとアワ・ヒエよりもイネの比重が高くなっているのはなぜか。イネに淘汰され

ているとしたら、それは単なる技術伝播ではなく大きな変容を伴なっていることになる。「楚の地方では、モチゴメとウルチゴメ両方を包括した意味、すなわち我々の稲というのと同義で、「稲」の語がつかはれている」(林巳奈夫 1975) という、深澤さんの引用 (331 頁) は意味深長である。

今年の夏、漢代に滇が栄えていた雲南を訪れた。雲南省考古文物研究所で、戦国から前漢にかけての時代に形成された昆明羊甫斗墓地の遺物を見せていただいた。驚いたことに、そこには楽浪や遼寧の漢代の土器では見たことのない、覆い型野焼きで焼かれた土器がたくさんあった。さらに南の西双版納に行くと、現代でも家は開放的で湿気の多い気候に適した高床建物がある。

漢代において匈奴、鮮卑、烏丸、胡族などの北方民族が駱駝紐の印を与えられたのに対し、南方湿潤地帯の民族に与えられたのが蛇紐の印であり、志賀島で発見された金印が滇の金印と同じ蛇なのは、南方湿潤地帯と理解されたからだろうという (岡崎敬 1968「漢委奴国王」金印の測定『史淵』100 号)。さらに秋山進午さんによると、魏志倭人伝に記載された倭国の位置を、書かれたとおりに方位をたどっていくと台湾の東あたりにたどりつくのは、当時の中国の人々が、倭国を南国と理解していたからではないかという。日本列島西部の湿気の多い風土や南国に類似した人々の生活が浮かび上がる。

環境的類似については、早く佐々木高明さんなども取り上げられていた。もちろん、稲作やその調理方法のルーツには中国東北部を背景とした韓半島からの影響が大きかったであろうが、在地の気候に適した栽培や調理方法の選択がおこなわれたことは十分に考え得る。

今後、米や穀物を縄文、弥生のそれぞれの時代にどのくらい食べていたのか、という問題はさらに議論され、栽培や水稲農耕の開始に関する研究が深まるであろう。また、坂本稔さんや小林謙一さんの分析が進めば、どのような立地の集落で、どのような大きさの土器によって、どのような内容物 (海洋性、アワ・ヒエ類など) が調理されたかがより詳細に明らかにされると思う。アワ・ヒエなどのイネ以外の穀物も考慮しつつ煤・焦げ観察による詳細な調理方法の復元がなされることによって、当時の調理方法と食の実態が明らかになるかもしれない。さらに、汁物などの調理内容物の追及、調理方法の解

Ⅲ シンポジウムを終えて

明などがなされるだろう。調理は食習慣や獲得できる食糧に依存し、人々の食は生業に負っていた。生業のあり方は、自然と社会組織を規定するような働きをしていただろう。栽培のあり方が単なる生業活動にとどまらず、照葉樹林の灌漑農耕における地縁集団の発達など、社会組織の発展に少なからず関連することはこれまでの歴史学者が述べている。このような食や調理の方法や技術の解明は、生業活動、社会組織、階層化などの問題に新たな方向から光を当てるのではないかと考えられる。

2. 焼成・生産研究の到達点と今後の展望

　縄文時代と弥生時代の土器を比較すると、従来から述べられているような製作技術だけでなく、焼成方法や胎土選択を含めた技術体系において、半島の影響を受け大きな変化が認められる（小林正史）。しかし、そのルーツである韓半島をみると、焼成方法における変化は列島とあまり時間差なしに連動していたようである（庄田慎矢）。さらに、原三国時代になると窯焼成で楽浪土器や瓦質土器が作られるようになるが、楽浪土器は1000℃程度、瓦質土器は800～950℃程度で焼成され、これらは、野焼き土器から、高温かつ安定した還元焼成されることによって鉄量と色調が安定して相関する陶質土器への、過渡的な様相であることがわかった（鐘ヶ江賢二）。一方、列島に再び目をむけると、覆い型野焼きは弥生時代に東北地方までは及ばず、東北南部に古墳を築くようになる古墳時代まで待たなければならない。東北北部では覆い型野焼きによって作られた内黒土器が6世紀から、さらに関東系土師器が7世紀になると南部を中心にでてくるようになる。これは移住集落に象徴されるような、人、ものや技術の流れにのっているという。さらに、9世紀になると焼成ピットを伴なう覆い型野焼きを受容する、という様相が明らかにされた。水稲農耕が西日本ほど定着的ではなかった東北地方において、広葉樹林に囲まれた豊富な薪燃料を背景に、開放的な野焼きを維持する環境が集落周辺に整っていたからである（以上、北野博司）。発表からはこのような土器焼成の変遷が復元されるだろう。

　民族誌では焼成失敗にまつわる多くのジンクスがあるように、最も失敗す

る確立が高いのは焼成の工程である。土器の生産体制という問題においては、焼成失敗品から焼成の場を追究し、集落や集落群の構成を考慮して検討された(田崎博之)。その結果、弥生時代前期初頭には、径2～5kmの遺跡群の中核的な集落で土器生産が確立し、遺跡群を対象に供給されていたが、中期後葉～後期初頭になると大規模集落内部に専門工房域が設定され、器種別分業が成立するという。

　討論で焦点となったのは、土器の搬入関係からみた土器生産体制の理解である。茶褐色で角閃石を含む独特な胎土をもつ、生駒西麓産土器とかつて下川津B類と呼ばれた土器の移動(搬入)状況は、非常に類似している。これらの解釈をめぐって意見が分かれた。弥生時代中期の生駒西麓産土器の搬入状況は、経済的側面のみによる交換活動ではないと理解されるのに対し、後期の下川津B類のそれでは経済的側面が前面にでた解釈がなされている。類似した現象をどのように解釈するのか、あるいは事実の差異をどのような側面から見つけ出すのか、今後の課題が浮き彫りになった。森岡秀人さんから指摘されたように、「搬入」土器をどこまで「供給」品とみるか、が鍵を握りそうである。

　討論の場でも質問があったように、製作技法の変化に対応した焼成方法の変化や地域性はどうであろうか。今回は時間の都合で取り上げられなかったが、焼成方法も時間や地域によって変化が認められる(長友朋子「弥生土器における焼成変化と地域間関係～西日本を中心に～」『日本考古学』22号 2006)。覆い型野焼き導入以後、土器の設置方法に地域差が現れるが、注目すべき変化は後期の積み重ね焼き頻度の高まりであろう。これは、土器生産の量産化に対応した変化であると捉えられるからである。このように、これまで詳細な製作技術の観察から明らかにされてきた技法の変化や地域差に、これらの焼成方法や胎土の分析成果を加えられるならば、素地作りから焼成までの技術体系として考察することが可能となる。土器作りは、環境と関わりながら技術体系を維持し、一方で集団の象徴性や分業などの社会的側面と折り合いをつけながら営まれている。今後は、胎土選択、製作技法、焼成方法や焼成の場という総合的な観点から土器を観察し、体系的に土器の生産体制を明らかに

Ⅲ シンポジウムを終えて
することができればと思う。

執筆者一覧（執筆順）

中 村 大 介（岡山大学埋蔵文化財調査研究センター）
德 澤 啓 一（岡山理科大学）
河 合　 忍（岡山県古代吉備文化財センター）
石 田 為 成（岡山県古代吉備文化財センター）
韓　 志　 仙（韓神大学校博物館）
坂 本　 稔（国立歴史民俗博物館）
小 林 謙 一（国立歴史民俗博物館）
山 崎 純 男（福岡市教育委員会）
田 崎 博 之（愛媛大学）
小 林 正 史（北陸学院短期大学）
北 野 博 司（東北芸術工科大学）
庄 田 慎 矢（韓国考古環境研究所）
鐘ヶ江賢二（鹿児島国際大学博物館）
深 澤 芳 樹（奈良文化財研究所）
若 林 邦 彦（同志社大学歴史資料館）
長 友 朋 子（大手前大学史学研究所）

考古学リーダー 9
土器研究の新視点
―縄文から弥生時代を中心とした土器生産・焼成と食・調理―

2007年3月1日　初版発行

編　　著	大手前大学史学研究所
編　　集	長　友　朋　子
発 行 者	八　木　環　一
発 行 所	有限会社 六一書房　http://www.book61.co.jp

　　　　　〒101-0064　東京都千代田区猿楽町1-7-1　高橋ビル1階
　　　　　電話 03-5281-6161　FAX 03-5281-6160　振替 00160-7-35346

印刷・製本　株式会社　三陽社

ISBN 978-4-947743-46-6 C3321　　　　　　　　　　　　Printed in Japan

『考古学リーダー』発刊にあたって

　六一書房を始めて18年が経った。安斎正人先生にお願いして『無文字社会の考古学』の新装版を出させていただいてから7年になった。これが最初の出版であった。

　思えば六一書房の仕事は文字通り、「隙間産業」であったかも知れない。最初から商業ベースに乗らない本や資料集ばかりを集め、それを売ることに固執した。今、研究者が何を求め、我々に何を要求しているのかを常に考えた。「本を売るのではない、情報を売るのだ。そうすれば本は売れる。」と口ぐせのように言ってきた。

　六一書房に頼めばこの本を探してくれるかも知れないと、問い合わせが入るようになった。必死で探した。それが情報源となり、時にはそのなかからベストセラーも生まれた。研究会や学会の方からも声がかかるようになった。循環路ができ、毛細血管のような情報回路が出来てきた。

　本を売ることに少しだけ余裕が出来てきたら、本を作りたくなった。そしてふだん自分達が売っている本を自分で作ってもいいじゃないかと考えてみた。時には著者に迷惑をかけながらも、本を出してみた。数えたら、もう10冊を越えていた。

　今回、本書の出版準備を進めていくなかで、シンポジウムを本にまとめあげていただいた西相模考古学研究会の伊丹さんと立花さんの情熱に感心しているうちに『叢書』を作りたいという以前からの思いが頭に浮かんできた。最前線で活動している研究者の情熱を伝えてこそ、生きた情報であり、今までそうした本を一生懸命売ってきたのだから、今度はそういう『叢書』を作ろうと思った。伊丹さんに相談したら、思いを理解していただき、『考古学リーダー』という命名までしていただいた。

　世に良書を問うというのは出版する者の責務であるが、独自な視点を堅持してゆきたいと思う。多くの方々の助言、苦言を受けながら頑張ってゆきたい。皆さんにおもしろい、元気のでる企画をお持ちいただけたら幸せである。

2002年11月

　　　　　　　　　　　　　　　　　　　　　　　　六一書房　　八木　環一

考古学リーダー1
弥生時代のヒトの移動
～相模湾から考える～

西相模考古学研究会編
2002年12月25日発行／Ａ５判／209頁／本体2800円＋税

※シンポジウム『弥生後期のヒトの移動－相模湾から広がる世界－』開催記録
小田原市教育委員会・西相模考古学研究会共催　2001年11月17・18日

――― 目　　次 ―――

シンポジウム当日編
　地域の様相1　相模川東岸　　　　　　　　　池田　　治
　地域の様相2　相模川西岸　　　　　　　　　立花　　実
　用語説明　　　　　　　　　　　　　　　　大島　慎一
　地域の様相1　相模湾沿岸3　　　　　　　　河合　英夫
　地域の様相1　東京湾北西岸　　　　　　　　及川　良彦
　地域の様相2　駿河　　　　　　　　　　　　篠原　和大
　地域の様相2　遠江　　　　　　　　　　　　鈴木　敏則
　地域の様相2　甲斐　　　　　　　　　　　　中山　誠二
　地域を越えた様相　関東　　　　　　　　　　安藤　広道
　地域を越えた様相　東日本　　　　　　　　　岡本　孝之
　総合討議　　　　　　　比田井克仁・西川修一・パネラー

シンポジウム後日編
　ヒトの移動へ向う前に考えること　　　　　　加納　俊介
　引き戻されて　　　　　　　　　　　　　　　伊丹　　徹
　シンポジウムの教訓　　　　　　　　　　　　立花　　実

=== 推薦します ===

　弥生時代後期の相模は激動の地である。人間集団の移動や移住、モノや情報の伝達はどうであったのか。またどう読み取るか。
　こうした問題について、考古誌『西相模考古』でおなじみの面々が存分に語り合うシンポジウムの記録である。この一冊で、当日の舌戦と愉快な空気をよく味わえた次第である。

　　　　　　　　　　　　　明治大学教授　石川日出志

Archaeological L & Reader Vol.1

六一書房

考古学リーダー2

戦国の終焉
～よみがえる 天正の世の いくさびと～

千田嘉博 監修
木舟城シンポジウム実行委員会 編
2004年2月16日発行／A5判／197頁／本体2500円＋税

木舟城シンポジウム開催記録
木舟城シンポジウム実行委員会・福岡町教育委員会主催　2002年11月30日

―― 目　次 ――

第Ⅰ部　概説
　木舟城の時代　　　　　　　　　　　　　　　　　　栗山　雅夫
第Ⅱ部　基調講演
　戦国の城を読む　　　　　　　　　　　　　　　　　千田　嘉博
第Ⅲ部　事例報告「その時、木舟城は…」
　戦国の城と城下町の解明　　　　　　　　　　　　　高岡　徹
　木舟城のすがた　　　　　　　　　　　　　　　　　栗山　雅夫
　木舟城の城下町　　　　　　　　　　　　　　　　　酒井　重洋
　天正大地震と長浜城下町　　　　　　　　　　　　　西原　雄大
　木舟城の地震考古学　　　　　　　　　　　　　　　寒川　旭
　越前一乗谷　　　　　　　　　　　　　　　　　　　岩田　隆
第Ⅳ部　結語「シンポジウムから見える木舟城」
　戦国城下町研究の幕開け　　　　　　　　　　　　　高岡　徹
　地道な調査を重ね知名向上を願う　　　　　　　　　栗山　雅夫
　木舟を知って遺跡保護　　　　　　　　　　　　　　酒井　重洋
　協力して大きな成果をあげましょう　　　　　　　　西原　雄大
　地震研究のシンボル・木舟城　　　　　　　　　　　寒川　旭
　激動の13年　　　　　　　　　　　　　　　　　　岩田　隆
　これからが楽しみな木舟城　　　　　　　　　　　　千田　嘉博
第Ⅴ部　「木舟シンポの意義」

=== 推薦します ===

本書は、北陸・富山県のある小さな町、福岡町から全国発信する大きな企画、木舟城シンポジウムを収録したものである。考古学・城郭史・地震研究の研究者が集まった学際的研究としてももちろん評価できるが、このシンポジウムの対象を、歴史に興味を持ちはじめた中高生などの初心者から研究者さらには上級者まで観客にしたいと欲張り、それを実現した点も高く評価できる。いかに多様な読者に高度な学術研究を理解させるかということに最大限の努力の跡が見える。「21世紀の城郭シンポジウムはこれだ！」といった第一印象である。

中央大学文学部教授　前川　要

Archaeological L & Reader Vol. 2

六一書房

考古学リーダー3
近現代考古学の射程
～今なぜ近現代を語るのか～

メタ・アーケオロジー研究会 編
2005年2月25日発行／A5判／247頁／本体3000円＋税

シンポジウム「近現代考古学の射程―今なぜ近現代を語るのか―」開催記録
メタ・アーケオロジー研究会主催　2004年2月14・15日

――― 目　次 ―――

第Ⅰ部　シンポジウムの概要
第Ⅱ部　近現代考古学の射程
　1．都市
　　考古学からみた江戸から東京　　　　　　　　　　小林　　克
　　都市空間としての都市の時空　　　　　　　　　　津村　宏臣
　　避暑・保養の普及と物質文化　　　　　　　　　　桜井　準也
　　都市近郊漁村における村落生活　　　　　　　　　渡辺　直哉
　　考古学からみた近現代農村とその変容　　　　　　永田　史子
　2．国家
　　日系移民にとっての「近代化」と物質文化　　　　朽木　　量
　　旧日本植民地の物質文化研究とはどのようなものか？　角南聡一郎
　3．制度
　　「兵営」の考古学　　　　　　　　　　　　　　　浅川　範之
　　物質文化にみる「お役所」意識の変容　　　　　　小川　　望
　　〈モノ―教具〉からみる「近代化」教育　　　　　大里　知子
　4．身体
　　衛生博覧会と人体模型そして生人形　　　　　　　浮ヶ谷幸代
　　胞衣の行方　　　　　　　　　　　　　　　　　　野尻かおる
　　身体の近代と考古学　　　　　　　　　　　　　　光本　　順
　5．技術
　　近現代における土器生産　　　　　　　　　　　　小林　謙一
　　「江戸―東京」における家畜利用　　　　　　　　姉崎　智子
第Ⅲ部　近現代考古学の諸相
　　近現代考古学調査の可能性　　　　　　　　　　　角南聡一郎
　　近現代考古学と現代社会　　　　　　　　　　　　桜井　準也
　　歴史考古学とアメリカ文化の記憶　　　　　　　　鈴木　　透
　　社会科学と物質文化研究　　　　　　　　　　　　朽木　　量

---推薦します---

「近現代考古学」は、文字通り私たちが生きている「現在」につながる考古学である。わが国の「近現代考古学」が追究するべき課題のひとつは、物質文化からみた日本の「近代化」の様相を解明することであろう。日本の「近代化」のプロセスは単なる「西洋化」ではなく、他方で、近代以前に遡る日本文化の伝統と変容に関わる複雑な様相を呈している。すなわち、日本の「近代化」の様相は、今の私たち自身の存在と深く関わっているのである。本書は、そうした「近現代考古学」の世界にはじめて果敢に切り込んだ、意欲あふれるシンポジウムの記録である。

早稲田大学教授　谷川　章雄

Archaeological L & Reader Vol. 3

六一書房

考古学リーダー4
東日本における古墳の出現

東北・関東前方後円墳研究会 編
2005年5月10日発行／A5判／312頁／本体3500円＋税

第9回　東北・関東前方後円墳研究会　研究大会
《シンポジウム》東日本における古墳出現について　開催記録
東北・関東前方後円墳研究会 主催
西相模考古学研究会・川崎市市民ミュージアム共催　2004年2月28・29日

―― 目　次 ――

Ⅰ　記念講演・基調講演
　　基調報告・資料報告

記念講演	東日本の古墳出現の研究史―回顧と展望―	小林　三郎
基調講演	オオヤマト古墳群における古墳出現期の様相	今尾　文昭
基調報告1	相模湾岸―秋葉山古墳群を中心に―	山口　正憲
基調報告2	編年的整理―時間軸の共通理解のために―	青山　博樹
基調報告3	円・方丘墓の様相―中部高地を中核に―	青木　一男
基調報告4	副葬品―剣・鏃・鏡などを中心に―	田中　　裕
基調報告5	土器・埴輪配置から見た東日本の古墳出現	古屋　紀之
資料報告1	房総半島―市原・君津地域を中心に―	酒巻　忠史
資料報告2	関東平野東北部―茨城県を中心に―	日高　　慎
資料報告3	関東平野　北部	今平　利幸
資料報告4	関東平野　北西部	深澤　敦仁
資料報告5	北　陸―富山・新潟―	八重樫由美子
資料報告6	東　北　南　部	黒田　篤史
資料報告7	関東平野　南部―川崎地域を中心に―	吉野真由美

Ⅱ　総合討議　東日本における古墳出現について

コラム

古墳出土土器は何を語るか―オオヤマトの前期古墳調査最前線―	小池香津江
前期古墳の時期区分	大賀　克彦
群馬県太田市所在・成塚向山1号墳～新発見の前期古墳の調査速報～	深澤　敦仁
新潟県の方形台状墓～寺泊町屋舗塚遺跡の調査から～	八重樫由美子
北縁の前期古墳～大塚森（夷森）古墳の調査成果概要～	大谷　　基
埼玉県の出現期古墳―そして三ノ耕地遺跡―	石坂　俊郎
廻間Ⅱ式の時代	赤塚　次郎
畿内「布留0式」土器と東国の出現期古墳	青木　勘時

―― 推薦します ――

なぜ、古墳が生まれたのか？　弥生時代・数百年間の日本列島は、方形墳が中心だった。それがあるとき円形墳に変わった。しかも、円形墓に突出部とか張出部とよんでいる"シッポ"が付いている。やがてそれが、ヤマト政権のシンボルとして全国に広まったのだという。それならば列島で最も古い突出部付き円形墓（前方後円墳ともいう）は、いつ、どこに現れたか？　よく、ヤマトだというが、本当だろうか？　東北・関東では、初期には突出部の付いた方形墓（前方後方墳ともいう）が中心で、地域によって円形墳が参入してくる。住み分け、入り乱れ、いろいろとありそうだ。本書では近畿だけでは分からない東北・関東の人々の方形墓（伝統派）と円形墓（革新派）の実態が地域ごとに整理されていてありがたい。その上、討論では最新の資料にもとづく新見解が次々と飛び出し、楽しい。討論から入り、ときどき講演と報告にもどる読み方もありそうだ。

徳島文理大学教授　奈良県香芝市二上山博物館館長　石野　博信

Archaeological L & Reader Vol. 4

六一書房

考古学リーダー5
南関東の弥生土器
シンポジウム 南関東の弥生土器 実行委員会 編
2005年7月10日発行／Ａ５判／240頁／本体3000円＋税

シンポジウム　南関東の弥生土器　開催記録
シンポジウム　南関東の弥生土器 実行委員会 主催
2004年9月25・26日

―― 目　次 ――

第Ⅰ部　型式・様式の諸相
　総　論　　　　　　　　　　　　　　　　　　　　　　伊丹　　徹
　1．南関東における古式弥生土器　　　　　　　　　　　谷口　　肇
　2．須和田式（平沢式・中里式・池上式）　　　　　　　石川日出志
　3．宮ノ台式　　　　　　　　　　　　　　　　　　　　小倉　淳一
　4．久ヶ原式　　　　　　　　　　　　　　　　　　　　松本　　完
　5．弥生町式と前野町式　　　　　　　　　　　　　　　黒沢　　浩
　6．相模地方の後期弥生土器　　　　　　　　　　　　　立花　　実
　コラム1．佐野原式・足洗式　　　　　　　　　　　　　小玉　秀成
　コラム2．北島式・御新田式　　　　　　　　　　　　　吉田　　稔
　コラム3．有東式・白岩式　　　　　　　　　　　　　　荻野谷正宏
　コラム4．朝光寺原式　　　　　　　　　　　　　　　　橋本　裕行
　コラム5．「岩鼻式」・吉ヶ谷式　　　　　　　　　　　柿沼　幹夫
　コラム6．臼井南式　　　　　　　　　　　　　　　　　高花　宏行

第Ⅱ部　シンポジウム「南関東の弥生土器」
　テーマ1．宮ノ台式の成立
　　報告（1）　　　　　　　　　　　　　　　　　　　　鈴木　正博
　　報告（2）　　　　　　　　　　　　　　　　　　　　大島　慎一
　テーマ2．宮ノ台式の地域差と周辺
　　報告（1）　　　　　　　　　　　　　　　　　　　　安藤　広道
　　報告（2）　　　　　　　　　　　　　　　　　　　　小倉　淳一
　テーマ3．後期土器の地域性 ── 久ヶ原式・弥生町式の今日 ──
　　報告（1）　　　　　　　　　　　　　　　　　　　　比田井克仁
　　報告（2）　　　　　　　　　　　　　　　　　　　　黒沢　　浩

第Ⅲ部　シンポジウム討論記録
　第1日　後期について　　　　　　　　　　　　司会：伊丹　　徹
　第2日　中期について　　　　　　　　　　　　司会：石川日出志

―― 推薦します ――

　1970年代から90年代にかけて、それまでの弥生土器の研究に飽き足らない日本各地の若手研究者が、詳細な土器編年や地域色の研究に沈潜していった。南関東地方でも、たとえばそれは弥生後期の久ヶ原式や弥生町式土器編年の矛盾の指摘などとして展開した。本書は南関東地方弥生中・後期土器に対する共同討議の記録集であり、中堅の研究者が10年以上にわたって取り組んできた、実証的な研究の到達点を示すものである。パネラーの中には若手の研究者もいる。世代をついで土器研究の成果が継承され、さらに研究が新たな方向へと向かうための導きの一書といえよう。

駒澤大学文学部助教授　設楽博巳

Archaeological L & Reader Vol. 5

六一書房

考古学リーダー6

縄文研究の新地平
~勝坂から曽利へ~

小林　謙一　監修　　セツルメント研究会　編

2005年12月25日発行　A5判　161頁　本体2,500円＋税

2004年度縄文集落研究の新地平3　シンポジウムの記録

――目　　次――

例　言
　　縄文集落研究の新地平をめざして　　　　　　　　　　小林　謙一

討論の記録

補　論
　1　東京東部（武蔵野）地域の様相　　　　　　　　　　宇佐美哲也
　2　千曲川流域における中葉～後葉移行期の土器群　　　　寺内　隆夫
　3　静岡県における9c期～10a期の様相　　　　　　　　　小崎　　晋
　4　関東西部における堅穴住居形態の変化　　　　　　　　村本　周三

コメント
　1　中信地域における検討事例と課題―地域研究の現場から―　百瀬　忠幸
　2　堅穴住居設計仕様の視点から　　　　　　　　　　　　長谷川　豊
　3　笹ノ沢（3）遺跡の集落景観　　　　　　　　　　　　中村　哲也

シンポジウムのまとめと展望　　　　　　　　　　　　　　小林　謙一

―― 推薦します ――

縄文集落研究グループに集う研究者たちが、これまで行ってきたシンポジウムは縄文集落研究のうえで特筆される。とくに、そこで提示された「新地平編年」と呼ばれる中期土器型式編年は詳細なものとして知られ、この時期を研究する者にとって不可欠なものとなっている。また、かれらは縄文集落研究のこれまでの枠組みを打ち破る斬新な考え方や方法論をしばしば提示してきた。本書はそうした研究の積み重ねを踏まえて行われたシンポジウムの討議内容を詳細にまとめたものである。本書に示された土器型式編年研究の成果を通じて、縄文集落研究が文字通り、さらなる新地平へと飛躍できることが期待されよう。ぜひ一読を薦めたい。

昭和女子大学人間文化学部教授　山本　暉久

Archaeological L & Reader Vol.6

六一書房

考古学リーダー 7

十三湊遺跡
～国史跡指定記念フォーラム～

前川 要　十三湊フォーラム実行委員会 編

2006年9月15日発行／A5判／292頁／本体3300円＋税

2005年11月20日に行われたシンポジウム「十三湊遺跡／国史跡指定記念 十三湊フォーラム」の記録。3編の特別寄稿と「十三湊遺跡の基準資料と一括資料」を加え、中世の港湾都市『十三湊』の全貌を明らかにする。

―― 目　次 ――

例言
I　国史跡指定記念十三湊フォーラム
　特別講演　列島における津軽・五所川原の史跡
　　　　　　―十三湊遺跡・五所川原須恵器窯跡―　　　　　坂井　秀弥
　基調講演　羽賀寺縁起の成立と展開
　　　　　　―奥州十三湊日之本将軍認識の問題を念頭にして―　遠藤　巖
　報告1　国史跡・十三湊遺跡の調査成果について　　　　　榊原　滋高
　報告2　福島城跡の調査成果について　　　　　　　　　　鈴木　和子
　報告3　津軽地方の激動の時代―古代から中世へ―　　　　三浦　圭介
　特別寄稿　最北の五所川原須恵器窯跡　　　　　　　　　　藤原　弘明
　特別寄稿　安藤氏の足跡を検証する
　　　　　　―十三湊・折曽関の石造物を中心に―　　　　　佐藤　仁
　特別寄稿　北方史における津軽十三湊
　　　　　　―「中心」「周縁」論から見た試論―　　　　　前川　要
　十三湊フォーラム・パネルディスカッション
　「北方史における視点―列島の中の十三湊・津軽五所川原―」
　　　　　　　　　　　　　　　　　　司会：前川　要　千田　嘉博

II　十三湊遺跡の基準資料と一括資料　　　　　　　　　　　榊原　滋高
　十三湊と安藤氏―古代・中世関係略年表

―― 推薦します ――

　私が十三湊を初めて訪れたのは、1982年9月下旬、中世東国史研究会合宿の時であった。広大な砂丘一面に月見草が咲き誇り、そのあちこちに黒い珠洲焼きの破片が散乱していた。月丘夢二の歌を口ずさみながら、往事の港町の繁栄を想像しながらそぞろ歩きを楽しんだ。その話を電車の中でしていたら、あんなところ、何がいいのだ、自分はその故郷を捨てた人間で、いまでも冬の海鳴りの悪夢にさいなまれると、見知らぬ乗客の一人が言った。繁栄した港町と落魄した寒村の印象があまりにも対照的であった。
　その後、発掘調査が進み、国指定遺跡となり、繁栄の港町が蘇ってきた。本書は考古・文献の最先端の研究を網羅している。十五世紀の後半に十三湊はなぜ廃絶したのか。本書では、安藤氏の退去以外に、砂洲の形成といった自然環境の変化を考慮すべきだと主張する。私は、それに加えて15世紀後半の荘園公領制のシステム転換、流通構造の変容を考えたい。本書は到達点であるとともに、その出発点になると思う。一読をお勧めしたい。
　　　　　　　　　　　　　　　　　　　東京都立大学名誉教授　峰岸　純夫

Archaeological L & Reader Vol. 7

六一書房

考古学リーダー8

黄泉之国 再見
～西山古墳街道～

広瀬和雄 監修　栗山雅夫 編

2006年11月5日発行／A5判／185頁／本体2800円＋税

〈文化財を活かした町づくり　その確かな道筋を照らし出す〉
2004年9月、富山県福岡町（現高岡市）で行われた、ふくおか歴史文化フォーラム『黄泉之国　再見～西山古墳街道～』の開催記録。フォーラム、遺跡展示と体験学習を三本柱としたイベントを再現する。

―― 目　次 ――

はじめに
　概説　西山歴史街道へのみち　　　　　　　　　　　栗山　雅夫
第Ⅰ部　古墳を知ろう
　対談　『前方後円墳国家』を読む　　　広瀬　和雄　片山あさの
　特報　キトラ古墳を覗いてみると…　　　　　　　　井上　直夫
第Ⅱ部　西山歴史街道をゆく
　報告　西山古墳街道　　　　　　　　　　　　　　　西井　龍儀
　討議　遺跡＋整備＝魅力
　　　　　　　　　広瀬　和雄　谷本　亙　栗山　雅夫　片山あさの
第Ⅲ部　古世紀再訪
　展示　考古資料にみる西山古墳街道　　　　　　　　栗山　雅夫
第Ⅳ部　たくみのトびら
　体験　勾玉づくり・火起こし・土器復元・拓本・クラフトワーク
　　　　　　　　　　　　　　　　　　　　　　　　　栗山　雅夫
第Ⅴ部　フォーラムから見えるもの
　歴史のストックを活かしたまちづくり　　　　　　　広瀬　和雄
　文化財写真のデジタル記録と保存　　　　　　　　　井上　直夫
　文化財を活かしたまちづくり　　　　　　　　　　　谷本　亙

=== 推薦します ===

「黄泉之国」とは、死んだ人間が行く世界。すなわち「死後の国」だ。それを「横穴墓」にみたて、町おこしに活用するイベントが、富山県西部にある小さな町で行われた。町は小さくても「西山丘陵」に遺る「横穴墓」は、全国的にも特筆に値する。それは、群集の密度や副葬品の豊富さだけではない。保存顕彰や研究の長い歴史を持っているからだ。それだけ古くから地元の関心が高かった。また丘陵には豊かな自然も共存している。文化財と自然、それに住民の関心の高さ、この三者が一体になってこそ初めて、遺跡を活用した町おこしは成功する。本書はその確かな道筋を照らし出した、一大イベントの記録である。

富山大学人文学部教授　黒崎　直

Archaeological L & Reader Vol. 8

六一書房